一卷歷史

〈大年帖〉頁 315　薛紹彭（？—？）

〈雪意帖〉頁 235　蔡　卞（1058—1117）

〈平江酒毛帖〉頁 251　孫　覿（1081—1169）

〈談笑措置帖〉頁 72、〈彬父帖〉頁 104　張　浚（1097—1164）

〈分閫無功帖〉頁 85、〈湘中帖〉頁 93　劉　錡（1098—1162）

〈付岳飛書〉頁 78、〈賜岳飛批札卷〉頁 96　趙　構（1107—1187）

〈寵示帖〉頁 261　王十朋（1112—1171）

年份	事件	帝王
1057	袞國公主下嫁督尉李瑋。蘇軾、蘇轍中進士。	
1058	文彥博、賈昌朝罷相，富弼、韓琦任宰相，司馬光被任命為起居舍人。	
1059	王安石上奏〈萬言書〉，向仁宗皇帝陳述變法主張。	
1061	三月，富弼以母喪守制去相位。閏八月，韓琦為首相，曾公亮為次相。歐陽修編成《集古錄》一千卷。	
1063	仁宗崩逝，其養子趙曙即位，是為英宗。	宋英宗
1066	契丹改國號為遼。司馬光奉詔編修《資治通鑑》。	宋英宗
1067	英宗駕崩，長子趙頊即位，是為神宗。	宋神宗
1069	二月，王安石拜參知政事，始行王安石變法。	宋神宗
1076	交趾入侵廣西，余靖再度出征。王安石罷相，神宗親自推行變法。	宋神宗
1084	《資治通鑑》成書。四月，蘇軾離開黃州貶所。	宋神宗
1085	宋神宗崩，第六子趙煦嗣位，年僅十歲，是為哲宗，由祖母太皇太后高氏（高滔滔）臨朝聽政。	宋哲宗
1091	西夏侵擾宋邊境，章楶第三次被派往陝西。	宋哲宗
1093	太皇太后高滔滔薨，哲宗親政，重新推行元豐新法。	宋哲宗
1094	新黨起復，元祐舊黨被貶。黃庭堅被貶黔州。	宋哲宗
1096	西夏大肆攻略宋邊境，章楶第四次調任陝西。	宋哲宗
1098	平夏城之戰，使西夏臣服。	宋哲宗
1100	哲宗崩，弟趙佶即位，是為徽宗，大赦天下。六十五歲蘇軾的貶所往北挪了四百多公里。黃庭堅被平反。	宋徽宗
1102	蔡京手書「元祐奸黨碑」。	宋徽宗
1116	劉錡差充秦鳳路經略安撫司書寫機宜文字（即機密文件）。	宋徽宗
1125	金兵兵臨城下，趙桓受父禪讓登基，是為欽宗，改年號為靖康。	宋欽宗
1127	靖康之變，徽宗與欽宗被金人擄去。徽宗第九子趙構在商丘即位，建立南宋。	宋高宗
1137	淮西兵變。	宋高宗
1141	岳飛遇害。	宋高宗
1161	金遷都汴京，金主完顏亮強徵各族人民，大舉攻宋。虞允文大敗金兵於采石磯，完顏亮被部下殺害。	宋高宗
1162	高宗傳位於養子趙昚，是為孝宗，自稱太上皇。	宋高宗

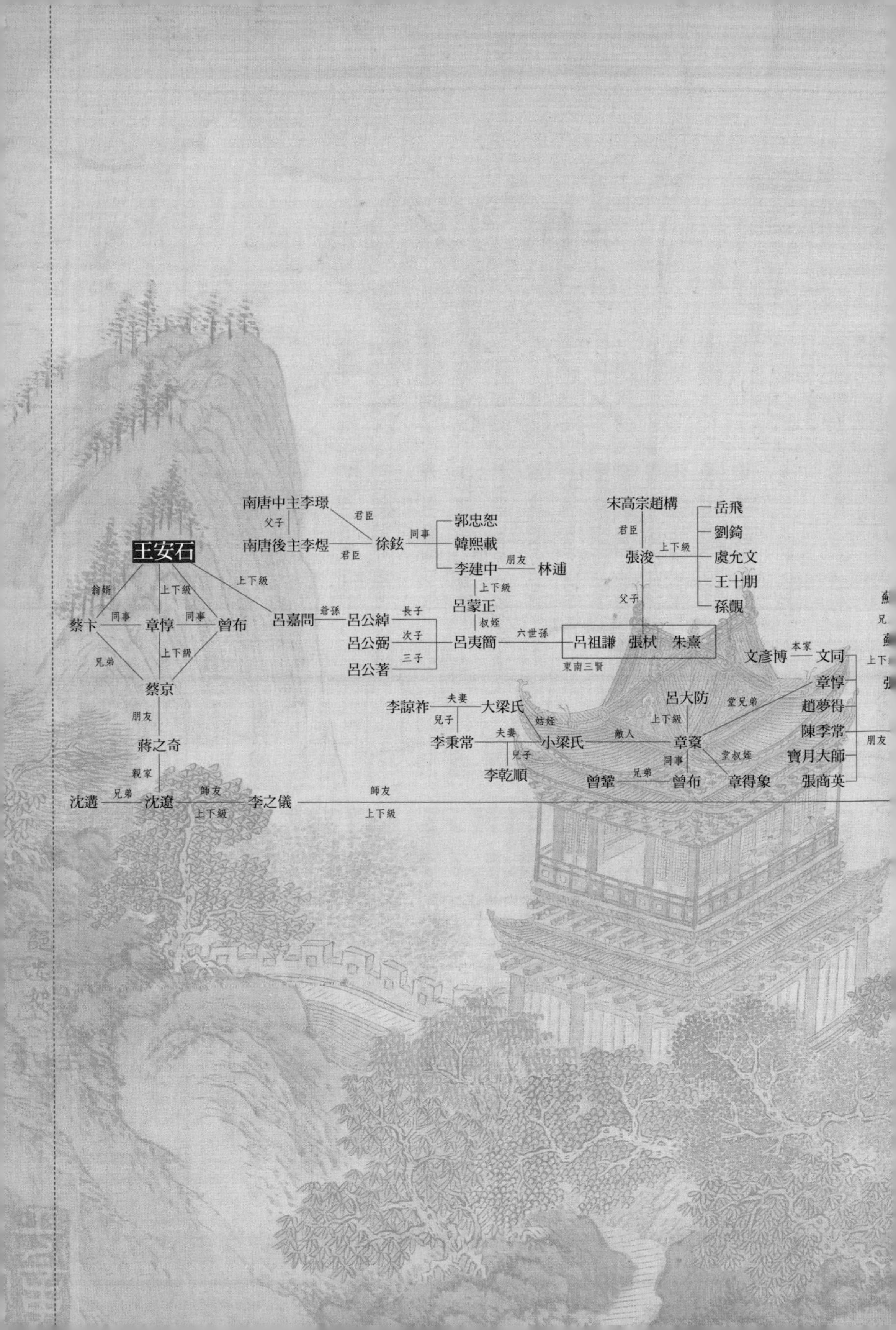
王安石
翁婿
上下級
上下級
蔡卞
同事
章惇
同事
曾布
兄弟
上下級
蔡京
朋友
蔣之奇
親家
沈遘
兄弟
沈遼
師友
上下級
李之儀
師友
上下級
南唐中主李璟
父子
南唐後主李煜
君臣
君臣
徐鉉
同事
郭忠恕
韓熙載
李建中
朋友
林逋
上下級
呂蒙正
叔姪
呂嘉問
翁孫
呂公綽
長子
呂公弼
次子
呂公著
三子
呂夷簡
六世孫
呂祖謙 張栻 朱熹
東南三賢
宋高宗趙構
君臣
張浚
上下級
岳飛
劉錡
虞允文
王十朋
孫覿
父子
文彥博
本家
文同
章惇
趙夢得
陳季常
寶月大師
張商英
朋友
呂大防
堂兄弟
上下級
章楶
敵人
堂叔姪
章得象
同事
曾布
兄弟
曾鞏
李諒祚
夫妻
大梁氏
兒子
姑姪
李秉常
夫妻
小梁氏
兒子
李乾順

宋朝來的信

用書信打開歷史

仇春霞——著

目次

貳　為官

參　治學

肆　通人情

伍　了生死

作者序

宋人命運浮沉錄

我想在這本書裡講述許多故事，讓我們看盡宋人百態，人世浮沉。歸根結柢，就是讓我們看清我們是誰。

事情是這樣的，我想做一個與我專業有關的專題研究，卻又不想寫成一本學術論著。我就想，能不能借助一本書來實現我這個想法呢？因為我曾經花了幾年時間參與編寫過一本《書論備要（古代）》，積累了很多不錯的邊角料，它們是我在考察古人傳世書法作品時積累的材料。這些邊角料相對於艱深晦澀的《書論備要》來說，趣味性和可讀性強多了，尤其是古人的傳世書信，於是我將它們整編到這本書裡來，講述那些與它們有關的帝王將相、忠臣賊子、販夫走卒的故事。書中提到的書信，現在大多靜靜的躺在北京故宮博物院和臺北故宮博物院，少部分散藏於其他博物館，其中又屬臺北故宮博物院的館藏多而精。博物館裡的書信是孤立的歷史碎片，比起枯燥的論證過程，我更想將碎片的歷史以可愛的方式講給大家聽，但是說實話，要轉變這種寫作方式真的很「烤」人，尤其是改寫，改寫，再改寫。由此，很多文獻就需要反覆精讀，我像福爾摩斯一樣「偵查」了四年，那些與信息碎片有關的證據鏈，被一條一條的建立起來。一部厚厚的《宋朝來的信》就自然而然順理成章了。

面對一封新的信札或一個新的人物，我最先查閱的是這個人的列傳，列傳會提供他的主要事蹟，然後再看別人給他寫的墓誌銘；列傳多半是根據墓誌銘刪減而來，在墓誌銘裡我可以找到墓主人更豐富的資訊和錯綜複雜的社會關係。接下來，我會在《續資治通鑑長編》裡尋找他在某年某個事件中扮演的角色。再下來就是細讀他的個人文集，了解他的內心世界。閱讀文集的重點是看他寫的公文，在公文裡我可以看到他的政治傾向。排在第二的則是詩歌，透過詩歌，我可以看到他的情感世界，以及詩文才華的品級。第三部分是看他的私人信件，一般來說，文集中的信件都是經過挑選後才刊行的，沒什麼見不得人的私事。最後一部分，是他為別人寫的哀誄墓誌銘。

上述各種史料，只有非常重要、有名的人物才眾體皆備，大部分的人甚至連列傳也沒有。我特別關注人物的生卒年，重要的人物我會從原始資料查出他準確的生卒年，再根據各種史料，為他做大事記年表。我何以如此煞費苦心呢？大概是我對人類有限的生命懷有敬畏之心，對流光易逝懷有悲憫之心，同時也對命運無常充滿了困惑。每當我寫完一個人，便喜歡在後面加一句「享年××歲」。這對我來說，就像一種儀式，我給他重新樹碑立傳，最後一句，就是奠基儀式。經過四年「紙醉金迷」的生活，我終於完成這本書。

寫書就是寫自己，讀史就是照自己。要窺探一個人的祕密，私信無疑是個好東西；要了解人性的複雜、社會的利害，私信更是個好東西。翻開這本書，看到的是「千面宋人」，照見的是千瘡百孔的自己。

宋代存世最早的信札，大概算是南唐降臣徐鉉的。徐鉉文采好，更富辯才。南唐成為北宋附庸之後，據說只要是徐鉉進開封進行外交活動，北宋官員都藉故開溜。太祖趙匡胤勢必要吞併南唐，徐鉉口才再好也無用，趙匡胤那句「臥榻之側，豈容他人鼾睡」，就是回擊徐鉉的。五十九歲那年，徐鉉陪同三十九歲的南唐後主李煜北遷開封。徐鉉精通文字學、玄學、圍棋，篆書寫得好。不過這些在幾乎每天都在打仗的北宋來說，都沒什麼用，趙匡胤研究的是還有沒有可能將床弩的射程從一千公尺增加到一千五百公尺。好在太宗趙光義重視文化，徐鉉幫忙建立各種急需的檯面上的禮儀制度。徐鉉存世的〈私誠帖〉寫於宋滅南唐以後，是寫給潭州知州的，託他帶信給另外一個人。七十多歲時，徐鉉被貶往大西北，不屑於穿動物皮襖的大學問家凍死了。恰好他的學生任欽差大臣，幫老師料理了後事，又有名揚四海的華林書院掌門人感於徐鉉的學養和成就，出資將徐鉉的遺體運回老家江西，才使他免於裹屍西北的悲慘命運。徐鉉未能善終，挺遺憾的。讓人想不通的是，南唐滅亡之後，他為何不隱居？憑他一身學問，哪兒沒有他的容身之所？難道是為了陪伴與他情同父子的李煜？

同是亡國降宋之人，李建中的命運則完全不一樣。李建中是宋代早期有名的書法家，他二十一歲以前都生活在四川後蜀。北宋滅了後蜀後，李建中遷居當時最繁華的洛陽，自己開私塾，當了一名小學教師。三十八歲考了科舉，成為公務員。李建中存世有三封信札：〈土母帖〉、〈同年帖〉、〈貴宅帖〉，大約都寫於晚年，內容不是幫人求官，就是幫人買房子賣東西，全是經營。「梅妻鶴子」的林逋曾經笑話李建中為名利而困住自己，李建中笑而不答。李建中為名為利而左右盤算，只要不傷害別人，也無可厚非。然而對於一個國家來說，范仲淹式的人物才是棟梁。

范仲淹一生波瀾壯闊，五十歲以前主要做兩件事：一是抨擊朝政中不得人心者，把為官不仁、升官無道者拉黑名單；二是捲起褲管在基層摸索惠民措施。五十一歲時他響應朝廷徵調，頂著一頭白髮從貶謫地奔赴延州抗擊入侵的西夏，幾年後回到朝廷推行慶曆新政，六十三歲病逝於徐州。范仲淹傳世的三封信札都寫於五十歲以後，一封寫於延州，兩封寫於慶曆新政失敗後，是三個孤立的碎片，向讀者展示了一位傑出士大夫樸素的愛人之心，這種如三月春風般的愛，與他對黑暗現象疾風暴雨式的激憤，形成鮮明對比。也許正是這火與冰的交融，范仲淹才不會在貶謫與打擊中沉淪，反而在暮年站上歷史舞臺的正中央，並永遠為後人所銘記。

曾布是曾鞏的弟弟，《宋史》將他列入「奸臣傳」，他有一封〈致質夫學士〉是寫給章楶的。要不是為了查閱這封信的來龍去脈，我可能會錯過一位「男神」。原來章楶就是蘇軾詩文中的「章質夫」——未能進入蘇軾核心朋友圈的朋友。在蘇軾的詩文裡，章楶似乎和很多普通士大夫一樣，是因為仰慕蘇軾的文采而與他往來，所以不乏調笑章楶的詩文。細讀章楶史料，他前半生真是一個並不特別出色的人，一直在普通職位上打轉。可是他後半生卻完全令人改觀，從一名在琴棋書畫中優遊度日的士大夫，變身為在狼煙滾滾的大西北與西夏人鏖戰的大將軍，古稀之年仍然披堅執銳，令敵人聞風喪膽，為北宋的安寧立下汗馬功勞。是誰慧眼識英雄，給了章楶舞臺？是蘇軾的死敵——章惇。蘇軾的名帖〈歸安丘園帖〉是寫給章惇的，是兩人從摯友變為敵人的轉折帖。將章惇和蘇軾放在當時的背景下看，章惇是一名合格的政治家，而蘇軾只是一個文人。章惇一定非常了解蘇軾的社會影響力及特殊的破壞能力，所以要對他「痛打落水狗」。然而，無論是章楶還是章惇，都沒有蘇軾的影響大，這就是文學藝術的力量在起作用。

蔡京比章惇小十七歲，蔡京進入朝廷跑腿時，章惇已經是開始左右朝政的人物。蔡京很怕章惇，因為章惇是個死腦筋，碰到原則問題，絕不允許討價還價，所以蔡京經常迴避章惇，而向彈性比較大的曾布請示工作。蔡京天生具有侍奉他人的本領，曾被派去接待遼國特殊使團，忙得痔疾都復發了。他的好朋友蔣之奇還專門去信問候他的痔疾，這就是藏於北京故宮博物院的〈北客帖〉，這「北客」指的就是遼國使者。

蔣之奇就是告發歐陽修亂倫的人，他夫人姓沈，沈夫人有個堂兄名叫沈括，就是《夢溪筆談》的作者。沈夫人有兩個親兄弟，名叫沈遘和沈遼，沈遘非常有政治才能，官運亨通，曾經為保護杭州的生態環境而禁止過度撈捕，可惜他英年早逝。沈遼的字寫得好，非常文氣而瀟灑，有〈動止帖〉保存於上海博物館。有一回沈遼將一首詩題在一條女性裙帶上，裙帶輾轉被送到了一位妃子手中，神宗勃然大怒，沈遼被發配湖南永州，永世不得錄用。沈遼久染釋道，以贖罪之心坦然接受自己的命運。蔣之奇後來混得挺不錯的，與大舅哥沈遼的關係很好，沈遼有一封〈致穎叔制置大夫〉就是寫給蔣之奇的信，現藏於臺北故宮博物院。沈遼結束永州之貶後，並未回到家鄉杭州，而是定居安徽池州，在有些神祕的宗教玄學中辭世，蔣之奇為他撰寫了墓誌銘。

裙帶事件之前，沈遼曾經在寧波工作過，他的手下有個名叫李之儀的年輕人，溫文爾雅，喜歡書法。李之儀向沈遼請教如何寫好書法，沈遼傾囊相授，李之儀遂將沈遼認作自己的啟蒙老師。李之儀有一封〈汴堤帖〉是寫給一位久不謀面的老熟人，我懷疑是沈遼，但是無法考證。李之儀不僅書法好，而且很有文學天賦，他的「我住長江頭，君住長江尾。日日思君不見君，共飲長江水。」被吟唱至今。

李之儀是蘇軾最喜愛的學生之一，蘇軾在發配嶺南之前，先是在地處宋朝邊境的河北定州過渡了一下，在他欽點的極少隨從中就有李之儀，擔任祕書工作。李之儀帶著夫人胡氏一同前往。李之儀的這位夫人可是極不平凡，沈括說如果胡氏是男性，他一定要跟她做好朋友。蘇軾貶往嶺南之後，李之儀受牽連，又因為給范仲淹之子范純仁寫人物傳記時出現過錯，而被發配到了安徽太平州。李之儀的朋友得知後，都紛紛邀請他去作客，李之儀非常高興，他有一封〈別紙帖〉就是給朋友的回信，信中提到了蘇軾的三公子蘇過。李之儀到達太平州前後，黃庭堅也結束貶謫抵達太平州，接受新職。他們在酒席上遇到了一位色藝雙全的美女楊姝，兩人同時愛上了她，結果黃庭堅旋即又被貶，天公玉成了李之儀。

在所有的書信中，最難讀懂的應該是葉清臣的〈大旆帖〉，這倒不是信中講了什麼難懂的事，而是他將日常用語寫得非常古奧晦澀。雖然我們對古文普遍有點隔膜，但是宋人在寫信時，其實大都還是相當通俗的，並不難懂。〈大旆帖〉何以詰屈聱牙了呢？因為它巧妙運用了《詩經》裡的知識。說到這裡，就要提到一個小圈圈——「天聖四友」，成員包括宋庠、葉清臣、鄭戩、宋祁，他們是天聖二年（一〇二四）科考中的前三名（詳見第280頁），在當時是一等一的人物。「天聖四友」以才情為橋梁，建立了深厚的感情，他們分享才學，樂在其中，外人難以插足。〈大旆帖〉就是葉清臣寫給剛剛貶往杭州的鄭戩的。

宋祁很早就開始編寫《新唐書》，文風古雅，但歐陽修很不喜歡。最早歐陽修只是在辦公室門上嘲諷老大哥宋祁，到後來他成為文壇盟主，尤其是成了科舉大考官之後，就大規模推行古文運動，澈底否定了小圈圈的學術愛好。歐陽修在英宗朝攀上了權力高峰，做為英宗登基的擡轎人，歐陽修本來可以有一個無憂無慮的晚年，可惜英宗早早歸天，歐陽修在神宗朝的改革浪潮中不受重視，便以身體不好為由申請退休。

歐陽修長期伏案工作，積累了職業病，為了鍛鍊身體，他研習道家修身方法，結果反而誤傷了身體。他有時會用艾灸來調養身體，他的〈灼艾帖〉就是向人推薦這一傳統養身法。歐陽修退休後並未回歸故里，而是遷居潁州，他看中了那裡優美的風景，卻未曾料到友朋稀少，「一飲千鐘」[1]的他日子過得有點寂寞。大約在他辭世前半年，遠在洛陽的司馬光託人帶去了新書稿，請歐陽修提意見。歐陽修回了封信給司馬光，即傳世的〈端明帖〉。

司馬光比歐陽修正好小一輪（十二歲），他是個有原則的人，很難以某種利益撼動他的決定，老而彌堅，蘇軾稱他為「司馬牛」。司馬光身上一些很好的特質都繼承自他的父親司馬池。司馬池有個好朋友名叫龐籍，後來成為仁宗朝的宰相。龐籍有個很優秀的兒子，比司馬光略長幾歲，是司馬光少年時代的好夥伴兼偶像，不幸的是，這位哥哥英年早逝。龐籍視司馬光如己出，後來成為司馬光仕途上的保護神。司馬池還有個朋友名叫陳洎，在宋史上沒什麼名氣，但他有個孫子在文學史上很有名，就是「蘇門六君子」之一的陳師道，他與李清照的公公是連襟。司馬光六十歲的時候，陳師道的哥哥陳師仲將爺爺陳洎生前作品整理出來，並邀請當時的一些大人物寫幾句點評，蘇軾和司馬光都受邀。但是司馬光說文學不是他的專長，他不能點評，他的回信〈天聖帖〉、蘇軾的點評〈跋吏部陳公詩帖〉，以及陳洎部分遺稿，都保存在北京故宮博物院。司馬光與他的哥哥感情非常好，他哥哥晚年退休後回到家鄉山西夏縣居住，司馬光幾乎每年都要回去看望。司馬光的孩子早逝後，從哥哥那裡領養了一個，他對侄兒也充滿了父愛。司馬光有個侄兒想去西北邊境工作，司馬光急壞了，上下打通關係，讓他取消申請，結果這孩子還是私自跑了去。司馬光氣壞了，寫了封信批了他一頓，要他以父母年紀大了得就近工作為由趕緊回家，這就是他的〈寧州帖〉。司馬光不願意侄兒去邊境，可能還有一個原因是他對戰爭充滿了恐懼，因為他曾經遭遇過西夏兵，近千名宋人喪命，司馬光按理負有重大責任。

趙匡胤咆哮徐鉉「臥榻之側，豈容他人鼾睡」，殊不知，自他歸天後，大宋的床邊從來都睡著幾隻大老虎、血吸蟲。他的「杯酒釋兵權」策略多半是秦始皇的思想在作祟，以為這樣就可以皇位穩固，卻不想未及傳位就被自己的弟弟奪了權。宋代輕視武將，或者說是害怕武將「黃袍加身」，所以可以傳頌的武將非常少。這不是因為武將少，而是他們沒有被書寫。宋代的和平年代極少，絕大多數的時候戰事不斷，出現很多傑出的武將，可惜沒有人為他們樹碑立傳，我們只能從零星歷史碎片中得知他們的一鱗半爪。看不見血淋淋的戰場，天下就太平，所以宋代給人的印象是精緻的典雅，平日裡消遣的是「四般閒事」。其實宋代文人的日子也不是很好過，即使是仕途相對平穩的司馬光，最後也被神宗「軟禁」了十五年。

十五對於古人來說是個神祕的數字。古代讀書人家的孩子，五歲發蒙；第一個十五年以學習古人經典著作為主，讀、抄、默、宣講、點評；二十歲左右開始參加各種國家級選拔賽，完成第一階段競賽。如果前二十年蓄電充足，第一個階段很快就結束，比如像蔡襄、蘇軾等人，都是一「舉」成名，順利走過第一個階段。而有些人的這個測試過程要持續多年，甚至熬到白髮蒼蒼，這當然深深影響了人生第二個階段。第二個十五年，也就是二十歲到三十五歲，是命運的分水嶺，絕大部分青史留名的人，基本上都會在三十歲左右通過國家考核，進入仕宦階段，並且在工作和社交活動中展現特殊的才學、個人品德、性格習慣等。有人天生如魚得水，有人在打磨中調整自己，有人就此死水微瀾。所謂「特殊的才學」，就是勝任某項工作的能力。比如國家圖書館的編撰人員、國子監的教員，除了學問好，多半也要求寫得一手好字。大書法家黃庭堅就擔任過這兩種工作，李建中、杜衍、范仲淹字都寫得好，都當過教員。另外，在宋代，字寫得好也是社交潤滑劑，像蔡襄、蘇軾、黃庭堅等人，都是藉書法實現社交自由的人。

文筆好要比書法好重要得多。文筆好大致分兩種，一種是公文寫得好，邏輯清晰、語言優美。這種特長往往最受上級喜愛，因為他們經常要寫工作報告，還要述職，最歡喜有筆桿子代勞。二是詩文辭賦好，蘇軾便是最好的例子。據說他中年以後成為元祐紅人，就與高太后欣賞他的文采有密切關係。

在宋代，無論是公文還是詩詞文賦，都要求博覽經史，融會貫通，這些用的都是第一個十五年的存貨。第二個十五年是職場塑型階段，這與人的性情、習慣以及家風家教有關，它們的重要性甚至勝過早先的知識儲備，司馬光便是例子。司馬光早年在人群中並不發光，但是他刻苦踏實、誠實孝悌，在父輩朋友中有影響力，深得龐籍厚愛。司馬光在一次事件中差點被嚴重處罰，身為宰相的龐籍不惜犧牲自己的政治生命來保全司馬光的政治清白，這是拿他的道德修養在護航。

另一個反面例子是蘇軾。蘇軾是在二十歲之前就把自己修煉成一個永不斷電的太陽能蓄電池，他第一次科舉考試就名揚天下，可是為什麼他第一個工作（外放）居然被分配到了大西北？一般來講，宋代的前十名、甚至一甲幾十名，都是朝廷重點培養的對象，也是朝中要員籠絡的對象。赫赫有名的蘇子瞻，背後還有文壇盟主、朝中要員歐陽修老師撐腰，怎麼第一次派任就像是被發配了一樣？蘇軾文集裡沒有對這件事進行過分析，但是從他跌宕起伏的人生軌跡來看，基本上可以判斷與他的性格缺陷有關。他傲慢的態度和刻薄唇舌，使他在大西北被罰了八斤銅，還寫了檢討書，留下了不可磨滅的政治污點。蘇軾恨死了在西北的長官陳希亮，他和他的弟弟一有機會就報復陳。直到二十年後，蘇軾被發配到長江邊上去反省，才覺悟到自己的過錯。可是人的天性很難改，蘇軾血管裡流淌著蘇洵的血液，那是一個非常倔強、古怪、傲慢、沉默寡言的老頭。蘇軾有時清醒，有時糊塗，所以經常是積極認錯、死不悔改，這個很難被塑型的文曲星在凡間也是吃盡了苦頭。

一個人在五十歲時是否能夠有所成就並且繼續揚帆出海，主要看他在第三個十五年是否繼續充電。這裡得說說歐陽修。歐陽修早年學業不算頂級優秀，是個重考生。但他八面玲瓏，有特長、有愛好，是個活得很明白的人，他是游進深海裡的大魚。歐陽修最令人佩服的地方，是他持之以恆的熱愛史學，風雨無阻的收集、整理各種史料，數十年如一日的堅持寫學術筆記。即使攀登副宰相高位，他也從未忘記自己是一名歷史學者，但凡有一點點工作閒隙，身體還能支撐得住，就一定會伏案研究。所以，我們會忘記他的政治成就，忘記他的過錯，卻記住了他是一位偉大而傑出的文學家、史學家。

宋人的命運千人千面，沒有人能如願以償的善始善終。可是，終究還是有人在命運的滾滾洪流中抓住了一塊木板，不僅免於沉淪暗流，還有機會看到滿天的星斗。

壹　請戰

書恕知動靜之間儀範西南

妻者皆慶之請園佳事了

永叔之翰之軍都下王仲悆二

奉觀還鄉餘北所及如春暄

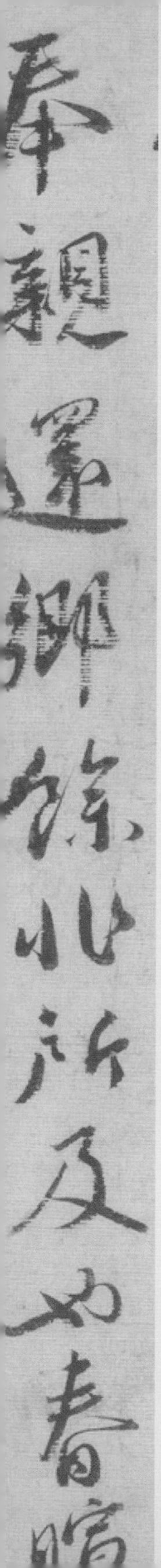

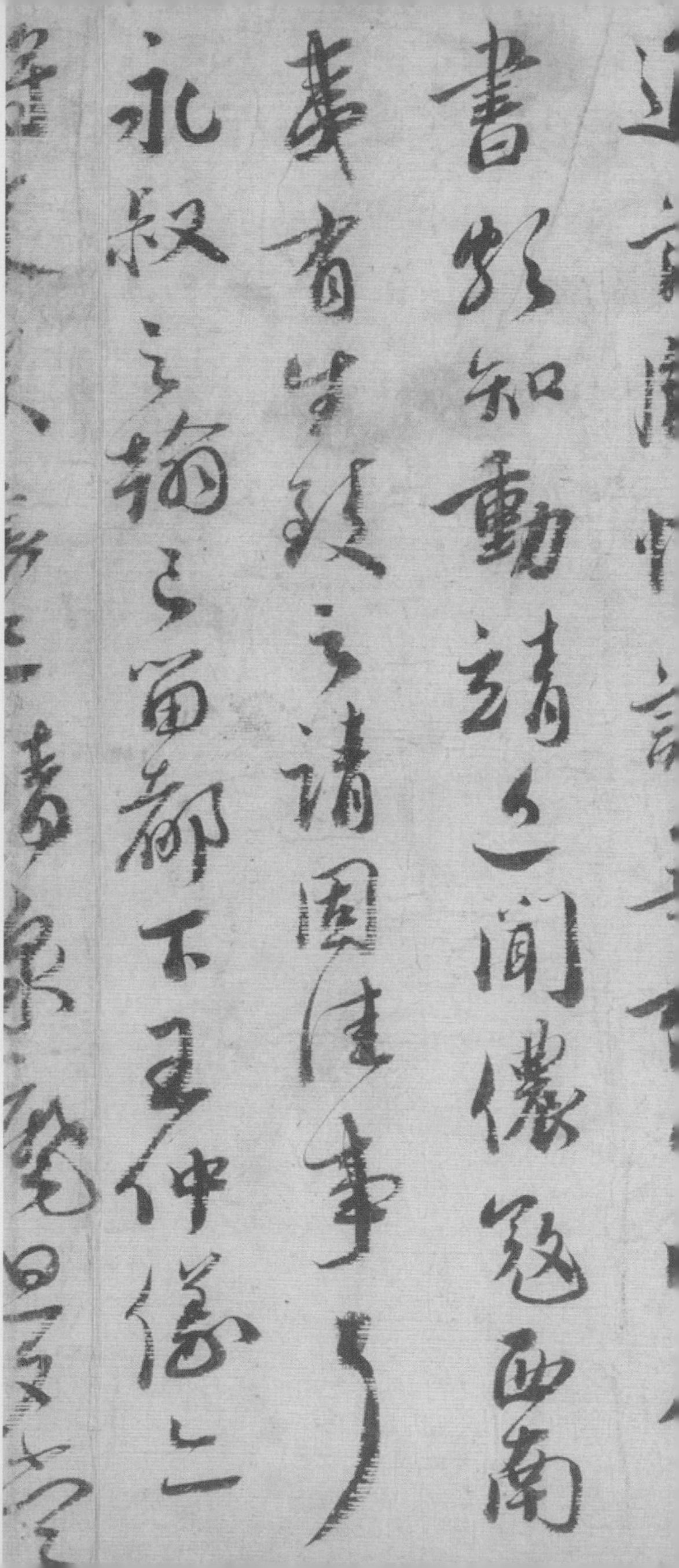

范仲淹在戰場的那些年

慶曆二年（一〇四二）春，正在西北地方修築堡壘的范仲淹（九八九——一〇五二）收到一封信，是他的朋友富嚴寄來的，富嚴一年前剛調到范仲淹的老家蘇州任知州。范仲淹在百忙之中給家鄉的父母官回了一封信（即〈邊事帖〉，圖1），文字如下：

仲淹再拜，知府刑部仁兄：

伏惟起居萬福。施鄉曲之惠，占江山之勝，優哉樂乎。此間邊事夙夜勞苦。仗朝廷威靈，即目寧息，亦漸有倫序。鄉中交親，俱荷大庇，幸甚。師道之奇，尤近教育。乞自重自重。不宣。仲淹拜上，知府刑部仁兄左右。三月十日。

信的大意是：知府刑部仁兄萬福。您在蘇州為老百姓做好事，那裡山美水美，您應該過得很快樂。我這裡的邊防之事雖日夜勞苦，但仰仗朝廷威嚴，到處都很安寧，也愈來愈有秩序。我老家的親朋好友都託付給您照顧，真是萬分有幸！「師道」最獨特的地方，是與教書育人關係密切。希望您多多保重。不多說了。

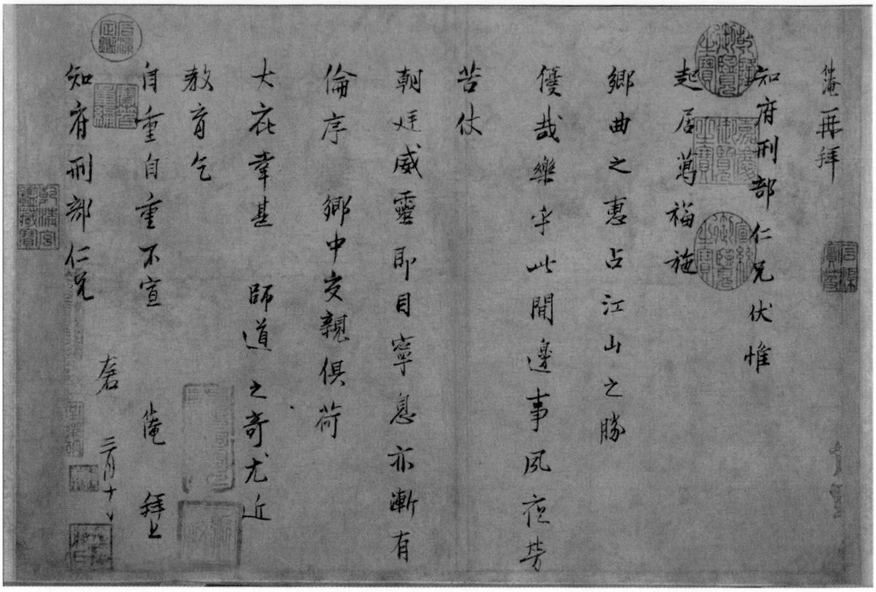

圖 1　〔宋〕范仲淹〈邊事帖〉，北京故宮博物院藏。

富嚴當時是知州，范仲淹在信中稱他為「知府」是一種雅稱，稱「刑部」是因為富嚴的官銜是刑部郎中。富嚴和范仲淹及其門生的關係都很好，范仲淹見富嚴的侄子富弼非常有才華，就對他多番提攜，還撮合了他和晏殊女兒的婚事。

別看范仲淹在信裡把邊防之事說得風輕雲淡，其實當時戰場形勢相當嚴峻，宋軍接連大敗，敵人的大軍不知何時何地會冒出來，身在西北戰區的人，誰也不知道自己還能不能活著回去。哪裡有「即目寧息」、「漸有倫序」的樣子啊！

范仲淹前史

范仲淹幼年喪父，兩歲時跟著改嫁的母親去了山東，長大後知道了自己的身世，就帶著母親回歸了蘇州祖籍。景祐元年（一〇三四），蘇州洪水氾濫，四十五歲的范仲淹由睦州（今浙江建德）急調至蘇州，因為他有在海州治水成功的經驗。在家鄉當父母官期間，范仲淹除了治水，還開辦學校。據說當時他買了一塊不錯的地，想蓋房子養老，有位風水先生說這是塊寶地，誰得了這塊地，就會世代出公卿。范仲淹想了想，就把它改建為學校，希望這個地方多出人才，為國效力。還別說，蘇州歷年考上進士的人數確實比較多。

此時還有一個人物穿插在這片時空中，他就是北宋著名詞人柳永（約九八七——約一〇五三）。柳永精於填詞，但不擅長經學文章，所以屢試不第，他的前半生都在流離浪蕩中度過。幸運的是，在景祐元年，仁宗見很多人考到鬢髮皆白還在考，於是開恩讓考了很多年的老先生特許賜第，年過半百的柳永便是受恩者之一。柳永的第一任官職是睦州團練推官，此時范仲淹剛剛調離睦州，去蘇州治水。柳永上任途中路過蘇州，還專門去拜訪了范仲淹。算起來，富嚴應該是在范仲淹離開蘇州後的第三任知州。

因在蘇州治水有功，范仲淹升任開封知府，相當於首都市長。景祐三年（一〇三六），范仲淹發現宰相呂夷簡（九七八——一〇四四）有結黨營私、任人唯親的行為，就做了一個全面的調查，把受宰相呂夷簡提拔的官員都羅列出來，製作了一張「百官圖」報給仁宗皇帝。

呂夷簡不甘示弱，反污蔑范仲淹「越職言事，勾結朋黨，離間君臣」。這件事情的結果是：呂夷簡繼續當他的宰相，而范仲淹和他的支持者歐陽修、余靖、尹洙等人卻落得個「朋黨」的罪名，被下放到各地「反省」去了。不過，四年之後，范仲淹再次被起用，因為西北地方出大事了。

宋夏戰爭爆發

在西北的靈州（今寧夏靈武地區），三十歲出頭的黨項族首領李元昊（一〇〇三——一〇四八）招兵買馬，頻繁搶劫，不斷吞併周圍的小部族。北宋皇帝和大臣都沒太在意，只是把他的行為理解成「家族事業」，因為他的父輩經常幹這種事。殊不知這個年輕人很有野心，隨著勢力愈來愈強大，他在宋景祐五年（一〇三八）稱帝，建立大夏國，定都興慶府（今寧夏銀川），史稱西夏。李元昊的祖父李繼遷（九六三——一〇〇四）、父親李德明（九八一——一〇三二）都接受宋朝的冊封，不敢稱帝，李元昊卻一反祖訓，不僅以各種手段侵犯北宋邊境，還稱帝建國了。

李元昊把「稱帝通知書」送到北宋朝廷，北宋的官員都高呼著要討伐西夏，但仁宗皇帝卻沒有這麼激動。仁宗一向謹慎，他知道自己的實力沒有那麼硬。此時離宋朝建國已經七十多年，宋太祖趙匡胤留下的那些能征善戰的兵將早就消磨盡了，幾十年的和平環境讓軍隊戰鬥力嚴重下滑，所以一時還真不敢對李元昊動兵。此外，李元昊還有北方強大的遼國做靠山，一旦開戰，如果遼國趁機發兵，北宋就會兩面受敵，日子可就難熬了。所以宋朝方面並未發兵，只是對西夏進行經濟制裁，關閉了與西夏進行邊境貿易的榷場[1]。

宋朝方面沒有動靜，那李元昊是不是該安穩的當他的皇帝了呢？不，他又寫了一封態度傲慢的信給仁宗皇帝。這是故意找打嗎？沒錯，因為他知道自己的皇位不穩固，想藉對外戰爭來煽動內部的同仇敵愾，實現自己的政治野心。但北宋方面就是不接招，始終只備戰、不主動發兵。李元昊耐不住了，於是在仁宗寶元三年（一〇四〇）發兵侵入宋境，宋夏戰爭開始了。（圖 2）

三川口慘敗

在李元昊稱帝之後，朝廷就急派有相關經驗的人前往西北備戰。即將年滿六十歲的范雍（九七九——一〇四八）被派往與西夏接壤的永興軍路。范雍曾任軍界高官，而且以前在永興軍待過，這次的職位是延州知州。延州的區域大致與現在的延安相當，與西夏接壤，戰略位置非常重要，而李元昊入侵的第一個目標果然就是延州，但很快就被狄青、許懷德等名將迎頭痛擊，加之游牧民族不善攻城，對宋朝的軍寨堡壘毫無辦法，所以李元昊就派人跟范雍說，還是你們厲害，不打了，和好吧。

范雍信了。當時，很多西夏人紛紛跨過邊境投靠宋朝，范雍喜不自勝，不顧部下質疑，下令讓延州城附近的金明寨大開寨門，收留前來投靠的西夏人。結果，大量裝扮成老百姓的西夏兵跟城外的西夏軍裡應外合，包夾金明寨的宋兵。范雍所在的延州城眼看就要被李元昊圍攻，范雍驚恐萬分，立即下令讓駐守邊境的宋兵火速前來救援，而這又正中了李元昊的圍城打援之計。周邊的屬將劉平等人率一萬餘疲兵死戰李元昊十餘萬大軍，怎奈實力懸殊寡不敵眾，在三川口被李元昊圍剿。劉平的隊伍雖然人少，但勇猛無比，竟與李元昊大軍纏鬥三天，寧死不降，全軍覆沒。後來有從西夏逃回的人說劉平並沒有死，而是被虜往西夏，所以劉平本人也成為歷史的一個疑點。但無論如何，劉平英勇抗敵的功績是不可抹煞的。

戰後論罪，范雍沒有被重罰，只是被貶官，不久又調任洛陽。後人在論范雍時，覺得他罪不可赦，居然還能繼續當官。可是范雍真是十惡不赦嗎？他就是一個文官，為什麼非要讓他上前線統兵打仗呢？這當然要歸因於宋朝的最高統治者。為了防止武將叛亂，皇帝不讓武將獨當一面，而要以文官治武將，還嚴令不許殺文官。

圖 2　〔宋〕李公麟〈臨韋偃牧放圖〉局部，北京故宮博物院藏。河西走廊的甘肅天水一帶水草肥美，自古以來就是重要的天然馬場。在唐朝的版圖裡很不起眼。李氏建立唐朝時，馬的數量也很少，但是他們非常重視馬政。到唐玄宗李隆基繼位時，國營馬有二十四萬匹，後來經營到四十二萬匹。

組建新隊伍

范雍退場後，仁宗重整隊伍抗擊李元昊，由五十五歲的夏竦（九八五——一〇五一）領軍，副手是五十一歲的范仲淹和三十二歲的韓琦（一〇〇八——一〇七五）。他們三人又各自組建自己的隊伍，一時之間西北戰場名士雲集，其中夏竦任用了田況，韓琦招聘了尹洙（一〇〇一——一〇四七），范仲淹舉薦了滕宗諒。從名單來看，仁宗皇帝也是盡力把能幹實事的人都派過去了。

當時西北戰區的宋軍並不比李元昊的軍隊人數少，但李元昊可以集中兵力攻打一個點，而宋軍卻分布在漫長的邊境線上，這就讓防守變得很困難。所以韓琦主張的戰略是「攻」，他認為應該集結大軍深入敵境，一舉殲敵。而范仲淹主張的戰略是「守」，他認為應該利用西夏軍不擅攻城的弱點，堅築堡壘，以守為攻，逐步蠶食西夏地盤。

韓琦向總指揮夏竦請戰，要求全軍出擊。油滑的夏竦兩邊都不得罪，他轉而把球踢給了仁宗皇帝，讓韓琦親自去首都開封找皇帝請示。韓琦熱血沸騰，快馬加鞭直奔首都，向皇帝慷慨陳詞。仁宗皇帝先是滿口答應，但又接到范仲淹上奏說不贊成主動出擊，這就不好辦了。為了爭取范仲淹一起出兵，韓琦就派自己的副手尹洙去做說客。韓琦派尹洙去找范仲淹是明智的，因為尹洙是范仲淹的鐵粉，兩人的關係亦師亦友。然而韓琦的如意算盤還是落空了，無論尹洙怎麼勸，范仲淹就是不為所動。

好水川又慘敗

康定二年（一〇四一），李元昊南侵到甘肅平涼，這一帶是韓琦的轄區。韓琦精心安排了一個陷阱，自己正面應敵，屬將任福隱藏在西夏軍之後，等西夏兵戰疲之後，任福再出擊滅敵。所以韓琦命任福率兵直奔作戰目的地，中途不可與敵交戰，不可暴露自己。結果任福被路上的一股西夏兵所誘，這股西夏兵逃跑的方向與自己要去的方向一致，於是任福就追過去。到達好水川一帶時，任福等人看到路上有幾個箱子，打開一看，裡面飛出一群鴿子。鴿子暴露了任福隊伍的地點，也向李元昊發出了進攻信號，李元昊近十萬伏兵立即收攏過來圍攻他們。這個地點幾乎是李元昊量身打造的野外戰場，西夏騎兵放開來碾壓不過區區萬餘宋兵，任福等人本就長途奔波，此時任是英勇不屈，也無法挽回敗勢，最終全軍覆沒，任福和兒子任懷亮雙雙戰死。

好水川之戰犧牲的英烈無數，比如行營都監王珪，他當時在距戰場五里之外駐守，本不必戰死於此，但見任福軍被困，在明知寡不敵眾的情況下，依然率四千餘人從外圍攻殺救援。當士兵死傷嚴重不敢再上前時，王珪單騎衝入敵軍，殺敵數百，先後換了三匹戰馬，最後下馬而戰，終以身殉國。「好水川之戰」共有一萬餘名將士身亡，很長一段時間，當地人都不敢去那一帶。二十世紀七十年代好水川舊址發掘出大量屍骨和兵器，據說就是當年的宋兵。

〈邊事帖〉裡無邊事

西北又是慘敗，朝廷再次震驚，夏竦被調回內地，范仲淹和韓琦都被降職。出征西北的文官心情異常沉重，他們終於認清李元昊的實力，誰也不知道這傢伙的下一個攻擊目標在哪裡。范仲淹卻是看清了李元昊的弱點，即李元昊不擅長攻城，所以無論如何都不能被他拖到野外去，故而范仲淹這段時間的主要工作就是監修堡壘，現在延安地區還保存有范仲淹修築的堡壘遺跡。

秋天又到來了，大雁又南歸了，出征的將士卻不知何時才能歸鄉。一個黃昏，看著夕陽、聽著號角的范仲淹不禁在心頭湧起一陣思鄉之情，他提筆寫下一闕〈漁家傲・秋思〉：「塞下秋來風景異，衡陽雁去無留意。四面邊聲連角起，千嶂裡，長煙落日孤城閉。濁酒一杯家萬里，燕然未勒歸無計。羌管悠悠霜滿地，人不寐，將軍白髮征夫淚。」這闕詞成為宋代豪放詞的代表作。

正是在這段時間裡，范仲淹寫下了開篇提到的與富嚴的通信。再細讀這封信，連結范仲淹當時的情況，可以想像信中所說的「優哉樂乎」另有深意。其實富嚴當時也正忙於治水，焦頭爛額，但是比起在西北邊疆打仗，他還是幸福多了。范仲淹交代自己的狀況時，也只是一句「夙夜勞苦」，隨後說的「即目寧息」，則應是不想讓後方的朋友和家人擔心而說的善意的謊言。

就在當年九月下旬，李元昊再次進攻，定川寨之戰打響，宋軍還是慘敗。由於范仲淹的防區堡壘堅固，所以李元昊沒有對他的防區進攻。但在定川寨之戰爆發後，范仲淹還是率兵六千馳援，所幸李元昊打完定川寨就撤了，沒有去跟范仲淹交手，否則范仲淹這點兵力很可能也會被消滅，歷史上也就不會有他後來寫出的千古名篇〈岳陽樓記〉了。

逢君莫說當年事

慶曆六年（一〇四六），任鄧州（今河南鄧州市）知州的范仲淹給被貶隨州（今湖北隨縣）的尹洙寫了一封信（即〈師魯帖〉，圖3）。信中有些字跡已經脫落，所存字跡如下：

仲淹頓首：

李寺丞行，曾□□□□遞中，亦領來教。承動止休勝，仲淹此中無□□，兒子病未得全愈，亦漸退減。田元均書來，專送上。近得□揚州書，甚問師魯，亦已報他貧且安也。暑中且得未動亦佳，惟君子為能樂□，正在此日矣。加愛加愛不宣。仲淹□師魯舍人左右。四月二十七日。

根據所存字跡推測此信大意是：李仲昌去你那裡，我曾讓他帶了一封信給你，後來又收到你的回信。我這裡沒什麼事，兒子的病還沒有完全好，不過已經好轉。田況給你寫了一封信，託我轉給你。最近收到韓琦從揚州寄來的信，他詢問你的狀況，我已經告訴他你目前雖然貧困但還比較安心。天氣熱了，不動最好，這樣的時候正適合君子以道為樂。保重，不多說了。

信中提到了范仲淹兒子生病的事。范仲淹有四個兒子，長子范純祐，次子范純仁，三子范純禮，四子范純粹。這幾個兒子仕途發展都不錯，其中次子范純仁後來在神宗朝官至宰相。此處有病的兒子是指長子范純祐，他喜歡修練道家功法，有一天他正練功時，他的妹夫不知何故突然砸到房門，范純祐受到驚嚇，從此心智失迷，再也沒有恢復正常。

范仲淹提到的「田元均」指田況，「揚州」代指任揚州知州的韓琦，都是當年一起馳騁戰場的老戰友，所以現在關係都很好。但就在兩年前，他們這群戰友之

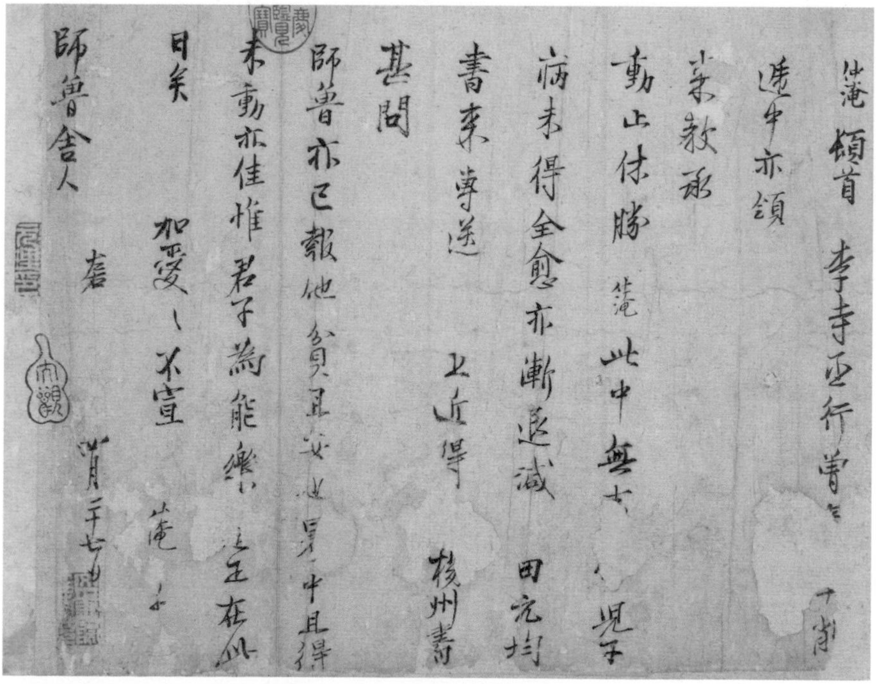

圖 3　〔宋〕范仲淹〈師魯帖〉，國立故宮博物院。

間卻發生了一次嚴重的內鬥，而尹洙被貶隨州，落得如今貧困的狀態，也與這次內鬥有關。為什麼這些好朋友之間會發生內鬥？這就要回到宋夏戰爭的戰場上。

停戰議和

宋夏戰爭爆發後，李元昊雖經歷三川口、好水川、定川寨三次大勝，但大軍四方征戰消耗嚴重，也快扛不住了。宋廷的經濟制裁也起了效果，關閉榷場這個舉措對西夏還是很有殺傷力的，因為當時大宋物資豐富，商業發達，而周邊少數民族都還比較落後，需要購買大量的大宋物資來維持生活和補充軍需。自從被切斷邊境貿易之後，西夏物資缺乏，物價上漲嚴重，百姓怨聲載道。

遼國本想趁火打劫，敲詐宋廷一大筆，宋廷不敢兩面樹敵，就派富弼出使遼國斡旋。富弼據理力爭，穩住了遼國，解決了兩線作戰的隱患。李元昊卻在此時與遼國不和，失去靠山，無奈之下只好向北宋低頭，於是慶曆三年（一〇四三）兩國開始停戰議和。

停戰之後，仁宗皇帝為了修復深受重創的經濟和民生，就開始著手實施慶曆新政，范仲淹和韓琦都被調回朝廷主持新政改革。主帥回朝之後，西北戰場留守將帥之間的矛盾開始浮現。

矛盾雙方

在宋夏戰爭期間，范仲淹的連襟鄭戩（九九二——一〇五三）升任樞密副使（類似國防部副部長），鄭戩想去西北前線領兵打仗，但遭宰相呂夷簡暗算而被貶杭州，可是他在杭州並沒待多久，好水川之戰失敗後，還是被調到了西北戰區。由於此前鄭戩任過三司使（相當於財政部部長），所以特別在意戰區的帳目，並開始清查。鄭戩在邊區的工作細密到位，得到仁宗皇帝認可，范仲淹和韓琦被調回朝廷後，鄭戩接任他們的職位，成為西北戰區最高軍事負責人。

當時的軍費腐敗問題很多，這些帳是很難查得非常明白的，或者說有些時候沒必要查得太明白。因為朝廷給的錢不夠花，而想讓將士們在戰場上賣命可是需要很多錢的，甚至有時會出現將士在戰場激戰進行中就開始向長官請賞的狀況，所以很多長官就拿著軍費以錢生錢，或放貸，或經商，再把多得的錢用於打仗，所以軍費問題就是一筆糊塗帳。至於查與不查經常是看需要，鄭戩後來就是靠查帳來扳倒尹洙的。

尹洙（一〇〇二——一〇四七），字師魯，河南洛陽人，他出生後十餘年間誕生了另外幾位人物，如梅堯臣、石介、歐陽修、蘇舜欽等，他們一起成為北宋古文運動先驅。尹洙又與年長十二歲的范仲淹、年長一歲的余靖（一〇〇〇——一〇六四）、小三歲的富弼、小七歲的韓琦、小十一歲的蔡襄等人，成為政治上的盟友。可以說，尹洙在北宋前期與中期交界時代的文學與政治上，都是很有地位的。

尹洙與范仲淹的關係尤其好，在尹洙眼裡，范仲淹是一名實事求是的幹才，而且幾乎可以說是儒家思想最完美的代表。當年范仲淹彈劾宰相呂夷簡，反被呂夷簡以「朋黨」之名反訟於仁宗皇帝，仁宗很忌諱「朋黨」二字，就處理了范仲淹等人。時年三十五歲的尹洙不顧自己的仕途，公開表示自己就是范仲淹的「朋黨」，並且主動要求貶官，後來在郢州（今湖北鐘祥）當了三年小官。此種義氣與情誼，令范仲淹極為感動，終生不忘。

尹洙喜談兵事，還寫過一些軍事類書籍，於是在康定元年（一〇四〇），三十九歲的尹洙被任命為涇原、秦鳳經略安撫司判官，成為韓琦的副手。尹洙為人很仗義，經常出面為一些帳目不清的人說情。不久，麻煩事降臨到尹洙頭上了，即著名的水洛城事件，此事直接導致尹洙政治命運的終結。

君子內鬥

水洛城位於今甘肅省莊浪縣，當時這個地方生活著十多萬無所歸依的少數民族，這些少數民族想要獻上廢棄的水洛城以歸附宋朝，同時希望朝廷重修水洛城。宋初著名的武將曹瑋（九七三──一〇三〇）一直想收復這片領地都未能如願，如今他們自願內附，當然是一等一的好事。范仲淹在此地監修堡壘期間，就曾上書朝廷請修水洛城，因韓琦反對而未獲批准。慶曆三年（一〇四三）十月，成為戰區最高長官的鄭戩，再次上書朝廷，這次朝廷批准了，鄭戩就派劉滬前往修築水洛城。

被調回朝廷的韓琦仍然反對重修水洛城，他認為當務之急應是用有限的人力、財力修復現有城寨，不宜新蓋城堡，於是就向朝廷上書請求水洛城停工。為達目的，韓琦還動用了政治手段，他見此時戰事已停，於是向皇帝建議應撤銷鄭戩擔任的陝西四路都部署兼經略安撫招討使這個「軍區總司令」職位，因為這個職位權力太大了，時間久了容易形成威脅。

慶曆四年（一〇四四）正月，朝廷依韓琦之請，下旨罷修水洛城，接著又罷了鄭戩的職位，將他換個地方，調到永興軍路。朝廷如此安排，是想讓極力支持修城的鄭戩離開，避免此事繼續糾葛。畢竟對於朝廷來說，戰事已經停息，修不修這個水洛城沒什麼太大影響。此時水洛城已經動工了，鄭戩自然不願意停工，而且此時停工也沒法跟當地少數民族交代，所以他命劉滬繼續修城，還請節度推官董士廉派兵協助，同時繼續上書朝廷請求修建水洛城。

鄭戩調走後，接管水洛城的人是尹洙，尹洙曾是韓琦的助手，他當然要執行韓琦的策略——反對修建水洛城。雙方各執己見，朝野上下也跟著爆發了大規模的辯論。無奈之下，朝廷只好派出「中央調查團」前往水洛城查看是否需要停工。

調查團還在途中，水洛城就出事了。反對修城的尹洙多次讓劉滬和董士廉停工未果，就派狄青以違抗軍令的罪名將這兩人關進軍事監獄，還要擇日問斬。調查團到了之後，發現監獄裡的董士廉滿身傷痕，而劉滬已奄奄一息，但尹洙不承認有故意虐待之事，只說劉、董二人違抗軍令才把他們關起來。這件事看似不大，但牽扯很廣，一邊是范仲淹、鄭戩、劉滬、董士廉，一邊是韓琦、尹洙、狄青。當時慶曆新政已經開始，范仲淹和韓琦都是實施新政的核心人物，仁宗很難處理。最後是歐陽修等人給仁宗出了個主意，兩邊平衡一下，都不重罰，免除劉滬和董士廉違抗軍令的死罪，再讓他們戴罪立功把水洛城修完，同時尹洙虐待大將的問題也不追究。

雖然此事鬧得水火不容，但其實雙方之間本來都是朋友。先說兩邊領頭的范仲淹和韓琦，在景祐三年（一〇三六）范仲淹彈劾宰相呂夷簡時，韓琦就力挺范仲淹，還一起被貶。在宋夏戰爭開始後，范仲淹能被重新起用，還要多虧韓琦以全家性命力保。在戰場上韓、范二人雖然戰略思想不同，但並沒有重大矛盾。朝廷初設陝西四路都部署兼經略安撫招討使這個「軍區總司令」職位時，準備交由范仲淹擔任，但范仲淹並未獨享此權，而是主動與韓琦分權共任。在慶曆新政開始後，韓、范同屬新政的堅定支持者，按此時歐陽修所寫〈朋黨論〉的觀點，他們二人可都是「君子黨」。

再說直接衝突者尹洙和劉滬，尹洙與范仲淹、歐陽修關係很鐵，而范仲淹、歐陽修與劉滬之兄劉渙是好朋友，所以其實大家都是朋友。再說鄭戩和尹洙，他們之間既沒有爭奪官位，實際上也沒有利害關係，從私人關係上說，兩人也是很近的。首先，兩人是同一年的進士，算是老同學；其次，尹洙視范仲淹為偶像，而鄭戩又是范仲淹的嫡系。雙方關係惡化，僅僅是因為對事情有不同意見而沒有溝通處理好，尹洙又一時衝動、處事欠妥，才結下了梁子，結果把自己捲進了鬥爭漩渦。水洛城事件實質是「君子黨」內部政治鬥爭的結果。這場君子內鬥沒有勝也沒有負，倒是內耗不少，讓新政的反對派看了笑話。

何必當初

水洛城事件結束後，鄭戩等人用軍費帳目不清這個屢試不爽的手段整倒尹洙。尹洙的部將孫用曾經用軍費放高利貸，後來沒法補齊虧空，尹洙幫忙補了缺口，但還是不夠，最後孫用被查辦，四十三歲的尹洙也被貶到隨州當小官。

在尹洙被水洛城事件和軍費案件困擾的時候，范仲淹也因為新政實施不順而焦頭爛額。最後，新政只實施一年多就以失敗告終，范仲淹、韓琦、富弼、歐陽修等一干人馬全部被下放，韓琦被貶揚州，范仲淹先是被調往西北戰區，又被調往邠州（今陝西彬州），後因身體因素，於慶曆五年（一〇四五）十一月調任鄧州（今河南鄧州市）知州。

范仲淹到達鄧州之前，在寧州（今甘肅寧縣）監酒稅的李仲昌的母親去逝了，李仲昌扶柩南歸，將母親與父親合葬。李仲昌的父親李垂生前是一位有學問的人物，早在十二年前就去世了，但沒有寫墓誌銘，李仲昌希望這次能請尹洙為他父親寫墓誌銘。尹洙雖然落職了，卻仍是當時極有聲望的人物，李仲昌決定去兩百多公里外的隨州拜見尹洙。

李仲昌大約是在第二年春天啟程前往隨州的，他也是范仲淹的門生，在出發前拜訪了范仲淹。范仲淹對尹洙被貶很同情，但也無能為力，就託李仲昌給尹洙帶了一封信以示安慰。尹洙自被貶以來，心情不佳，幾乎不與老友往來，但范仲淹的信他是必須要回的。尹洙在信中祝賀范仲淹解除邊任，回到中原，並詢問范仲淹兒子的病情。范仲淹接到信後，又給尹洙回了一封信，即開篇提到的〈師魯帖〉。

范仲淹在信中提到韓琦曾來信，可見即便經歷了水洛城事件，他們仍是好友，公私分明，這就是當時的君子吧。南宋詩人楊萬里曾讀過這封信，他題了一首詩〈跋范文公與尹師魯帖〉：「佳客千山得得來，主人雙眼為渠開。逢人莫說當時事，且泊南亭把一杯。[2]」此詩真是道盡范、尹二人心境。從這一年夏天開始，尹洙陸續回覆朋友們的信。雖然信中並沒有談到尖銳的問題，但往事一直壓在他的心頭。他並非因被貶而鬱悶，而是看為什麼被貶。試想，以道德節操自許的尹洙，被人揭發用酷刑虐待大將，與下屬私吞公款，而被貶則意味著朝廷和仁宗皇帝也認定了這些事，所以他非常鬱悶，卻又很壓抑的什麼也沒說、什麼也沒寫。

很快，本來身體就不好的尹洙病了，落難之際又逢體病，可謂貧病交加。他給范仲淹寫了信，范仲淹很著急，派人給他送了食物和藥。當年八月，尹洙遷為漢東節度副使，治所在均州（今湖北武當縣），這個地方離范仲淹所在的鄧州只有一百多公里。尹洙的病情愈來愈嚴重，第二年春夏之交的某一天，他似乎預感到了什麼，收拾了一下，起程前往鄧州找范仲淹。尹洙將後事託付於這位他尊敬的師友，而後安然辭世，享年四十六歲，好朋友歐陽修為尹洙撰寫了墓誌銘。

沒有無數個余靖，哪有北宋文人的風雅

至和二年（一〇五五）二月，余靖正在廣源州（今越南高平省平淵縣）一帶搜尋少數民族首領儂智高（一〇二五——一〇五五）的下落，這時他收到了好友蔡襄（一〇一二——一〇六七）的一封信（即〈安道帖〉，圖4），文字如下：

襄再拜：

自安道領桂管，日以因循，不得時通記牘，愧詠無極。中間辱書，頗知動靖。近聞儂寇西南夷，有生致之請，固佳事耳。永叔、之翰已留都下，王仲儀亦將來矣。襄已請泉麾，旦夕當遂。智短慮昏，無益時事，且奉親還鄉，餘非所及也。

春暄，飲食加愛，不一一。襄再拜，安道侍郎左右。謹空。二月廿四日。

這封信的大意是：自你奉命去平叛，日子一天天過去，無法經常給你寫信，深感抱歉。之前你給我寫了信，使我對你的情況有所了解。最近聽說儂智高在西南起兵，你上書朝廷請求捉捕儂智高，這真是一件好事。歐陽修、孫甫都已經留在京城了，王素很快

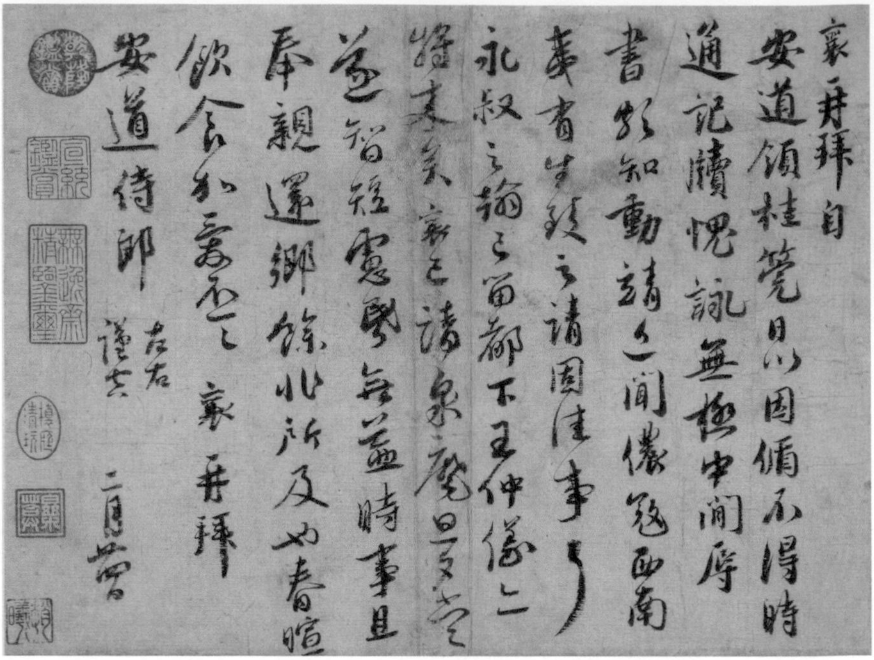

圖 4　〔宋〕蔡襄〈安道帖〉，國立故宮博物院。

也要來了。我已經請求去泉州就職，很快就要離京了。現在才智枯竭，頭腦發昏，也處理不了國事了，就打算回家奉養老母親，其他也做不了什麼了。春天來了，請注意飲食，照顧好自己，不多說了。

余靖和蔡襄都曾在慶曆新政期間任諫官，是多年的同事與好友。北宋慶歷年間著名的「四諫」，包括余靖、王素、歐陽修、蔡襄，他們年齡相近，其中余靖年紀最長，也是生命力最頑強的一位。與風雅的歐陽修和蔡襄不同，余靖的生活是很單調的，除了諫言時聲色俱厲外，一般情況下都是沉默寡言，工作之餘偶爾喝喝茶，不好行樂。他文集裡的詩歌基本都是送別詩，所寫的文章除了工作還是工作，千年之後的今天讀來仍能感覺他像一頭負重的耕牛。

蔡襄寫此信時，儂智高事件已經平息兩三年了，看來蔡襄對西南局勢還不是很了解。蔡襄在信中說要到泉州就職，是指他從開封知府的位子上辭職，並請求調回福建老家。辭職的原因是他處理涉及皇帝和宰相的案子不力而被御史趙抃彈劾。余靖接到蔡襄的信後，對這位小老弟恐怕是惋惜者少、羨慕者多，因為余靖早就想告老還鄉。十年前，蔡襄以奉養雙親的名義申請一個離家近的官職，朝廷不批，只給他准假回家探親，並希望他能帶著父母一起就任，余靖當時就很羨慕蔡襄有機會與父母在一起。現在他自己則是連父孝也沒能守完就披孝上陣，連續幾年奔波在形勢非常複雜的少數民族聚居區。

因學外語而被貶的外交官

余靖，字安道，祖籍福建。他的父親余慶調任廣東以後，舉家遷居廣東韶關。余靖是著名的天聖二年（一〇二四）進士，與宋庠、宋祁、鄭戩、葉清臣、尹洙等北宋名臣同期。余靖做過幾件有名的事，一是在景祐三年（一〇三六）聲援范仲淹，抨擊權相呂夷簡，位列「四賢」；二是名列「四諫」，積極支持慶曆新政，還曾在諫言時過於激動，把唾沫星子噴到仁宗皇帝臉上；三是前往兩廣地區平叛。余靖二十四歲考中進士之後，陸續做過縣尉、知縣、司理參軍等地方小官，三十四歲時終於混到京城當了個文書類的京官，結果兩年後因聲援范仲淹被貶到筠州（今江西高安市）當酒稅官。後又陸續遷往泰州（江蘇省泰州市）、英州（今廣東英德市）。從他前半生的簡歷來看，擔任的都是苦差事。

到慶曆二年（一〇四二），四十二歲的余靖才又回到朝廷，第二年被擢升為諫官，他直言敢諫，積極為新政出力。接著兩次出使遼國，卻因為學習契丹語被人舉報，謫貶吉州（今江西省吉安市）。在長達六年的時間裡，他閉門謝客，不言人事。在今天看來，余靖是無罪的，外交官必須要精通所在國的語言才能做好工作，所以余靖學習契丹語應該受到肯定而非懲罰，但當時的一些士大夫認為余靖做為大宋的使臣，學習虜語有損國體（圖5、6）。如果將這件事情結合當時的政治背景來看，其實這不過就是一個藉口。余靖在慶曆新政中是改革派，新政失敗，他自然要被打壓。

南方起亂

大宋建立之初，廣南西路（約今廣西地區）少數民族之間的矛盾就一直存在，主要集中於今中越邊境地區，當地的少數民族之間為爭奪利益時而拼殺。由於此處天高地遠、語言不通、地形複雜，並且事態還沒有危及中央政權，北宋朝廷只是睜一隻眼閉一隻眼。後來有一支儂姓少數民族勢力愈來愈強大，他們盤踞在中越邊境線上的廣源州，開採當地豐富的金礦。首領儂全福在各種兼併與擴張後，自封昭聖皇帝，拒絕再向大宋的藩屬國交趾（今越南北部地區）奉土稱臣。交趾於北宋寶元二年（一〇三九）派兵捕殺了儂全福。儂全福的妻子阿儂帶著十四歲的兒子儂智高逃回故鄉安德州（今廣西靖西市），並重振旗鼓。兩年後，阿儂母子建立「大曆國」政權。

儂智高在中越邊境攢集力量的時候，宋廷根本無暇顧及，因為此時西夏李元昊正率領大軍侵犯宋

圖 5（左）　河北張家口市遼金時期的韓師訓墓壁畫局部，宣化博物館藏。
圖 6（右）　契丹文「敕宜速」金牌，河北省文物保護中心藏。「敕宜速」的意思就是「快快去辦，不得延誤」。余靖以朝廷命官的身分學習少數民族的契丹語，被認為有失國家尊嚴。其實在對遼活動中，宋廷需要懂契丹語的人。

境。西北戰事一結束，慶曆新政就轟轟烈烈展開，持續一年多之後宣告失敗，政壇連續大洗牌。在這期間，儂智高一邊與交趾對抗，一邊向宋廷請求歸附以對抗交趾，但他的申請書都被邊境地區的宋朝官員給扣壓了，根本沒有呈給朝廷，所以與交趾交惡又得不到宋廷接納的儂智高最終心生怨恨，決定鋌而走險。

皇祐四年（一〇五二），儂智高舉兵反宋，攻下了廣南西路的首府邕州（今廣西南寧），稱「大南國」。然後沿當地重要的河流郁水、潯江、西江順流東下。儂軍所向披靡，大宋的官員和守將根本就沒想到儂智高會起兵，沒做任何應敵準備的結果，不是投降就是棄城逃跑。儂智高目標直指廣南東路（約今廣東地區）的首府廣州城。余靖就在這樣的背景下登場了。

南下平叛

朝廷任命余靖南下潭州（今湖南長沙）任知州，因為儂智高一旦攻陷兩廣，就必定會北上荊湖，潭州首當其衝。但余靖此時正在老家守父孝，他想推託，朝廷不許。余靖只好身披重孝，快馬加鞭馳赴潭州，人還在路上，皇帝又來信了，任命他為桂州（今桂林）知州，並統管廣西兵馬。然而儂智高動作太快，已經快打到廣州了，於是仁宗又詔令余靖經制廣東，剿滅儂智高。五十二歲的余靖根本沒打過仗啊，但皇命在身，他也只好奔赴戰爭前線。在諸多身負王命的潰逃官員中，他像是一位逆行者。

余靖節制的兩廣兵馬有近百年不打仗了，早就沒了戰鬥力，根本壓不住儂智高的兵鋒。當時的宰相龐籍建議仁宗派狄青（一〇〇八——一〇五七）率軍出征，於是中國歷史上赫赫有名的刺面將軍狄青再次出場。他以楊家將傳人楊文廣為先鋒，一路急行軍至廣西，很快平定了儂智高勢力。狄青北歸後，余靖繼續去桂州上任，他請求辭去工作，回家守父孝，但仁宗不許，余靖只得留在廣西處理後續事務。

儂智高勢力雖然被平息了，但事情卻還沒完，因為還沒有拿下儂智高，所以余靖的任務還很重，在茫茫的山野叢林進行艱苦的偵查與清剿。皇祐五年（一〇五三）十二月，余靖拿下儂智高的母親、弟弟和兒子，將他們囚送京城，但儂智高本人依然不知所蹤。據後來的證據顯示，儂智高很可能死於大理。事態平息之後，余靖繼續給朝廷上書，說自己在南方多瘴區待得太久了，請求內遷。這次朝廷批准了，把他派往潭州，後來又調往山東青州。

再次南下

嘉祐五年（一〇六〇），交趾北侵廣西，血流成河，而此時最能征善戰的狄青將軍已不在人世了。平定儂智高後，成為樞密副使的狄青從副轉正，坐上了樞密使的位子，掌管全國軍務，地位僅次於宰相，成為有宋以來唯一一位坐到這個位置的武將，但他從此也成為文官集團的眼中釘，後來被文彥博、韓琦、歐陽修等文官讒奪樞密使一職，並在三年前含恨而終。

余靖之前有過兩廣平叛的經驗，成了最合適的人選，所以年逾花甲的余靖老驥伏櫪，再度出征廣西，戰後論功，余靖被授尚書左丞，到廣州任知州。這個職務雖然不高，但離他的家鄉韶關比較近。不久仁宗病逝，英宗即位。余靖被詔拜工部尚書，北上至江寧府（今南京）時，病逝於驛館，享壽六十四歲。

余靖一生名列「四賢」和「四諫」，兩次出使契丹，兩次出征蠻荒的國境最南端，直到老死也沒能回鄉盡孝、頤養天年。他並沒有特別高超的才能，也沒有太顯著的文治武功，只是一個沒沒無聞的耕耘者。他不是風雅之士，也沒有享受繁華，相比那些身居內地，住豪宅大院，擁妻妾成群，為官時風花雪月，退休後吟詩作賦、點茶賞畫的宋代士大夫，余靖一生只如耕牛，老死犁旁。但正因為有余靖這種人，才成就了北宋玩家們的「風雅」。

游擊戰名將

宋英宗治平二年（一〇六五），一名在京城開封準備參加科考的考生突然得知他的父親被捕了，正在魏縣（今河北魏縣一帶）接受審訊，魏縣距開封約有兩百公里。考生立即向主考官請假，要去營救父親。此時馬上就要開考了，他這一去就意味著趕不上考試了。主考官感到非常遺憾，這位考生很優秀，而且還是一名三十八歲的大齡考生，如果錯過這次考試真的很可惜。但考生說他必須去救父親，主考官只好祝他一切順利。這位考生一路快馬加鞭，抵達魏縣後，幫助父親申辯，很快就還父親以清白，然後又飛奔南下，竟然趕上了考試，還獲得了禮部試的第一名（禮部試的第一名是省元，參加皇帝主持的殿試獲得第一名才是狀元）。這位考生的壯舉轟動了京城，他的名字叫章楶。

章楶（一〇二七——一一〇二），字質夫，福建浦城人，出身官宦世家，祖父、父親分別在真宗朝、仁宗朝為官，族叔章得象（九七八——一〇四八）是仁宗慶歷年間的宰相，堂弟章惇（一〇三六——一一〇五）是哲宗朝的宰相。章楶二十二歲那年就通過宰相叔叔的恩蔭進入仕途，但在這種情況下，只能做做基層工作，要想有更大的發展，還得考進士。考取進士才能受到朝廷重視，還會結識很多進士同學，這些都是仕途晉升的政治資本，所以想追求仕途的官宦子弟都會放棄恩蔭而選擇科考。章楶在基層工作十六年後，也終於決定參加科考。

獲得進士身分後，章楶先是到京城開封附近的陳留縣任知縣，三年任滿後又調任祕府（國家藏書館）掌管經籍圖書。章楶任「圖書管理員」的三年間，正是神宗和王安石籌備變法改革的關鍵時期，章楶在此時接觸到神宗朝變法派的人物，其中就有曾布（一〇三六——一一〇七）。曾布在這段時間給章楶寫過一封信（即〈致質夫學士〉，圖7），文字如下：

布頓首：

還朝雖久，未獲一接緒論，傾企不忘，比蒙枉顧不遺，豈勝感尉。秋意加爽，竊惟優游圖史之間，諸況甚適。拘文無緣造謁，但增鄉往，謹奉啟敘。謝不宣。布手啟上，質夫學士侍史。

大意是：我回朝雖然很久了，但一直沒機會和你好好聊聊。一直很仰慕和掛念你，也承蒙你來看望我，讓我非常感激和欣慰。現在秋高氣爽，你能夠在經籍圖書中暢遊，想來應該是很舒心的。我被瑣事纏身，無法登門拜訪你，徒增嚮往之心，只好給你寫信聊幾句。

曾布的哥哥是唐宋八大家之一的曾鞏。曾布一開始是王安石的得力幹將，但後來他批評新法當中的市易法，王安石就認為他背叛了新法，把他貶謫外放了。後來章楶也成為一名新法執行者，他還被派回陳留縣去推行新法。四十八歲那年，章楶被派往陝西負責錢糧救濟等民生工作，這是他第一次前往陝西。陝西在神宗朝是非常重要的地區，因為陝西與西夏接壤，而神宗有意在西北開戰，吞併西夏。章楶被調往陝西，說明章楶得到神宗的信任。陝西任期結束後，章楶又被

布頓首還
朝雖久未獲一接
緒論傾企不忘比叅
枉顧不遺豈勝感慰秋
意加爽竊惟
優游圖史之間
諸況甚適拘文無緣造
謁但增鄉往謹奉啓叙
謝不宣　布　手啓上
質夫學士侍史

圖 7　〔宋〕曾布〈致質夫學士〉，國立故宮博物院。

調往山東、河北、湖北、四川。這期間，一直想收服西夏的神宗在西北打了幾次大仗，最後一敗塗地，但這些與章楶沒有什麼關係，直到年過花甲，他都是文臣，跟打仗不沾邊。宋哲宗元祐四年（一〇八九），六十二歲的章楶被調往陝西路任轉運使。這是他第二次到陝西工作，也是改寫他命運的一次工作調動，風雲變幻的局勢，一步步將他推上了新的歷史舞臺，也成就了他晚年輝煌的功績，而這一切要從毗鄰大宋西北邊境的西夏說起。

西夏的兩個女強人

西夏建國皇帝李元昊與北宋和遼國打了一輩子，建立了三足鼎立的局面，可是他驕奢淫逸，竟然把次子寧令哥的妻子沒移氏立為自己的皇后。李元昊的情婦沒藏氏的兄長沒藏訛龐（？——一〇六一），攛掇寧令哥刺殺李元昊，然後又以弒父的罪名殺了寧令哥，最後扶持李元昊與沒藏氏所生的一歲小兒子李諒祚（一〇四七——一〇六七）即位。沒藏訛龐家族成了西夏國的實際掌權人，他們家的人進皇宮就像進自家門一樣。李諒祚十三歲時，沒藏訛龐發現自己的兒媳婦大粱氏（？——一〇八五）竟然經常偷偷溜進皇宮跟李諒祚「兩情相悅」，就想殺了這兩人。大粱氏為求生，偷偷跑出王府向李諒祚告密，兩人聯手反攻，滅了沒藏氏全族，大粱氏當上了皇后。

這一年是宋仁宗嘉祐六年（一〇六一），兩年後仁宗皇帝就去世了，繼任的英宗朝和神宗朝共二十多年時間裡，西夏的軍事基本都由大梁氏主宰。宋夏之間的戰爭耗費了無數財力和人命，神宗利用王安石變法賺來的錢，數次發大軍征討西夏，試圖一雪先輩幾代皇帝被西夏人欺負的恥辱，結果一敗塗地。被打出陰影的宋神宗三十八歲就鬱鬱而終，而大梁氏也於同一年病死。

小梁氏（？——一〇九九）是大梁氏的侄女，她嫁給了李諒祚和大梁氏的兒子李秉常，李秉常即位後，小梁氏成為皇后，生下兒子李乾順（一〇八三——一一三九）。等大梁氏和李秉常去世後，三歲的幼主李乾順即位，小梁氏接掌了大權，她掌權的時間與宋哲宗在位的時間大致相當。小梁氏繼續任用外戚，窮兵黷武，而北宋方面以太皇太后高滔滔為首，以司馬光、蘇轍等人為中堅的元祐舊黨，採取不抵抗的求和政策，使得宋軍在西北的戰事連連失利。舊黨為了求和，竟將神宗時期將領們用生命換來的幾座重要城池奉送給西夏，致使西夏益發驕蠻，入侵宋境更加肆無忌憚。

章楶的游擊戰法

就在此時，章楶到了陝西，他目睹西北形勢，精心鑽研宋夏戰爭史，逐漸有了自己的想法。兩年後還朝述職，他給宰相呂大防（一〇二七——一〇九七）寫了一封問候信，並把想法告訴了宰相呂大防，呂大防馬上回了信（即〈示問帖〉，圖8）：

大防啟：亟辱示問，欣承臨部以還。動止佳福。陝於諸道為劇，利害之形，有不可遽悉者，必煩精思而後辨。未緣款晤，倍冀珍厚。不宣。大防頓首。運使質夫使君，

九月十六日。

這封信大意如下：感謝你寫信問候我，你從陝西回京，真是件令人高興的事，祝你一切安好。陝西

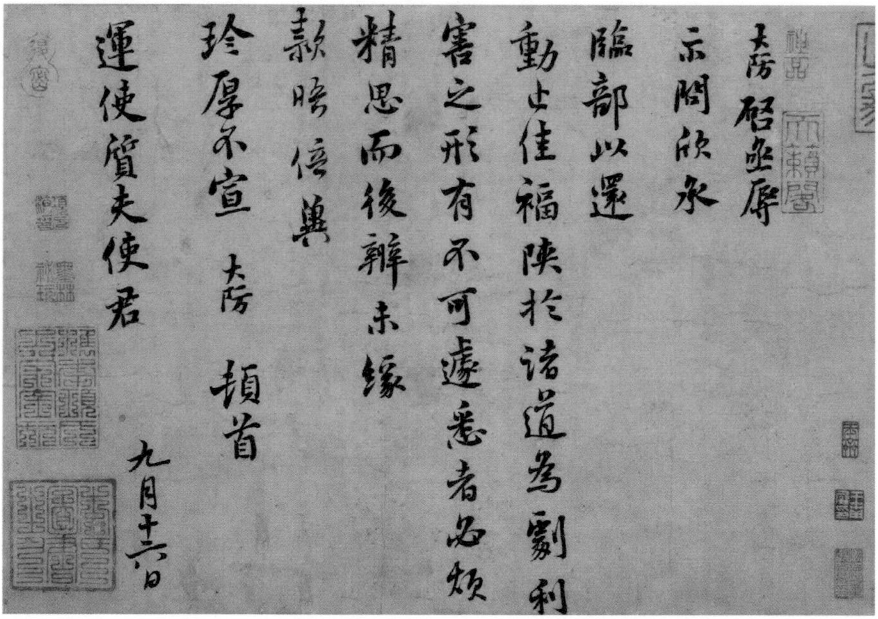
大防啟亟辱
示問欣承
臨部以還
動止佳福陝於諸道為劇利
害之形有不可遽悉者必煩
精思而後辨未緣
款晤倍冀
珍厚不宣 大防 頓首
運使質夫使君 九月十六日

圖 8　〔宋〕呂大防〈示問帖〉，北京故宮博物院藏。

現在是特殊地區，利害關係重大，那裡的形勢不是短時間就能弄清楚的，一定要精思而後行。沒能見面聊，非常掛念你，珍重。

從信的內容可以推知，章楶應該是在信裡提到了對陝西時事的看法和準備採取的行動，看樣子是觸及當時的敏感問題了，呂大防在回信中叮囑章楶不要輕舉妄動，應該是顧慮當時朝堂上求和思想占主流。章楶到底在信裡說了什麼？他準備做什麼？呂宰相為何如此謹慎？

元祐六年（一〇九一）二月，六十四歲的章楶第三次被派往陝西，出任環慶路經略安撫使，兼慶州（今甘肅慶陽附近）知州，這裡是一線戰區。四月、六月、八月都有西夏軍入侵境內，章楶不想再忍了，他連續給朝廷上書，正式提出自己的禦敵策略，大意如下：

防禦策略：一、小股敵軍入侵時，到誰的地盤，誰就消滅他們，或把他們趕出國境去。二、敵人舉國之兵入侵時，則堅壁清野，也就是堅守城池不出戰，並清除城外一切物資和百姓，讓敵人什麼都搶不到。同時派一部分精銳部隊分散在城外與敵軍隔空糾纏，只威懾不接觸。敵人若追，我們就跑；敵人攻城，我們就與城內守軍裡外夾擊。敵人搶不到東西，沒仗可打，又不敢攻城，無奈之下只能撤軍，那我們就尾隨追擊，或在他們撤退的路線上埋伏偷襲。三、一個地方被敵人大軍攻擊，則其他地方都要出兵策應並牽制敵軍，這樣就可以避免以寡敵眾的局面。

進攻策略：一、淺攻擾耕：西夏遊牧民族沒有堅固的城池，也沒有固定的軍營和軍隊，打仗時就召集在一起，打完就解散，雖然邊境上也有衛兵，但每處不過百人，所以最好的攻擊策略就是「淺攻擾耕」，即派出小分隊襲擾他們，快去快回不戀戰，讓他們沒法正常耕種和生產。若敵人聚兵出戰，就在其聚集過程中趁亂攻擊；若敵人解散，則等其解散後掩殺，具體的攻擊方法由主將臨時應變。一路兵馬打完馬上回來休息，另一路接著再去，輪番不定期出戰，不能讓敵人摸出規律，就這樣一年到頭不停襲擾。二、進築堡寨：西夏與北宋的邊界有綿延千里的橫山山脈，地勢險要，土地肥沃，西夏佔據著橫山，防守和耕種都要倚仗它，那我們就把堡寨逐步修到橫山上去，召募一些弓箭手駐守，再召募歸降的百姓耕種田地，這樣就不用朝廷專門派兵和送糧。西夏兵彪悍勇猛，長於弓馬，尤善野戰，所以經常能打贏宋兵，但攻城拔寨他們不行。我們就把堡寨修到他們家門口，讓他們無法安居和耕種，他們自然就亂了。

章楶的禦敵策略與近代戰爭中的游擊戰法頗有相似之處，而「淺攻擾耕」的策略又與

「麻雀戰」很類似。章楶的這些策略並不全是他自己的創造，而是綜合五六十年間宋夏戰爭所有經驗的結果，比如堅修堡壘、逐步蠶食的策略，就與當年范仲淹對付西夏的策略類似。

一直打不還手的宋軍突然開始反抗和進攻了，西夏方面很生氣，小梁氏集結大軍入侵環州，章楶就按上述的禦敵策略應對，西夏軍攻城七日不下，又被佯裝敗退的宋軍引到河邊喝了有毒的水，無奈之下只好撤退，退到洪德寨時被埋伏於此的宋軍偷襲，西夏軍的精銳部隊「鐵鷂子」雖然勇猛，但也禁不住宋軍鐵蒺藜、神臂弓、虎踞炮等武器一齊上陣，最後西夏軍大敗，小梁氏差點命喪戰場，連衣服首飾都丟了，最後從小道逃走。

章楶一戰成名，但戰場上的勝利抵不過政治這隻怪手。章楶的戰果顯然與朝堂上求和的主流傾向不符，而且還有很多朝臣懷疑章楶是在虛報戰功，這個一輩子沒打過仗的老頭子怎麼忽然在垂暮之年變得這麼會打仗了呢？沒道理呀！結果就是章楶被調離前線到內地任職。

平夏城裡果然平了西夏

紹聖三年（一〇九六），六十九歲的章楶第四次調任陝西，任涇原路經略使，再次成為前線軍事長官。這個調動的背景是：太皇太后高滔滔已經去世，哲宗親政，章楶的堂弟章惇被任命為宰相，新黨被起用，舊黨被清理，西北前線的主將也都換成了主戰派，宋軍開始從被動改為主動。

章楶上任後就有了大動作，他沿著葫蘆河跑到西夏境內的石門峽修了一座城，命名為平夏城。從名字「平夏」也能看出修城的目的，這顯然是章楶「進築堡寨」思想的延續。那為什麼這座城要修在這裡呢？葫蘆河就是現在寧夏境內的清水河，它的上游在北宋境內，下游在西夏境內，是連接西夏與北宋的門戶。石門峽就在兩國交界的西夏一側，在這裡修城，就意味著把城修在了通往西夏的大路口，隨時可以沿河而下，開進西夏的中心地帶。為了不讓西夏人發現修城這件事，章楶讓邊界上其他地方的守將都派兵「淺攻」西夏，唯獨石門峽附近靜悄悄，沒有引起西夏人注意，章楶就派人以最快的速度修城，只用了二十二天。

章楶修完平夏城之後，又沿著河川繼續往前修了幾個堡寨，西夏人按捺不住了。葫蘆河一帶豐饒的土地是西夏人重要的糧食產地，西夏人稱為「唱歌作樂」之地，現在宋軍竟然在家門口築城修寨，皇室貴族都給小梁氏施壓，要求她拔掉這顆家門口的大釘子。小梁氏為了穩住自己的地位，只能全力出戰，她花費一年時間整軍備戰，聚集傾國之兵三十萬，帶著小皇帝乾順上陣，殺向了平夏城。

西夏軍填平護城河，用樓車、挖地道等方式展開攻擊。章楶早有準備，他派了西北戰場上最優秀的將領郭成、折可適堅守平夏城，他們頑強守城，用各種方法回擊，比如用神臂弓射擊敵軍，又派小分隊夜間出城襲擾，讓敵軍不能安睡。周邊的宋軍也沒閒著，他們跑到西夏大後方斷了他們的糧草。西夏軍十幾天都沒攻下平夏城，又沒了糧草，逐漸恐慌，而他們的樓車又被強風摧毀，軍心動亂，小梁氏號啕痛哭，只能撤軍。這時埋伏在他們退路上的宋軍開始接連攻擊，西夏軍損失慘重，又趕上天降大雪，西夏軍凍死無數，最後小梁氏帶著十五萬敗軍撤回，損失了一半兵力。

章楶並沒有結束戰鬥，他不僅要防禦，還要反攻。不久之後，他派出間諜探查到西夏統軍主將嵬名阿埋、妹勒都逋和仁多保忠都在天都山。天都山曾是李元昊的行宮所在地，距邊境上的平夏城有一百多里。章楶派郭成和折可適率一萬多輕騎兵，攻上了天都山，直接活捉目標。西夏的主將們正在舉行篝火宴會，怎麼也沒料到宋兵會攻到這裡，因為雪天出兵是游牧民族的專長，漢人一般不會這樣做。而且宋兵之前都是「淺攻」，怎麼忽然就深入內地來攻擊了呢？仁多保忠僥倖逃脫，宋軍押著嵬名阿埋和妹勒都逋，突出重圍，成功返回境內，還順便帶回了三千俘虜和十萬隻牛羊。此次戰績堪稱奇蹟！

尾聲

這一戰之後，西夏再也沒有能力與宋對抗，從此開始走下坡，並向宋求和。哲宗皇帝大喜，接受百官朝賀，重賞章楶和其他有功將士。遼國不想看到西夏被宋吞併，就派使者來幫西夏說話。宋廷接受了西夏求和，同時全面佔據了橫山、天都山一帶，將國境線向前擴張。遼國看宋夏兩國和好，也就不再說話了，三方之間又恢復了和平。

七十三歲的章楶屢屢請求退休，哲宗一直不同意，讓他在邊境繼續修築堡寨。徽宗即位後，章楶得以回內地養老。不久，徽宗又任命章楶坐鎮樞密院，掌管全國軍務，但章楶還是請求退休，一年後，徽宗終於同意。不過，無官一身輕的章楶還沒來得及安享晚年就去世了，享壽七十五歲。

宋遼談判與蔡京的痔疾

小梁氏是個戰爭狂熱分子，自把持朝政以來，她仗著有遼國撐腰，在宋夏邊境上不斷滋事，弄得宋夏關係極其緊張，西夏國內也民怨鼎沸。她每次挑起事端後，又以附屬國的身分要求遼國出面幫她解決。在平夏城之戰中，西夏軍被北宋七十歲的老將章楶打得大敗而歸。小梁氏氣急敗壞，三番五次請求遼國軍事介入，遼道宗（一〇三二——一一〇一）耶律洪基拒絕軍事介入，小梁氏就當著遼國使臣大罵。遼道宗被這個喜歡惹事的女人給惹煩了，乾脆派人毒殺了她，小梁氏十六歲的兒子李乾順親政，開始向宋廷求和。

戰事轉外交

面對李乾順求和，二十三歲的哲宗皇帝一方面高興，一方面又不解恨。朝中也有一批人想要藉此機會一舉滅了西夏，洗刷多年恥辱。李乾順也深知這麼多年來對宋朝傷害不小，擔心求和不成，反被宋朝滅國，於是請求遼國出面幫忙講和。遼道宗雖然不會軍事介入，但外交上的和平關係他還是要維持，畢竟他也不想看到西夏被宋朝吞併。既然遼國要來當和事佬，宋朝方面就得加倍重視，並仔細制訂外交方案。遼道宗雖然名聲不好，但多年來信守宋遼和平條約，兩國多年無戰事，宋也不希望因此事得罪遼國而引起爭端。一旦宋遼交惡，西夏肯定會重新爬起來趁火打劫，西南的少數民族也會火上澆油，所以宋必須認真對待遼國的調停，儘量避免擦槍走火。事關重大，由誰來負責接待遼國使團就非常關鍵了，這個接待的人有個專門的名稱「館伴使」，人選要由相關部門和大臣共同擬定，呈給皇帝批准。遼國使團負責人蕭德崇的身分是「左金吾衛上將軍、簽書樞密院事」，宋也應當派與之身分對等的人擔任館伴使。經過仔細篩選，選出五十二歲的蔡京（一〇四七——一一二六）。蔡京此時的職位是翰林學士承旨，兼修國史，正三品。

蔡京的接待工作

遼國這次派出的使者是泛使，也就是因為重大國事而專門派來的使者，不同於日常因節日、壽誕等派遣的使者。由於宋遼兩國近年和平無事，已經有二十多年未互派泛使了，雙方使者都沒有實戰經驗，都挺緊張。外交無小事，很多細節都要仔細協商確定，平時很多可以變通處理的事，此時都必須講原則，講規矩，否則就可能出現外交事故。

為了能夠應對遼國泛使的突發要求或各種突發狀況，蔡京要提前想到多種可能性。比如，如果泛使請求一同上殿面見皇帝談國事，該怎麼辦？蔡京拿不準，就去找上級詢問。蔡京與宰相章惇關係不好，他便找樞密使曾布請教對策。曾布說：「你就跟他講，皇帝不會回你話的。」蔡京還是不放心，於是上書請示皇帝。皇帝又轉而問曾布，曾布答：「那就不理他。」皇帝又問：「要是他再三要求怎麼辦？」曾布說：「不接他的話，讓他回館驛跟館伴使講。」蔡京就按曾布的意思去辦。

但還是有些事預料不及，比如，當遼國的泛使到達兩國邊境的白溝時，按規矩就得換乘宋廷郵差用的車馬，沒有任務在身的隨行人員則一律止步。但是遼使蕭德崇不僅不肯換乘車馬，還要把隨從都帶到雄州州府所在地。這件事就在朝廷裡引起一番爭論，宰相章惇堅決不同意，而樞密使曾布則說，如果他們態度還不錯，那就隨他們的意。哲宗皇帝是聽完左邊聽右邊，拿不定主意。又比如，在交割禮物時，蔡京發現遼國皇帝贈送給哲宗皇帝的玉帶和腰飾居然沒有包裝和封印，這顯然是無禮的行為。蔡京責問遼使，遼使說這是臨時置辦的禮物，沒來得及封印。章惇很生氣，而一些大臣就說：「算了算了，不要因小失大。」此事就不了了之。

當然，蔡京要忙的最主要的大事還是如何處理西夏問題。遼國要求大宋放過西夏，而大宋覺得遼國不應當干涉此事。宰相章惇是堅定的主戰派，又極其講原則，一直不同意遼使的要求，雙方就這樣不停的反覆溝通。本來按規矩遼使在開封最多只能待十天，這次卻拖延了一個多月，遼國泛使著急得不行了。有一天用餐時，遼國副使李儼看見盤中有杏子，頗為感慨，就隨口吟了一句：「來未花開如今多幸（杏）。」蔡京自然明白李儼的意思，他對了一句：「去雖葉落，未可輕離（梨）。」

忙到痔疾復發

從正月接到任務就開始準備，二月底泛使抵達，四月才離宋，蔡京要天天陪著，上下溝通，左右銜接，忙得便祕的老毛病又犯了，接著痔疾也發了，真是有苦難言。這時他的同事蔣之奇送來一封慰問信（即〈北客帖〉，圖9），文字如下：

之奇頓首啟：

改朔，伏惟台候萬福。北客少留，方此甚熱，又房室隘窄，良不易處。亦聞小苦痔疾，更乞調飲食將息為佳。久闊不展，深以想念也。謹馳啟上問，不宣。

之奇頓首再拜，修史承旨侍讀台坐。

此信大意是：時間都過去一個月了，希望你一切安好。遼國使者在京城停留的時間比以往久，此時天氣已經很熱了，館驛的房子又小，實在不好住。我聽說你的痔疾犯了，希望你好好調節飲食，多多休息。咱們好久沒見面了，很是想念，所以寫信問候一下。

蔡京的便祕是舊疾，而且似乎不是什麼祕密。南宋初年的施德操記錄了蔡京便祕的故事：蔡京苦於便祕，但又不肯就醫。因為醫生多半會用一味名叫大黃的藥，用了這味藥就會拉肚子。蔡京認為拉肚子會讓人元氣大傷，所以拒絕用大黃。可是如果不用大黃瀉去腸熱，便祕就治不好。有個沒什麼名氣的大夫聽說此事後，就想幫蔡京治治看，蔡京的家人同意讓他

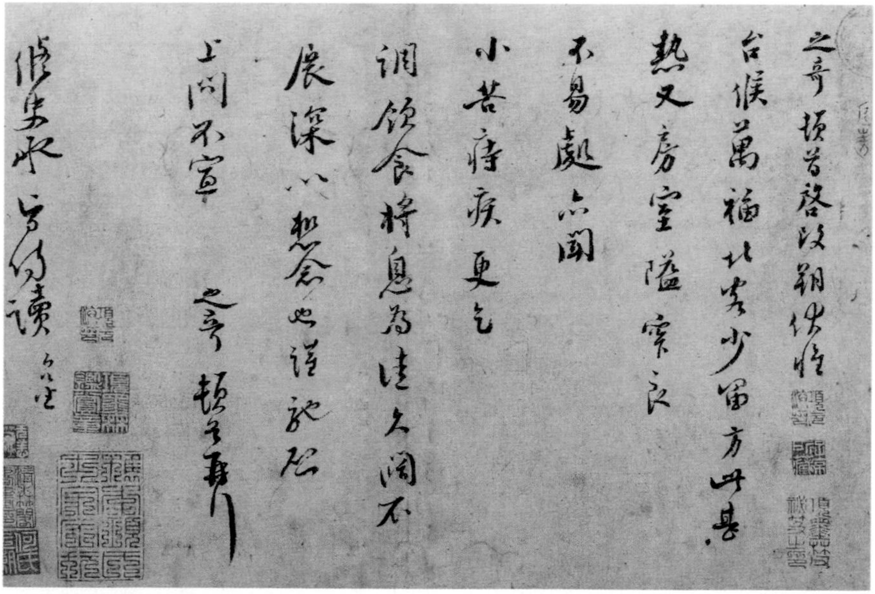

圖 9　〔宋〕蔣之奇〈北客帖〉，北京故宮博物院藏。

一試。這位大夫把完脈後伸出兩根手指頭，蔡京以為這人要訛錢了。結果大夫說：「給我二十錢，我去買一味藥。」蔡京問：「什麼藥？」大夫說：「紫菀。」蔡京以往用的藥裡還真沒有這味藥，於是半信半疑給了錢讓大夫去買。大夫將自己配的藥給蔡京服下，結果還真好了。蔡京就開始納悶了，為啥不用瀉藥也能治便祕。大夫就說：「便祕的根源在肺氣瘀塞，紫菀通肺氣，病自然就好了。」

有人認為蔣之奇的〈北客帖〉是寫給司馬光的，其實各種資訊證明是寫給蔡京的。這封信也證明了蔡京不僅便祕，還有痔疾。便祕與痔疾雖然是兩種病，卻息息相關。痔疾多半與飲食和作息不當有關，蔡京這次痔疾復發，卻是和國家大事有關。

私下拉攏岳飛管用嗎？

紹興三年（一一三三）初夏時節，岳飛（一一〇三——一一四二）正在虔州（今江西贛州）平定賊寇，在川陝抵抗金軍的張浚（一〇九七——一一六四）悄悄給岳飛寫了一封信（即〈談笑措置帖〉，圖10），內容如下：

浚再拜：

虔賊陸梁，出於州郡，養成端倪，漸以滋蔓。左右談笑措置，招撫剿除，愜當事會。朝廷倚重巨鎮，一聽規謀，切望頤旨，早為之所，庶民獲安居，為惠甚大。僭率，僭率。浚再拜。

「談笑措置」是談笑間就處置掉的意思。這封信的大概意思是：虔州那幫賊寇太倡狂了，一幫本地人結成團夥，逐漸蔓延成勢。不過你談笑之間就可以把他們給解決了，或招撫，或剿除，都是大快人心的事。朝廷如此倚重你，虔州剿匪事宜都聽由你來規畫謀略，盼望你下個指令，早點把他們滅了，讓百姓能安居樂業，這真是一件大好事。我這話說得有點多餘啊，請多多擔待！

這封信裡沒什麼重要的事，只是鼓勵和讚揚岳飛為國平寇，但如果仔細推敲一下，這封信就很值得思考了。此時張浚的職位是川陝宣撫處置使，這是高宗為他量身訂製的官名，擁有軍、政、財等各項大權，是坐鎮一方的大人物，甚至被認為是與高宗在東南方的朝廷實力相當的另一個小朝廷。

岳飛雖然很能打仗，但此時的官階在所有武將中也只算得上是中上，手下部眾不過萬人，與張浚差了很多級。此外，張浚在川陝，岳飛在江西，平時也沒什麼私交，那為什麼張

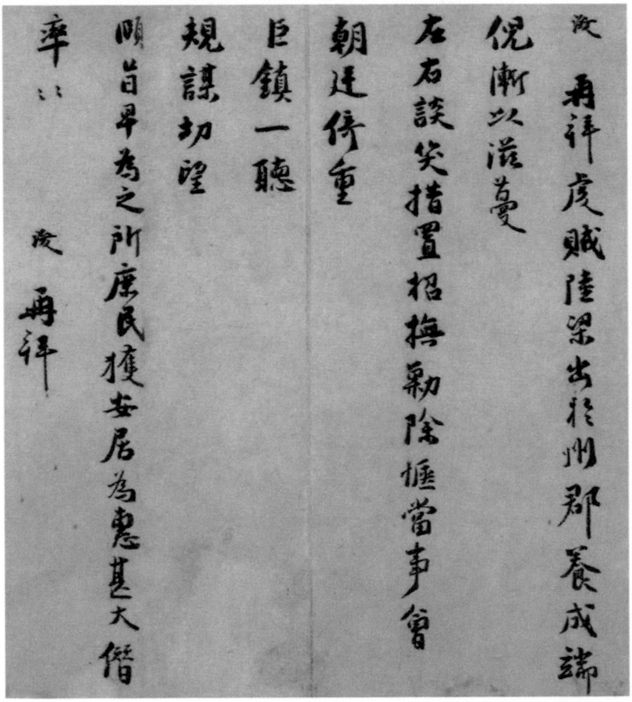
浚再拜虔賊陸梁出於州郡養成端
倪漸以滋蔓
左右談笑措置招撫勦除愜當事會
朝廷倚重
巨鎮一聽
規謀切望
頤旨早為之所庶民獲安居為惠甚大僭
率以 浚再拜

圖 10 〔宋〕張浚〈談笑措置帖〉，北京故宮博物院藏。

浚明知不太合適卻還是要寫一封沒有實質內容的信給岳飛？言辭還那麼溫暖？難道只是一位老大哥送來的初夏的問候？

皇帝的私仇

靖康之變（一一二七）後，皇室成員被擄往金國，但是康王趙構成了漏網之魚，因為金兵圍困開封城時他不在城裡，而是擔任兵馬大元帥駐守河北，朝廷命他率兵救援，他沒有聽從，躲到山東避戰。金兵撤走之後，趙構在南京應天府（今河南商丘）即位，成為南宋第一位皇帝，是為高宗。

在靖康之變中，還有一位重要的皇室人員也逃脫了，她就是哲宗皇帝的第一任皇后孟氏（一〇七三——一一三一），也就是宋徽宗的嫂子。慘劇發生時，她正在一所道觀裡反省，沒人想起她，她便逃過一劫。高宗繼位後沒有皇太后，因為高宗的親生母親已經跟著徽宗到金國去了，高宗就把這位伯母接到身邊，尊為皇太后。

金人見宋廷復活，自然要趕盡殺絕，所以高宗即位之初是處於被金人追得四處逃竄的狀態。建炎四年（一一三〇），金人又追來了，情急之下，高宗往東跑，孟氏往南跑，孟氏一直被金人追到江西的虔州。正值兵荒馬亂，虔州治安非常不好，孟氏先是被盜賊搶劫，後又被亂兵圍攻住所，好在高宗及時派人把她救走了。據說高宗從此就記了仇，被外敵欺負也就認了，一幫草民也敢欺負他們孤兒寡母，此仇必定要報。

國事家仇一起解決

三年以後，在大將吳玠（一〇九三——一一三九）、韓世忠（一〇九〇——一一五一）、岳飛等人的英勇抗擊下，北方局勢暫時穩定，高宗終於能分出兵力來收拾江西那個爛攤子了。

翻開地圖，虔州位於北宋舊都開封的正南方一千多公里處，這差不多是一級政治犯的流放距離，但是虔州卻與其他流放地不同，多條河流彙集於此，再一起流進南方的大動脈——贛江。虔州就卡在這片四通八達的水域中，廣西、廣東、江西等地的絕大部分物資都要通過水路彙集在這裡，然後由縱貫南北的贛江一路向北偏東航行五百多公里，輸送到長江碼頭九江市，再沿長江繼續向東北方向航行五百多公里，到達揚州。在北宋，揚州是個中轉站，財富、物資會在揚州進入運河，繼續往西北航行六百多公里，送往首都開封。

虔州如此重要，高宗是無論如何也要把它抓在手心裡的，但是盤踞在那裡的盜賊時間已久，背景複雜，既有當地豪強勢力，也有兵匪流寇，更有流離失所的難民，加之地形也很複雜，所以之前的剿匪行動收效甚微，換了幾任官員也沒能解決這個問題。現在，高宗要出動大軍去治這顆毒瘤，軍界大人物一致推舉三十歲的岳飛去執行這次軍事任務，因為之前兩湖、兩廣地區的流寇就是岳飛掃平的。高宗也暗自心許岳飛，他對這個比自己年長四歲的年輕「老將」很感興趣，這個沒有家庭背景卻像鷹隼一樣能「捕獵」的年輕人，很值得培養成自己的心腹，高宗很希望岳飛成長為北宋開國元勳曹彬（九三一——九九九）那樣的將軍。

岳飛很爽快的接受了任務，只有一個條件，那就是只殺匪首和一些重要人物，普通盜賊一律保全，但是高宗堅決不同意。岳飛也是個倔人，要他出兵的話，就這條件。高宗想了想，退了一步，讓岳飛便宜行事。

當岳飛在虔州收拾賊寇時，張浚也在川陝一帶忙著堵金兵。張浚在南宋乃至整個中國歷史上都是一位值得書寫的人物。南宋建國伊始，正是由他帶領一眾英雄人物在川陝一帶抵擋金兵，才使南宋度過了最危險的時刻。

張浚此時為什麼要給岳飛寫一封問候信呢？從張浚之後的言行以及他升任宰相後的戰略主張就可以明白，他是堅定的主戰派，需要手握重兵的武將支持。張浚低姿態向岳飛示好，就是在拉攏關係，擴大自己對軍隊的影響力。應該說，張浚是非常聰明的，他看出來岳飛有潛力，如果能跟岳飛建立好關係，將來北伐必定如虎添翼。

岳飛果然沒有讓人失望，他用三個月的時間蕩平了賊寇，勝利班師。高宗給岳飛各種升官、加恩、賞賜，岳飛的兒子岳雲和部下也都得到各種厚獎。此外，高宗還把另外一些部隊交給岳飛統管，岳家軍擴充到兩萬餘人。

那麼張浚對岳飛的私下拉攏到底有沒有作用呢？岳飛心裡效忠的是國家，而不是某個人。高宗趙構對他百般恩寵，一直想讓他做個聽話的乖乖牌，最後都沒有實現，一個大臣的私下拉攏又怎能奏效呢？張浚和岳飛此後並不和睦，四年之後的「淮西兵變」前夕，他們還因為一支軍隊的指揮權而鬧僵。所以，岳飛看到這封信時，也只會「談笑措置」，呵呵一笑就扔開了吧。

岳將軍，請警惕皇帝的低姿態

紹興七年（一一三七），宋高宗趙構（一一〇七——一一八七）三十歲，岳飛三十四歲。這一年離岳飛被害還有四年，趙構還沒有萌生害死岳飛的想法。不過，這年發生的事卻能讓人隱隱看出岳飛命運的轉折。這一年秋天，趙構給岳飛寫了一封信（即〈付岳飛書〉，圖11），內容如下：

卿盛秋之際，提兵按邊，風霜已寒，征馭良苦。如是別有事宜，可密奏來。朝廷以淮西軍叛之後，每加過慮。長江上流一帶，緩急之際，全藉卿軍照管。可更戒飭所留軍馬，訓練整齊，常若寇至，蘄陽、江州兩處水軍，亦宜遣發，以防意外。如卿體國，豈待多言。付岳飛。

這封信的大意是：你在盛秋之際帶兵防守邊境，天氣已經變冷了，出征防禦實在是很辛苦的事。如果有什麼特別的事情，你可以直接向我密奏。朝廷自淮西兵變之後，更加憂慮。在這特殊時期，長江上游一帶的安全就全靠你的部隊來照管了。你可以給留守

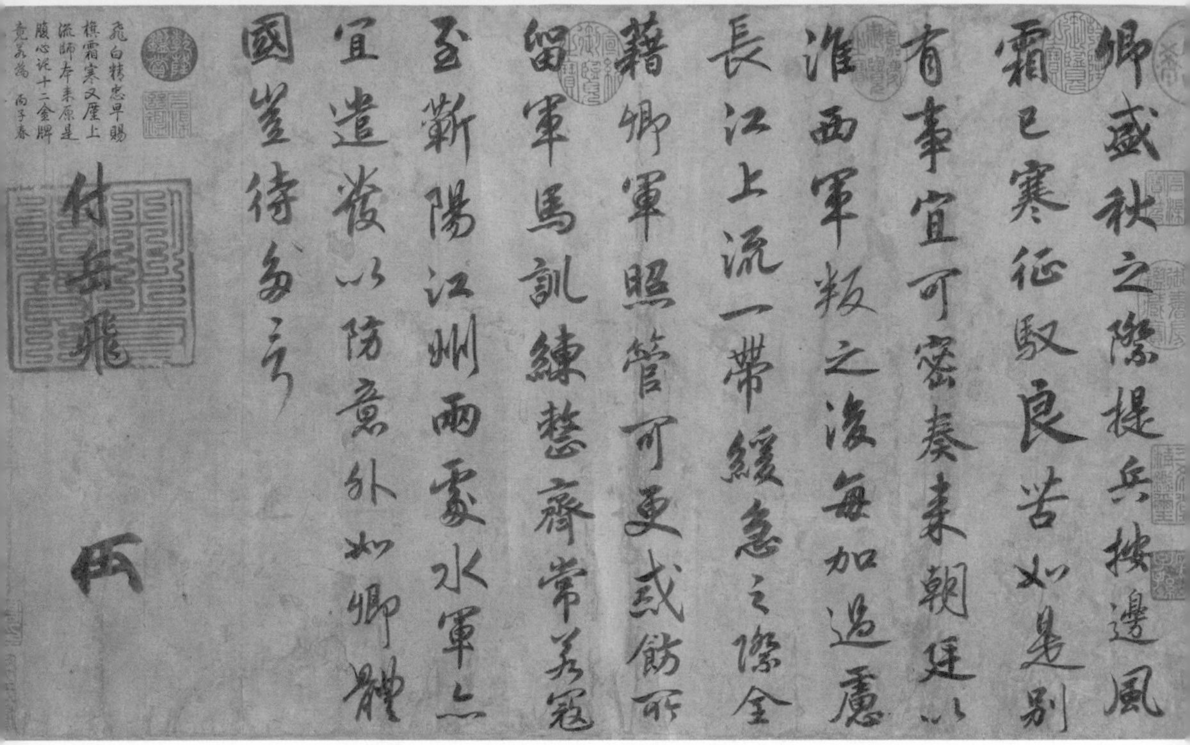
卿盛秋之際提兵按邊風
霜已寒征馭良苦如是別
有事宜可密奏來朝廷以
淮西軍叛之後每加過慮
長江上流一帶緩急之際全
藉卿軍照管可更戒飭所
留軍馬訓練整齊常若寇
至蘄陽江州兩處水軍亦
宜遣發以防意外如卿體
國豈待多言
付岳飛

圖 11　〔宋〕趙構〈付岳飛書〉，國立故宮博物院。

那裡的兵馬下令，讓他們平時認真訓練，就好像敵人已經到來一樣。蘄陽、江州兩地的水軍，最好也要多調遣他們，以防意外。像你這麼體諒國家的人，哪裡還需要我再多說呀！

從內容來看，這封信倒也沒什麼特別，也沒有下達什麼重大指令，不過就是皇帝寫給在外將帥的一封慰問和叮囑的信。但是從語氣態度上來看，就有點意思了，趙構把姿態放得這麼低，全然沒有帝王的威儀，普普通通的話語之外，彷彿是有什麼話想說又沒有說。皇帝給將軍寫信需要這麼謹慎小心嗎？這是什麼原因呢？要知趙構寫這封信的心態，就得從信裡所提到的「淮西兵變」說起。

「跑得快」將軍

金滅北宋後，在長江以北、黃河以南的佔領區建立了一個傀儡政權——偽齊。在趙構寫這封信的前一年，偽齊南侵，南宋將領劉光世（一〇八九——一一四二）率軍迎敵，卻怯懦避戰。劉光世出生將門，父親是北宋名將劉延慶（一〇六八——一一二七）。劉延慶大部分歲月都在西北和西夏、遼國打仗，以軍功升至鄜延路總管、馬軍副都指揮使，相當於延安地區的軍事主管。劉延慶在徽宗末年時曾隨童貫（一〇五四——一一二六）前往浙江鎮壓方臘起義，靖康之變時負責守城，城破後帶兵開溜，被捕斬首。

劉光世是典型的將門子弟，但成年後沒有去考武舉，而是考了進士，這對他未來的仕途有重要影響，因為宋代文官的地位高於武官，也更容易得到皇帝信任。劉光世在歷史上最為人知的特點是「跑得快」，一打仗就開溜。靖康之變時，劉光世也曾帶領部隊勤王，可是他的表現跟他父親一樣，一看情況不對，掉頭就跑。不過他沒有亂竄，而是朝著趙構的方向追過去，後來竟成為南宋新政府最重要的武裝部隊，從此成為高宗趙構的嫡系，還得了個「中興四將」的頭銜。此後的多次戰爭中，劉光世基本都是逢戰必跑，甚至差點把太皇太后孟氏都給跑丟了。趙構在揚州落下病根，也與劉光世臨戰脫逃有關。

偽齊這次南侵，劉光世仍然是一貫逃得快，惹得群情激憤，趙構終於也忍無可忍了，劉光世只好被迫辭職，趙構沒有任何挽留的同意了。接下來要處理的問題就是找誰來接手劉光世原來所率領的軍隊，這件事本來應該引起趙構的重視，但向來謹慎的趙構還是大意了，從而引爆了一系列重大事故。

淮西兵變埋隱患

當時南宋主要有五路大軍，岳飛、韓世忠、張俊、劉光世、吳玠各領一路。劉光世下臺後，趙構就想讓岳飛來接管劉光世的部隊，因為岳飛太能打了，他相信岳飛一定會把劉光世的部隊變得與岳家軍同樣優秀。當時每一路軍隊的主將都希望能擴大自己的力量，從而在北伐時多立戰功。如今皇帝要把劉光世的軍隊交給他，岳飛當然激動萬分，此事如能成功，那他離橫掃中原、痛飲黃龍府的夢想就更接近了。

但後來不知出於何種原因，這個計畫沒有實行。有人認為是考慮到岳飛資歷尚淺，不想引起其他大將不滿，有人說是主和派的樞密使秦檜從中作梗，總之，劉光世的部隊沒有跟任何一路合併，而是先放在宰相張浚的都督府下面管轄，由劉光世原來的部下王德做主將，又派了參謀軍事的呂祉去做監軍，這樣就等於是朝廷把這支軍隊的兵權先收回去了。

這種安排本來也沒有問題，問題就出在選了王德做主將。劉光世手下的另一名大將酈瓊與王德資歷相當，誰也不服誰，還都有匪氣，朝廷安排了王德做主將，這兩人之間的火藥味就更濃了。朝廷覺得酈瓊不服從管教，就讓監軍呂祉收集酈瓊的罪狀，找機會解除他的兵權。酈瓊在呂祉身邊安插了一個內線，得知此事後，酈瓊一怒之下殺了呂祉，帶領四萬將士和十來萬百姓浩浩蕩蕩投奔了偽齊。由於此事發生在淮西境內，所以史稱這次事件為「淮西兵變」。

趙構一直認為劉光世的部隊是自己的親信，所以即使劉光世總是一打就跑，趙構也很少責罰他，如今這支部隊說叛變就叛變，導致全國軍隊減少五分之一。除了心疼軍費血本無歸之外，最讓趙構焦慮的就是沒有安全感。外有敵兵壓境，內有不臣之兵，這皇帝位子要如何才能坐得安穩呢？

岳將軍，請小心

淮西兵變與岳飛沒有直接關係，他也不用承擔什麼責任，但是他的表現卻為自己以後的命運埋下了隱患。岳飛滿心期待的等著接手劉光世的部隊，卻聽說皇帝食言了，就上書詢問怎麼回事，趙構回覆說這事確實比較複雜，等哪天出兵北伐的時候再考慮這支隊伍的歸屬吧。岳飛感覺自己被耍了，一氣之下寫了封辭職信，沒等朝廷答覆，就回廬山給母親守孝去了。宰相張浚一看也來氣了，你敢擅自離職就別怪我收你兵權，立馬派人去接管岳家軍，結果岳家軍的將領集體請假，這兵權根本收不回來。趙構一看壞事了，現在抵抗金軍是國家的頭等大事，絕不能缺了岳飛，於是他退還了岳飛的辭職信，讓他快點回部隊，但岳飛就是不去，一直閉門在家。趙構就派岳飛的心腹部下李若水和張憲上山，並說如果他們請不回岳飛，就按軍法處置。這兩人苦勸了六天，終於把岳飛說服了。岳飛去見了張浚，化解了矛盾，也跟趙構上書請罪。

事情平息了，岳飛回到鄂州，繼續守護長江中游最重要的堡壘。可是趙構卻平靜不下來，手下的這些武將都太不聽話了，想要收服他們，必須要精心籌畫，目前只能先安撫他們，萬一再來一次兵變，他可就真的陷入危機了。在這樣的背景下細讀趙構寫給岳飛的信，真可謂耐人尋味。趙構信裡的「每加過慮」實在是說得委婉，實際情況是此事讓他寢食難安。「可密奏來」是趙構給予岳飛越級報告的特權，如此榮寵，不知岳飛作何感想。「全藉卿軍照管」全然不像皇帝對臣子說的話。岳飛當時控守鄂州一帶，這裡一旦失守，敵兵可沿長江放舟東下，兵鋒直抵建康（今南京）、臨安（今杭州），其重要性不言而喻，所以趙構必須安撫好岳飛。

面對皇帝的「每加過慮」，不知岳飛有沒有想明白皇帝到底「慮」什麼？他能為皇帝解憂嗎？趙構雖然說「如卿體國，豈待多言」，但還是細心叮囑岳飛要像迎敵一樣做好日常訓練，要多調遣蘄陽、江州兩處的水軍。對於紀律嚴明、百戰百勝的岳家軍統帥岳飛來講，這種叮囑難道不是很多餘嗎？皇帝到底在擔心什麼，岳將軍聽懂了嗎？

名將落魄之後

劉錡（一〇九八——一一六二）是與岳飛同時代的抗金名將，他比岳飛大五歲。金兵南下時，劉錡與岳飛配合作戰，立下汗馬功勞。擊退金兵後，高宗要與金軍和談，就解了劉錡的兵權，調回內地。六年後，劉錡的哥哥劉錫病故，五十歲的劉錡情緒很低落，多年的征戰與宦遊使他幾乎沒有家的歸宿感，於是他申請接替哥哥生前的提舉江州太平觀官銜，這只是一個安置老病官員的空銜，等於劉錡回家賦閒了。然後劉錡移居至哥哥生前居住的潭州（今湖南長沙），在城東的一個湖邊蓋了座房子，在那裡閒居八年多，其間的生活和心情可以從他寫給朋友的一封信一窺端倪（即〈分閫無功帖〉，圖12），文字如下：

錡再拜：

錡分閫無功，請閑祠館，仰荷君相保全，獲安林壑。初抵湘中，僑寄蕭寺，去邑七里，而屋敝幾殆不庇雨風，遂築居郭東，得舊圃數畝，頗有湖山松竹之勝。朝夕散策其間，殊可樂也。唯是久竊叨冒，將何以報國恩，每切慚負爾。

向來相從，今皆游宦，無留此者。審言去歲從曾端伯辟夔子路分，不輟得書，辱問

故及之。錡再拜。

這封信大意是：我為將期間沒有什麼功勞，於是請求賦閒，多虧了您為我說好話，我才得以在林間丘壑中安身。我剛剛到達湘中時，寄居在距城七里的一座寺院裡。寺院太破舊，不能遮風擋雨，就在城東修了房子，置辦了幾畝地，頗有湖山松竹的美景。我每天在其中拄杖散步，感覺非常開心。我雖久受國恩，卻沒有什麼可以報效國家的，每天都感覺非常愧疚。之前與我一起來的朋友，現在都已經到各地去任職了，誰都沒留在這裡。審言去年被曾端伯征辟到夔州去了，雖然分別了，但交往不斷。您的來信裡問到他了，所以跟您說一聲。

信上沒有寫收信人的名

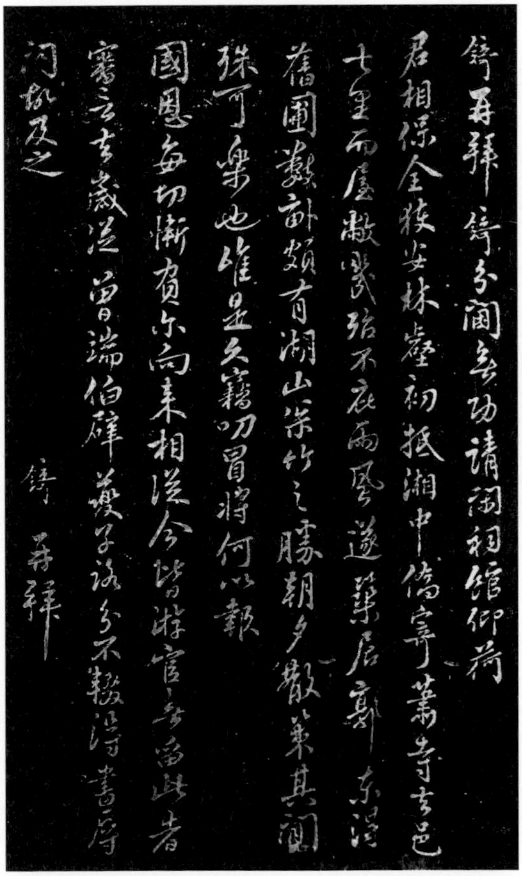

圖 12　〔宋〕劉錡〈分閫無功帖〉拓本。

字，但其中的「仰荷君相保全」是線索，能稱得上「君相」的必定是宰相或副宰相級別的人，而且與劉錡的私交還不錯。查一下的話，這個人很有可能是對劉錡極為看重的張浚，張浚曾擔任宰相，雖然後來落了職，但劉錡終生都得尊稱張浚為相。在劉錡到潭州的第三年，張浚被貶往永州閒居。秦檜死後，他們才一起被重新起用。信中提到跟隨劉錡一起來湘中的人都到各地做官去了，但多年以後他們又團聚在劉錡身邊，團聚的原因是金兵又打來了，劉錡再次被起用。不過，金兵被打退後，劉錡又再遭拋棄。

武將之後，天賦英才

西北戰場。軍營前走來一位相貌堂堂的年輕軍官，他遠遠看到營門口有一個裝滿水的水缸，搭箭就朝水缸射去，一箭射中。然後他上前拔出箭矢，缸裡的水嘩嘩湧出。旁邊的士兵倒也不覺得驚訝，畢竟戰場上箭術高超的人很多，能射中水缸不算什麼。只見這個年輕軍官又回到剛才射箭的地方，拔出一根箭又朝水缸射了過去，這一箭正好射中剛才的箭孔。眾人驚呼，連連讚歎。

這個年輕人就是劉錡，是瀘川軍節度使劉仲武的（一〇四八——一一二〇）第九個兒子。劉錡，德順軍（今甘肅天水）人，兩宋時期的天水靠近邊境，每到秋冬時節，西夏人和金國人就結夥來搶劫，所以那裡的男子從小就十分彪悍，長大後也以當兵為主要謀生手段。劉仲武是徽宗時期西北的主要幹將之一，當年企圖從西北攫取政治資本的人，很多都是劉仲武的部下，比如赫赫有名的高太尉高俅（？——一一二六）就曾經效力於劉仲武麾下。劉錡少年時就開始跟著父親四處征戰，但是戰爭太殘酷了，劉仲武並不希望自己晚年所生的這個小兒子像自己一樣把一生都消耗在戰場，所以頗有文才的劉錡，早年是在父親的指揮所裡做些文書工作。

劉錡二十三歲那年，劉仲武去世，宋徽宗向高俅詢問劉仲武子嗣的情況，高俅立即向他推薦了劉錡，於是劉錡被召到京城，並被授予閤門祗候的職位。這個職位屬於武官，負責皇帝朝會、宴享時的禮儀工作，劉錡在這個職位上一做就是七年。北宋滅亡，南宋建立，劉錡做為名將之後，得以被宋高宗召見。高宗很喜歡這個年輕人，就讓他回老家任岷州（今甘肅岷縣）知州和隴右都護，負責監管隴右地區的軍事活動。劉錡從此開始帶兵打仗，他的軍事才能很快就展現出來，多次戰勝西夏軍。兩年後，比劉錡大一歲卻已聲名卓著的張浚巡視陝西，對劉錡的軍事才能非常驚訝，就把他提升為涇原路經略使，三十二歲的劉錡成為涇原地區統管軍民的最高長官。

戰功卓著，皇帝愛將

三十三歲那年，劉錡迎來人生第一場大戰，即張浚領導的富平之戰。這是宋金之間一次著名的大軍團對戰，最終以宋軍失敗收場，但劉錡是戰爭中動作最快、表現最優秀的一位，一同作戰的幾位將官不是就地正法就是關禁閉，而劉錡只是被貶官。劉錡的表現很出色，三年後復職，並被授予川陝宣撫司統制，相當於川陝地區的「副總司令」。

第二年，金國四太子金兀朮（？——一一四八）率軍進攻仙人關（今陝西略陽西北），想打開進入四川的關卡。這個仙人關與杜甫著名組詩〈同谷七歌〉的寫作地點非常近，安史之亂爆發後，杜甫攜家從天水過同谷，被勢利的同谷縣令放了鴿子，一家人在那裡饑寒交迫。杜甫悲從中來，模擬〈胡笳十八拍〉創作了組詩，宋代文人廣為傳抄。駐守仙人關的將領是川陝地區的「總司令」、赫赫有名的吳玠，吳玠同時向劉錡等三個人求救，另外兩人沒有反應，只有劉錡迅速馳援，最後宋軍大敗金軍，取得仙人關大捷。巡視的官員把劉錡的功勞呈報給高宗，高宗親自給劉錡寫了一封信，讓他趕緊到自己身邊來。川陝宣撫使王似再三上書高宗，請求不要將劉錡調走，因為邊境地區太需要他了，高宗只好讓他緩行。

第二年春節一過，高宗就繼續寫信催劉錡出發。七月，劉錡走到岳陽時，被在那裡任職的張浚「扣留」了。張浚給高宗上書，說如果朝廷還沒有委任劉錡，那就讓他任岳州知州。高宗一看急了，馬上敦促張浚放人，還給他哥哥劉錫升了職。十二月，劉錡到了皇帝身邊，成為守護高宗身家性命的禁軍將領。後來，在張浚舉薦下，劉錡升任侍衛馬軍司並殿前步軍司公事，成為禁軍的副總指揮，這一年劉錡四十歲。

大勝之時，被棄之時

劉錡一生最重要的事件發生在他四十三歲那年。宋金兩國簽訂和議，金國答應歸還包括開封（當時被金人改名為汴京）在內的幾座重要城池和一些故地給南宋，南宋於是派劉錡為開封的副留守。可是，金國很快就毀約了，派兵大舉南下，此時劉錡還沒到達開封，開封就被金兀朮重新佔領，成了金國南侵的橋頭堡。當時劉錡剛到達順昌（今安徽阜陽），守衛順昌城的是六十八歲的老將陳規（一〇七二——一一四一），此人也是名垂青史的人物，在南宋那麼多棄逃的將士中，他與劉錡一樣，也是極少數願意與金軍拚到底的漢子。順昌的城牆雖然不夠牢固，但數萬斛軍糧讓劉錡激動不已。他和陳規一拍即合，立即號令將士加固城牆，設計各種機關，布置攻守計畫。

從兵力看，宋軍沒有什麼優勢，敵方首領是名將金兀朮，領兵十三萬，有縱橫沙場的精銳騎兵鐵浮屠和拐子馬。鐵浮屠就是鐵塔的意思，這種士兵和他們的戰馬全部由金屬鎧甲包裹，只有馬腿露在外面，所以看起來就像一座鐵塔，刀箭極難傷到他們，他們主要負責正面進攻。拐子馬就是左右兩翼的輕型騎兵，主要負責迂廻包抄。

劉錡帶來的人只有兩萬，還包括幾千家屬，這批人就是南宋歷史上有名的「八字軍」，他們臉上都刻有「赤心報國，誓殺金賊」幾個字。為激發鬥志，劉錡把自己的家屬封在一座寺院裡，周圍堆好柴火，一旦戰敗，他就先燒死家屬。所有士兵無不動容，連婦女都分工合作，有的做後勤，有的磨刀霍霍，準備與金人決一死戰。一萬多宋兵對抗十三萬金兵，劉錡似乎只有敗局，但戰爭從來都不是人多必勝。劉錡充分利用了天時、地利、人和等各種條件。他先派人在周圍的河流、水塘、井渠裡投毒，令金兵不戰而死傷慘重。這一招北宋的章楶也用過，劉錡應該熟知章楶，因為劉錡的父親只比章楶小二十歲，曾一起在西北抗擊西夏軍。

當時正值六月天，劉錡選擇在接近中午的時候出城攻擊，金人厚重的鎧甲在烈日下變成了蒸氣爐，戰鬥力大減。在對付鐵浮屠和拐子馬時，宋軍先是灑熟豆子引誘馬來吃，使金兵自亂陣腳，然後就實施小團隊作戰，一個小團隊對付一組鐵浮屠，先是一人砍馬腿，馬倒下後，另一人迅速勾住敵人的頭盔，第三個人拿長槍對準脖子就刺過去。此外，宋軍還有很多制勝招數，比如「火槍」、「鹿砦」等。劉錡精心計算和安排自己的兵力，每次只派出五千人，等他們打累了，再換第二撥上去，退下來的士兵能吃到熱騰騰的飯菜，得到充足的補養，宋軍就這樣和金兵進行車輪戰。金兀朮終於被打怕了，他之前揚言用靴子尖就能踢倒順昌城，結果連城門都沒接近就一口氣狂退三百公里，退回開封城不敢出來。劉錡從此在金人心中投下了陰影，劉錡的旗號被稱為「順昌旗幟」，威名遠揚。

金兀朮東線進兵受阻，轉向中路進攻，但是他沒想到還有一個更厲害的人物已經等了他很久了，那就是岳飛。岳飛在郾城大敗金兀朮，還準備圍殲金軍，然後直搗黃龍府（今吉林長春市農安縣），救出被擄走的徽、欽二帝，但是被高宗十二道金牌召回。高宗並不打算與金人死拚到底，戰場上的勝利對他來說，最大的意義就在於終於可以強迫金人回到談判桌上來了。

紹興十一年（一一四一），趁兩國正在和談，金兀朮再次率軍南下，佔領廬州（今安徽合肥），劉錡奉命馳援，在廬州東南的柘皋（安徽合肥市巢湖市柘皋鎮）與友軍合力大敗金兀朮，金兀朮再次北撤。金軍撤走之後，高宗終於又可以繼續和談，岳飛、劉錡等名將已經沒有價值了，被解除兵權，調回朝廷任職，劉錡被派到荊南府（今湖北荊州）任知府。

六年後，劉錡的哥哥劉錫病故，五十歲的劉錡移至哥哥生前居住的潭州，在此地閒居了八年多。除了〈分閫無功帖〉，此時劉錡還寫過另一封信（即〈湘中帖〉，圖13），從中可以看出劉錡在這裡的生活窘況，這封信文字如下：

錡再拜：

湘中今歲氣候，夏中人多苦痁疾，舉室亦病。錡三作寫（瀉）熱，呼醫治藥，更無虛日。幸而皆愈。相去不遠，無從瞻款，但切馳情。湖湘窮僻，當日只緣亡兄殿師而來。既已至此，無由再動，因而遂作一枝計。去邑甚近，然市聲不到，頗有湖山松竹之趣，足以自慰。

公學識不凡，想日進其道，鵬程萬里，乃所期也。因風時寄好音，以慰翹宁（佇）。錡再拜。

這封信的意思是：湘中今年的氣候真令人難受，很多人在夏天得了瘧疾，我們全家人都被感染了。我時冷時熱，發作了三次，天天看病吃藥，幾乎沒有停過，不過幸好都痊癒了。咱們離得不遠，卻無從見面，只能想念。湖湘之地是窮鄉僻壤，當時是因為我那亡去的哥哥我才到這裡來的。既然已經來了，也沒理由再遷走，就打算在這裡住下去。這裡離城很近，但卻沒有城裡的喧鬧，四處都是湖山松竹的美景，也足以自娛自樂。你學識不凡，想來每天都會進步，鵬程萬里是指日可待了。希望能經常得到你的好消息。

老驥伏櫪，再被拋棄

劉錡五十八歲時，朝廷見他貧病不堪，就撥了百頃官田給他，還送了牛與田具，結果當地官府截留了幾乎所有的良田，劉錡只得了一些荒田。好在這一年秦檜終於死了，新的當政者顧念劉錡是戰功卓著的名將，就任命他為潭州知州，接著又晉升他為荊南府知府。

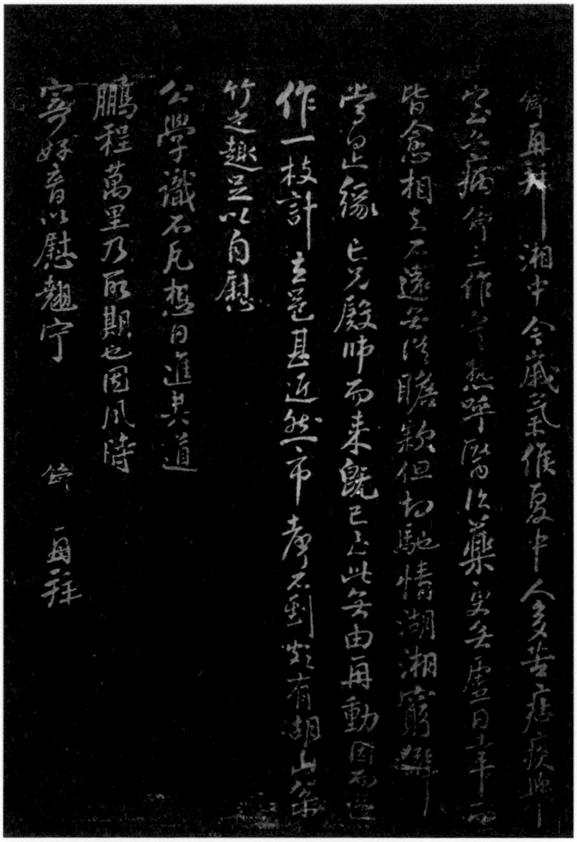

圖 13　〔宋〕劉錡〈湘中帖〉拓本。

六十二歲那年，劉錡因病請求退休，高宗不許，主要原因是金兵又快要打來了。兩年後，金國皇帝完顏亮領軍南下，朝廷任命劉錡為淮南、江南、浙西制置使，節制諸路軍馬。身體老病不堪的劉錡被人抬著上陣指揮，後來病情加劇，劉錡只能派部下代為督戰，結果戰敗。不久，完顏亮因暴虐過度被部下殺死，新皇帝完顏雍主動跟南宋議和。仗打完了，六十四歲的劉錡再次被拋棄了，朝廷給了他一個提舉萬壽觀的空銜。

身患重病的劉錡不能遠行，就暫時借住在臨安城的政府招待所裡。三個月後，工作人員讓劉錡搬到別院去住，因為金國的和談使者要來了，招待所要給金國使者住。劉錡來到別院後，發現滿院都是污穢糞堆，氣憤填膺，嘔血而亡。劉錡去世後，被運回潭州安葬。宋孝宗繼位以後，加封劉錡的謚號為「武穆」，跟岳飛的謚號一樣。

岳飛的最後一個春天

紹興十一年（一一四一）正月，金人突然單方面中斷和談進程，派兵越過淮河，並佔領廬州（今安徽合肥）。在宋軍的攔截和反擊之下，金軍接連敗退，宋軍開始對金軍形成合圍之勢。高宗趙構希望岳飛能從廬州西南方向圍擊金軍，於是給岳飛去了一封長信催促（即〈賜岳飛批札卷〉，圖14），全文如下：

得卿九日奏，已擇定十一日起發往□黃舒州界。聞卿見苦寒嗽，乃能勉為朕行，國爾忘身，誰如卿者。覽奏再三，嘉歎無斁。以卿素志殄虜，常苦諸軍難合，今兀朮與諸頭領盡在廬州，接連南侵，張俊、楊沂中、劉錡等，共力破其營，退卻百里之外。韓世忠已至濠上，出銳師要其歸路，劉光世悉其兵力，委李顯忠、吳錫、張琦等，奪回老小孳蓄。若得卿出自舒州，與韓世忠、張俊等相應，可望如卿素志。惟貴神速，恐彼已為遁計，一失機會，徒有後時之悔。

江西漕臣至江州，與王良存應副錢糧，已如所請委趙伯牛，以伯牛舊嘗守官湖外，與卿一軍相諳委也。

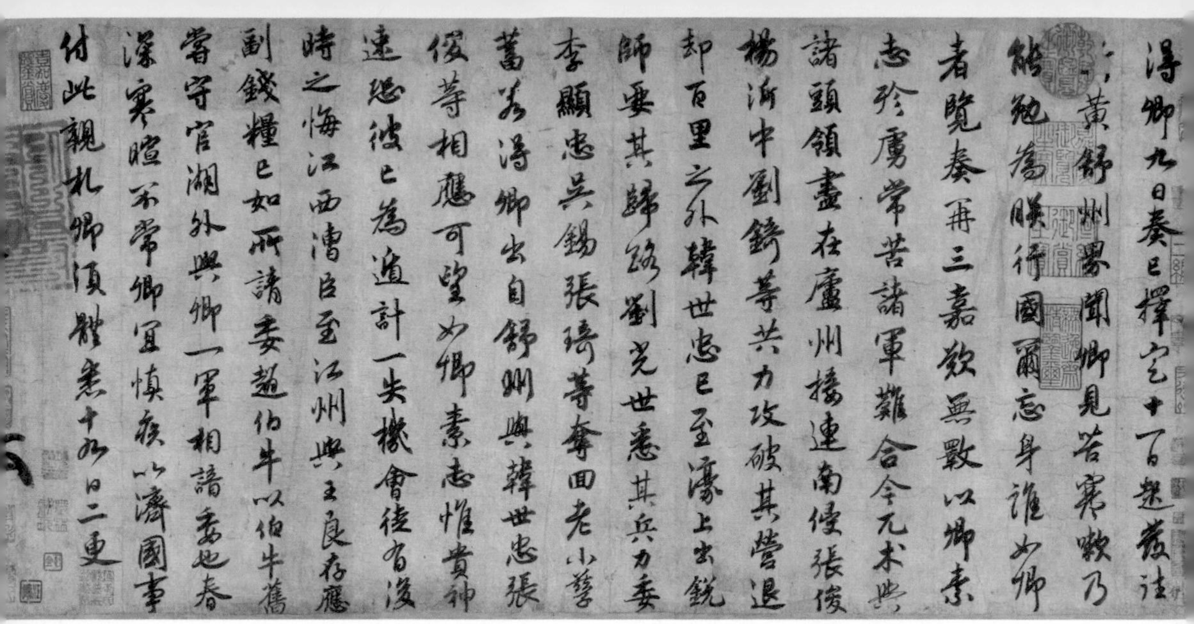
得卿九日奏已擇定十一日起發往
蘄黃舒州界聞卿見苦寒嗽乃
能勉為朕行國爾忘身誰如卿
者覽奏再三嘉歎無斁以卿素
志殄虜常苦諸軍難合今兀朮與
諸頭領盡在廬州接連南侵張俊
楊沂中劉錡等共力攻破其營退
却百里之外韓世忠已至濠上出銳
師要其歸路劉光世悉其兵力委
李顯忠吳錫張琦等奪回老小孳
畜若得卿出自舒州與韓世忠張
俊等相應可望如卿素志惟貴神
速恐彼已為遁計一失機會徒有後
時之悔江西漕臣至江州與王良存應
副錢糧已如所請委趙伯牛以伯牛舊
嘗守官湖外與卿一軍相諳委屯春
深寒暄不常卿宜慎疾以濟國事
付此親札卿須體悉十九日二更

圖 14　〔宋〕趙構〈賜岳飛批札卷〉，蘭千山館藏。翻攝自《千面宋人》，廣西師範大學出版社。

春深，寒暄不常，卿宜慎疾以濟國事。付此親札，卿須體悉。十九日二更，付岳飛。

信的大意是：我收到你初九寫的奏章，得知你會在十一日啟程前往□州、黄州、舒州交界處。聽說你因為受寒氣而咳嗽得很厲害，卻仍然為朕和國家效力，像你這般忘我無私的，再找不出第二個人了。我反覆讀你寫的奏章，很是感歎，你向來以消滅金兵為己任，卻苦於很難整合各路兵馬。現在金兀朮和他的將領都在廬州，接連南侵。張俊、楊沂中、劉錡等共同努力破壞了他的軍營，使金兀朮往後退了一百多里。韓世忠已到濠州，率領他的精銳部隊截斷了金兀朮的歸路，劉光世也出動全部兵力，派李顯忠、吳錫、張琦等奪回金兀朮搶走的人口、牲畜和財物。如果你能夠從舒州出擊，與韓世忠、張俊等相應，那你多年的夙願就可以實現了。希望你兵貴神速，恐怕金兀朮已經在尋找退路了，機會一旦失去，就只有後悔莫及了。江西負責運輸物資的官員已經到了江州，與王良存一起籌備錢糧之事，已按你的請求將此事委託給了趙伯牛，趙伯牛以前曾經在官湖外駐守，與你的部隊非常熟悉。春晚時節，冷暖無常，你應當快速出兵，以助國家成就大事。我親自給你寫這封信，希望你能知悉理解。十九日二更時分，付岳飛。

這篇墨跡裡缺了一個字，猜測應該是「蘄」，因為黃州（今湖北黃岡黃州區）、蘄州（今湖北蘄春）、舒州（今安徽潛山）是長江中游從西到東排列的三個地區。落款沒有月份，但由於信中有「春深」二字，再結合當時戰況，可以推定寫信時間應是三月十九日。

趙構在信中說金兀朮已經被前後夾擊，所以讓岳飛從舒州北上，與其他幾路軍馬配合出擊。應該說趙構的戰術謀畫周全，從後來戰事發展看，讓岳飛參與合圍也是必要的，只是趙構沒有用對人，所以最後還是讓金兀朮跑了。這次戰鬥成為岳飛一生中最後一次出征。

直搗黃龍一場夢

前一年（一一四〇）夏天，金兵南下，趙構嚇得又要準備逃亡，不料前方傳來劉錡順昌大捷的消息，金兀朮狂退六百里，躲進開封城。接下來的一個月幾乎每天都是捷報頻傳，岳家軍像雄鷹追兔子一樣翱翔在河南的上空，金軍抱頭鼠竄。岳飛滿懷雄心壯志，他不僅要把以金兀朮為主的南侵金人收拾乾淨，還要直抵金人老巢，把被金人擄走的皇室成員接回來。他從湖北往北進發，駐紮在郾城，準備將這裡做為北伐的第一個橋頭堡。岳家軍以雷霆萬鈞之勢收復了古都開封以南的好幾個州縣，又在北方祕密聯絡義軍，策畫砍斷金軍歸路，這樣一來，金國幾乎所有的兵力都被岳飛鎖在囊中。

可是宋高宗趙構很不願意皇室成員回來，尤其是他那依舊活著的哥哥欽宗及其他皇兄，因為他們回來後，自己的皇位和性命都有可能保不住了，所以皇兄比金人更可怕。他的私心就是不能把金人澈底打敗，最好的方案就是議和。只不過之前這種想法僅是一廂情願，金人不想議和，他們要像捉徽宗、欽宗那樣捉住高宗這隻漏網之魚，完全控制宋朝。現在戰場上的勝利使得議和成為可能，所以，就在岳飛計畫北伐，實現苦心經營多年的北定中原大計之時，被趙構召回，同時被召回的還有取得順昌大捷的劉錡及其他大將。萬般不情願卻不得不服從命令的岳飛含淚班師，駐守鄂州（今湖北武漢江夏區）。

最後一次出征

議和進程迅速推進，金人在第二年正月就修改了宋徽宗的諡號和宋欽宗的頭銜，去掉了侮辱成分，這是好兆頭。但是金兀朮並沒有撤退，因為這次敗得太難看了，回去沒法交差。趁岳飛、韓世忠、劉錡等能打的將軍都被趙構鉗制住了，金兀朮趁勢南侵，這次真的是一路毫無阻力，所向披靡，順利突破淮河，直逼廬州。本來駐守廬州的是前一年與劉錡聯手取得順昌大捷的六十九歲老將陳規，陳規是主戰派硬漢，可惜很不幸的是，他在這危急關頭去世了。趙構原本以為和談已成，金人不會大動干戈，搶點東西就回去了，沒想到竟然快要打到長江了，於是趕緊令手握軍事大權的張俊（此張俊非彼張浚）抗敵。這個張俊就是後來夥同秦檜害死岳飛的人，他沒有親自出馬，而是派駐紮在長江南岸的劉錡馳援廬州。需要賣命的時候就拿看不順眼的對手來當炮灰，這很符合張俊的本性。

劉錡此時心情很鬱悶，但他仍然毫不猶豫的帶兵前往廬州。他繞廬州城牆仔細考察了一番，發現城牆破敗，根本無法抵禦金兵，只好冒雨南撤，結果被金兵追上，金兵一看是「順昌旗幟」就不敢再追了，劉錡南撤至長江北岸的東關（今安徽含山縣西南的濡須山上）駐守。金兵佔領了廬州，以廬州為中心打劫周邊地區。二月，劉錡自東關出兵北上，在廬州東南的松皋鎮遭遇十萬金軍，在友軍配合下擊退金軍，贏得松皋之戰。

阻擱金軍的宋軍多在廬州東南方向，而廬州西南方向較為空虛，趙構於是命駐守鄂州的岳飛向東進發，防守長江北岸。岳飛並不認同趙構的方案，他覺得自己從淮河以北去斷金兀朮的後路，會讓金軍立刻退兵，還能再次「關門打狗」，可是經不住趙構一道道詔令，岳飛只好於三月十一日出發東進。然後趙構又希望岳飛能從西南方向圍擊金軍，於是又給岳飛去信催促，即本文開篇提到的〈賜岳飛批札卷〉。

從趙構的謀畫來看，他是想圍殲金軍的，這就很有意思了。前一年岳飛準備圍殲金軍時，趙構堅決命他班師，現在同一撥金軍再來，趙構怎麼又想圍殲了呢？看一下當時南宋和金國的地圖，就可大體明白趙構的心思了。當時兩國以淮河一線為界，岳飛準備圍殲金軍那次是在淮河以北的「淪陷區」，而趙構這次圍殲金軍是在淮河以南。可見，趙構已經認定了兩國以淮河為界，他根本就沒想要收復淮河以北的故土，更不想直搗金人老巢，只想在東南地區安安穩穩的做皇帝。

趙構坐鎮都城，親自謀畫指揮，但還是失算了，因為戰場形勢瞬息萬變，而他離前線太遠了。就在趙構寫這封信的前一天，戰場情況已經發生了很大變化。三月十七日，張俊、楊沂中輕敵冒進，被金兀朮打得落花流水，三月十八日就回到了自己的駐地當塗。劉錡孤力難支，也已經退回長江南岸。負責劫金軍退路的韓世忠，也只是跟金兵打了個照面就掉頭撤了，還差點被金兀朮給斷了歸路。也就是說，在趙構寫這封信的前一天，一切都已經塵埃落定，金兀朮已經跳出包圍圈，安然北歸了，而趙構卻沒有及時得到最新戰報。

不得不扛責

戰事失利，張俊卸責給岳飛和劉錡，說岳飛不發兵救援，而劉錡又迎戰不力。這就奇怪了，雖然趙構這封催兵的信寫晚了，但岳飛不是已經定了三月十一日出兵的嗎？如果他準時出發，應該趕得上十七日的戰鬥。難道他沒有準時發兵？不，岳飛確實準時發兵，但是他被張俊命令駐紮在周邊遠觀，因為張俊覺得這次贏定了，不希望岳飛來搶軍功。劉錡的待遇跟岳飛類似，張俊一開始也沒讓他參戰，後來發現打不過才讓他出戰，戰敗後又卸責給岳飛和劉錡。

趙構是怎麼處理的呢？他站在張俊這一邊，趁機解除了韓世忠、岳飛、張俊、劉錡的兵權，讓他們回朝廷任高官或到地方上任官，因為金兵已經走了，他要趕緊卸磨殺驢。這麼多年來，趙構一直被金人追著打，而兵權多在大將手上，尤其岳飛這種將軍，動不動就想北伐，還要直搗黃龍府，讓他很是頭疼。每次調兵，他都要放低身段說各種好話，現在逮住機會，當然要把兵權收回。岳飛沒了兵權，應該可以令人放心了吧。不，北邊還有一群人在盯著他，金國人誰都不怕，就怕岳飛。他們必須除掉這個心腹大患，解除岳飛的軍權還不算，必須讓他死，才能徹底安心。金國人摸透了趙構想和談不想打仗的心思，就用岳飛的死做為和談條件，沒了兵權的岳飛只能任人宰割，趙構終於不用再低聲下氣了。岳飛沒有再看到第二年的春天，這一年的除夕夜就發生了眾所周知的那件事。

拯救了南宋的文官

紹興三十二年（一一六二），五十二歲的虞允文（一一一〇——一一七四）被任命為川陝宣諭使，他在川陝地區考察了一圈之後，寫了一篇詳細的考察報告呈送給高宗，並附上了自己的安邦定國之計。不久之後，虞允文收到張浚寄來的一封信（即〈彬父帖〉，圖15），「彬父」是虞允文的字，此信文字如下：

浚頓首再拜：

今日早，上封示彬父回御前遞論事箚子，聖意喜甚。偉哉！深切著明之論也。今士大夫才識學皆不到，而又重於為己，輕於謨國，尚焉足與圖事哉。

幸公留意川陝上流近事，及人才之可用，事機之可為，措置之可行者，歸以告上。至望。二十日午。不宣。浚頓首再拜。彬父制置尚書友契台坐。

這封信大概意思是：今天早上，皇上把彬父你寫的報告封好並派人送給我看了，皇上非常高興。真了不起！你說的都是切中要點的話。現在很多士大夫才氣不夠，見識不

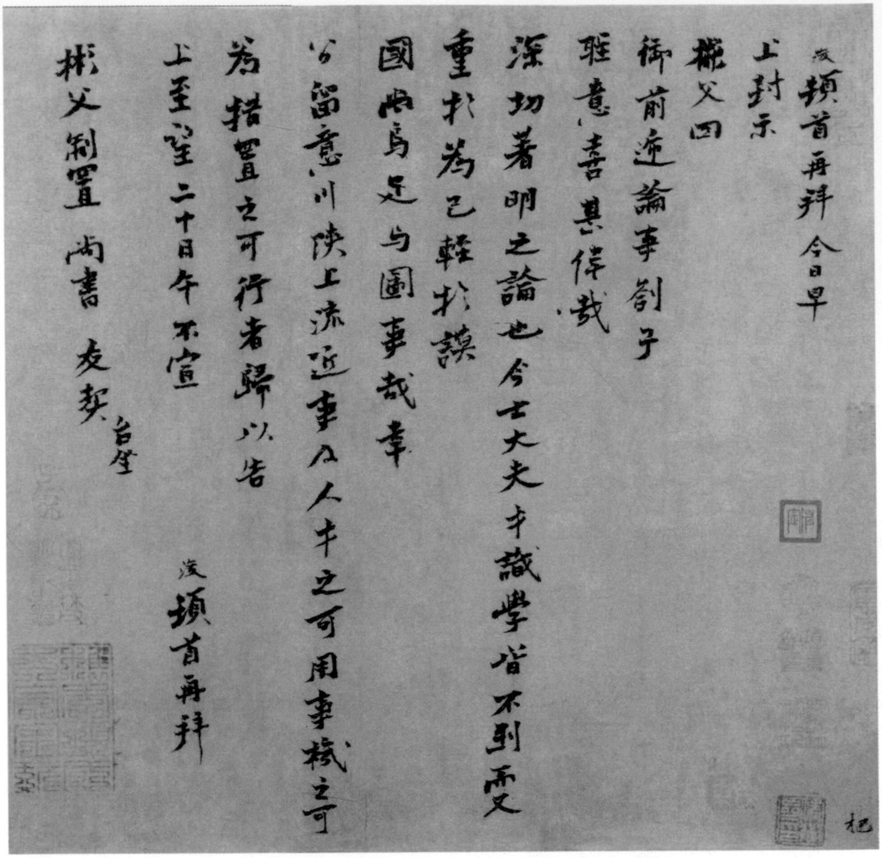
浚頓首再拜 今日早
上封示
彬父四
御前進論事劄子
雅意甚偉哉
深切著明之論也 今士大夫率識學皆不到處又
重於為己輕於謀
國者焉足與圖事哉 幸
公留意川陝上流近事及人才之可用事機之可
為措置之可行者歸以告
上至望 二十日午 不宣
彬父制置 尚書 友契 台坐
浚頓首再拜

圖15　〔宋〕張浚〈彬父帖〉，北京故宮博物院藏。

廣，學問不精，私心又重，不肯為國效力，哪能與他們共圖大計！希望你能留意川陝上層人事，發掘可用的人才，趁此機會解決一些重要而又緊要的事，回來以後再報告皇上。向你致以最懇切的期望！

張浚曾在川陝地區任職多年，後來官至宰相。跟金人和談成功之後，高宗的國策是以和為主，再加上秦檜的箝制，主戰派的張浚被閒置了十幾年，幽居在湖南永州的山區。如今秦檜已死，狼煙再起，高宗迫於戰況，不得不重新起用張浚，讓他主管兩淮軍政要務。高宗把虞允文的考察報告給他看，就是因為他曾多年經營川陝，有發言權。就在一年前，虞允文還是一個沒沒無聞的官員，為何一年之後就能成為地方大員，並深得皇上和前宰相張浚的賞識呢？這是因為一個歷史意外，讓虞允文成了拯救南宋的功臣。

沒沒無聞大半生

虞允文是四川仁壽人，少年聰慧，七歲就能寫作。靖康之變那年他十七歲，正是準備科考求取功名的年紀。宋室南遷後，邊逃亡邊平亂，一晃就是好幾年，安穩下來之後又遇上奸臣秦檜當權，蜀中名士普遍禁用，所以虞允文的前半生都在老家讀書。

四十四歲那年，虞允文終於考中進士，先在西南地區當了個基層官員，後來進入朝廷任職。五十歲那年，虞允文獲得了一個面見高宗的機會，他口才好，頭腦清晰，高宗對他很滿意，就派他出使金國。在和金國貴族娛樂放鬆的時候，大家一起玩射箭遊戲，這明顯是要看虞允文這個南宋文人的笑話。沒想到虞允文一箭射中靶心，把在場所有人都驚到了。虞允文細心觀察金國的情況，回來後向朝廷報告，說金國最近很有可能會南侵，建議朝廷加強防禦，不過他人微言輕，沒引起重視。到了這個年齡，虞允文這個中年才步入仕途的普通文官，一般來說也不會有太大的發展，很快他就會像眾多官員一樣無聲消逝在歷史長河中。但是金兵果然南下了，在抵抗金兵的過程中，虞允文因為一個意外而在歷史上閃亮登場。

一戰救國成名

紹興三十一年（一一六一），金國著名的暴君完顏亮（一一二二—一一六一）靠一柄屠刀登上皇位，遷都開封府，想以此為中心吞併南宋。完顏亮率領傾國之兵數十萬南下，所向披靡。由於南宋將領的怯懦避戰，僅一個月，完顏亮就越過淮河，抵達長江，準備在采石磯（今安徽馬鞍山）渡江，飲馬江南。

長江是南宋最後一道屏障，如果真的被完顏亮突破屏障，廣袤而富饒的江南地區，將任由金軍的鐵蹄碾壓。宋高宗的第一反應是跑，南宋的都城就在靠海的臨安（今浙江杭州），他要到海上去避難。在宰相陳康伯等人苦勸下，高宗才勉強留下督戰。朝廷派了樞密院的葉義問去前線督戰，同時派虞允文參謀軍事。

采石磯一帶的原守將王權不戰而逃，朝廷改派李顯忠（一一〇九—一一七七）任主將。李顯忠到任之前，采石磯的士兵群龍無首，必須有人去安撫，葉義問待在三十公里外的建康

（今江蘇南京）不敢上前線，就派了虞允文前往。到達前線後，虞允文著實嚇了一跳，對岸的敵人已經戰鼓隆隆，這邊的士兵卻還在晒太陽、嘮家常，隨時準備逃跑。情況緊急，虞允文只好親自組織迎戰。有人悄悄跟他說：「您是來勞軍的，不是指揮打仗的，這樣做是越權行事，萬一敗了，可是要受重罰的。」虞允文厲聲說：「國難當頭，我豈能躲避！」當場來了一番激勵人心的講話，再把他勞軍所帶的錢、物、委任狀一齊擺出來，士兵們的鬥志被鼓舞起來了，虞允文又組織民兵和百姓協助。就這樣，從未指揮過戰鬥的老書生虞允文，硬是靠著一萬多士兵和五艘戰船，把完顏亮的渡江部隊給擋了回去。

虞允文勝利後前往鎮江看望病重的劉錡，劉錡再次出山，身體難以支撐，打了敗仗。他握著虞允文的手說：「朝廷養兵三十年，我們面對敵人卻沒有任何辦法，今天大功出在一個書生身上，我當真要羞愧死了。」

采石磯之戰對整個戰局有決定性意義。就在完顏亮強攻采石磯之前，金國發生政變，完顏雍登基做了皇帝。完顏亮本該立即回去收拾後院，可是他沒有這麼做，而是期望從采石磯渡江，掃平南宋，再憑藉大功，回去收拾完顏雍。但是完顏亮沒想過萬一渡不了江會怎麼樣。采石磯之戰失敗，火爆的完顏亮急火攻心，下令屬下必須三天內渡江，沒有足夠的船就游過去，違令者全軍連坐。金軍將士早就對嚴苛的完顏亮不滿了，現在又被他逼迫，眾怒紛紛，加上他們聽說完顏雍已經當上了新皇帝，所以乾脆一不做二不休，趁完顏亮睡覺時將他射殺。以殺戮自己人登上皇位的完顏亮，最終也被自己人殺戮，他的死終止了金兵入侵南宋，新上任的完顏雍是個難得不好戰的皇帝，派人跟南宋講和，局勢終於又安穩了。

一介書生虞允文在采石磯之戰中表現出來的愛國、沉著、勇敢精神，為他贏得極大的榮譽，他也因而成為南宋史上的一個傳奇人物。

偶然還是必然？

宋高宗對虞允文非常滿意，給了他很多獎勵。第二年，高宗任命他為川陝宣諭使，讓他去考察川陝地區的政治民情，按察官吏，並安撫當地百姓。在虞允文出發之前，高宗找他和六十五歲的張浚一起面談。張浚多年擔任川陝官員，對當地瞭若指掌，虞允文此行巡視川陝，找他前來座談，是最合適的人選。虞允文本來就是四川人，張浚在川陝一帶抗擊金兵、創造很多傳奇的時候，虞允文已年近三十歲了，他對張浚應該是非常熟悉的。

虞允文出使川陝後，考察那裡的兵馬、財賦等情況，聽取工作報告，沿途會見了很多軍政要員，收集了很多資訊，在館驛中寫了一篇詳細的考察報告呈送給高宗，深得高宗和張浚的讚譽。五十多歲的虞允文，由於一次意外而成為傳奇，這是偶然還是厚積薄發？他身為文官，卻能在出使金國時一箭射中靶心，一上任川陝就能寫出令人讚歎的調查報告，虞允文後來的經歷更證明了他的成名不是偶然。主戰的孝宗即位後，張浚和虞允文都得到重用，虞允文後來掌管全國軍務，最後官至宰相，為國家做出更多貢獻。虞允文死後葬在他的老家，即今天的四川省仁壽縣虞丞鄉丞相村，其墓地仍在。宋孝宗指派宋氏家族為虞允文守墓，這一守就守了八百多年，現在的守墓人是第十四代。

貳 為官

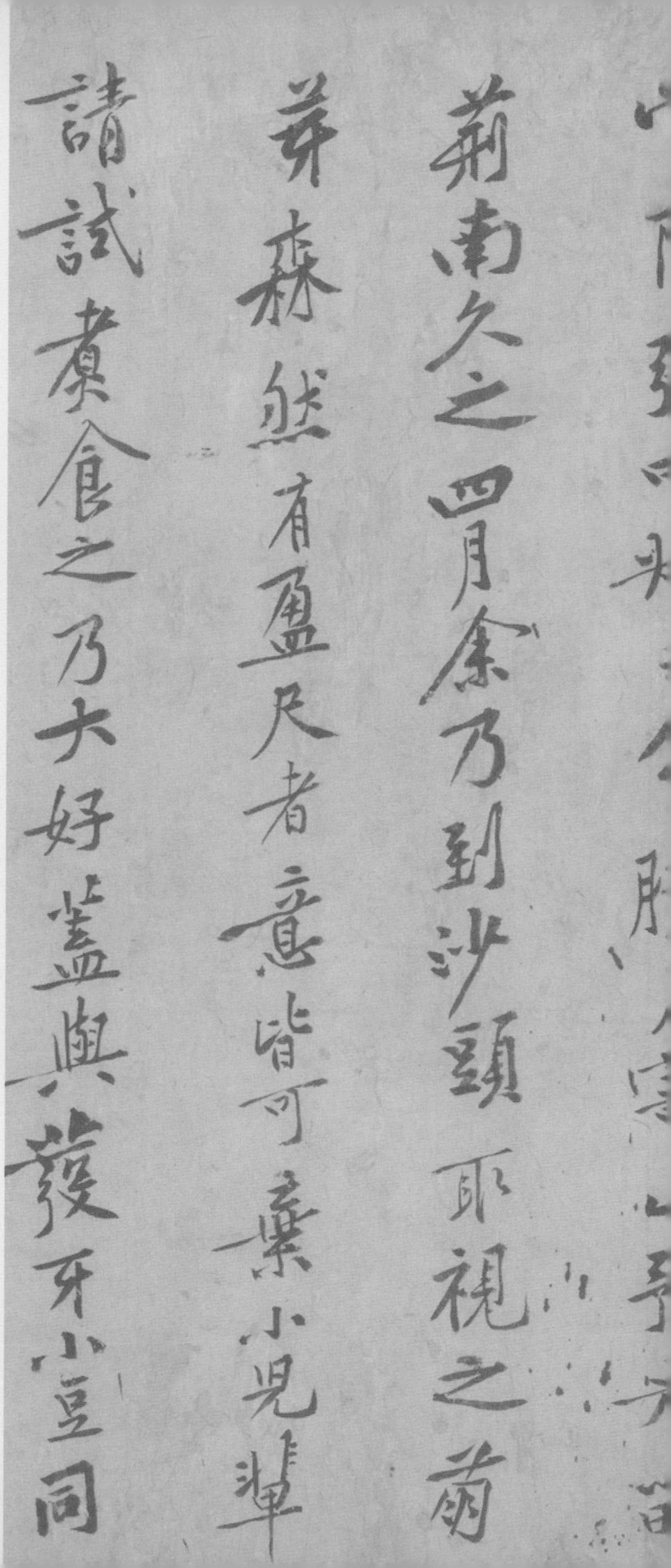
荊南久之四月余乃到沙頭取視之蓊
茸森然有盈尺者意皆可棄小兒輩
請試煮食之乃大好蓋與發芽小豆同

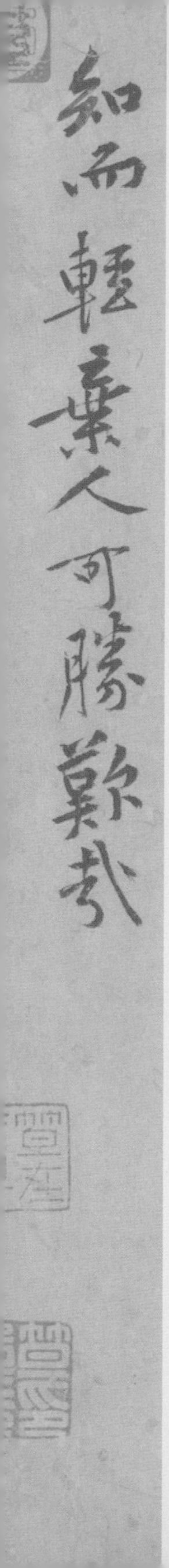
知而輕棄人可勝歎哉

一位有政治覺悟的書法家

慶曆新政只存續了一年多就以失敗告終，「慶曆君子」陸續被外放。慶曆四年（一〇四四）十月，三十三歲的諫官蔡襄被貶往福州任知州。蔡襄奔波數月，到福州安頓下來以後，收到了韓琦寫來的一封信。新政失敗後，韓琦被貶往揚州，他們好久沒聯繫了，於是蔡襄給韓琦回了一封信（即〈海隅帖〉，又稱〈資政諫議明公帖〉，圖16），此信文字如下：

襄再拜：

襄，海隅隴畝之人，不通當世之務，唯是信書，備官諫列，無所裨補。得請鄉邦，以奉二親，天恩之厚，私門之幸，實公大賜。

自聞明公解樞宥之重，出臨藩宣，不得通名。下史齊生來郡，伏蒙教敕，拜賜已還，感愧無極。揚州，天下之衝，賴公鎮之。然使客盈前，一語一默，皆即傳著，願從者慎之！瞻望門闌，卑情無任感激傾依之至。襄上，資政諫議明公閣下。謹空。

此信大意是：我是在海邊農村長大的，不通世務，只會讀點書，讓我當諫官，真是

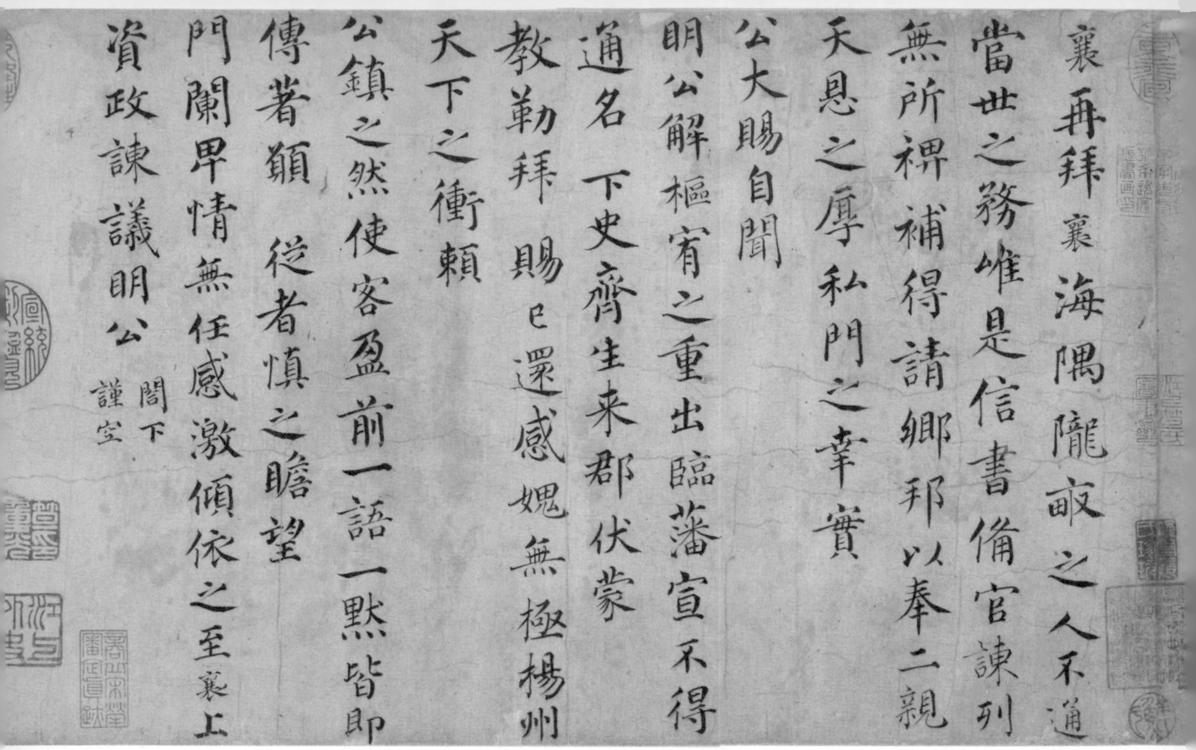
襄再拜襄海隅陋敝之人不通
當世之務唯是信書備官諫列
無所裨補得請鄉邦以奉二親
天恩之厚私門之幸實
公大賜自聞
明公解樞宥之重出臨藩宣不得
通名下史齊生來郡伏蒙
教勒拜賜已還感媿無極揚州
天下之衝賴
公鎮之然使客盈前一語一默皆即
傳著願從者慎之瞻望
門闌卑情無任感激傾依之至襄上
資政諫議明公閣下
謹空

圖 16　〔宋〕蔡襄〈海隅帖〉，國立故宮博物院。

對國家沒有半點幫助。我能夠回到福建任職，並奉養雙親，這真是天恩浩蕩。我們家族的幸事，都有賴於你的幫助。自從你出任揚州，我還沒有給你寫過信。姓齊的人來福州，帶來了你的書信，非常感謝你的關心和照顧，我深感慚愧。揚州是重鎮，全靠你的管理了。那裡往來人員比較多，你的一言一行很快就會傳到別人耳朵裡，一定要小心。我對你的尊敬、仰慕和感激之情無以言表。

蔡襄這次被貶福建以後，他充分利用自己的特長，化被動為主動，在工作上和私人關係上都得到皇帝的認可，並成功調回京城，回到皇帝身邊。此後，蔡襄也都能在做好工作的同時，處理好與皇帝的關係，所以，即便他又犯了錯離開京城，仍然會再回到朝廷，最後一直做到三司使的職位。那麼，蔡襄是如何處理與皇帝的關係呢？

一個來自農村的學霸

蔡襄是興化軍（今福建莆田）仙遊縣人，生於農村，沒有任何官方背景，母親生他時已經三十八歲。他在十九歲那年就考取了進士。蔡襄受過很好的教育，他的啟蒙得益於他的外祖父，外祖父雖然屢試不第，但深知對於農村孩子來說，科舉是改變命運的唯一途徑，所以蔡襄和弟弟蔡高很早就被外祖父以考進士的標準嚴格要求。十二歲時，蔡襄遇到人生中第一個貴人淩景陽。這個人在宋史上寂寂無名，只是一名負責治安的縣尉，就是他指點了蔡襄的求學之路。後人研究蔡襄時，淩景陽幾乎是一個可以忽略不計的人物。在宋代有無數個這樣的基層小官員，他們很多都是進士出身，雖然沒有機會參與國家大事，但具有傳統儒學思想的他們一直努力辦學培養人才。

十九歲那年，蔡襄榮登進士甲科第十名。進士分為幾個等級，甲科是最優級，所以蔡襄的成績應該是全國前十了。蔡襄的外祖父考了一輩子都沒考上的進士，他三試均高分通過。蔡襄從此脫去布衣，成為政府官員。他第一個職務是漳州軍事判官。漳州在福建，離蔡襄的老家仙遊很近，二十歲就進入仕途的蔡襄算是衣錦還鄉了。在回漳州任職的途中路過無錫，蔡襄在那裡娶了一位姓葛的女孩。葛姑娘出身耕讀人家，家族富有田產，是當地的大地主，家族中的男性成員考中進士當官的不在少數。蔡襄出身貧苦人家，能娶上無錫這位小姐，似乎不錯。但在榜下擇婿的宋代，像他這樣甲科前十名的進士，又如此年輕，是可以選到一門政治背景更好的婚姻的，而婚姻關係在北宋政治中有非常重要的作用。范仲淹直到二十八歲都不結婚，最後成了參知政事李昌齡的女婿。後來官至樞密副使的鄭戩也娶了李昌齡的女兒，跟范仲淹成了連襟；鄭戩的女婿王珪，和范仲淹的兒子，後來都成為宰相。而蔡襄岳父家在當時就已經開始衰敗了，蔡襄晚年回到福建，子孫後代表現平平。不過，蔡襄從不認為一定得找一門有實力的婚姻，反而認為找個小戶人家的女兒最妥當。

順利的青年仕途

蔡襄的政治命運總體說來還是不錯的，他正好趕上了一個稱得上是奮發有為的時代，宋史上最為人稱道的一些大人物，幾乎都出現在這個時代。

擔任了第一份基層工作後，景祐三年（一〇三六），二十五歲的蔡襄前往京城參加吏部的人事調動。當時正趕上范仲淹繪製「百官圖」彈劾權相呂夷簡失敗被貶，年輕的蔡襄看不下去，寫了〈四賢一不肖〉長詩，高度讚揚范仲淹、余靖、尹洙、歐陽修，批判高若訥。此詩一出，朝野轟動，連遼國使者都將這首詩抄回去張貼，蔡襄的名字一時間傳誦南北，這可說是他政治生涯中的第一件大事。

按「四賢」的遭遇，蔡襄應該是馬上被掃出京城了，幸運的是，另一位政壇新星、二十八歲的韓琦救了他。結果蔡襄非但沒有被貶，反而被分派到一個不錯的職位，即西京洛陽留守推官，主管推案判案，跟之前在漳州的職務類似，而且洛陽是陪都，地位比漳州高多了，蔡襄因此與韓琦成為終身的朋友及政治盟友。

蔡襄在洛陽的第一位上司是張士遜（九六四——一〇四九），當時已經七十二歲，他在真宗朝和仁宗朝都當過宰相，是一位很文雅的老相公。蔡襄在他的幕下任推官真是有福，張士遜還專門向朝廷寫信表揚蔡襄。第二位上司是後來在西北戰場上慘敗的范雍。第三位上司是宋綬（九九一——一〇四〇），宋綬精通書法，與蔡襄有共同愛好，宋綬贈送了一些文房名品給蔡襄，開啟了他的文房收藏愛好。

有上司愛護和栽培，有朋友們縱情山水，蔡襄的日子過得非常滋潤。多年以後，蔡襄還

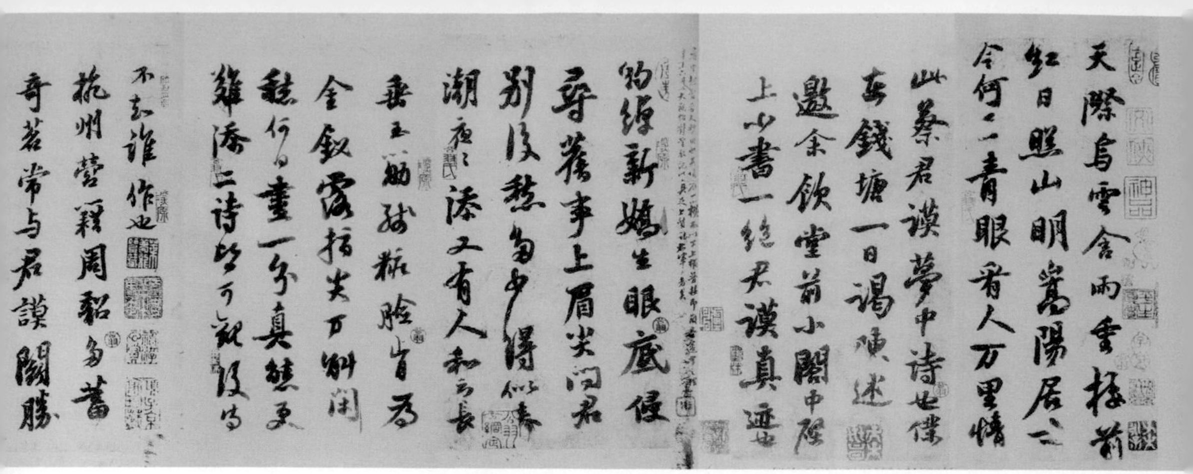

於病中回憶起在洛陽的幸福生活，寫下了〈夢遊洛中十首〉，其中第一首為：「天際烏雲含雨重，樓前紅日照山明。嵩陽居士今安否？青眼看人萬里情。[1]」這首詩的前兩句是蔡襄於夢中所得，後兩句是醒後續寫的，此詩後來被蘇軾抄錄（即〈天際烏雲帖〉，圖17）。

蔡襄另有一篇手札（即〈門屏帖〉，圖18）大約寫於此時：

襄顓詣門屏，陳謝推官呂君。九月日，襄上謁。

這不像一封正式書信，更像是一張小便條，應該是蔡襄登門拜訪呂推官，結果沒遇上，所以留了張便條。如果蔡襄的官職更大一點，則不

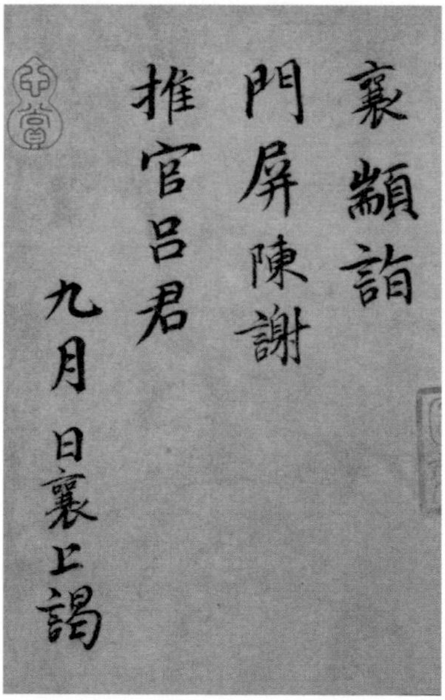

圖 18　〔宋〕蔡襄〈門屏帖〉，故宮博物院藏。

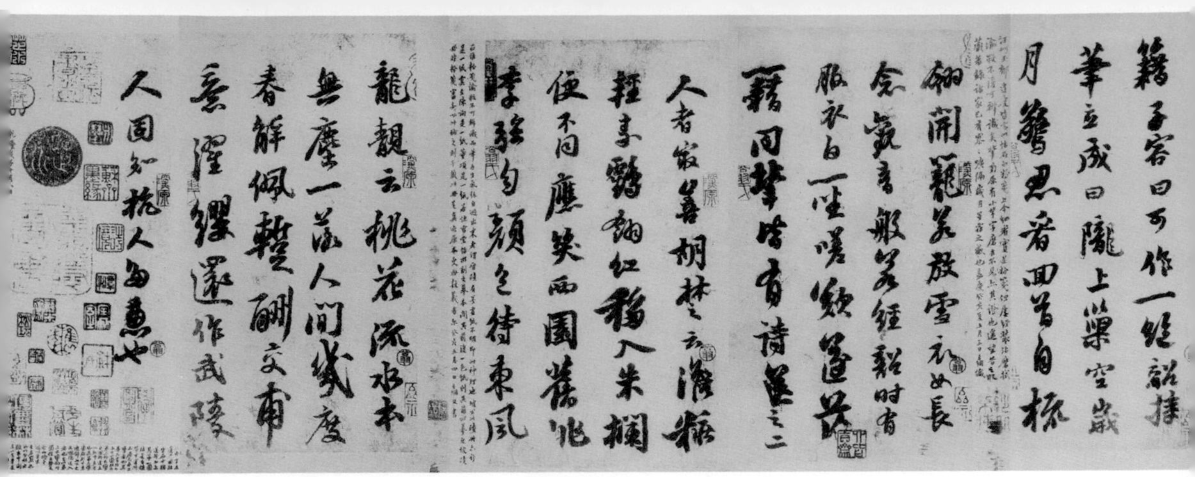

圖 17　〔宋〕蘇軾〈天際烏雲帖〉，藏地不詳。

會用「門屏」二字，因為這個詞有權貴之門的意思。

三年期滿後，二十九歲的蔡襄調入京城，任祕書省著作佐郎和館閣校勘，與歐陽修成為同事。這一年是慶曆元年（一〇四一），從這一年到慶曆五年，是北宋歷史上非常重要的五年，主要有兩件大事發生：一是西夏李元昊攻打西北邊境，此時蔡襄請假回福建探親去了；二是以范仲淹為首的改革派實施新政。慶曆三年三月，呂夷簡罷相，蔡襄與歐陽修共同的老師晏殊升任宰相，范仲淹任參知政事，即副宰相，杜衍（九七八——一〇五七）任樞密使，韓琦和富弼任樞密副使，余靖、歐陽修、王素、蔡襄供職諫院，歷史上有名的「四諫」誕生了，慶曆新政也開始了。

一場夜宴引發的大案

新政的實施得罪了很多人，所以朝中出現了很多反對的官員，領頭的就是夏竦。油滑的夏竦本來被任命為樞密使，掌管全國軍務，但還沒進京城，就被諫官集體上書阻攔，於是仁宗就把他改派到其他地方。夏竦懷恨在心，不斷尋找改革派的麻煩，甚至偽造證據說改革派要謀反。仁宗皇帝雖然不相信范仲淹等人會謀反，但改革派確實政治經驗不足，竟然仗著自認大公無私，以「君子黨」自居，這就又犯了仁宗皇帝的大忌——「朋黨」，所以也註定了新政不會長久，「進奏院事件」就是新政的一個轉捩點。

進奏院是一個檔傳達機構，主要功能是彙集京外各地區的公文呈送給皇帝，同時印發朝廷的公文給各地。這個機構雖然權力不大，但不可小覷，因為它掌控著中央和地方的檔案傳遞。范仲淹上臺後，推薦了支持新政的蘇舜欽（一〇〇八——一〇四九）進入進奏院。

蘇舜欽，字子美，他的祖父是太宗朝的副宰相和大收藏家蘇易簡（九五八——九九七），外祖父是真宗朝有名的宰相王旦（九五七——一〇一七），岳父杜衍在慶曆新政初期擔任樞密使，後來也做了宰相。家世如此顯赫的蘇舜欽，本來前途無限光明，卻因為一場夜宴大受打擊。慶曆四年（一〇四四）秋天的賽神會結束後，三十六歲的蘇舜欽約了一幫志同道合的朋友，在進奏院裡辦夜場，參加宴會的主要是一幫年輕人，他們作詩助興，你唱我和，還叫來了兩個官伎，玩到很晚才散去。（圖 19）但是他們誰都沒想到，這場夜宴竟然會造成巨大的官場震動。第二天他們就被人告發了，罪名是公款吃喝、招伎、對皇帝大不敬。怎麼

圖 19　〔宋〕佚名〈十八學士圖〉局部。宋代皇帝宴請群臣的時間多在春秋一些重大的國家禮儀活動之後。士大夫之間的宴飲，有些以雅集的名義進行，則少不了作詩、填詞、聽曲、鬥茶等娛樂活動。而小型的宴飲又是分享各種消息的場所，要不然，宋代筆記體小說如此興盛，素材從何而出？

還冒出個對皇帝大不敬的罪名？原來，那天晚上他們當中有一個叫王益柔的人玩得失了分寸，竟然寫了這樣兩句詩：「醉臥北極遣帝扶，周公孔子驅為奴。」[2] 意思很好理解：「喝醉了就差遣天帝來攙扶，再驅使周公和孔子當奴僕。」這還了得！

這首詩第二天被送到一個人手裡，就是御史中丞王拱辰。御史臺是類似監察院的中央機關，專門負責對皇帝和官員挑毛病。王拱辰看到這首詩後喜出望外，不僅是因為他又可以立功了，更重要的是，他一心一意要找改革派的麻煩，想把他們扳倒，這次夜宴的參與人員雖然官職都不高，卻都是改革派，尤其宴會發起人蘇舜欽，是由范仲淹舉薦上來的，而且蘇舜欽的岳父杜衍在慶曆新政期間當上了宰相，是反對派的大敵。

王拱辰想要扳倒改革派，是因為改革派很快就要改到他頭上了。新政中很重要的一條政策，就是裁撤無能的官員，舉薦有能力的，而改革派認為御史臺的這幫人太差勁了。歐陽修就給皇帝上書說，御史臺這些年就沒有一個有能力的人，都得換掉，這就等於把王拱辰推到了懸崖邊上。但王拱辰能做到御史臺也不是好惹的，他早就在悄悄搜集改革派的不良紀錄了。這次他們自己送上門，於是，一首狂詩和一張夜宴參與者名單就擺在了仁宗皇帝面前。最後，蘇舜欽被革職為民，其他人也都或革職或貶官。

蘇舜欽這枚棋子引發的連鎖反應也是驚人的。本來在此之前，保守派就已經污蔑改革派有謀反之意，范仲淹為自證清白，已經主動離開朝廷核心到地方任職，現在又發生這種事，范仲淹的地位更不穩了。蘇舜欽的岳父杜衍也在相位上待不下去了，他很愛惜羽毛，自己辭去相位，不久即退休隱居。另外，進奏院也不再由改革派掌管了。除了人事變動外，最重要的是，這件事傳遞出皇帝的一個態度：要打壓改革派。這也就預示了新政的失敗，改革派成員陸續被外放各地，王拱辰在事後得意的說：「吾一舉網，盡矣！」[3]

被貶福建製新茶

慶曆七年（一〇四七）三月，被貶福州的蔡襄任知州工作已近三年，由於政績良好，得以升任福建路轉運使。這個職位類似現在的省長，但並不完全等同，轉運使一職設立之初的職責，就是統籌一方物資與財賦的運輸，後來擴大至人事監察等。福建雖不如江淮某些地區

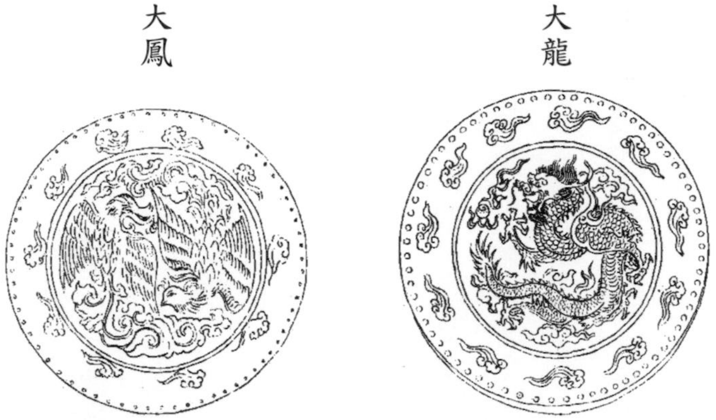

圖 20　〔宋〕熊蕃《宣和北苑貢茶錄》龍鳳團茶銀模圖案（引自《景印文淵閣四庫全書》，臺灣商務印書館）。在蔡襄之前，將福建茶葉由一般貢茶提高等級的是丁謂。而蔡襄則是將之推上頂級品牌的重要人物，這是因為他親自參與了整套流程，改進了茶葉製作方式、選用了特殊的煮茶水，並且親自設計了茶葉的形制，受到仁宗皇帝好評。

富裕，卻盛產茶葉，早在唐代這裡就是貢茶產地。到了宋代，經過宰相丁謂（九六六——一〇三七）的開發，福建茶葉更是成為貢品中的極品。

慶曆七年初夏的一個拂曉，剛剛升任福建路轉運使的蔡襄，抱病前往建安北苑監製貢茶。到了北苑後，他像茶農一樣親自考察和參與製茶的每一道工序，操勞了近兩個月才返回衙署。他待這麼久，並不只是視察，他要研製一款新茶，親自選摘，監管整個工藝，包括泉水的選擇，最終成功研製出了自己滿意的新茶，即後世有名的「小龍團」，或稱「小團茶」（圖20）。之所以這樣叫，是與之前體積較大的龍鳳團茶比較而言的。龍鳳團茶一斤有八餅，而蔡襄製作的小龍團一斤有二十餅，每一餅只有伍銖錢大小，直徑三四公分。蔡襄為什麼要研製一款新茶呢？因為他愛茶，而且是一位品茶大師，茶就如同他的書法、文房一樣，都是他生命裡的清供之物。現在他主持貢茶工作，自然就想研製一款好茶，而且這也將成為他的重要政績。

首批小龍團數量極少，一共只有十斤，也就是兩百餅，數量有限，蔡襄只能先呈送給皇帝，但蔡襄也拿不準仁宗皇帝是否有機會喝上這款茶，又是否會喜歡喝這款茶。皇祐二年（一〇五〇），三十九歲的蔡襄調回京城修撰《起居注》，負責記錄皇帝的言行。由於能近距離接觸皇帝，君臣聊私話就很方便了。有一天仁宗皇帝問起小龍團的事，蔡襄就有點小激動，這說明仁宗皇帝喝過他研製的茶葉，而且喜歡喝，要不然那麼多貢茶，怎麼就能記住他做的茶並且特意詢

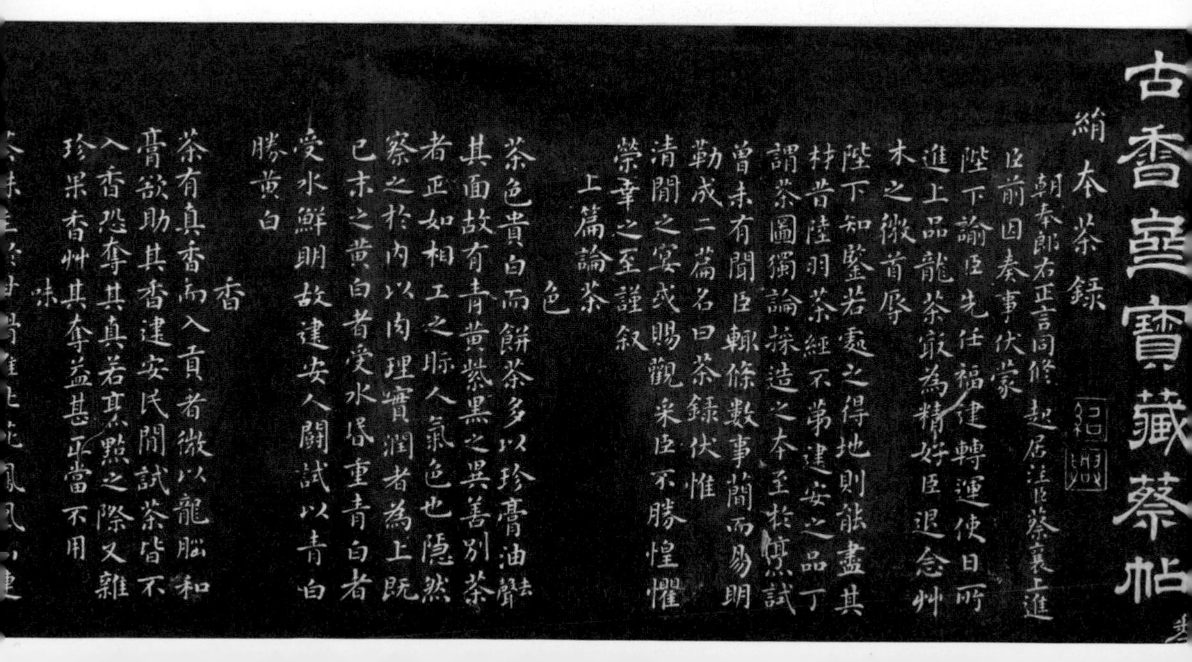
古香齋寶藏蔡帖
絹本茶錄
朝奉郎右正言同修起居注臣蔡襄上進
臣前因奏事伏蒙
陛下諭臣先任福建轉運使日所
進上品龍茶最為精好臣退念草
木之微首辱
陛下知鑒若處之得地則能盡其
材昔陸羽茶經不第建安之品丁
謂茶圖獨論採造之本至於烹試
曾未有聞臣輒條數事簡而易明
勒成二篇名曰茶錄伏惟
清閒之宴或賜觀采臣不勝惶懼
榮幸之至謹敘
上篇論茶
色
茶色貴白而餅茶多以珍膏油去聲其面故有青黃紫黑之異善別茶
者正如相工之視人氣色也隱然
察之於內以肉理實潤者為上既
已末之黃白者受水昏重青白者
受水鮮明故建安人鬬試以青白
勝黃白
香
茶有真香而入貢者微以龍腦和
膏欲助其香建安民間試茶皆不
入香恐奪其真若烹點之際又雜
珍果香艸其奪益甚正當不用
味

問呢？既然皇帝喜歡，小龍團自然就成為歲貢精品茶，而且由於數量非常有限，無比珍貴。

有過親手研製茶葉的經歷後，蔡襄的茶藝更精深了。仁宗多次向他問起建安貢茶製茶、試茶的情況，他於皇祐四年（一〇五二）精心撰寫了一部《茶錄》（圖21-1、21-2），用非常簡潔明瞭的文字介紹了如何鑒定茶的色香味，如何使用茶具，以及如何收藏茶葉等，然後用楷書工工整整抄錄了一份獻給仁宗，成為皇帝喝茶的「教科書」。

品茶大師

蔡襄品茶，頗有些典故。據說北苑附近有一座寺院名能仁院，院中的石頭縫裡長著一些茶樹。寺院的僧人將茶葉做成茶餅後，給蔡襄送了四餅，給王珪（一〇一九——一〇八五，後為神宗朝宰相）送了四

圖 21-1 〔宋〕蔡襄《茶錄》清拓本，載〔明〕宋玨集《古香齋寶藏蔡帖》卷二，之一。

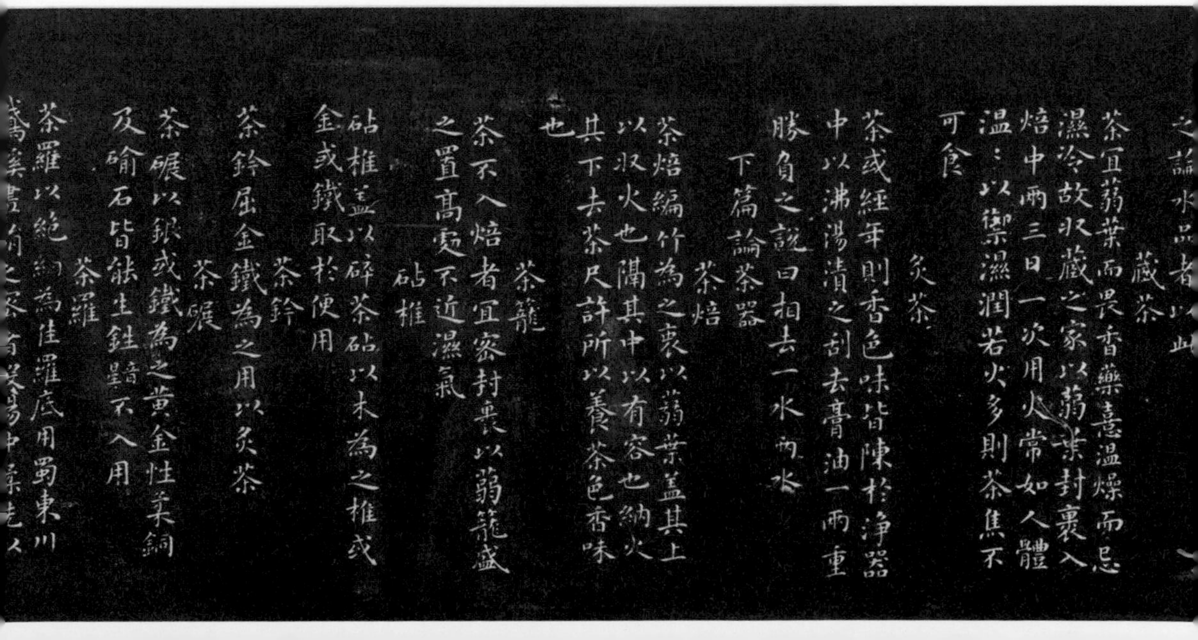
之論水品者以此
藏茶
茶宜蒻葉而畏香藥喜溫燥而忌
濕冷故收藏之家以蒻葉封裹入
焙中兩三日一次用火常如人體
溫溫以禦濕潤若火多則茶焦不
可食
炙茶
茶或經年則香色味皆陳於淨器
中以沸湯漬之刮去膏油一兩重
勝負之說曰相去一水兩水
下篇論茶器
茶焙
茶焙編竹為之裹以蒻葉蓋其上
以收火也隔其中以有容也納火
其下去茶尺許所以養茶色香味
也
茶籠
茶不入焙者宜密封裹以蒻籠盛
之置高處不近濕氣
砧椎
砧椎蓋以碎茶砧以木為之椎或
金或鐵取於便用
茶鈐
茶鈐屈金鐵為之用以炙茶
茶碾
茶碾以銀或鐵為之黃金性柔銅
及碖石皆能生鉎鑐不入用
茶羅
茶羅以絕細為佳羅底用蜀東川

餅。蔡襄從福建調回京城後，有一天去拜訪王珪。王珪讓僕人挑上好的茶葉招待蔡襄。蔡襄邊喝邊說：「這很像能仁院的茶。」王珪找來茶包上的簽條一看，果然是能仁院的茶。

還有一回，福唐縣（今福建福清市）縣丞邀請蔡襄喝小團茶。兩人聊了一會兒，又來了一位客人，蔡襄品著侍童端上來的茶說：「這不只是小團茶，還有大團茶雜在裡面。」縣丞趕緊問侍童，侍童說：「我只碾了兩個人的茶葉，沒想到多了一位客人，來不及，所以加了一點大團茶。」在當時，茶葉都做成茶餅，喝茶前要先用茶碾（圖22）碾碎。

由於蔡襄識茶，所以製茶人多將他視為知己，他曾經寫過一個感人的故事，名為〈茶記〉。建安的王家白茶聞名天下，主人名叫大詔。大詔家有一株極品

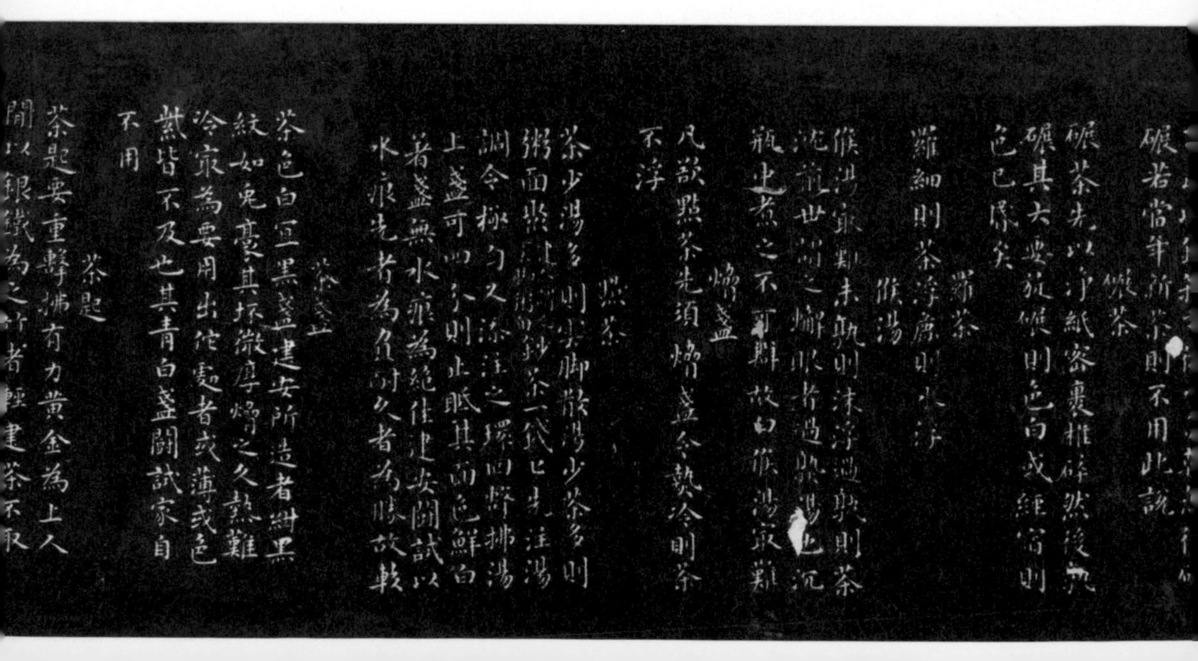
碾若當年新茶則不用此說
碾茶
碾茶先以淨紙密裹椎碎然後熟碾其大要旋碾則色白或經宿則色已昏矣
羅茶
羅細則茶浮麤則水浮
候湯
候湯最難未熟則沫浮過熟則茶沉前世謂之蟹眼者過熟湯也沉瓶中煮之不可辨故曰候湯最難
熁盞
凡欲點茶先須熁盞令熱冷則茶不浮
點茶
茶少湯多則雲腳散湯少茶多則粥面聚（建人謂之雲腳粥面）鈔茶一錢七先注湯調令極勻又添注之環回擊拂湯上盞可四分則止眡其面色鮮白著盞無水痕為絕佳建安鬬試以水痕先者為負耐久者為勝故較
茶盞
茶色白宜黑盞建安所造者紺黑紋如兔毫其坯微厚熁之久熱難冷最為要用出他處者或薄或色紫皆不及也其青白盞鬬試家自不用
茶匙
茶匙要重擊拂有力黃金為上人間以銀鐵為之竹者輕建茶不取

過福建的人，知曉了福建貢茶的情況。

丁謂做的這些努力，使得建茶銷售量劇增，物資流通，國庫收入當然也更多了。皇帝當然很高興，不只是因為喝到了好茶，更因為他準備和遼國打仗，急需軍費！丁謂在福建的表現證明他是生財好手，於是真宗將他提拔為三司戶部判官，成為財政部門官員。從上述事實看來，丁謂在貢茶上的心思和成就不能只看做邀寵，倒也可以視為一項政績了。

蘇軾是不是「毒舌」？

蔡襄的職務和工作任務與丁謂是相同的，但他更進一步，在轄區打造了一個頂級品牌。同一時期的貢品中，極少有經過轉運使的改造而成為品牌的，比如宣州的貢品銀杏，其實是一味很好的藥材，還是護膚品的加工原料，然而進貢的自始至終都是原味果子，沒有任何技術加值，最多只是外面包裹著錦緞而已。所以等銀杏成功移植到北方以後，它做為貢品的尊貴身分就喪失了，這樣的例子很多。

蔡襄在福建並不是只做了研發新茶這一件事，他對茶場的管理和茶葉運輸都進行改善。例如經過實地考察後，蔡襄建議朝廷選一名錄事參軍監管茶場，以便茶葉及時轉運到別的地方，以免國家每年在官辦茶場上花費大量錢財而得不到回報。蔡襄後來調入三司工作，又結合自己任轉運使時的經驗，建議商稅院不要任用有背景卻沒能力的權貴家屬，而要用清廉有能力的人。從這些來看，蔡襄在福建貢茶的管理上是花了心思的。所以，研製小龍團只是他工作的一小部分，或者說，他只是利用有利條件，把自己的愛好做成了一款產品。

一種物品一旦成為特貢，也就成了一把雙刃劍。一方面，人人都想得到一份；另一方面，也容易背負罵名。被萬人敬仰且自帶傳播加速器的東坡先生編成「前丁後蔡」，蔡襄的人設瞬間就崩塌了。

北宋末年著名的太學生陳東（一〇八六——一一二七）在蔡襄《茶錄》的拓片後寫了一段題跋，大意是：「我小時候聽年老的人說，蔡襄在福建為官時，設法製作了小團茶，將它做為貢品獻給皇帝。富弼聽說後驚歎：『這是僕妾為討好主子而幹的事，沒想到蔡襄居然做出這種事！』我做為小孩子聽到這種話也有所感悟。現在見到《茶錄》的拓本，真替蔡襄可惜，他為什麼不抄一篇〈旅獒〉獻給皇帝呢？」

〈旅獒〉是《尚書》中的名篇，獒是當時西方遠邦獻上來的一種大犬。當時的太保寫了一篇〈旅獒〉，勸誡武王不要沉湎玩樂。陳東這種觀點顯然也是蘇軾觀點的後遺症。不過，也還是有明白事理的人。《四庫全書》編修官在校對蔡襄的《茶錄》時，就發現了「前丁後蔡」論調的不合理處，他寫了一段評論，大概意思是：「一、貢茶久已有之，非始於蔡襄。二、蔡襄做為福建路轉運使，研製精品茶是他的份內工作。三、史傳富弼和歐陽修驚訝於蔡襄身為士人卻做小人獻媚之事，這很可能是後人依託富弼、歐陽修之名抹黑蔡襄。四、這種謠言都是附會蘇軾『前丁後蔡』、『致養口體』的說法。」

那麼蘇軾為何要將「前丁後蔡」並列而加以抨擊呢？不能說蘇軾就是想刻意抹黑蔡襄，事實上，他在很多地方都對這位老前輩有極高的評價。但無論是對丁謂還是蔡襄，要考察他們做的貢茶工作，首先必須要對他們工作的時間點、具體內容和業績有清晰的了解，這在蘇軾時代還做不到，因為那時還無法對「前丁後蔡」的事蹟編年。或者說蘇軾本人還做不到，因為蘇軾一生都沒有擔任過轉運使的工作，對福建貢茶的了解也不深。可是蘇軾有文人的清高和習性，同當時的很多文人士大夫一樣，習慣站在道德制高點上進行評判，對這種拿奢侈品「邀寵諂媚」的行為，他看著不順眼，性情一來，就那麼寫了。

蔡襄的「書法政治」

皇祐五年（一〇五三）正月十六日，皇宮裡的會靈觀著火，一個存在了半個世紀且非常神聖的地方突然消失了，這給仁宗皇帝帶來了麻煩。要不要重修呢？仁宗的心情是複雜的，會靈觀重修與否，其本質是如何評價他的父親真宗趙恒，這位已故三十多年的先帝因過分崇信道教而受詬病。

經過慎重考慮，仁宗下令重修，於是原址上又起了一座全新的宮殿，但是沒有用原來的名字，而是取名「集禧觀」，意思是集長壽、富貴、康寧、好德、善終於一體的地方，這就不再是原來的道觀。那這不是悖逆了先皇嗎？仁宗又在「集禧觀」的西邊新修了一座殿，取名為「奉神殿」，此名來源於真宗寫的〈奉神述〉，這篇文章的內容是給各位神仙定等級和敕封爵位。宋朝皇帝姓趙，宋朝的皇統和道教皇統是一脈相承的，只不過一個在地，一個在天，所以仁宗修奉神殿只不過是家事家辦，而不是突出父親佞道，這樣就把事情圓滿處理了。

修奉神殿，自然得將真宗寫的〈奉神述〉刻石，仁宗決定親自書寫碑額，內文則交由書法名手蔡襄來抄寫。蔡襄將真宗書寫的正文和仁宗書寫的碑額都勾勒於碑石上，然後把摹本送給仁宗，仁宗肅然站好，恭敬的接過去。過後，親自寫了「君謨」二字賜給蔡襄。蔡襄手捧皇帝親書的「君謨」二字，內心非常激動。仁宗賜字是很平常的事，他也是書法家，愛寫字，給很多大臣都賜過字，但是這次賜給蔡襄的這兩個字卻別有含義。

「君謨」是蔡襄的字，而這兩個字是有特殊含義的，「謨」是計謀、策略的意思，「君謨」就是為皇帝獻計獻策的意思，蔡襄的字取得真是有深意啊。而皇帝寫這兩個字賜給他，顯然也是看出了它的含義，並表示讚賞。蔡襄很敏感，他立即給皇帝寫了一封感謝信（即〈謝賜御書詩表〉，圖 23）。這封感謝信分兩部分，第一部分先說明寫信的緣由，然後又說自己來自偏遠地區，出身孤寒，沒有什麼才能，皇帝親手書字，激勵他多為國家出謀畫策，真是對他無比榮寵，他感謝不盡，於是特地作了一首詩獻給皇帝。第二部分就是他作的那首長詩，這是一首典型的歌功頌德詩，用詞規格很高，感情激昂澎湃，有些詞還是專為皇帝量身打造的，比如稱送字的公公為「皇華使者」，稱仁宗賜的手卷為「寶軸」，卷上的墨汁為「香煤」。且看蔡襄在詩中是怎樣歌頌皇帝的：

精神高遠照日月，勢力雄健生風雲。混然器質不可寫，乃知學到非天真。這是在誇讚皇帝和他的書法。**緘藏自語價希代，誰顧四壁嗟空貧。**皇帝的賜書，必將是蔡家傳給後代的珍稀寶物，有了這個，誰還會在乎家徒四壁呢？**臣聞帝舜優聖域，皋陶大禹為其鄰。吁俞敕戒成典要，垂覆後世如穹旻。陛下仁明加舜禹，豪英進用司鴻鈞。**舜帝這樣傑出的人與同樣傑出的皋陶、大禹為伴，他們所說的很多話成為後世的典範，澤被蒼生。皇帝之仁明超過了舜和禹，所用之人均為一時豪傑。**臣襄材智最駑下，豈有志業通經綸。獨是丹誠抱忠樸，常欲贊奏上古珍。**我蔡襄愚笨，沒有幫皇帝治國的經緯大才，但我有一顆忠誠的心，希望能將古代非常好的治國經驗呈獻給陛下。**又聞孔子春秋法，片言褒貶賢愚分。考經內省莫能稱，但思至理書諸紳。**我知道孔子的「春秋法」是用最簡單的語言來褒貶賢和愚，但我遍查古書，思索許久，仍找不到合適的語言來表達我的心情，只好將最重要的道理寫在自己的衣帶上。**乾坤大施入洪化，將圖報效無緣因。誓心願竭謨謀義，庶裨萬一唐虞君。**我雖有抱負，但還沒有機會報效皇帝。我發誓願盡己所學，為皇帝出謀劃策，成就一番偉業。

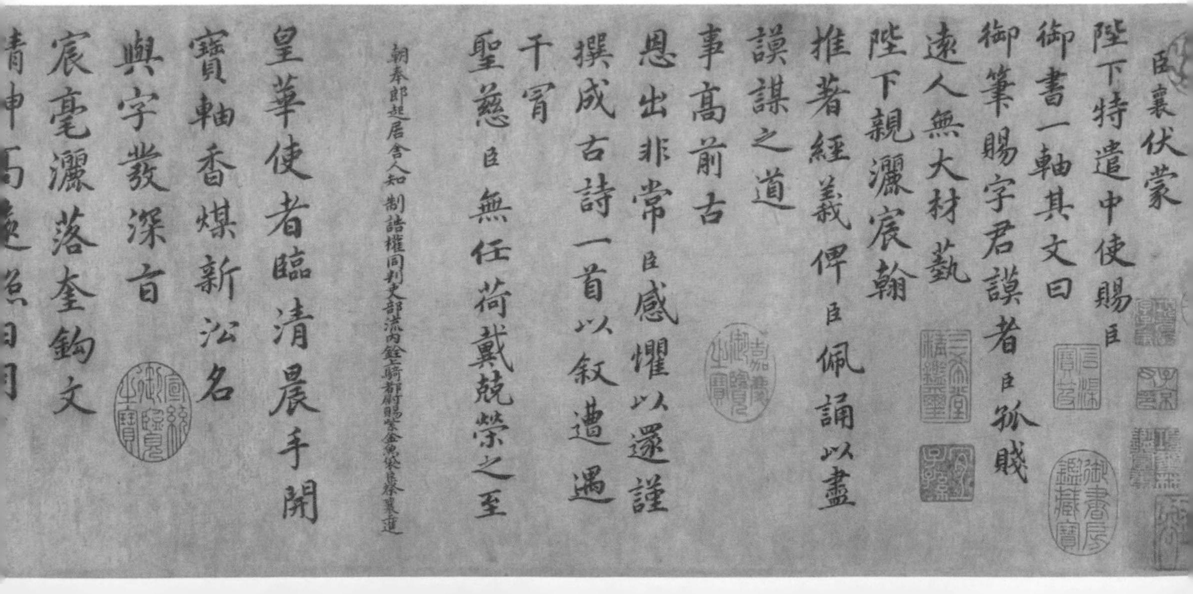
臣襄伏蒙
陛下特遣中使賜臣
御書一軸其文曰
御筆賜字君謨者臣孤賤
遠人無大材埶
陛下親灑宸翰
推著經義俾臣佩誦以盡
謨謀之道
事高前古
恩出非常臣感懼以還謹
撰成古詩一首以叙遭遇
干冒
聖慈臣無任荷戴兢榮之至
朝奉郎起居舍人知制誥權同判吏部流內銓騎都尉賜紫金魚袋臣蔡襄進
皇華使者臨清晨手開
寶軸香煤新沁名
與字數深旨
宸毫灑落奎鉤文

仁宗收到這封感謝信後很高興，他很欣慰蔡襄看懂了他賜字的用意，於是又回了一封信，大意如下：我不上朝的時候，喜歡看古代經史和書法類的典籍，發現唐高宗給他的大臣戴至德、郝處俊、李敬玄、崔知悌所賜的字都有特別的涵義。你文筆溫厚，筆力深妙，你名中的「襄」字表明了你的取向是「輔佐」，而字「君謨」進一步說明是用謀略來輔佐，我便寫了君謨這兩個字送給你，是想用其中深義來表達對你的特別寵遇。你將我的這層意思鋪開演繹，寫在長詩裡，又以古代聖人為例，把我的意思說得更清楚，真是不錯。

這年十一月，皇帝在南郊祭天地，帶了蔡襄同行，回來後，蔡襄寫了一首〈親祀南郊詩〉獻給皇帝。很快，皇帝下詔賜蔡襄的母親盧太夫人為「仁壽郡太君」，賜蔡襄的夫人為「永嘉郡君」。蔡襄是個大孝子，能為八十歲的老母親掙得如此殊榮，是比他自己升官還激動的事，於是

圖 23　〔宋〕蔡襄〈謝賜御書詩表〉，國立故宮博物院。

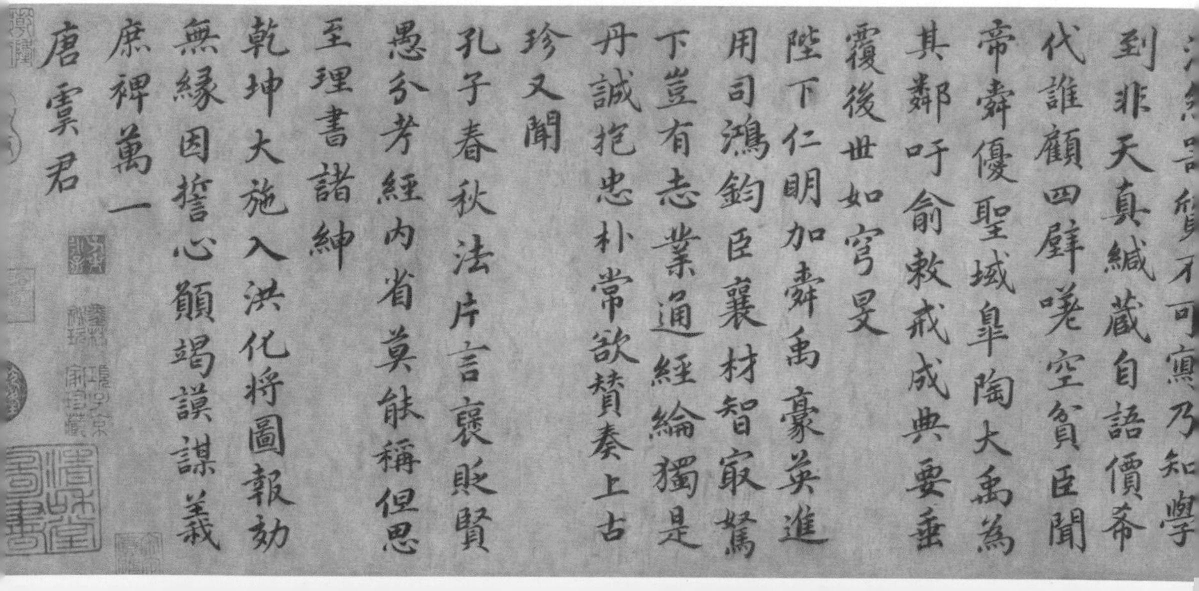

他將皇帝賜字、自己寫的謝詩、皇帝的獎詔、母親和夫人的封號等，寫成一篇完整的文章呈送給皇帝，並將其刻石。另外，他還將皇帝的獎詔單獨刻石。仁宗皇帝接信後很開心，又對蔡襄的人品、學術、才能表揚了一番，並再次激勵他好好工作，成就了一生美名。

亭臺樓閣裡的政治情商

宋英宗登基後的第二年，即治平二年（一〇六五），五十七歲的宰相韓琦，於百忙之中想起了十年前在老家建造的晝錦堂。他要請人為晝錦堂寫一篇文章，這個任務就落在了當時最有名的大文豪歐陽修身上。歐陽修自然樂意效勞，他此時身居副宰相之位，與韓琦的提攜是分不開的，而且他很清楚韓琦的心思。十年前晝錦堂剛建好時，韓琦自己寫過一篇〈相州新修園池記〉，那篇文章是為了謳歌皇帝，現在韓琦已經成為新皇帝的第一任宰相，他也需要別人謳歌自己。疾病纏身的歐陽修第二天就將一篇〈相州晝錦堂記〉寫好給了韓琦，文章以雄博的美言將韓琦盛讚一番，韓琦讀罷大喜，他給歐陽修回了一封信（即〈信宿帖〉，圖24），文字如下：

琦再拜啟：

信宿不奉儀色，共惟輿寢百順。琦前者輒以〈晝錦堂記〉容易上干，退而自謂，眇末之事，不當仰煩大筆。方夙夜愧悔，若無所處。而公遽以記文為示，雄辭濬發，譬夫江河之決，奔騰放肆，勢不可禦。從而視者，徒聳駭奪魄，烏能測其淺深哉！

但褒假太過，非愚不肖之所勝。遂傳布之大，恐為公文之玷，此又捧讀慚懼，而不能自安也。其在感著，未易言悉，謹奉手啟敘謝，不宣。琦再拜啟，□□□□台坐。

這封信的大意是：兩個晚上沒有見到你了，祝你起居百順。之前很草率的請你幫我寫〈畫錦堂記〉，回頭仔細想想，這麼一點點小事，不應該麻煩你這位大文豪。我這兩天一直感到慚愧後悔，不知所措，沒想到你突然就將寫好的文章送給我了。你的文章雄詞濬發，就像江河決堤，奔騰洶湧，勢不可擋。我一口氣讀下來，只覺得魂魄聳駭，哪裡還能感知它的深

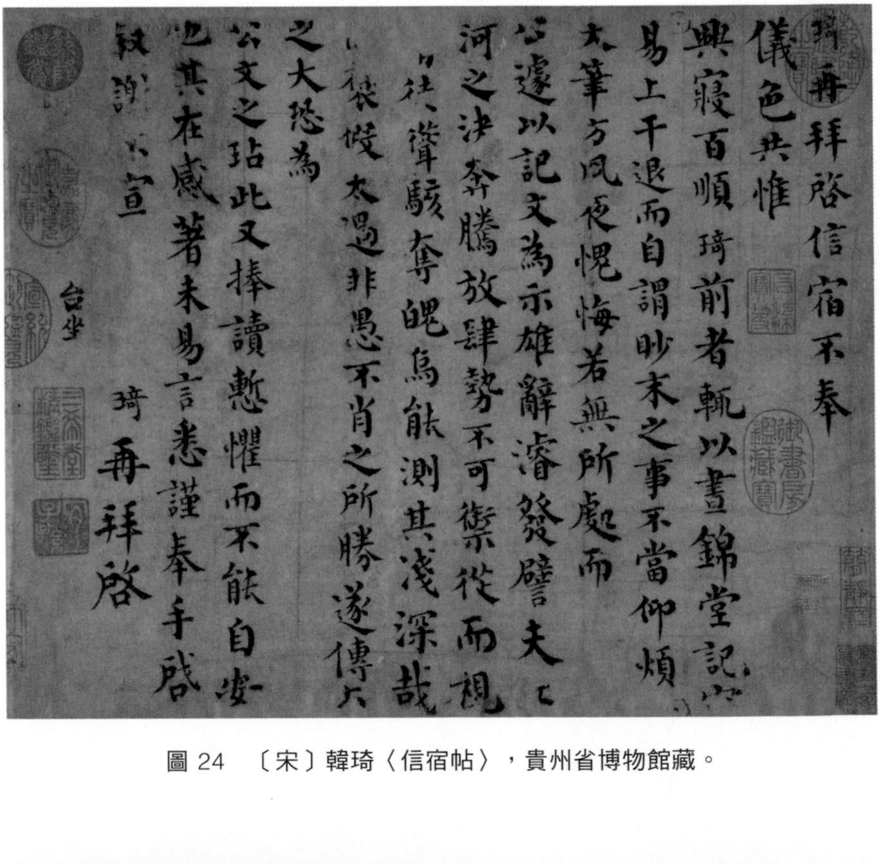
琦再拜啟信宿不奉
儀色共惟
興寢百順 琦 前者輒以畫錦堂記
易上干退而自謂眇末之事不當仰煩
大筆方夙夜愧悔若無所處而
公遽以記文為示雄辭濬發譬夫江
河之決奔騰放肆勢不可禦從而視
之往往聳駭奪魄烏能測其淺深哉
至褒假太過非愚不肖之所勝遂傳布
之大恐為
公文之玷此又捧讀慚懼而不能自安
也其在感著未易言悉謹奉手啟
敘謝不宣 琦再拜啟
台坐

圖 24　〔宋〕韓琦〈信宿帖〉，貴州省博物館藏。

淺呢！只是你對我的褒獎太過了，我資質淺陋，沒有你說的那麼好。要是這篇文章流傳太廣，只怕對你的名聲不利。這讓我讀文章的時候感覺非常慚愧和害怕，深感不安。我內心的感激之情不能用言語表達，特地寫封信來表達我的謝意。

為什麼韓琦一邊誇歐陽修文章寫得好，一邊又說會對歐陽修的名聲不利呢？因為韓琦知道歐陽修是在拍他的馬屁，所以替歐陽修擔心：你如此恭維我，被人恥笑怎麼辦呀？無論如何，韓琦被誇得很舒服，他太喜歡歐陽修這篇贊文了，為了讓它更有價值，他又請當時最有名的大書法家蔡襄謄抄一遍。蔡襄此時位居三司使，掌管全國財政，他也是韓琦力推上來的，當然也願為恩公效犬馬之勞，於是在蔡襄的書跡中有了一份楷書版的〈相州晝錦堂記〉（圖25），我們今天還能看到其拓本。

雖然歐陽修也被後人稱為政治家，但他的政績並不突出，他的成就主要在文學和史學，但不得不說他是文人中政治情商極高的一

圖 25　〔宋〕蔡襄〈相州晝錦堂記〉清拓本局部，載〔明〕宋鈺集《古香齋寶藏蔡帖》卷四。

位。他一路緊跟韓琦，幫韓琦登上宰相之位，也成就了自己的副宰相之位。

困頓之際遇貴人

歐陽修（一〇〇七——一〇七二）四歲喪父，母親帶著他投奔了叔叔，他發奮讀書卻兩度落榜，很是鬱悶。天聖六年（一〇二八），二十二歲的歐陽修迎來了命運的第一個轉折，因為他遇見了一個人——胥偃。胥偃是潭州（今湖南長沙）人，在和歐陽修相遇之前，曾擔任過開封府的考官，他和同事偷拆密封了姓名的考卷，然後錄取了熟人，事發後被貶，後來又逐漸被起用。歐陽修第二次落第回家後，帶著自己的詩文去拜見了正在漢陽軍（今湖北武漢市漢陽區）任知軍的胥偃。胥偃被歐陽修的文采折服，覺得奇貨可居，將歐陽修收入門下，並決定將他捧紅。這年冬天，胥偃回京述職，就帶著歐陽修一同前往，歐陽修的人生從此不同。

在胥偃推薦下，歐陽修以詩文打入京城有活力的青年文學圈，並結識了蘇舜元、蘇舜欽、尹洙等「官二代」和「富二代」。接下來的科舉考試，歐陽修獲得進士甲科第十四名的好成績，接著成為胥偃的東床快婿。不久，歐陽修就到洛陽擔任西京留守推官，負責查案。

他的上司是大名鼎鼎的錢惟演（九七七——一〇三四）。錢惟演是吳越王錢俶的兒子，雅好文藝，很喜歡和歐陽修這幫年輕人在一起玩。據說有一回歐陽修和朋友們外出爬山，途中遇雪，錢惟演就派了廚師和歌伎去伺候他們，還安慰他們不著急回來，府裡的公事慢慢處理沒關係。還有一回，錢惟演宴請賓客，歐陽修姍姍來遲，另一位官伎也遲到了。錢惟演問官伎是什麼原因，官伎推說是因為自己的釵鈿不見了。錢惟演就說：「如果歐陽推官願意為你作一闋詞，那我就賠你的玉釵。」歐陽修深解風情，當場譜詞。除了遇上好上司，歐陽修還結識了一群好朋友，如大詩人梅堯臣、古文家尹洙、書法家蔡襄等，洛陽的生活是歐陽修一生最美好的回憶，以至於他在詩中稱自己是「洛陽花下客」。

名列「四賢」與「四諫」

洛陽任期滿了之後，歐陽修參加了館閣考試，並順利當上館閣校勘，成為一名京官。景祐三年（一〇三六），四十七歲的開封知府范仲淹為彈劾宰相呂夷簡而向朝廷遞交〈百官圖〉，激起千重浪。負責糾察刑監的胥偃不斷糾察范仲淹，歐陽修很生氣，翁婿關係出現裂痕。最後呂夷簡反咬一口，范仲淹、歐陽修、余靖、尹洙等都因「朋黨」的罪名被貶，朝野譁然。歐陽修被貶為夷陵（今湖北宜昌）知縣，瞬間又被打回起跑線了。二十五歲的蔡襄心中不平，便作了〈四賢一不肖〉長詩，將范仲淹、余靖、尹洙、歐陽修稱為「四賢」，將趨炎附勢的高若訥稱為不肖之徒，此詩在當時影響極大。

歐陽修五月二十八日從京城沿水路出發，十月二十六日抵達，路上整整用了五個月時間。出於文學家的本能，他將旅途中發生的事情都記載下來了，還編成了一本文人旅行日記《於役志》。他還在旅行途中留下了一句深有含義的話：「昨日因轉運作庭趨，始覺身是縣令矣[6]。」意思是最近在轉運使那裡接受教誨，才覺得自己現在是縣令了。看樣子是轉運使給歐陽修上「政治課」了，歐陽修內心雖不服氣，但自己眼下不過是小小知縣，與身為地方大員的轉運使差了好幾個官階，只能默然不語。

宋夏戰爭爆發後，歐陽修的很多朋友如范仲淹、韓琦、尹洙等都到西北戰區打仗建功。范仲淹邀請歐陽修一起去，並請他擔任軍隊裡的祕書，歐陽修拒絕了。戰事結束後，國庫空了，各地治安也愈來愈差，各種問題紛紛浮現。仁宗皇帝將范仲淹、韓琦等召回朝廷，請他們說說解決國家問題的辦法。范仲淹陳述了十條對策，皇帝很滿意，就讓范仲淹等人按這十條對策來實施新政。

為加強對官員的監督，仁宗決定增設諫官。宰相晏殊是歐陽修的老師，在晏殊推薦下，三十六歲的歐陽修得以回京擔任諫官。與他同為諫官的還有余靖、王素、蔡襄。當時輿論環境比較寬鬆，又有皇帝撐腰，所以這四個人火力特別猛，被時人稱為「四諫」，歐陽修再次在北宋政壇放射出耀眼的光芒。

一篇宏文禍上身

慶曆新政實施沒多久就遭到了強烈反對，一個名叫藍元震的太監，給范仲淹、富弼、歐陽修、蔡襄等人扣上了「朋黨」的帽子，這種罪名顯然不可能是一個太監自作主張的，但年輕的改革派沒有意識到這背後的危機。博學多才的歐陽修就順著藍元震的意思，寫了一篇千古名文〈朋黨論〉呈給皇帝。歐陽修在文中說自古就有朋黨，皇帝要做的只是區分這朋黨是「君子黨」還是「小人黨」，只要驅除「小人黨」而任用「君子黨」，就是明君。

能言善辯的歐陽修，以為把自己這幫人納入「君子黨」就沒事了，他似乎忘記了七年前他們這些君子因為「朋黨」之罪而齊遭貶黜的往事。果然，雖然改革是仁宗發起並大力推行的，但他更忌諱朋黨，不管是小人黨還是君子黨，只要結黨就不行，於是改革派成員陸續被外放。歐陽修被派往河北路擔任都轉運按察使。其實這個職位並不低，相當於現在省長，還兼任監察，這說明仁宗皇帝將他外放只是因為他結黨，並沒有否認他的才能和功績。對歐陽修的輕微懲戒顯然不能讓有些人滿意。不久，就有人揭發歐陽修與外甥女有染，雖然沒有證據，但人設崩塌的歐陽修還是被罷免了河北都轉運使一職，被貶往滁州（今安徽滁州市）。

醉翁亭裡翁不醉

什麼是宋代文人的風雅？看看歐陽修在滁州的生活吧。他縱情遊覽境內的好山好水，乘興吟詩，援筆作文，再將這些詩文散布給四方的新朋舊友。

歐陽修在滁州修了一座豐樂亭和一座醒心亭，被貶揚州的韓琦派人送來了細芍藥，歐陽修將它們種在豐樂亭旁邊，他在亭子裡宴請朋友，請通判杜彬彈琵琶助興。他又將一座無名小亭取名為醉翁亭，並寫了一篇流傳千古的〈醉翁亭記〉。其實歐陽修在滁州的佳作並不止這一篇，但其他詩文都不如〈醉翁亭記〉有名，不僅是因為這篇文章文筆好，還與文中傳達出來的覺悟有關。歐陽修在文章裡描述了他的「樂民之樂」：「然而禽鳥知山林之樂，而不知人之樂；人知從太守遊而樂，而不知太守之樂其樂也。醉能同其樂，醒能述以文者，太守也。」大意是：太守醉了，他不是貪杯，而是高興國泰民安。

一方父母官能夠遊山玩水，又能與民同樂，說明治下太平無事，這既是知州工作有方，更是皇帝治理有效。如此貼心的臣子，皇帝當然是喜歡的。滁州任滿之後，歐陽修被移往東南重鎮揚州，明顯是減輕處罰了，後來又被任命為南京應天府（今河南商丘）知府兼留守司事，官職愈來愈高，離京城也愈來愈近。

不知是有意為之還是不約而同，慶曆君子們在被貶各地之後都開始拿亭臺樓閣做文章，除了歐陽修寫〈醉翁亭記〉之外，還有滕子京修岳陽樓，范仲淹為他寫〈岳陽樓記〉，韓琦修晝錦堂，然後自寫〈相州新修園池記〉。更有意思的是，這些文章竟然都是同一個套路。

岳陽樓記

「慶曆四年春，滕子京謫守巴陵郡……」這是范仲淹名篇〈岳陽樓記〉的開篇。滕子京（約九九一——一〇四七）名宗諒，河南府（今洛陽）人，是范仲淹的終生摯友。他們兩人相差一歲，在同一個考場上競賽過，成了同學；一起捲起褲管築過海堤，成了同事；又一起抗擊過西夏侵略者，成了戰友。

滕宗諒與范仲淹是兩種性格的人，他們處理事情的方式有很大的差別。簡單來說，范仲淹中規中矩，而滕宗諒就比較會設計。例如，范仲淹想要扳倒宰相呂夷簡，他就把這件事情當一個課題來研究，先收集各種鐵證，寫成條理清晰的論文，然後有理有據的論證和攻擊。滕宗諒卻不愛做這種實心眼的事，比如他為了敦促皇太后劉娥還政給宋仁宗，就把宮裡發生火災這種事歸結到太后干政，一次不管用就兩次。好吧，天都怒了，燒了那麼多房子，毀了那麼多先帝的遺物，都怪劉娥。劉娥即使抗壓性再高，怕也不能無動於衷。不過，不管是范仲淹還是滕宗諒，他們都不討當權者喜歡，所以他們大部分時間都在地方上做基層官員。宋夏戰爭爆發時，范仲淹和滕宗諒都處於被貶官反省的狀態。西北傳來戰敗的消息，急需人才上前線，有人就想起了范仲淹，年過半百的范仲淹二話沒說就上前線了，順便帶上老友滕宗諒。

在西北戰場上，錢最不值錢，因為那裡是一個無底深坑，扔多少錢進去都填不滿；可是那裡的錢又最值錢，因為錢能招募到願意上戰場打仗的士兵，更能讓士兵賣命。所以，要想做好領兵打仗的工作，首先要懂得怎麼弄錢。錢從哪裡來？朝廷自然是有軍費撥過來，但是不要指望這些錢夠用，不夠的就要自己想辦法。辦事不那麼循規蹈矩的滕宗諒就運用軍費以錢生錢，比如放高利貸，搞邊境走私等。他做得很成功，當別的知州為缺錢而抓破頭皮的時候，滕宗諒卻有大把的錢修堡壘和招募士兵。他一邊抗擊入侵的西夏兵，一邊安撫境內百姓，很有成效。

慶曆新政開始後，范仲淹主持改革工作，滕宗諒自然也成為他的得力幹將。在暗處窺伺的反對派勢力不斷尋找突破口，滕宗諒就被光明正大的查帳了。滕宗諒對自己的問題很清楚，當然也知道這件事不止查帳這麼簡單，所以一氣之下乾脆一把火把帳本燒了，這等於不打自招了。於是，「慶曆四年春，滕子京謫守巴陵郡」。巴陵郡是個舊稱，在宋代，這個地方的名稱是岳州，也就是現在的湖南省岳陽地區。

五十四歲的滕宗諒在岳州待了一年多，各方面工作都理順了，就抽空重修了洞庭湖邊的岳陽樓，並挑選了一些古人的好詩刻上去，然後給被貶鄧州的范仲淹寫了一封信，請他寫一篇文章紀念此事。年近花甲的范仲淹雖因新政失敗被貶，但家國情懷卻從未消解，於是便寫下了千古名篇〈岳陽樓記〉。尤其是篇尾那幾句話：「居廟堂之高則憂其民；處江湖之遠則憂其君。是進亦憂，退亦憂。然則何時而樂耶？其必曰『先天下之憂而憂，後天下之樂而樂乎！』噫！微斯人，吾誰與歸？」這幾句光耀千古的名言，是中國士大夫的精神標杆。〈醉翁亭記〉樂民之樂，〈岳陽樓記〉憂其民、憂其君。對於皇帝來說，這些都是美好的禮物。

錦衣晝行

韓琦被貶後，在外地兜兜轉轉十餘年，大部分時間都守衛在宋夏和宋遼邊境線上。後來，四十六歲的韓琦感覺仕途無望了，就申請調回老家相州任父母官。不久，韓琦將衙署的後園改造成一座園林，園中修築了一座大堂，起名為「晝錦堂」。

「晝錦堂」這個名字聽起來很囂張，「晝錦」就是「錦衣晝行」。錦衣夜行是為了掩人耳目，錦衣晝行自然就是故意要讓人們都看到。如此露骨，就不怕被人攻擊嗎？園成之後，韓琦親自撰寫了〈相州新修園池記〉，他在文中寫道：「既成，而遇寒食節。州之士女，無老幼，皆摩肩躡武來遊吾園。或遇樂而留，或擇勝而飲，歎賞歌呼，至徘徊忘歸。而知天子聖仁，致時之康。太守能宣布上恩，使我屬有此一時之樂，則吾名園之意，為不誣矣[7]。」這段話的意思是說：園林修成之時，正趕上寒食節。相州的男女老幼都來我的園林裡遊玩，遊人摩肩接踵。有的人遇上好玩的，就逗留許久；有的人則找個風景美的地方喝酒唱歌，大家都流連忘返。從而也就都知道是天子的睿聖和仁德讓這個時代安康太平。我是相州知州，將天子的聖恩傳遞給這裡的百姓，讓百姓得享這些快樂，那我為這個園子取名為晝錦堂就不負初心了。

原來，他修園林不是為了自己享樂，而是為了與民同樂，這種做法簡直是〈醉翁亭記〉的翻版。千年後的今天來看，不禁讓人懷疑他們幾個好朋友是不是都商量好了的。

再攀權力頂峰

不知皇帝是不是看到了他們的文章，總之，歐陽修開始一路升遷，在回鄉守完母喪之後，終於又回到了朝廷。他主管科考，大改文風，錄取了蘇軾、蘇轍、曾鞏、曾布、程顥、張載、呂惠卿等一批金榜，又任開封知府，還在政事之餘編修《新唐書》，可謂成果卓著。

在寫完〈相州新修園池記〉後四個月，四十八歲的韓琦也重新回到朝廷，並擔任三司使，掌管全國財政和重要物資，再次進入權力核心。戰場上的韓琦喜歡不斷進攻，他在官場上也一樣，又盯上了樞密使的位子。此時的樞密使是狄青，在宋夏戰爭中，狄青憑藉戰功，從一個臉上刺青的「賊配軍」成長為一代名將，還擔任了樞密副使。後來狄青又領兵南下，數千里奔襲平息儂智高。仁宗皇帝心存感激，破例將狄青提拔為樞密使，掌管全國軍務。按規矩，武將是不能擔任此職的，但是狄青功勞太大了，仁宗皇帝實在沒法埋沒他，就把樞密使的位子給了他。

論功勞，韓琦沒法跟狄青比，但是政治較量不全看功勞，韓琦拉上歐陽修等人，開始給狄青扣帽子，說他要造反，歐陽修也積極配合。歐陽修很早之前就成為韓琦的堅定追隨者，比如他調任揚州之後，就寫信給前任知州韓琦說：我保留你在這裡的所有施政行為。這做法就有點類似蕭規曹隨了。「蕭規曹隨」這個典故講的是西漢兩代宰相的故事，蕭何卸任後曹參繼任，有人批判曹參沒有作為，曹參說：你們覺得蕭何更有能力，還是我更有能力呢？既然蕭何比我更有能力，那我按他計畫好的事情執行就好了。歐陽修仿效這個典故，自然讓韓琦很受用。一眾文官不斷上書，要求罷免狄青的樞密使一職。仁宗不相信狄青會謀反，一直壓著不理，後來實在扛不住了，就將狄青罷免了，不久狄青就悲憤而終，享年五十歲。

韓琦接任了樞密使，坐上中央權力的第二把交椅。兩年後，文彥博罷相，韓琦與富弼同為宰相。韓琦還不滿足，他想獨自掌控宰相之位，於是又把歐陽修推為副宰相，把蔡襄推到三司使的位置，等於在重要位置上都換成了自己人。不久，富弼回家守母喪，兩三年不能回朝，而仁宗皇帝也得了重病，時而清醒時而糊塗，韓琦就獨攬了大權。韓琦還和歐陽修共同完成了當時最重要的一件大事，那就是為身體非常差卻沒有兒子的仁宗確立繼承人，他們準備將宗室之子趙曙推為皇太子。此事成則功勳卓著，敗則永無翻身之日，但歐陽修一直緊跟著韓琦。後來，趙曙順利成為皇太子，這證明了韓琦的能力，也證明了歐陽修沒有站錯隊。有了這些政治資本，韓琦和歐陽修在未來新皇帝的庇佑下自然會仕途安穩。

重修岳陽樓的滕宗諒和寫〈岳陽樓記〉的范仲淹，都沒能等到這一天。在韓琦和歐陽修重返朝廷的幾年前，滕宗諒就去世了，享年五十七歲，不久范仲淹也病逝，享壽六十四歲。如果他們能多活幾年，是否能像韓琦、歐陽修那樣再次回朝並登上權力頂峰呢？這個問題已經不可能有答案了。范仲淹一生風骨凜然，德高望重，是有宋一代士大夫的楷模，卻一直不被朝廷所容，所以如何給范仲淹的一生蓋棺定論，成了一件非常棘手的事。仁宗詔令歐陽修為范仲淹撰寫神道碑銘，歐陽修遲遲不知如何下筆，拖了兩年才寫完，又按韓琦的意思進行修改，但還是引來各種爭議。〈范仲淹神道碑〉（圖26、27）由王洙書丹，這座碑今天還矗立在河南省伊川縣的范仲淹墓園。

副宰相的煩惱

到嘉祐八年（一〇六三），歐陽修五十七歲了，官居高位，仕途無憂，按說他的心情應

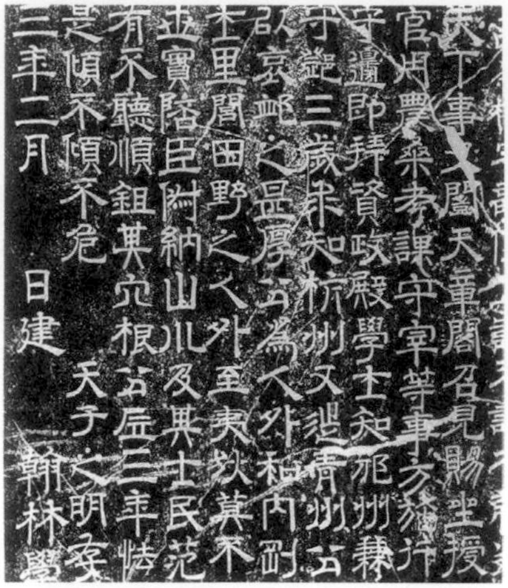

圖 26（左）　〔宋〕趙禎〈范仲淹神道碑〉篆額。
圖 27（右）　〔宋〕王洙〈范仲淹神道碑〉局部。

該是愉快的。仁宗皇帝的身體是真的不行了，二月二十九日崩於寢宮，享年五十四歲。接下來，禁宮內外都忙成一片，先皇要安葬，新皇要繼位，裡裡外外都是事，一堆重要文件都要由歐陽修來寫。主事的人自然是宰相韓琦，歐陽修是韓相公的左膀右臂。四月一日，皇太子趙曙順利即位，是為英宗。

十月二十七日，仁宗皇帝終於入土為安了，但是新皇帝即位後性情大變，一改溫良恭順的模樣，變得乖張多疑，跟皇族的關係也搞得很緊張，尤其是跟皇太后（仁宗曹后）水火不容。韓琦與歐陽修在兩邊穿梭。有一天晚上，歐陽修值夜班，他想起這段時間所發生的一些事，感慨良多，於是寫了一首詩（即〈夜宿中書東閣〉，圖28）：

翰林平日接群公，文酒相歡慰病翁。白首歸田空有約，黃扉論道愧無功。
攀髯路斷三山遠，憂國心危百箭攻。今夜靜聽丹禁漏，尚疑身在玉堂中。

大意如下：當年我任翰林學士時主要負責文書工作，不負責國家大事的謀斷，平時相交的也都是一群文人朋友，大家以文會友，詩酒度華年，那時多開心呀。原本我計畫工作到一定時候就歸田隱居，可這都成了空想。如今在東府任參知政事，每天討論的都是國家大事，雖位極人臣，卻身無寸功，深感愧疚。仁宗皇帝您老人家升天了，而我們這些沒能跟您一起上天的臣子們則繼續處理一大堆的軍國大事，想起來就百箭穿心，憂不能寐。我今夜在禁宮值班，朱紅色的大門緊閉，靜靜聽著漏壺的聲音，恍惚覺得自己仍在學士院。

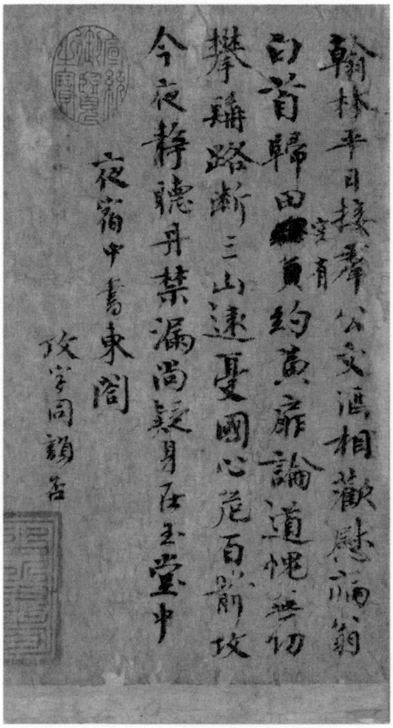

圖 28　〔宋〕歐陽修〈夜宿中書東閣〉，遼寧省博物館藏。

學士院相當於皇帝的私人祕書或顧問，主要負責重要詔書的起草和諮詢，是宰相的儲備機構。宋代的學士院正廳是「玉堂」，玉堂正中擺有一張案臺，學士在起草詔書時，都要穿戴官服，坐姿端正，非常嚴肅的書寫。據說太宗皇帝一直對玉堂深感好奇和敬仰，一天夜裡突然想起這個地方，就想去看看，於是悄悄走了過去。當天值班的人是後來官至副宰相的蘇易簡，當時他已經入睡了，聽到皇帝來了，大吃一驚，連滾帶爬的找衣服。皇帝讓他別急，還命人用燭燈從窗口給他照亮，從此窗格上就留下了一塊被燒過的痕跡。

從這首詩也可看出歐陽修在內心深處更多的是一個文人，而不是一位政治家。

被壓制的宰相

宋仁宗嘉祐六年（一〇六一）三月，五十七歲的富弼（一〇〇四——一〇八三）突然中止了宰相之職，因為他的母親去世了，他得回鄉守孝三年。富弼的父親在他二十八歲時就去世了，當時他才剛剛考取功名，現在已經貴為宰相，父母的地位和頭銜自然也都高了，於是他為父母之墓修建了「功德院」——也就是在墓地上建一座宅院，彰顯死者的功德，同時讓死者繼續享受世間應有的地位和生活。一般來說，進入院門後，有一條通道通往墓塚，通道上有一座石碑，碑上的文字分為碑額和碑文兩部分，碑額由地位較高的人以篆書題寫，碑文則與墓誌銘類似，主要記述死者的生平和功德。

碑額和碑文是關乎家族體面的大事，必須謀定而後動。富弼請仁宗皇帝敕寫了「奉親」二字做為碑額，規格如此之高，那碑文的撰寫者也必然要有相當的地位，還要文筆好，而且與自己家族的關係也要好，那麼最合適的人應該就是歐陽修了。歐陽修是文壇盟主，官銜也很高，經常給大人物寫墓誌銘，但是富弼最終沒有選擇歐陽修，而是請另一位好朋友蔡襄來寫。富弼專門就此事給蔡襄寫過一封信（即〈溫柑帖〉，圖29），文字如下：

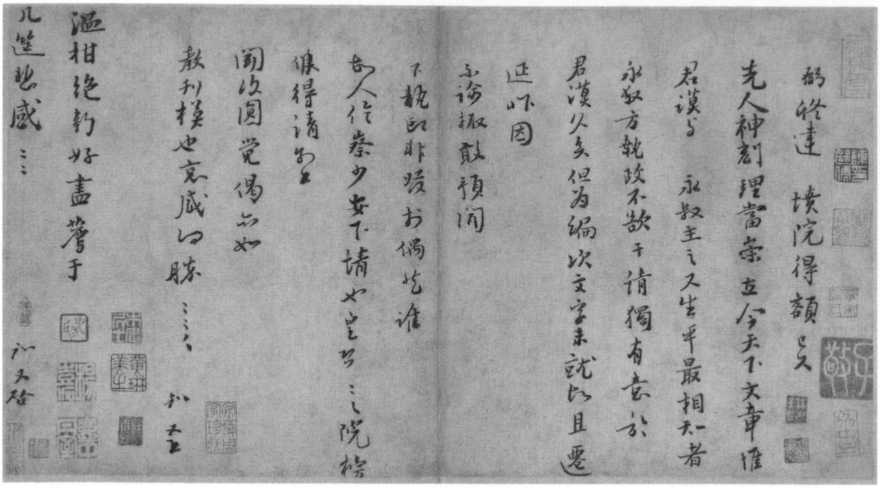

圖 29　〔宋〕富弼〈溫柑帖〉，國立故宮博物院。

弼修建墳院，得額已久，先人神刻，理當崇立。今天下文章，惟君謨與永叔主之，又生平最相知者。永叔方執政，不欲干請，獨有意於君謨久矣。但為編次文字未就，故且遷延。昨因示諭，輒敢預聞下執，即非發於偶然，惟故人倫察，少安下情也。皇恐皇恐！院榜候得請，別上聞，復《圓覺偈》亦如教刊模也。哀感何勝，哀感何勝！

弼又上。（溫柑絕新好，盡薦於几筵。悲感悲感。弼又啟。）

大意是：我正在修建墳院，碑額早就寫好了，先人的神刻理當重視，一定要找有水準的人來寫碑文。我覺得當今天下就屬你和歐陽修的文章最好，又跟我最交心，但歐陽修剛擔任重要職務，應該很忙，不便打擾，所以就想請你來寫，只是由於生平資料還沒有準備好，所以一直拖到現在。最近收到你的慰問信，我才敢和你說起這件事，這不是一時興起，而是替逝者多方考慮，也讓我自己於心有所安。等墳院榜文擬好我再給你寫信。另外，還想請你抄一份《圓覺經》的偈頌，一起刻石。悲哀的心情實在難以忍受啊！另外，你送的溫柑非常新鮮，品質絕好，都供在靈座上了。

信中提到的「墳院」就是富弼為父母修建的「功德院」，「院榜」是院子正門兩邊的榜文，也就是我們常見的對聯。蔡襄送的溫柑，應該是溫州的一種柑橘，因為富弼祖籍是浙江溫州的文成縣，富弼父母按理應葬於此。富弼為什麼沒有請更適合的歐陽修來寫，而是請蔡襄寫呢？真的是像信中說的那樣，因為歐陽修剛上任，比較忙嗎？另外，為什麼身為宰相的富弼選定了蔡襄卻一直拖著不敢說，而要等到蔡襄主動送來慰問信和禮品之後才提起此事來？

王佐之才

在一次私人宴會上，幾位長者互相酬唱雅集，二十多歲的富弼規矩的坐在一旁觀看。他不知道，有個人已經暗中關注他很久了，這個人就是晏殊。晏殊之前就聽范仲淹說富弼有

「王佐之才」，現在當面見到，確證范仲淹所言不虛，於是悄悄問旁邊的范仲淹：「此人是否婚配？」范仲淹說：「尚未婚配。」晏殊聽了心中一陣竊喜，因為他有個女兒正待字閨中。范仲淹見晏殊有意，就和朋友們從中撮合，成就了富弼和晏殊女兒的這樁美事。當時晏殊已經是高官，後又官至宰相。富弼後來位極人臣，晏殊的力量應是不可忽視的。

宋夏戰爭爆發後，北方的遼國趁火打劫，向宋廷要錢要土地，還說若不滿足要求就興兵討伐。宋遼自澶淵之盟後數十年無戰事，若此時鬧出事來，大宋將兩面受敵，難以招架，於是趕緊派人與遼國談判。由於事關重大，很多人不敢接這個差事，一旦出了什麼差池，使者不僅將被治罪，甚至有性命之憂。最後，宰相呂夷簡推薦了富弼，這並非呂夷簡賞識富弼，而是富弼在一次秉公執法時得罪過他，因此他故意為難富弼。

時任諫官的歐陽修和富弼是好友，他趕緊給皇帝上書，請求不讓富弼出使遼國，並以唐朝大臣顏真卿遇害的故事做類比。顏真卿被宰相盧杞排擠，被安排出使安撫淮西節度使李希烈，卻被李希烈扣押、殺害。呂夷簡把歐陽修這篇奏章扣了下來，沒有上報給仁宗。富弼卻毫無畏懼之心，勇敢接下任務。在這次艱難的多輪談判中，富弼表現出了卓越的膽識和政治才能：不僅回絕了遼國提出的各種不合理要求，還拆解了自己人設下的陷阱，最後解除了兩國開戰的危機，更沒有喪權辱國，可謂一戰成名。回朝後，富弼升任樞密副使，主管北部邊境事務，並與范仲淹一起推行慶曆新政。

新政失敗後，富弼被貶到地方工作。在地方的十年間，富弼政績卓越，於至和二年（一〇五五）與文彥博一起被任命為宰相。任命公示那天，百官慶賀。三年後，文彥博下臺，韓琦與富弼共任宰相。富弼為相期間，秉公辦事，守禮守法，百官各安其職，天下太平無事。

政治形勢的微妙變化

在宰相位子上安穩任職六年之後，富弼回鄉守母孝，事情就發生了微妙的變化。富弼發現韓琦開始頻繁的在重要位置上安插自己人，比如他把蔡襄推上三司使的位置，又安排歐陽修任副宰相，明顯是趁他回鄉守孝，逐步孤立他，以便獨霸宰相之位。韓琦這種做法符合他一貫強勢的作風，富弼雖然很不悅，但不在其位，也無能為力。其實富弼是有機會提前回朝的，因為出於工作需要，高級官員的服喪期是可以隨時結束的，而且皇帝已經有意讓富弼提前回朝。但富弼是個很重視原則的人，他覺得不到萬不得已，不能改變禮節，堅持在家服喪。如此一來，該找誰為母親寫碑文成了一個難題。本來歐陽修是最佳人選，但現在韓琦和自己成了一山不容二虎之勢，歐陽修和蔡襄都被韓琦拉了過去，特別是歐陽修已成為韓琦的左膀右臂，現在再找他們幫這個忙，還合適嗎？即使自己不介意，他們二人現在對自己會是什麼態度呢？

正當富弼猶豫不決之際，蔡襄送慰問信來了，還順便送了一些溫柑。富弼感覺很寬慰，這說明蔡襄並沒有因為韓琦與他之間的爭鬥而疏遠他，那就請蔡襄來寫吧，富弼下定了決心。雖然這個問題解決了，但不難想像，富弼在信裡說蔡襄和歐陽修是「生平最相知者」時，內心是多麼淒涼和無奈了。兩年後，富弼服喪完畢，回朝後沒有按慣例復任宰相，而是擔任樞密使，這顯然是韓琦搗的鬼。此時英宗已經即位，韓琦有擁立之功，大權在握，自然不肯再與富弼分享宰相之位。富弼無可奈何，他不想再與韓琦共事，上書英宗請求辭職，英宗允許他到河陽（今河南孟州西）任職。直到神宗上臺，韓琦辭去宰相之位，富弼才重新回朝，再次擔任宰相。

受連累的女婿

富弼在政治上受壓制，也影響了他的家人。受影響的倒不是他的兒子，因為他的幾個兒子都沒什麼大出息，真正受影響的是他的女婿。富弼的兩個女兒先後嫁給了同一個丈夫，那就是宋朝連中三元（即州試、省試、殿試都是第一名）的超級大學霸馮京，此後宋朝兩百餘年再沒出過這種狀元。

馮京（一〇二一——一〇九四），字當世，鄂州江夏（今武漢一帶）人。馮京的父親是商人，去世得早，他沒有官場故舊可以幫襯，所以中進士之前比較落魄，經常處於流浪狀態。二十八歲時，馮京終於結束了流浪生涯，他中狀元了，而且是罕見的連中三元。他的同科進士有著名畫家文同、范仲淹的兒子范純仁、黃庭堅的舅父李常、黃庭堅的第一任岳父孫莘老，還有後來成為哲宗朝宰相的呂大防等，都是北宋中後期的大人物。

馮京瞬間變成名門搶婿的對象，開封城裡多少富貴人家蠢蠢欲動，自然就有了各種傳聞。據說放榜以後，仁宗皇帝寵妃張貴妃的伯父張堯佐聽說馮京還沒有婚配，就強行把他拉到張府，要將女兒嫁給他，並且說這是皇帝的意思，還拿出豐厚的嫁妝。馮京淡然一笑，堅定拒絕了。如果真有這回事，那馮京這麼做當然是有理由的，他並非故作清高，而是因為張堯佐的名聲太差了。馮京後來娶了王綸之女王文淑，不久王文淑去世，又續娶了富弼的長女，可是不久她也去世，於是馮京又娶了富弼的次女。此時富弼還沒有當宰相，但在政界的口碑是極好的。在北宋，同一人娶兩姊妹的並不少見，比如王拱辰就先後娶了薛奎的三女兒和五女兒，而他的連襟歐陽修娶的是薛奎的四女兒，歐陽修還因此開王拱辰的玩笑，說他從姊夫變妹夫。

進入仕途後，馮京先在兩湖地區任官，後來被調入京城。馮京在皇帝身邊工作了三年，正該提升的時候，富弼拜相了，馮京做為富弼的女婿得迴避，於是又被外放了。馮京在江寧府（今南京）待了一段時間，這期間給在京城的歐陽修寄了很多碑拓，令歐陽修開懷不已。不久他又被調回京城來了。此事在蔡襄寫給唐詢的信中有提到，其中有這樣一句：「近麗正之拜，禁林有嫌馮當世獨以金華召，亦不須，玉堂唯此之望。」（見429頁〈遠蒙帖〉）意思是：「最近翰林院有新任命，馮京被授為翰林侍讀學士，似乎翰林院並不樂意這次任命，是皇帝詔他回來的。其實沒必要反對的，馮京還是很能勝任這個職位的。」

翰林侍讀學士是皇帝的後備顧問。馮京是連中三元的狀元，擔任這個工作綽綽有餘，然而這個職位並不是有能力就可以擔任的，還得由皇帝或重要大臣推薦才行。看樣子，馮京出任這個職務並非出自翰林院的安排，而是仁宗的需要。這樣一來，就有問題了。翰林院的首領一般由宰相兼任，此時的宰相是韓琦，所以應該是他掌管翰林院。此時的翰林院成員如蔡襄、歐陽修、劉敞等，都是韓系成員，而馮京卻是富弼的女婿，他不被翰林院歡迎也就可以理解了。不過，蔡襄認為沒有必要反對馮京入職翰林院，這也看出蔡襄在政派與友情之間的立場並不是那麼堅定的，也就可以理解為什麼會是他為富弼的母親寫碑文。

回到京城的馮京過得並不如意，這不難理解，後來他權知開封府後也沒有拜訪宰相韓琦。韓大人不高興了，就對富弼說：「你這女婿有點傲慢啊，幾個月都不來丞相府。」富弼趕緊讓馮京去拜見，馮京對韓琦解釋說：「您是宰相，我是從官，不能隨便登門拜訪的。」以這種理由解釋，不難想像韓琦是多麼不舒服了。不久，馮京請求外放，新上任的英宗詢問韓琦如何處理，韓琦順水推舟，馮京就被外放陝西任安撫使，那裡正是北宋與西夏交界。

翁婿共進退

一個寒門青年經過努力成為狀元，又成為宰相的女婿，按理應該是前途無量的，但馮京卻因為是宰相的女婿而受牽連，不能得到應有的仕途發展。但金子終究要發光的，神宗即位後欲改弦更張，韓琦被迫辭相，富弼重回相位，馮京也重回翰林院，並擔任御史中丞，相當於監察系統的最高階官員。後來，神宗任用王安石為副宰相，開始變法，富弼因反對變法而辭去宰相，到地方任職，他在地方上也拒絕執行新法，屢次被變法派刁難，只好告老還鄉（圖30、31）。馮京的政見與岳父一致，也反對變法，所以王安石也想把他趕出京城。但神宗信任馮京，不僅沒有外放，還將他升為樞密副使，後又升為參知政事（即副宰相）。變法派見正常手段無法撼動馮京的地位，就污蔑馮京想奪取王安石的宰相之位，神宗就把馮京外放了。後來神宗發現他是被冤枉的，非常後悔，還在夢裡夢到他，想召他回來，但馮京稱病未歸。哲宗即位時，很多朝廷重臣又推薦馮京擔任樞密使，但他已年至古稀，到了該退休的年齡，所以就以太子少師的頭銜退休了。四年後馮京去世，享壽七十四歲。

如果時光倒回九百多年前，那富弼的墓地之上應該也有一座「功德院」，院內也會有一座神道碑，碑額是哲宗皇帝御篆的「顯忠尚德之碑」，碑文則由蘇軾以楷書撰寫。

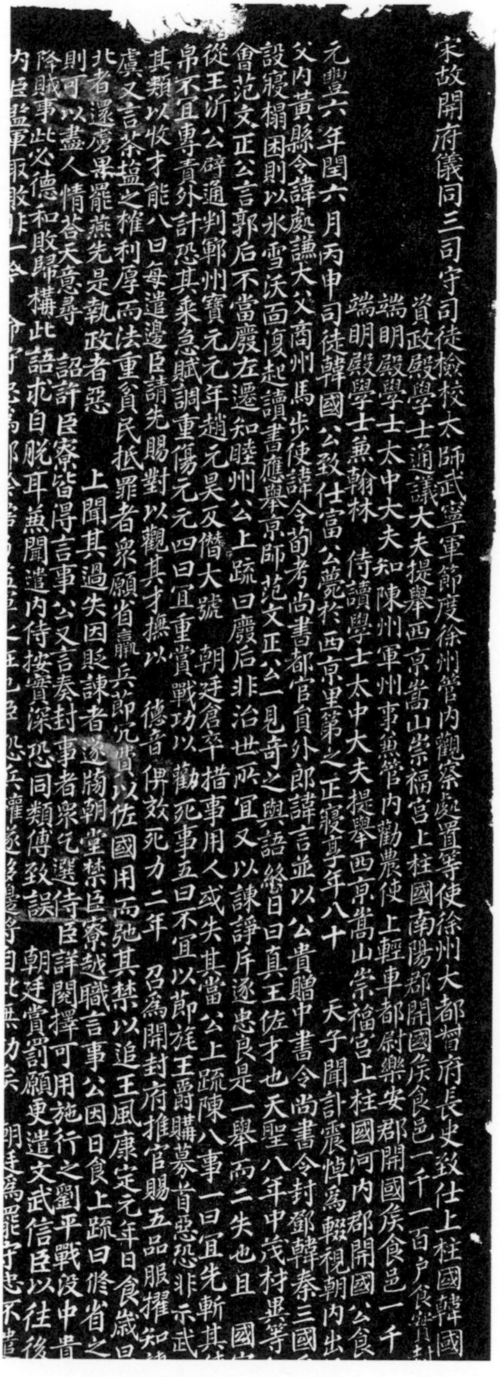

圖 30（左）　宋代〈富弼墓誌〉局部，全文七千多字，由當時的資政殿學士韓維撰文，端明殿學士兼翰林孫永書丹。

圖 31（下）　宋代〈富弼墓誌蓋〉，司馬光親筆篆書。

司馬光與恩師龐籍

司馬光（一〇一九——一〇八六）只有一位親兄弟，即哥哥司馬旦，比他年長十四歲，靠父親的恩蔭進入仕途，做的都是小官。司馬旦待司馬光非常好，司馬光的兒子早亡，司馬旦還把幼子司馬康過繼給他。司馬旦另有個兒子司馬富，被朝廷錄用，派往寧州（今甘肅寧縣）守邊。司馬光考慮到哥哥、嫂嫂都已經七八十歲了，需要人照顧，就勸他留在家中，不要去寧州上任，還幫他向朝廷寫了申請，朝廷也同意了。沒想到司馬富不情願，偷偷跑去寧州赴任了。這不僅忤逆了司馬光的意思，還把司馬光置於尷尬的境地。司馬光火了，寫信把司馬富臭罵一頓，命他趕緊辭官回家孝養父母，此信（即〈寧州帖〉，圖32）文字如下：

十月五日，寧州兵士來，知汝決須赴任。十二日程暹父來，方知汝竟不曾下侍養文字，彼交代催汝赴任是何意？豈非要交割大蟲尾？我書書令汝更下一狀，汝終不肯，父母年七八十歲，又多疾，況官中時有不測科率，汝何忍捨去？不意汝頑愚一至於此。汝若堅心要侍養時，更何用寧州重差接人來。假使因乞侍養獲罪於朝廷，乃是孝義之事也，又何妨何妨。

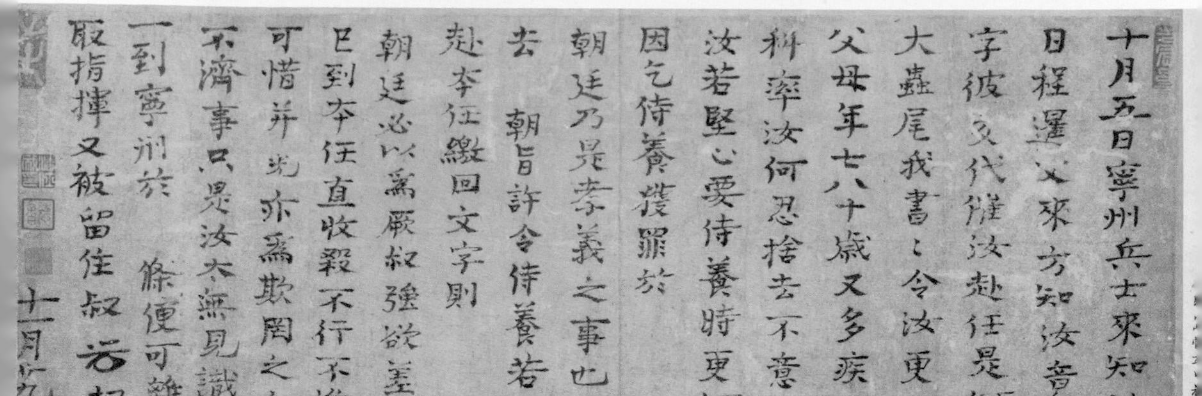
十月五日寧州兵士來知汝決須赴任十二日程暹父來方知汝竟不曾下侍養文字彼父代催汝赴任是何意豈非要交割大蟲尾我書々令汝更下一狀汝終不肯父母年七八十歲又多疾況官中時有不測料率汝何忍捨去不意汝頑愚一至於此汝若堅心要侍養時更何用寧州重臺來接人假使因乞侍養發罷於朝廷乃是孝義之事也又何妨：：今汝纔去朝旨許令侍養若本府奏稱本官已赴本任繳回文字則朝廷必以為厥叔強欲差它侍養它自不願已到本任直收殺不行不惟壞却此文字深可惜并光亦為欺罔之人也雖知罵得汝不濟事只是汝太無見識悶：：文字若万一到寧州於條便可離任更休申漕臺取指揮又被留住叔光報九承議
十一月廿九夜

圖 32 〔宋〕司馬光〈寧州帖〉，上海博物館藏。

今汝才去，朝旨許令侍養，若本府奏稱本官已赴本任，繳回文字，則朝廷必以為厥叔強欲差它侍養，它自不願，已到本任，直收殺不行，不惟壞卻此文字深可惜，並光亦為欺罔之人也。雖知罵得汝不濟事，只是汝太無見識，悶□□文字。若萬一到寧州於條便可離任，更休申漕臺取指揮，又被留住。叔光報九承議。
十一月廿九夜。

信的大意是：十月五日，寧州有兵士來我這裡，聽說你堅決要去赴任。十二日程暹父來了，我才知道你居然沒有向朝廷提交請求回家侍奉父母的申請書。他讓我催你赴任是什麼意思？豈不是要交割大蟲尾這個地方讓你守衛？我之前給你寫信，讓你再寫一份奏狀，你就是不肯。你父母都七八十歲了，身體又不好，官

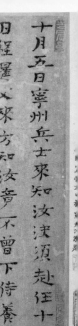

府還時不時有征繳攤派，你怎麼忍心拋下他們不管？想不到你頑固愚蠢到這個地步！假如你堅持要回家侍養父母，寧州又怎麼會派人來接你？假如你因為申請回家侍養父母而被朝廷怪罪，那是孝義之事，有什麼關係？現在你剛剛離開，朝廷已經下旨同意你回鄉侍奉父母。假如你們的知府上奏說你已經到任，把相關檔上報給朝廷，那朝廷一定以為是你叔叔我強迫你回去侍養，而你卻不願意，已經上任了。這樣朝廷自然就會收回讓你回鄉侍親的批示，那不但我幫你寫的申請沒用了，就連我也變成欺君罔上之人了。我知道罵你也不管用，但是你太沒有見識了，氣死我了！若是文字到了寧州，一有機會就離任，不要向長官申請指揮權，免得又被留住。叔司馬光致信九承議郎。十一月二十九日夜。

以現代的觀點來看，司馬光的做法未免太過霸道，但宋代官場特別重視孝道，而司馬光又是重視禮節的人，把孝道置於仕途之前，是司馬光一生的原則，他自己也是這樣做的。司馬光十九歲那年考中進士並留在京城工作，這種待遇很難得，因為一般情況下，進士都要先到地方起步。但是司馬光卻辭退了京城的工作，申請到蘇州，因為他的父親司馬池在杭州任知州，馬上就六十歲了，司馬光想就近侍奉父母（圖33）。

圖 33　〔明〕仇英〈獨樂園圖〉局部，美國克利夫蘭藝術博物館藏。司馬光離開京城到洛陽以後，修建了一個私人小園林，名為「獨樂園」，仇英將其畫成〈獨樂園圖〉，其中有一處「讀書堂」，是司馬光主持編修《資治通鑑》的地方。

父輩的交情

司馬光的祖父大約出生於北宋建立之初，與寇準（九六一——一〇二三）年齡差不多，是北宋早期為數不多的進士之一，但由於朝中無人幫襯，做的最大的官也只是縣令。司馬光的父親司馬池（九八〇——一〇四一）也考中了進士，因為無人提攜，很長一段時間都在地方輪調，直到他的上司盛度（九六八——一〇四一）升任宰相，他被盛度推薦為祕書省著作佐郎，成為一名京官，命運才改變了。

後來，群牧判官這個職位缺人了。群牧判官隸屬群牧司，是管理全國馬匹的機構。在宋朝，馬匹是重要的戰略物資，群牧司是軍隊的重要後勤部門，隸屬樞密院，最高主管往往由樞密使或樞密副使兼任。群牧判官雖然不是朝廷大員，卻是手裡直接掌握重要資源的官員，所以各方勢力都會讓自己人去填缺。

當時年幼的仁宗剛即位，實際掌權的是皇太后劉娥，劉娥就遞條子給宰相曹利用，想把自己人安置進來。曹利用對皇太后很不滿，為了擋住她伸過來的手，想了一個辦法，他把條子退還給皇太后，還補寫了一張，建議從家世清寒、人品好、有能力的基層幹部中選拔。劉娥知道曹利用的用意，但這個建議沒毛病，劉娥也只能同意，於是有兩個人被選中了，就是司馬池和龐籍（九八八——一〇六三）。其實司馬池和龐籍兩人的家世本來並不貧寒，他們的父親去世時都留有家產，但是這兩個人在分家產時都讓給了兄弟，俸祿就成了他們唯一的經濟來源。而宋代基層官員的工資往往僅夠養家糊口，所以這兩個人就淪為清貧一族了。

司馬池命運的轉折不僅僅是升任了群牧判官這個職位，更重要的是收穫了一生中最重要的一個朋友，即後來成為宰相的龐籍。龐籍比司馬池小八歲，他們兩人不僅成為同事和朋友，還成了鄰居，他們的孩子也成了朋友。龐籍的長子叫龐之道（一〇一五——一〇四七），比司馬池的小兒子司馬光年長四歲。龐之道很聰明，司馬光在他面前總覺得很自卑，但龐籍卻很看重司馬光這個不到十歲的孩子，覺得他非常穩重，成熟得像個思想深邃的成年人，對史學和經學有非常獨到的見解，所以龐籍就將司馬光收做自己的學生。

情同父子的師徒

司馬光十九歲那年考中進士甲科，當時重要官員一般都會從甲科產生。司馬光的第一份工作是奉禮郎，主要負責禮儀工作。這個工作很適合他，因為他對古代禮法頗有研究，這個工作還有一個好處是工作地點在京城，但是司馬光卻辭退了這份工作，申請到蘇州，以便就近侍奉父母。這個決定為他贏得了孝義而不貪爵祿的好名聲，這在注重口碑的仁宗朝來說，是非常重要的官資。

不久，宋朝三十年無戰事的局面被西夏的李元昊打破了，一時之間許多有才能的人都被調往宋夏邊境，龐籍也在其中，與范仲淹、韓琦一樣，他也負責防守一個區域。接著，司馬池病逝，享年六十一歲。從此，龐籍就把司馬光當親兒子一樣教導和愛護。

龐籍因在西北戰區功績卓越，又沒有捲入當時的政治鬥爭，所以從戰區回來後得到升遷。慶曆新政結束後，五十六歲的龐籍擔任樞密副使，正式步入兩府大臣之列。就在此時，龐籍最鍾愛的長子龐之道英年早逝，年僅三十二歲。失去兒子的龐籍對司馬光更加關愛了。司馬光丁憂滿期後，龐籍十分關注他的仕途。在司馬光擔任了幾任小官做為過渡之後，龐籍就想辦法推薦他擔任館閣校勘，同時在太常禮院任職，這份工作既能發揮司馬光的專業特長，也是官階晉升的重要途徑。

替司馬光攬過

皇祐三年（一〇五一），六十三歲的龐籍升任宰相，不久卻因為道士趙清貺事件受牽連而離開權力中心。至和二年（一〇五五），六十七歲的龐籍被外放到河東路擔任經略安撫使，坐鎮并州。司馬光毅然捨棄自己的前程，追隨恩師去了并州。

在龐籍轄區內的麟州，有一片與西夏接壤的荒地被西夏人耕種了，西夏還派了三萬守軍鎮守此地，宋廷方面為了不起衝突，一直沒管。有一回，龐籍派司馬光去巡邊，司馬光巡到麟州時，當地守將跟他報告說西夏的三萬守軍撤了，應該趁機把那片地收回來，然後修築堡壘，派兵駐紮。司馬光也支持這個想法，就回并州跟龐籍報告，龐籍也同意了。公文下發給麟州守將時，西夏的三萬守軍又回來了，按說此時就該停止收復失地的計畫，但麟州守將還是率一千多宋兵跟西夏兵交戰，結果慘敗。雖然這場戰事不大，但是牽扯到政治鬥爭的話，事情就會變得很嚴重。龐籍做為河東路最高長官，自然難辭其咎，但他已經年過七十了，仕途已經走到了盡頭，沒什麼好在乎的，可是司馬光還年輕，他不想讓司馬光的履歷上留下任何污點。為了維護司馬光政治生命的清白，龐籍把司馬光參與這件事的相關證據都銷毀得乾乾淨淨，把所有過錯都攬到自己頭上。龐籍的舐犢深情令司馬光終生難忘。龐籍去世以後，司馬光一直把龐籍的夫人當做母親來孝敬，他在龐籍的墓誌銘中說：「光受公恩如此，其大滅身不足以報[8]。」能感覺出這是肺腑之言。

不負恩師厚望

司馬光在未來的政治生涯中沒有辜負恩師龐籍的苦心。嘉祐三年（一〇五八），三十九歲的司馬光被任命為起居舍人，負責記錄皇帝的言行，同時還兼任諫官，這兩項工作都直接跟皇帝打交道，也是晉升的機會。做諫官很容易得罪人，但是司馬光秉公直言，甚至還大膽論及敏感的皇位繼承人問題。

仁宗逝世，英宗即位，宰相韓琦獨攬大權，司馬光的諫言經常不被理睬，無奈之下辭去諫官職位，在洛陽專心研究學問，不久就將自己編的八卷本《通志》呈送給英宗皇帝。這套書的內容基本上來自《史記》，但降低了故事性，增加了史料，而且編年記事，條理非常清晰，還總結出許多經驗教訓供統治者借鑑。英宗大為讚賞，覺得這套書可以做為執政參考，於是命令司馬光繼續往下編。

神宗即位後，宰相韓琦退位，歐陽修極力向神宗推薦司馬光。於是神宗任司馬光為翰林學士，不久又任命他為御史中丞，讓他主管中央監察部門。神宗任用王安石變法圖強，也希望司馬光能助自己一臂之力，還將他升任樞密副使。司馬光並不反對變法，但是他不贊同王安石的新法，也不想參與新法實施，就拒絕上任，申請到西北的永興軍守邊。臨行前，執拗的司馬光請求神宗免除永興軍的青苗法，神宗沒有同意。在永興軍，司馬光不想被迫執行新法，勉強支撐了一段時間後，他索性退出政壇，到洛陽專心編書。元豐二年（一〇七九）八月的最後一天，一個叫陳師仲的年輕人來到洛陽，找到了在這裡隱居的司馬光。陳師仲拿著祖父陳洎的詩稿請司馬光題跋，陳洎是司馬光父輩中人，與司馬光的老師龐籍是好朋友。司馬光見到這幅詩卷非常感慨，就題了一段跋（即〈天聖帖〉，圖34），文字如下：

天聖中，先太尉與故相國龐公同為群牧判官，故省副陳公與龐公善，光以孺子得拜陳公於榻下。

元豐二年八月乙丑晦。陳公之孫法曹過洛，以公手書詩稿相示，追計五十年矣。

烏呼！人生如寄，其才志之美，所以能不朽於後者，賴遺文耳。苟無賢子孫，其湮沒不顯於世，可勝道哉！光竊自悲侍公之久，今日乃得睹公之文，又喜法曹君之賢，能顯融其先烈，是敢嗣書於群賢之末。涑水司馬光。

這段話意思是：在仁宗天聖年間，我的父親和前宰相龐籍都擔任群牧判官一職。已經去世的三司副使陳洎與龐公是好朋友，我小的時候也曾拜見過陳公。元豐二年（一〇七九）八月的最後一天，陳公擔任法曹的孫子路過洛陽，將陳公的親筆詩稿拿給我看。想來（距我拜見陳公）已經有五十年了。唉！人的一生需要寄託於某樣東西才能長存，一個人美好的才志之所以能傳誦於後世，都是靠他留下的文章。如果沒有孝子賢孫保存這些文章，那他們的人生就被淹沒在塵世中了，這樣的事太多了。我很難過，認識陳公這麼久，今日才見到陳公的詩文；我又很開心，法曹君這麼賢能，能顯揚其祖輩。這就是我為什麼膽敢在群賢的題跋後面再題跋的原因。

司馬光在洛陽一待就是十五年。元豐七年，六

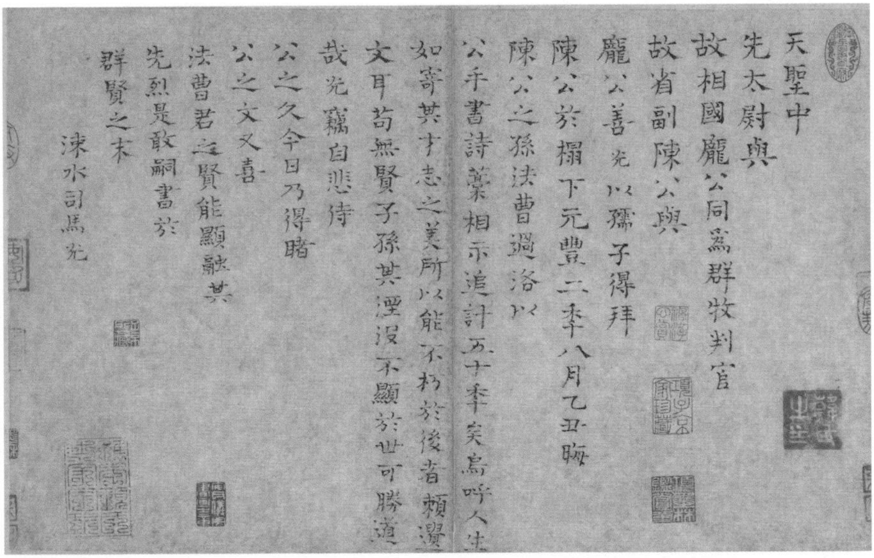
天聖中
先太尉與
故相國龐公同為群牧判官
故省副陳公與
龐公善光以孺子得拜
陳公於榻下元豐二季八月乙丑晦
陳公之孫法曹過洛以
公手書詩藁相示追計五十季矣嗚呼人生
如寄其才志之美所以能不朽於後者賴還
文耳苟無賢子孫其湮沒不顯於世可勝道
哉光竊自悲侍
公之久今日乃得睹
公之文又喜
法曹君之賢能顯融其
先烈是敢嗣書於
群賢之末
涑水司馬光

圖 34　〔宋〕司馬光〈天聖帖〉，國立故宮博物院。

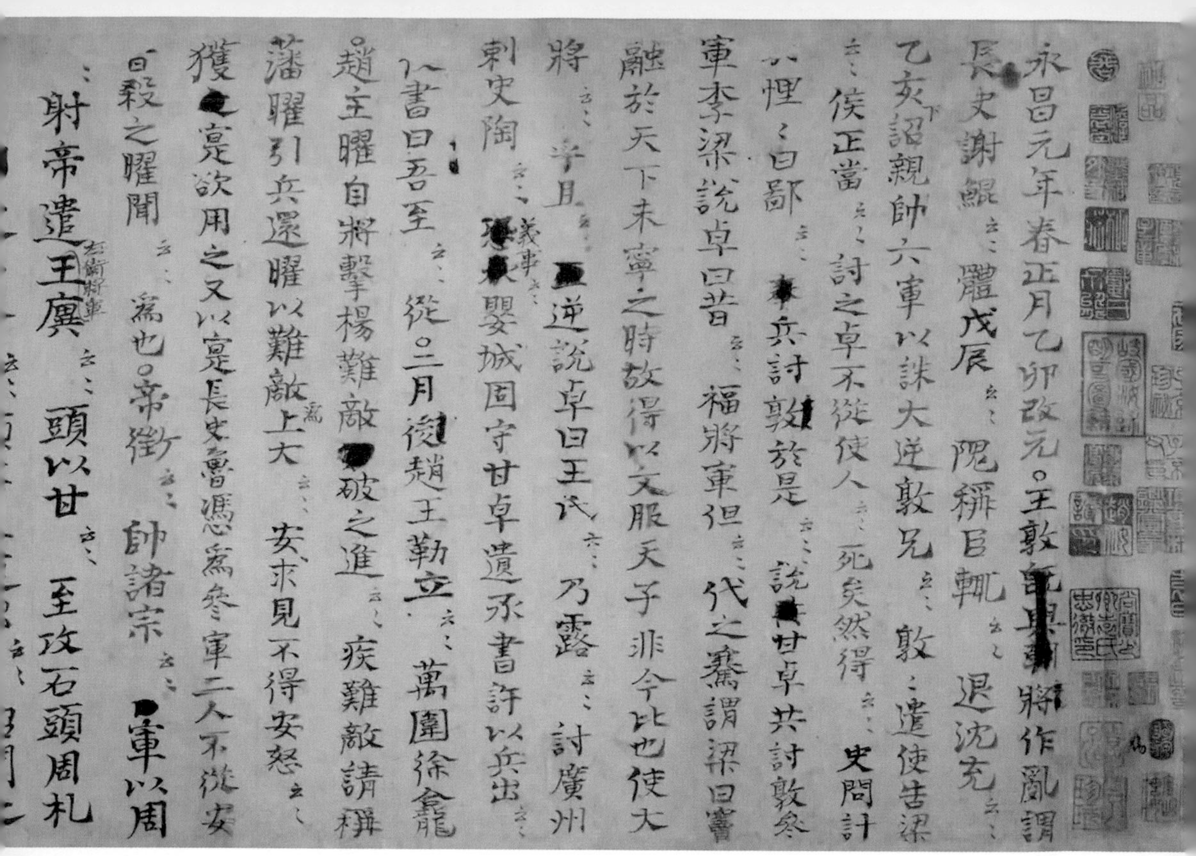

十五歲的司馬光終於完成了自己的著作，神宗覺得這套書「有鑑於往事，以資於治道」，賜書名《資治通鑑》（圖 35），司馬光因此而與司馬遷並稱為「史學兩司馬」。多年伏案編書的生活已經讓司馬光的身體衰朽不堪，但他的生命並未終於學術。在完成《資治通鑑》的第二年，神宗去世，年僅十歲的哲宗即位，太皇太后高滔滔掌權，起用六十七歲的司馬光為相，司馬光在生命的最後時刻登上了仕途巔峰。他知道自己時日不多，用最短的時間廢除了各項新法，然後與世長辭，享壽六十八歲。對於他晚年在政治上的作為，後世有各種不同甚

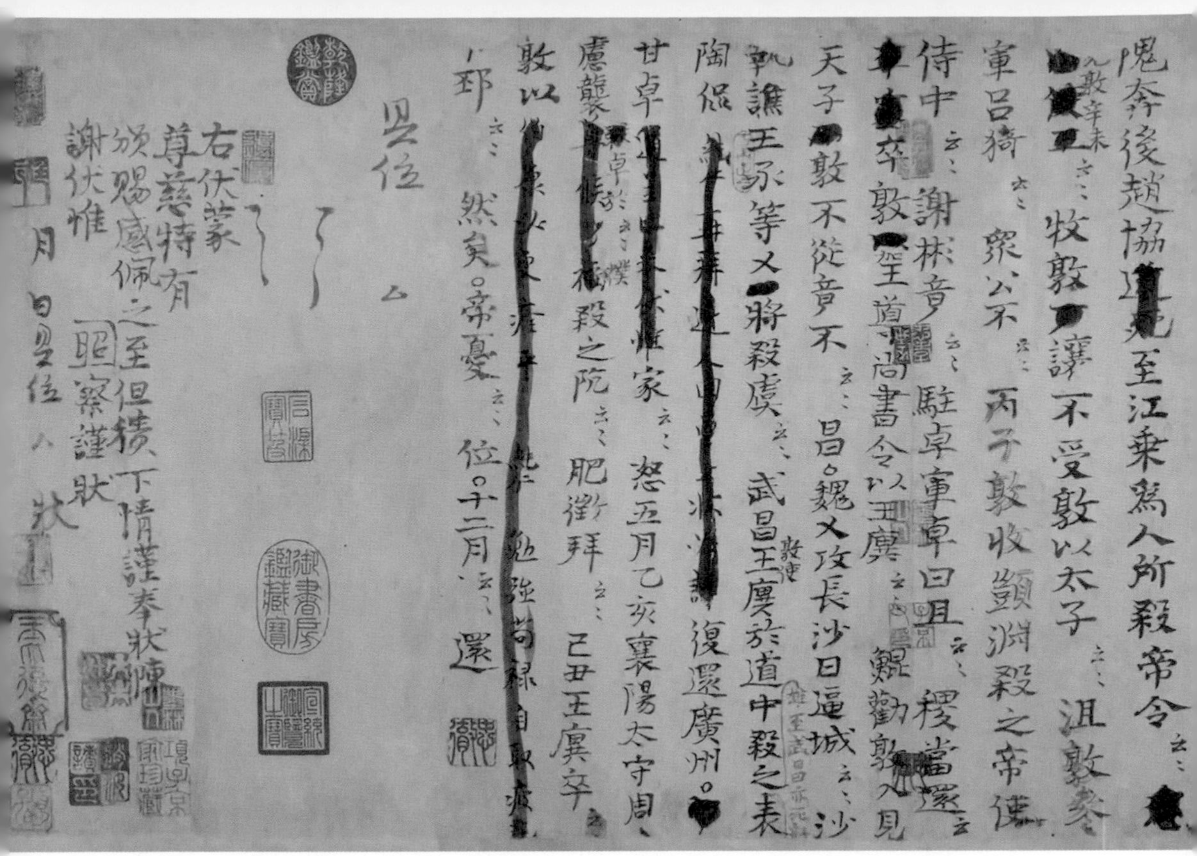

圖 35　〔宋〕司馬光《資治通鑑》殘稿，中國國家圖書館藏。世上僅存的司馬光手稿。

至截然對立的評價，但對司馬光來說，他終於完成了自己的政治夙願，為自己的一生畫下圓滿的句點。

宰相世家裡的家賊

北宋口碑最好的皇帝當屬仁宗了，仁宗朝最有名的宰相是呂夷簡。呂夷簡家族在有宋一代可謂鼎盛不衰，他的叔父呂蒙正（九四四——一〇一一）是真宗朝有名的宰相。在呂蒙正的幫助下，呂夷簡的仕途在真宗朝穩步上升，到了仁宗朝又深得劉娥皇太后和仁宗皇帝的信任，前前後後在宰相的位置上待了十幾年，這在頻繁換相的宋朝實屬難得。呂夷簡的長子呂公綽（九九九——一〇五五）、次子呂公弼（一〇〇七——一〇七三）和三子呂公著（一〇一八——一〇八九）都是名臣，其中呂公著在哲宗朝時又官拜宰相，呂氏家族真可謂宰相世家。

多年身居宰相之位的呂夷簡掌控了很多官員的升遷，所以很多人都想辦法跟他的兒子求官或諮詢仕途發展之事，以至於呂公綽和呂公弼流傳至今的墨跡都與仕途諮詢有關，例如呂公綽幫人分析仕途的一封信（即〈致邃卿學士尺牘〉，圖36），文字如下：

公綽再拜：人事匆匆，日不暇給。兩辱真誨，久闕報章。思詠之懷，愧覥之極，非一二可殫也。

補外固樂成資，俯及何如？且卜歸闕，別俟褒恩。邃卿□□□親嫌，辭事委，宸衷開允，俾參卿寺，遠權藏拙，深所□□。蓋禮樂典章，上有一二鉅公，優游其間，絕無官責。一日脫去，易於麾行也。中夏炎溽，千萬慎愛，不宣。

公綽拜上，邃卿學士執事。五月七日。

□□道長必應舉也。

信中有些字跡已脫落，根據所存字跡推測大意是：我最近人事繁雜，每天匆匆忙忙。收到你兩封來信，都沒顧上回覆，其實非常想念你，真是深感抱歉。總之，一言難盡啊！在外任官固然可以積累資歷，但還能帶來別的什麼嗎？還是擇日回京吧，再等待朝廷其他的褒獎和恩賜。邃卿你一向為官不徇

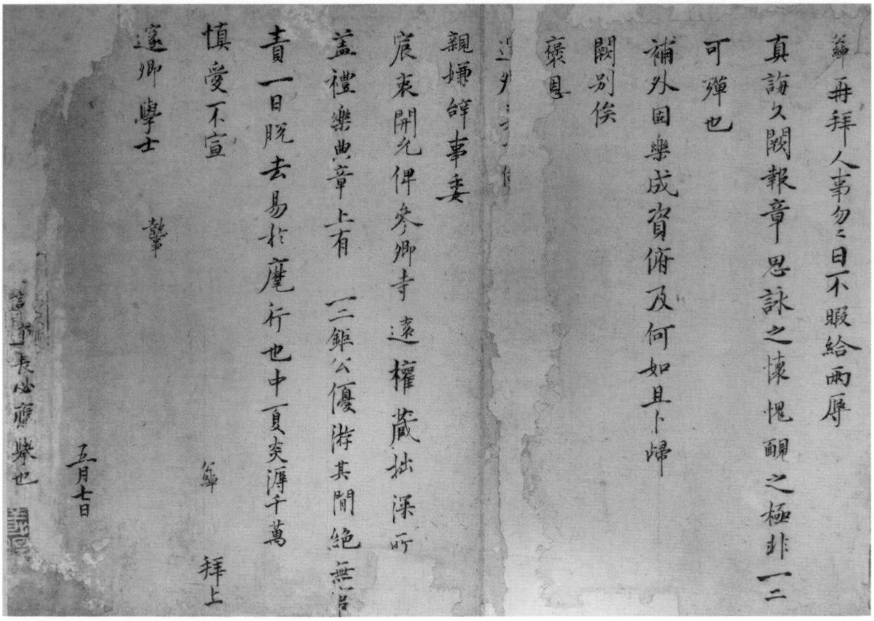
綽再拜人事匆匆日不暇給兩辱
真誨久闕報章思詠之懷愧靦之極非一二
可殫也
補外固樂成資俯及何如且卜歸
闕別俟
褒恩
親嫌辭事委
宸衷開允俾參卿寺遠權藏拙深所
蓋禮樂典章上有一二鉅公優游其間絕無
責一日脫去易於麾行也中夏炎溽千萬
慎愛不宣
綽拜上
邃卿學士執事
五月七日
道長必應舉也

圖 36　〔宋〕呂公綽〈致邃卿學士尺牘〉，國立故宮博物院。

私，做事有擔當，所以皇上才同意你在太常寺任職，遠離權力核心，藏愚守拙，其實是對你非常愛護。從事禮樂典章方面的工作，上面有主事的主管，你樂得清閒，又不用承擔重要責任。任滿之後，還很容易升任重要官職。正值仲夏，天氣炎熱，一定要多多保重。公綽拜上，邃卿學士執事。五月七日。……以後一定會考中進士的。

另外還有一封是呂公弼和人談及仕途發展的信（即〈子安帖〉，圖37），文字如下：

子安學問博贍，材智深遠，豈能久困常選？方朝廷搜揚俊異，用特立之士，何必借譽平常之流。公弼再拜。

大意是：子安你學問淵博，才智深遠，豈能長久困於官員選拔制度？現在朝廷搜尋選拔青年才俊，重用有特殊才能的

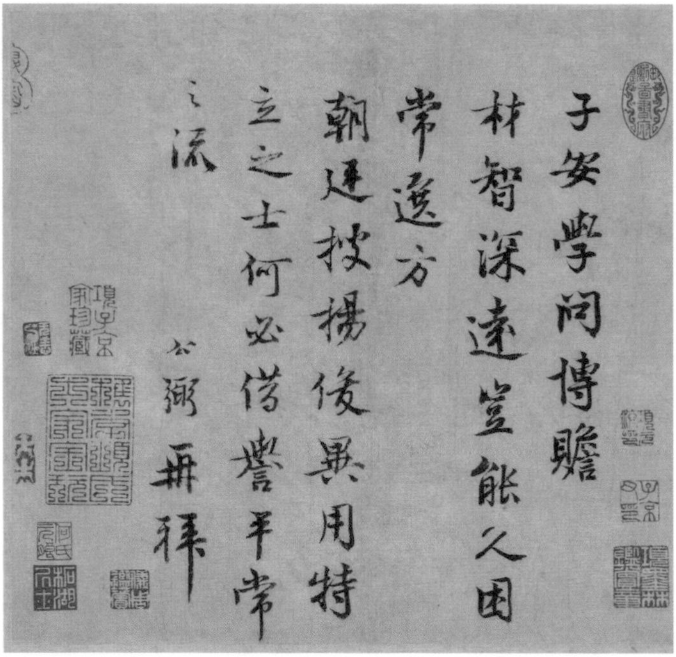

圖 37　〔宋〕呂公弼〈子安帖〉，國立故宮博物院。

人，你又何必非要借助我這個平常人的讚譽來獲得提升呢？

呂公弼也是一位有宰輔之器的大臣，仁宗皇帝曾將他的名字刻在石柱上，意指他可為國之棟梁，而呂公弼果然不負眾望，在神宗朝做到了樞密使，地位僅次於宰相。本來他也有機會晉升宰相，卻被一個家族晚輩給斷送了前程，那就是呂公弼的從孫呂嘉問。呂嘉問也有一封談及仕途的信（即〈蒙恩帖〉，又稱〈衰晚帖〉，圖 38），不過談的是呂嘉問自己的仕途，文字如下：

> 嘉問衰晚無堪，蒙恩進職易郡，悉出交遊延譽之賜，將何補報。有愧而已。辱誨示，副以慶函，禮意之厚，益重慚畏。

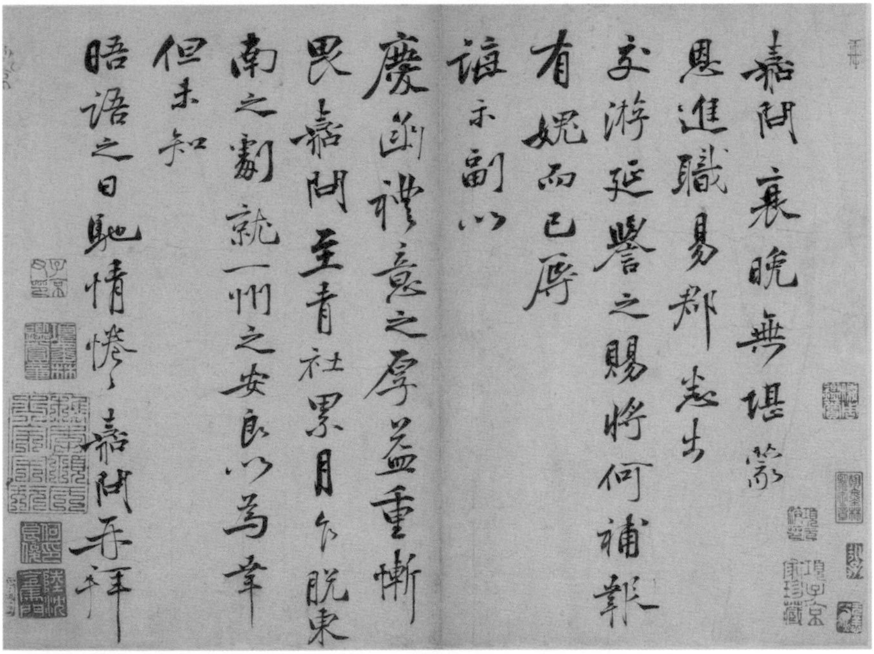

圖 38　〔宋〕呂嘉問〈蒙恩帖〉，國立故宮博物院。

嘉問至青社累月，乍脫東南之劇，就一州之安，良以為幸，但未知晤語之日。馳情惓惓，嘉問再拜。

這封信的大意是：我已經衰老不堪，蒙朝廷恩典，給我升職並換了地方。你在朋友們當中誇獎我，我該拿什麼來回報你呢？真是慚愧。謝謝你來信祝賀我，這麼深厚的情意讓我更加慚愧。我到青州已經幾個月了，突然脫離東南地區繁忙的工作，來到這個地方享受安逸，實在是很幸運，只是不知道咱們何時還能再見面聊天。對你的思念綿綿不斷，嘉問再拜！

呂嘉問提到的工作變動，是指他從江淮荊浙路發運使調任青州知州，此時他已漸漸年老，經歷了朝堂幾代當權者的黨爭和大起大落後，變得平和多了，但他的命運卻不掌握在自己手中，晚年仍浮浮沉沉。呂嘉問在很年輕的時候，為了仕途出賣了叔爺爺呂公弼，投奔王安石，這恐怕是他一生中唯一一次為自己的命運做主，之後，就被徹底裹挾在當時浮沉變幻的政治旋渦中。

背叛家族，謀取政治資本

六十三歲的樞密使呂公弼在書房奮筆疾書，他要起草一份奏章，然後偷偷交給神宗皇帝。樞密使是掌管全國軍務的大臣，地位僅次宰相，為什麼給皇帝上書還要偷偷摸摸呢？因為他要避開一個人，那就是正在大張旗鼓搞變法的宰相王安石。呂公弼不同意王安石的變法主張，但也知道自己說服不了這位「拗相公」，不小心還會被視為變法的反對派而被修理，就決定繞過王安石，直接向年輕的神宗皇帝上書，詳細闡述變法的各種危害。奏章起草完成後，呂公弼就去睡覺了。夜深之後，呂嘉問偷偷潛入呂公弼的書房，拿走了書桌上的奏章草稿。

第二天，這份草稿就到了王安石手裡，王安石又將這份草稿交給了神宗皇帝，說呂公弼反對變法，應該治他罪。神宗是堅定支持王安石變法的，雖然他想保呂公弼，但白紙黑字擺在眼前，於是呂公弼就被定為變法反對分子，被罷免了樞密使一職，他的政治生涯從此走下坡。因為這件事，呂嘉問激怒了整個家族，被當做家賊給逐出呂氏家族了。

為了自身政治前途，呂嘉問的確不計代價，他的投名狀獲得王安石認可，被任命為負責校定新法條例的官員，接著又被破格提拔為三司的戶部判官，協助管理全國租賦工作（圖

39）。為何說是破格提拔呢？一般來講，像戶部判官這樣的職位，要由在地方上任過大員，比如轉運使（類似省長）或提點刑獄（類似省級檢察院檢察長）這種官職的人才能擔任。呂嘉問沒有這樣的經歷，之前只是在朝廷負責比較基層的財政和倉儲工作，但是他有堅定的改革意向，願意在工作中貫徹改革精神，這令王安石非常滿意。

很快就有人告呂嘉問的狀，說他工作態度過於蠻橫，還說他手下人暴力執法。這些消息很快就傳到神宗耳裡，神宗就旁敲側擊的問王安石，王安石不僅力保呂嘉問，還推舉他負責開封城裡的市易務。市易務是為推行新法中的市易法而設置的一個機構，管理經濟工作，卻不受三司使管轄，主要任務是以朝廷的名義收購滯銷商品，到需求旺盛時再售賣或賒給商人，商人在一定時間內連本帶利還給

圖 39　宋代「交子」。仁宗皇帝的養母劉娥是真宗皇帝的皇后，她被稱為是有武則天之才而無武則天之惡的傑出女性。在她聽政期間，發行了世界上最早的紙幣「交子」，比西方紙幣早了六百多年，解決了貨幣與物資流通中的許多問題，是貨幣史上的重大改革。

朝廷，過期不還者要受到處罰。朝廷還撥了一百萬緡給市易務做本金，可見王安石對呂嘉問的重視。

不久，負責監察工作的御史臺舉報呂嘉問工作苛雜，搜刮過多。不過有神宗皇帝和宰相王安石撐腰，彈劾奏章都被壓下來了，呂嘉問也一鼓作氣將新法執行到底，幫朝廷賺了很多錢。王安石非常高興，將成功經驗推廣到全國，在重要城市都設置市易務，然後將開封城裡的市易務提升為市易司，管理全國的市易務，負責人仍然是呂嘉問。

變法受挫，遭受舊黨攻擊

除了幫王安石大刀闊斧的推動經濟改革外，呂嘉問還與王安石的兒子王雱結成了兒女親家，工作起來更加有恃無恐，但同時也更招致守舊派的攻擊。一開始，守舊派還只是打打小報告，比如有人跟神宗說，自從有了市易務，很多東西都變貴了，神宗就懷疑市易法真的不好，王安石都找理由解釋過去了。漸漸的，御史臺發出來的彈劾就指名道姓了，到最後，就發展為刑事訴訟了。即使如此，只要有皇帝撐腰，問題就不大，但問題是神宗對於變法不像王安石那樣堅決，在變法顯現弊病和反對派的各種攻擊席捲而來時，神宗對新法的態度就會不明確，甚至前後相悖。這樣的話，呂嘉問的麻煩就大了。

熙寧七年（一〇七四），因為旱災出現大量流民，神宗對變法的態度開始動搖，加之各方勢力對變法集體圍攻，神宗終於罷了王安石的宰相之位。王安石離京時，呂嘉問與之泣別，王安石說：「我已經把你託付給呂惠卿了，你不會有事的。」呂嘉問果然躲過一劫。但是，王安石第二次被罷相時，呂嘉問就沒那麼幸運了，他被貶往江寧府任知府，後來遷往潤州任知州。呂嘉問沒了後臺，有人就開始跟他算舊賬，他接連不斷的應付各種官司和調查，根本沒時間管理政務，最後連知州的位子也丟了。

神宗知道呂嘉問是有功勞的，不想他被人落井下石，所以儘量安排一些與呂嘉問沒有私仇的人去辦案。此外，變法派並沒有被全部驅逐，呂嘉問還經常能從朋友那裡得到內線消息，比如一個名叫華甫申（一〇四八——一〇九八）的人就經常給他透露消息，因此，雖然訴訟不斷，但他還能應付。

呂嘉問真正的艱難始於神宗去世。新皇帝哲宗登基後，太皇太后高滔滔垂簾聽政，變法派成員幾乎全部被外放，保守派回朝，開始了新舊兩黨你死我活的鬥爭。有兩個人抓著呂嘉問的歷史問題不放，後來呂嘉問就被貶到長江邊的襄州任知州，沒多久又就被攆過長江，到江陵府（今湖北荊州）任知府。呂嘉問是北方人，他在江陵府犯了腳氣病，疼痛難忍，於是上書朝廷請求北遷。也是合該呂嘉問轉運，太皇太后高滔滔去世了，哲宗親政。雖然此時王安石已經去世了，但哲宗繼續實行王安石的新法，舊黨被驅逐，新黨被起用，呂嘉問北遷至河南鄧州。

新法恢復，再獲提攜

呂嘉問從江陵府到鄧州後，得知當年曾多次給他透露消息的華甫申從廣州回來了。當年呂嘉問被貶之後，三十一歲的華甫申也被除名了，後來在蔡京幫助下被派往廣東擔任小官。呂嘉問對華甫申的遭遇深感愧疚，可是也無能為力。華甫申這次北歸途中要去一趟唐州（今河南唐河一帶），唐州與呂嘉問任職的鄧州相鄰，呂嘉問很激動，趕緊給華甫申寫了一封信（即〈與元翰札〉，圖40），約他來鄧州相見，「元翰」是華甫申的字，這封信文字如下：

> 嘉問啟：
>
> 在荊，足疾不可支。易鄧，到方逾月。蘄水先再差去，人還，得小子書，方知從者秋方離嶺外。即日，不審跋涉安否？何如？庭幃必時收慶問。
>
> 比經過襄陽，見至完亦道平安。自蘄水至唐，為正路十二程。若迂百里見過，不出浹旬，心慰久別，何幸如之！

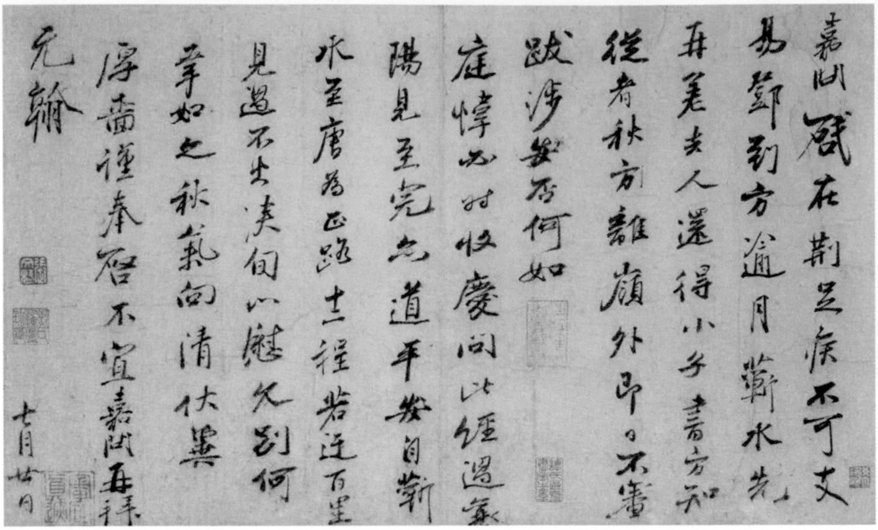

圖 40　〔宋〕呂嘉問〈與元翰札〉，藏地不詳。

秋氣向清，伏冀厚嗇。謹奉啟，不宣。嘉問再拜。元翰。七月廿日。

這封信大意是：我在江陵府（今湖北江陵）時，腳痛得不行了，於是朝廷將我改遷到鄧州，我到這裡才一個多月。我給蘄水的兒子寫了信，收到他的回信後才得知你已在入秋時離開嶺南。你這些天長途跋涉還好嗎？情況怎麼樣？家裡人應該經常收到你的平安信吧？我這次從江陵府到鄧州路過襄陽時，見到鄒浩了，他也向你道平安。從蘄水到唐州，按正常的走法是十二程（走過一個驛站或住宿地算一程）。你要是繞一百里來看我，那麼十天左右咱們就能再次重逢了，真是很幸運啊。秋天愈來愈清冷了，你要多多保重。

這幅書帖近些年在拍賣市場出現，藏處不詳。信中提到的鄒浩是華甫中的表弟，此人是個才子，詩文好，愛好書畫，當呂嘉問被貶襄州時，他也被人彈劾而貶居襄州，呂嘉問北上路過襄州時又去看望了他，後來呂嘉問升官後還推薦了鄒浩。華甫中一生都沒有做到高官，年僅五十歲就鬱鬱終老，好在鄒浩為他寫了一份詳細的墓誌銘，他的事蹟才為後人所知。

在華甫中去世的前一年，呂嘉問由鄆州（今山東東平）知州被起用為江淮荊浙路發運使。這位過氣的政治明星又被起用為一方大員，而且是在全國最富裕的地區，這大概與他的政治盟友及親戚有關，據說他攀附了同屬新黨的宰相章惇，章惇是王安石新法的堅定支持者。此外，蔡京的胞弟蔡卞（一〇五八——一一一七）是他的姻親，蔡卞是王安石的女婿，而呂嘉問與王安石的兒子又是親家，他們又都是新黨。呂嘉問在這一位置上沒待多久，就被調到青州任知州，雖然實權降低了，但是官銜卻升為寶文閣待制，從四品。到青州後，呂嘉問收到了一位朋友的賀信，就回了一封信，即前面提到的〈蒙恩帖〉。

第二年，得益於盟友的關照，呂嘉問的官銜繼續上升，並升任開封知府，據說他在這個位置上為打擊舊黨做了不少惡事。不過只過了一年多，他就被貶到懷州（今河南沁陽）任知州，因為他推薦的鄒浩觸怒宰相章惇被貶，他也被牽連。

新舊黨爭，晚年又遭浮沉

元符三年（一一〇〇），哲宗去世，十八歲的徽宗趙佶在向太后支持下即位，向太后開始掌權。向太后是守舊派，章惇、蔡卞等新黨都遭貶黜，呂嘉問也被罷了官。不過他的仕途並沒有結束，向太后去世後，徽宗掌權，徽宗傾向新法，新黨又被起用，徽宗任命的宰相蔡京是蔡卞的哥哥。有了蔡氏兄弟做靠山，加上其他朋友的保護，呂嘉問又被起用，官銜比之前更高，升為龍圖閣學士，正三品，七十七歲時去世。

呂嘉問年輕時以背叛家族為代價，投入變法的王安石門下，一生共經歷了神宗、哲宗、徽宗三位皇帝，期間還有兩位掌權的太后。這五屆掌權者，竟然每一屆的執政方針都與前一屆截然相反，所有人都被裹挾在新舊兩黨的鬥爭中。呂嘉問的人生也隨著新舊兩黨的鬥爭跌宕起伏，新黨占上風，他就升，舊黨占上風，他就落。他一生被黨爭所裹挾，這也正是那個時代士大夫的縮影。

何人朝堂當眾呵叱宰相

唐坰的書法始於家學，積於古帖，他的父親唐詢（一〇〇五——一〇六四）書法就很好，是蔡襄的好友。唐坰曾寫信給蘇軾，請他點評古代六位書法家，蘇軾從中受到較大的啟發。黃庭堅（一〇四五——一一〇五）也認為唐坰深通古人筆意。米芾與唐坰則是親密藏友，兩人經常交流書法和藏品。臺北故宮博物院有一幅唐坰名款的信札，名為〈致彥遠尊兄帖〉或〈征局冗坐帖〉（圖 41），文字如下：

坰啟：

征局冗坐，忽辱珍翰。意快目明，殊增欣感。昨日紙再納一番。朝夕躬請左右次，不宣。坰再拜。彥遠尊兄侍史。午刻。

這封信大意如下：我在征局裡無聊的坐著，忽然收到你的來信，一下子覺得心情好起來，眼睛也亮了，真是開心。麻煩再拿一些昨天那種紙。真希望每天都能見面。

職場上的唐坰是一位奇葩人物。他靠父親唐詢的恩蔭進入官場，又憑驚人的言論博取了王安石和神宗皇帝的好感而成為御史，最後大家才發現他人品堪憂，情商低下，忘恩負義，於是神宗把他貶到嶺南，再也沒讓他回來。

朝堂呵叱王安石

熙寧五年（一〇七二）八月的一天，二十四歲的神宗皇帝上朝不久，有一個人跪在宮殿臺階上不肯起來，請求當眾說事。神宗皇帝一看，跪著的人是御史唐坰，就知道他要說什麼。之前唐坰已經上了二十道奏章，都是抨擊新法和大罵王安石的，神宗皇帝正在大張旗鼓的搞變法，不想聽他絮叨，就命中書省把奏章都扣下，沒想到他還不死心，竟然鬧到朝堂上來了。神宗對他說：「改天再講吧。」唐坰以

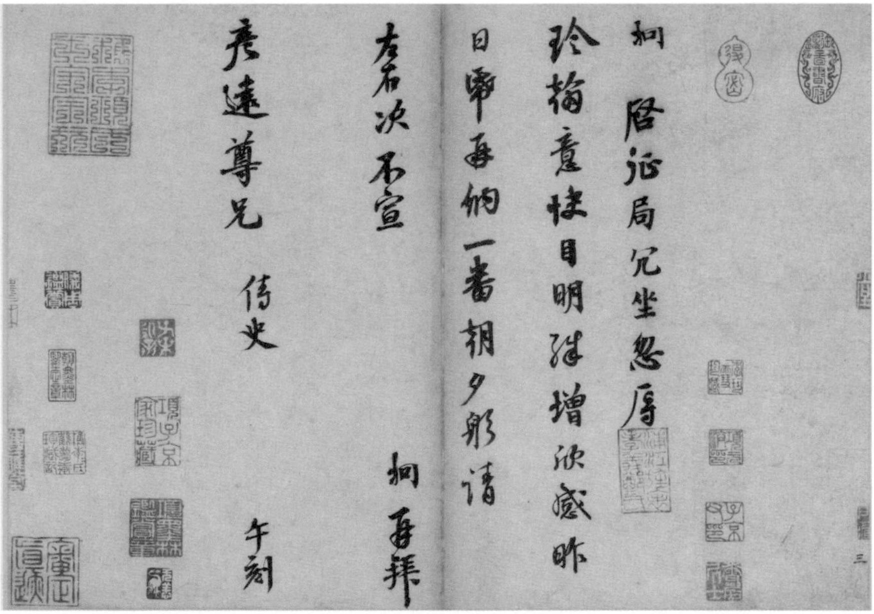

圖 41　〔宋〕唐坰〈致彥遠尊兄帖〉，國立故宮博物院。

頭伏地，不肯起來，神宗皇帝只好妥協，因為他不能讓眾人覺得自己聽不得反對意見，於是讓唐坰進殿來講。

唐坰終於爭取到機會了，他對皇帝說：「我現在要講的都是大臣的不法之事，請讓我一條一條講給您聽！」唐坰把發言稿展開，炯炯的眼神射宰相王安石，大喝一聲：「王安石，到御前聽報告！」王安石一下子傻眼了，沒聽錯吧？竟直呼我姓名？王安石正猶豫之間，唐坰又大喝一聲：「在皇帝面前你都這樣，在外面那會是什麼樣子！」王安石只得趕緊向前幾步乖乖聽講。唐坰大聲宣讀奏狀，一共六十條，幾乎牽涉到在朝所有重要官員，如新黨的王安石、曾布、張商英等，舊黨中的文彥博、馮京等，甚至還有好好先生王珪，可謂一網打盡。唐坰振振有詞，說這些大臣都是王安石的家奴、鷹犬，眼裡只有宰相沒有皇帝，等等。聽著聽著，神宗皇帝覺得不對勁了，屢次制止唐坰。唐坰竟然裝聽不見，繼續大聲誦讀，讀完後躬了躬身，沒等任何人說什麼，就瀟灑的下殿走人了！滿殿官員一臉錯愕，連侍臣和衛士們都驚呆了，頭一回見到這麼勁爆的場面。五十一歲的王安石身為百官之首，被人這樣攻擊，顏面掃地，他請求辭職，神宗當然不允許。最後，唐坰被盛怒的神宗貶到廣東潮州，後半生都沉淪下僚，再也沒有起來過。

唐坰這種激烈表現並不是首見，大約二十年前，他的叔叔唐介（一〇一〇——一〇六九）也有過類似行為。當時宰相文彥博攀附後宮寵妃張貴妃，得到了張貴妃透露的消息，說皇帝為王則叛亂的事憂心如焚，誰能平叛必然會得到重用，所以文彥博主動請戰，平了王則，升任宰相。

「真御史」唐介

在當時，私下聯絡後宮這種事情是士大夫所不齒的，而且中間傳遞資訊必須通過太監，私下與內侍往來又是皇帝嚴禁的事，所以文彥博處理得很謹慎，往往都是派夫人出面。有一次文彥博在四川弄到一些不錯的燈籠錦，就以夫人的名義送進宮裡。仁宗見張貴妃穿了這燈籠錦製作的衣服，就問這燈籠錦是哪裡來的，張貴妃如實回答。仁宗雖然不高興，但也沒有深究，然而消息終究還是走漏出去了，御史唐介就當著滿朝文武呵斥文彥博，說他私通內侍，結交貴戚，言辭和態度都相當激烈。文彥博滿臉通紅，羞愧不已，而後主動辭去相位，而唐介因當眾批評文彥博的方式過於粗暴，也被仁宗皇帝一氣之下貶到嶺南。

蔡襄跟唐介的哥哥唐詢是非常要好的朋友，就跟仁宗求情，說唐介方式雖然粗暴，但糾舉文彥博是他本職，如果因此而貶謫恐怕不妥，還會影響其他御史積極任事。仁宗一聽有道理，就趕緊派人護送，不斷讓他北遷，並逐漸恢復唐介的級別，結果唐介還沒走到嶺南就一路往北，最後回到京城。唐介這種不畏權貴、直言敢諫的性格，為他贏得了「真御史」的美名，並升任諫院最高層。後來，唐介又官至御史中丞、三司使、副宰相，成為三朝名臣。

輸在何處？

其實像唐坰這樣猛烈抨擊宰相和重要官員的人物一直都有，趙抃、余靖、歐陽修、蔡襄等人，都是誰都不怕的言官，皇帝做錯事也照批不誤。與唐坰同時代的還有一個小人物鄭俠，他畫了張〈流民圖〉來攻擊王安石和新法，讓神宗皇帝都動搖了。這些人的命運都比唐坰好，為什麼唐坰會如此慘呢？

首先，王安石是唐坰的大恩人。唐坰並不是正牌進士，他能獲得重用，完全是靠王安石的提攜。唐坰曾對王安石說：「青苗法實施起來很難，應該殺掉幾個干擾新法的大臣。」這麼大膽的言論，簡直是雷神說的話，要知道宋朝的規矩是不允許殺文臣的，但此時為變法焦頭爛額的王安石聽到這話很受用，他把唐坰推薦給神宗。唐坰對神宗說：「秦二世受制於趙高，不是因為趙高太強，而是秦二世太弱。」這話擊中神宗的心坎兒，他覺得唐坰是個很有想法的人才，於是賜他進士出身。

可是，神宗跟唐坰近距離接觸過後，發現唐坰雖然書法不錯，但並無真才實學，最關鍵的是人品有問題，就想將他調到外地做知縣。王安石因為推行新法急需用人，就繼續留用他，既然他做不了什麼政務，那就讓他替自己監察大臣吧，於是悄悄託人推薦唐坰為御史。幾個月後，有人想推薦唐坰為諫官，王安石沒同意，因為他覺得唐坰的人品的確有問題，很可能會為了前途背叛自己。唐坰得知這一消息果然怒了，就決定扳倒王安石，於是發生連上二十道奏章批判王安石，再到朝堂呵叱王安石那一幕。

唐坰以為可以仿效叔叔唐介，彰顯自己的才能和品格，博取更大的政治資本，但實際上他既沒有政治才能，也沒有政治覺悟，倒顯得極其幼稚。這倒也不致命，誰年輕時沒有幼稚和愚蠢過？他的致命問題是人品，只因為沒被升官就背叛自己的恩人王安石，誰還敢再接近他？當年唐介被發配嶺南時，很多官員前去送行，還寫詩讚揚他的品格。范仲淹當年搏命似的攻擊呂夷簡，後來還能東山再起，連呂夷簡後來也支持他，就是因為他們為政以公，不畏權勢，人品高潔。而唐坰為一己私利就懷恨在心，背叛恩人，雖然表面看起來跟叔叔唐介一樣不畏權貴，但只能是東施效顰，斷送了自己的前程。

書信裡的疑點

唐坰這封書信的收件人是「彥遠」，不知道是哪位。令人奇怪的是，如果真是唐坰親筆信，為什麼唐坰不迴避「彥」字？因為他父親唐詢的字是「彥猷」。避諱自古就有，宋代更為嚴苛。唐坰雖稱對方為「尊兄」，但收信人不會是他的族兄或關係非常近的親戚，因為父輩和子侄輩的名字不會有相同的字。信的末尾落款處有寫得偏小的「侍史」二字，這是唐坰對自己的卑稱。「侍史」也可以稱之為「侍使」，在古代有兩重意思，一是指沒入官府為奴的罪犯家屬中那些年少多才的女子，她們被挑出來做些場面上的腦力勞動。二是侍奉官員左右、掌管文書的人員。《史記．孟嘗君列傳》就記載，孟嘗君與客人座談時，屏風後面有侍史記錄孟嘗君與客人的談話內容。侍史的工作也是苦差事，蘇軾在〈用前韻答西掖諸公見和〉中說：「豈惟蹇步困追攀，已覺侍史疲奔送。」宋人的謙稱很多，比如「僕」，「侍史」只是其中之一。

蘇軾與章惇的恩怨情仇

元祐元年（一〇八六）的某一天，掌管樞密院的章惇與宰相司馬光在朝堂上吵起來了。章惇是新法的堅定支持者，而司馬光是新法的堅決反對者。他們的爭吵驚到了高太后，太后大怒，就訓斥章惇。章惇早就對高太后不滿意，她召回這麼多舊黨成員都沒有走正常程序，還明目張膽的袒護司馬光，於是章惇一氣之下出言頂撞，這下惹禍了。高太后一怒之下將章惇貶出京城，讓他去汝州（今河南汝州）反省。五十二歲的章惇一再上表請求改配揚州，以便照顧在杭州的八十歲老父親，都被拒絕。章惇離開京城時，蘇軾（一〇三七——一一〇一）寫了一封信給他，這封信寫於大年三十，七年前的這一天蘇軾因「烏臺詩案」被定罪，從監獄直接發配黃州，並被勒令立即動身，當時他的背後是章惇充滿關切的眼神。現在好友章惇面臨類似的遭遇，蘇軾應該深有同感，他在信裡是怎麼寫的呢？（即〈歸安丘園帖〉，又稱〈致子厚宮使正議兄帖〉圖42）。

軾啟：

前日少致區區，重煩誨答，且審台候康勝，感慰兼極。

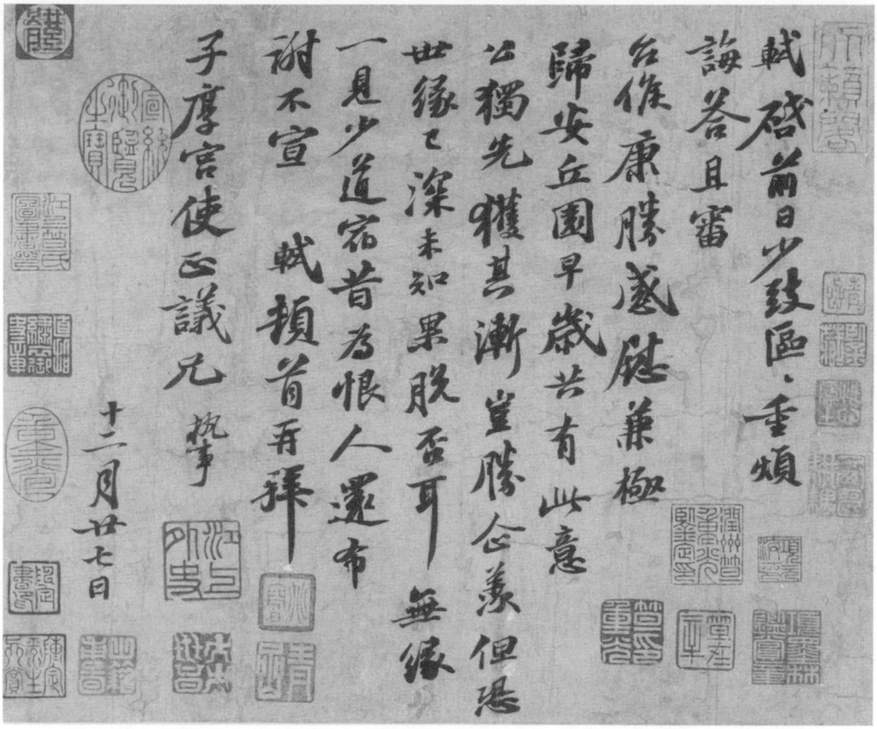

圖 42　〔宋〕蘇軾〈歸安丘園帖〉，國立故宮博物院。

歸安丘園，早歲共有此意，公獨先獲其漸，豈勝企羨。但恐世緣已深，未知果脫否耳？無緣一見，少道宿昔為恨。人還，布謝，不宣。

軾頓首再拜，子厚宮使正議兄執事。十二月廿七日。

信大意是：收到你的信，知道你身體很好，我感到很欣慰。回歸山園，安心歸隱，這是我們年輕時共同的願望。現在你先獨自實現了這個願望，我是何等的羨慕你呀！恐怕我與俗世的緣分太深，不知最終能否脫身於塵世呢？可惜沒能見上一面，沒能好好聊聊往事，真是很遺憾。

蘇軾一番話說得雲淡風輕，很難不讓人感覺到「得了便宜賣乖」的嫌疑。客觀來講，他的性格也確實不適合混官場，從黃州釋放後，他本想遠離朝廷去湖州定居的，但是高太后喜歡他的文才，給了他很高的官位，他便回了朝堂。蘇軾在信裡這樣說，或許確實是真心話，也或許只是想一如既往的幽默一下，可是這種話真的能夠安慰到此時的章惇嗎？章惇收到這封信會作何感想呢？

堅定的變法派

章惇，字子厚，老家在建寧軍浦城（今福建南平市浦城縣），後跟隨父親章俞遷居蘇州。章惇的族中有兩位重要人物，一位是仁宗慶歷年間的宰相章得象，他的叔叔；另一位是哲宗朝威震西北的大帥章楶，他的堂哥。章家這兩兄弟都是特別能考試的學霸，又都非常剽悍。章惇第一次考進士時，名次低於他侄兒，本來這是無所謂的事，況且他侄兒本就比他年長，可是章惇覺得沒面子，就把很多讀書人考了一輩子都考不上的進士給退掉了，第二年重新參加考試，又考上了，就這樣與蘇軾成為同期。蘇軾是個非常自負的人，能讓他真心佩服的人不多，但章惇就是其中之一。進入仕途不久，神宗任用王安石為宰相，開始實施變法。章惇被選拔為編寫變法政策和具體條款的人員，能進入這個編寫團隊的自然都是支持變法的人，他們多數後來都成為變法派的先鋒人物。此後他的一生都堅持新法，並因此而歷經浮沉，飽嘗榮辱。

隨著改革升溫，章惇的才能得以展現，宰相王安石決定將他派往西南地區，讓他監察對當地少數民族的平叛和安撫工作。有些少數民族不堪酋長盤剝，想要歸附朝廷，章惇就派了兩個人去考察，結果這兩個人正事沒辦好，倒先「慰問」了當地的少數民族婦女，酋長殺了這兩個敗類，然後又進攻朝廷的官兵，局勢一下子就亂了。神宗得知消息後很不安，就要王安石告誡章惇不要輕舉妄動。章惇不聽，他提著刀帶著人就殺到山裡去了。當地的酋匪沒見過這麼不要命的官員，嚇得龜縮在叢林裡不敢出來，叛亂的苗頭就這麼滅了。

章惇回朝之後，被任命為知制誥，同時還負責管理軍用物資。有一天，三司使的官房著火了，宮裡亂成一團，神宗焦急萬分，站在樓臺上緊張的查看火情，突然發現樓下有一支隊伍有條不紊的開過來，迅速投入滅火行動。神宗大為寬慰，他打聽領軍的人是誰，有人說那是章惇，神宗當即任命章惇為三司使，掌管全國財政。

元豐三年（一〇八〇）是一個重要的年份，章惇在這一年被任命為副宰相，而蘇軾卻因為「烏臺詩案」被貶到黃州去了。章惇對整個事件是很清楚的，他知道蘇軾是被冤枉的，為了救這位老同學，他下了很多功夫。可惜蘇軾的嘴巴太厲害了，文筆那麼好，粉絲又那麼多，他要是在朝中反對新法，「蠱惑人心」，神宗和王安石的變法就會很有壓力，所以蘇軾無論如何是要當這個「政治犯」了。

堅持新法而被貶

元豐八年（一〇八五）是一個轉折年，神宗皇帝英年早逝，年幼的哲宗登基，由祖母高太后垂簾聽政。高太后開始將舊黨成員陸續召回，並逐步驅逐新黨。閒置多年的垂暮老人司馬光被召回了，蘇軾被火線提拔，蘇軾的弟弟蘇轍也被起用了，而始終追隨神宗和王安石的章惇成了高太后最厭惡的人。

司馬光一上臺就迅速廢除許多變法成果，令新舊兩黨都不滿意。章惇反應最激烈，結果他被蘇轍等諫官彈劾了。當時章惇掌管樞密院，蘇轍在奏章〈乞罷章惇知樞密院狀〉說：大臣與小臣不一樣，小臣官位輕，只要沒有大的過錯就可以用，大臣官位重，即使只有很小的過錯也不能用。這個說法能不能站住腳先不說，單從蘇轍列舉章惇的罪證來看，幾乎找不到令人信服的證據，這就不得不讓人懷疑蘇轍的居心。結合蘇轍在此時所寫的其他幾篇奏章，很容易明白他的目的就是要將以章惇為首的新黨連根拔起，對章惇的指控，就有很明顯的欲加之罪的意思了。

此時章惇的狀況已經岌岌可危，但他沒有低頭，他的性格驅使他繼續衝鋒陷陣，與司馬光在朝堂上爭論，又頂撞高太后，於是被貶。高太后貶黜章惇顯然是出於意氣之爭，不能服人，所以非但新黨不滿，就連舊黨成員呂公著、范純仁（一〇二七——一一〇一）等也積極替章惇求情，卻沒有見到章惇的好友蘇軾求情的文章。當初蘇軾落難烏臺，章惇曾為他辯白，積極營救，現在章惇落難，蘇軾身為高太后面前的大紅人，卻沒有發聲。

被貶的章惇是不是像蘇軾〈歸安丘園帖〉裡寫的那樣，樂於做一個江湖散人呢？他們確實曾一起遊歷山川，也曾一起寫下〈歸安丘園〉等詩文，但兩人有根本的區別：蘇軾是文人，章惇是政治家。蘇軾的快意人生是詩詞歌賦、琴棋書畫，而章惇的人生理想是治國平天下，所以他把一生都奉獻給了新法。此時神宗、王安石都已歸去，而變法事業未竟，他又如何散髮弄扁舟？所以蘇軾「歸安丘園」的說辭恐怕不僅不能安慰落難的章惇，可能還會得罪章惇。接下來的七八年時間裡，章惇在父喪和謫居中飽受彈劾，而彈劾他的人當中就有蘇氏兄弟的影子。所以，如果說章惇不怨恨蘇氏兄弟，是不太可能的。即使只把他們的言行當做公事理解，耿直的章惇見到蘇氏兄弟幫著當權者打壓新黨，也不可能無動於衷。

功業戛然而止

元祐八年（一〇九三），高太后去世，哲宗親政，章惇被重新起用並擔任宰相。從此時一直到哲宗去世，是章惇人生中最重要的時期，也是決定他歷史地位的時期。章惇在這段時間做了三件事：繼續推行變法；清算舊黨；攻打西夏。他還是一如既往的不圓通、不苟合。為了打敗西夏，章惇起用年過花甲的堂兄章楶為統帥，朝廷暗處發出一片質疑聲。不過章楶確實沒辜負這位堂弟，北宋費了半個多世紀沒有搞定的西夏很快就被他打敗，宋夏之間的歷史從此改變。章惇很想一鼓作氣消滅西夏，但西夏為了求和，請遼國當和事佬，皇帝和朝中大臣最終決定接受調停，章惇也只能接受。

為了澈底清除新法的反對者，章惇貶斥了一大群德高望重的舊黨大臣，其中最有名的是蘇軾和蘇轍兩兄弟。蘇氏兄弟在貶謫地廣東和海南等地留下了豐富的詩文，他們所寫的苦難，無疑彰顯了章惇的罪惡。章惇還勸說哲宗給去世的高太后定罪，廢掉她的頭銜，讓舊黨永無翻身之日，但他失敗了。雖然哲宗被高太后壓制多年，但到底還是沒能做到這等「大逆不道」的地步。

哲宗從小就有咳血病，但高太后為了不讓任何人知道皇帝的病情，一直沒給他治，結果哲宗二十五歲那年就病入膏肓，連皇位繼承人都沒定下就去世了。在選下一任皇帝時，皇太后向氏扶持了自己喜歡的端王趙佶即位，這趙佶也就是後來葬送了北宋王朝的宋徽宗。向氏並非哲宗生母，她是高太后一派的人，但哲宗沒有給高太后定罪，向氏自然也就得以保全。現在哲宗去世，皇太后向氏成了皇家最有話語權的人，朝中大臣也都順從她的意思，紛紛表示擁護趙佶即位，但耿直的章惇不答應，他直言端王輕佻不穩重，不堪君臨天下，但他一個人怎麼敵得過皇太后和其他大臣。

趙佶順利即位，六十六歲的章惇被貶雷州，同時，被貶海南的蘇軾得赦北歸。蘇軾得知章惇被貶雷州後，給章惇的外甥寫信，讓他安慰章惇。蘇軾北行到京口時，收到章惇之子章援的來信，請求蘇軾放過他的老父親。歷經磨難的蘇軾此時已毫無官場鬥志，他只想安度晚年。蘇軾帶病回了一封信，他在信中稱章惇為丞相，重申了兩人幾十年的老交情，還特地寫了一個治瘴癘的藥方，準備當面交給章援。不幸的是，一個半月後，蘇軾病逝。

章惇的妻子臨終前曾勸告章惇不要過於耿直，要給自己留後路，但章惇直到人生末尾才明白過來，後悔自己沒聽妻子的話。章惇後來被遷往睦州（今杭州市淳安縣），並病逝於睦州，享壽七十一歲。若干年後，宋徽宗給章惇平反，追封他為觀文殿大學士。宋高宗即位後，某一天翻閱前朝奏章，看到章惇曾想廢掉高太后的頭銜並給她定罪，拍案大怒，追貶章惇，他的子孫也不得在朝為官。到了元代，官修《宋史》，章惇被列入「奸臣」行列。

「奸臣」奸在何處？

說到奸臣，多是指那些身居高位卻禍國殃民、只顧謀私利的大臣，那麼章惇是不是這樣的人呢？《宋史》〈章惇列傳〉主要談了章惇的兩件大事，一是章惇鼓動宋哲宗給高太后定罪，這占了很大一部分，二是他在宋夏戰爭中的作用，這部分占比很小。對於一位深度參與變法，在政治、經濟、軍事、文化等各方面都有重要政績的宰相來講，這種記述是不公正的。《宋史》是元代人寫的，但是元人所選用的史料是宋人寫的，略微分析一下，就可以發現一些隱蔽的真相。

章惇是變法派，堅持實行新法是他的主線，其他一切都是圍繞這個出發的，包括打壓舊黨成員，包括勸說哲宗給高太后定罪，當然也包括打壓舊黨的中堅力量司馬光和蘇氏兄弟。所以，要想評價章惇，就必須先對神宗和王安石開啟的變法做出評價。這個問題很大，後世學者意見不一，但有一點可以肯定，王安石的變法主要是經濟改革，經濟改革的目的自然是要改善經濟狀況。那麼變法到底有沒有達到這個目的呢？神宗是一直支持新法的，即使後來迫於反對派壓力罷黜了王安石，但他卻一直堅持新法，直到去世，後來的哲宗也繼續堅持新法。試想，如果新法沒有改善經濟，他們會一直堅持嗎？無論如何，僅憑章惇勸說哲宗給高太后定罪這點就把章惇定為奸臣，顯然不當。至於章惇支持發動宋夏戰爭，把經常越境搶劫的西夏打垮，恢復兩國和平相處的局面，這種結果相比於之前舊黨所主張的一味求和不抵抗，甚至奉送國土給西夏，到底是忠還是奸呢？

除了大事，還有一些小事，比如〈章惇列傳〉開頭先寫了章惇和蘇軾一起遊仙遊潭的故事。宋仁宗嘉祐六年（一〇六一），二十六歲的蘇軾考中進士，被分配到陝西鳳翔府擔任判官，他的同期章惇被分配到商洛縣（今陝西商洛市）任知縣。有一天，這兩位同年好友相約一起爬終南山，到仙遊潭時，章惇見潭邊是懸崖絕壁，只有一根橫木搭在上邊，要想到潭邊就得沿峭壁下去。章惇就對蘇軾說：「咱們到下邊的崖壁上題字吧！」蘇軾害怕，不敢下去。章惇就從橫木上走過去，放下一根繩索，抓著繩子沿崖壁下到潭邊，題完字之後又順著繩索爬上來。做完這一番驚險動作，章惇仍然神色淡定。蘇軾拍著章惇的後背說：「將來你肯定會殺人。」章惇好奇地問：「為什麼這樣說？」蘇軾說：「你對自己的命都不放在心上，當然會殺別人。」用這個故事開頭，就給章惇定下了一個會殺人的人設。如果這則故事是真的，那當事人只有蘇、章二人，是誰傳播給外人的？目的何在？再比如，列傳的結尾提到章惇被貶雷州後找房子住，當地人說：當年蘇轍被貶到雷州後，你嚴禁我們接納蘇轍，否則就要拆我們房子，所以現在我們也不敢將房子租給你住。這件事顯然是為了說明章惇惡有惡報，那麼同樣的問題來了，即使這是真事，是誰傳出去的？

雖然章惇的很多罪狀禁不住考證，但就這麼寫進官方史書裡了，而且細究起來，對章惇的指控中多有蘇氏兄弟的影子。當然，不能因此斷定就是蘇氏兄弟親力親為，但後代很多文人卻都會將東坡先生遭受的苦難和章惇的罪惡相提並論，似乎給人這樣一個感覺：章惇太壞了，你這樣折騰我們的偶像，你是奸臣。

說完了公事，我們可以看看私事。宋朝的高官基本上一輩子都在想盡辦法為子孫謀官位，比如韓琦和文彥博的後代後來也都身處高位。「奸臣」章惇又是怎樣為子孫謀福利的呢？章惇是這樣做的：他嚴令自己的四個兒子都要按吏部的考察程序任職。憑章惇的官位，為子孫申請官位易如反掌，也合情合理，他為什麼不那樣做呢？

沈家三兄弟三種人生

沈家三兄弟中，沈遼（一〇三二——一〇八五）是最小的，他無意於仕途，也不擅為官。可是沈家是官宦世家，兩個哥哥也都在官場，沈遼也只好靠恩蔭走上仕途。沈遼喜歡作詩，喜歡書法和音樂，還喜歡跑到寺院裡與高僧們參學佛法。按他的理想，一輩子玩藝術和參禪修道就好了。由於他性情通達，諸藝俱精，所以深得一幫大人物的讚賞。王安石、曾布都曾學習他的筆法，王安石還曾稱他為「風流謝安石，瀟灑陶淵明」。曾鞏、蘇軾、黃庭堅也常與沈遼唱和，沈遼比蘇軾大五歲，沈遼成為書法界名人的時候，蘇軾的書法還沒沒無聞呢。

沈遼先後做過國庫管理員和人事部門的祕書，後來又到明州（今浙江寧波）市舶司和杭州軍資庫工作，他在杭州工作期間寫過一封信（即〈動止帖〉，圖43），文字如下：

遼啟：一二日動止佳否？所苦必已痊損矣。餘介欲輟五十省，如何？屑屑，干清聽，甚愧悚也。遼上，寶臣閣下。（乳香石上納以好醋，磨塗赤腫處。）

信的意思是：這兩天你還好吧？令你痛苦的病症想必已經減輕了。餘下的部分必須還得再拿五十錢，你覺得如何？我這些瑣屑小事擾你清靜了，慚愧慚愧。（乳香石上放些好醋，塗抹在紅腫的地方。）

從信的內容可知，收信人正在生病，身上有紅腫的地方，沈遼便為他開了一個小偏方。小偏方中的「乳香石」是什麼東西呢？乳香是原產於波斯國一種香料，是松脂的一種。松樹上溢出的油脂滴垂如乳，所以被稱為乳香，乳香乾透了之後很硬，所以又稱為乳香石。乳香也是一種藥材，古代的醫書中有用乳香治療膿瘡的方法，所以沈遼開的偏方是有醫書做依據的。杭州任職期滿後，沈遼被推薦為華亭縣的知縣，然後就被罷了官，並被發配到湖南永州。沈遼被罷官的理由是他在一位妃子的裙帶

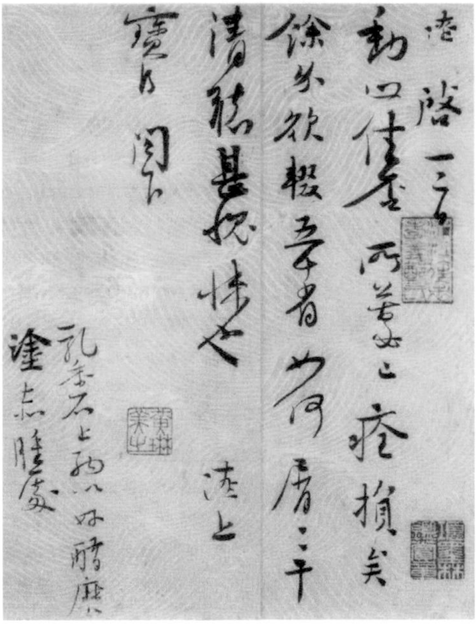

圖 43　〔宋〕沈遼〈動止帖〉，上海博物館藏。

上題詩，被神宗皇帝發現了。沈遼果真是如此大膽的浪子嗎？

無辜「中槍」

有一天，一位妃子被神宗皇帝翻了牌子，她非常激動，為了給皇帝留下深刻印象，她決定把自己打扮得出色一點。她想起不久前有位公公送給她一條裙帶，裙帶上還寫了詩，繫上它，皇帝應該會喜歡，於是這位妃子就繫上它去見皇帝了。神宗看見裙帶上這首詩十分生氣，讀書人在裙帶上題字，成何體統？他命監察御史王子韶暗察此事，這一查就查到沈遼頭上了。裙帶上的詩確實是沈遼所題，只是沒想到這條裙帶成了商品，被人輾轉賣到相國寺，又被一位公公買下來當禮物送給了皇帝的妃子。其實在女性裙帶上題詩這種行為自古有之，北宋也常見。蘇軾的門生李之儀有〈寫裙帶〉、〈以裙帶求書〉等作品，他還在〈端午〉一詩中寫道：「清歌尚記書裙帶，舊恨安能吊放[9]臣。」當年夏竦為了扳倒文彥博，專門派人去四川收集文彥博的材料，結果被派去的官員一進四川就栽進了文彥博設計的桃花宴——他在陪酒的歌伎裙帶上題了首詩，而這條裙帶就成了他風流韻事的罪證。

四十八歲的沈遼被發配到湖南永州，對本就厭惡官場的他來說，這反而是一種解脫。原本就偏好佛法的沈遼愈發被大自然給洗滌了，他沒有怨恨，反而更加輕鬆通達，他在給朋友的回信中說：「老來無暗亦無明，寄息深山避世情。夫子暗投珠玉惠，我身正似一毫輕。」兩年後，沈遼被赦免了，他北上至黃州看望謫居於此的蘇軾，然後就遷居於安徽池州，築居齊山，號「雲巢」，在那裡度過了人生中的最後時光。

大約在沈遼晚年的時候，曾寫過一封信給他的好友蔣之奇（一〇三一——一一〇四）（即〈致穎叔制置大夫尺牘〉，圖44），文字如下：

遼啟：近已奉狀，計徹左右。秋杪氣勁，伏惟體候清勝。遼於此粗如前，得敦師書，承大旆薄海陵而還，今宜已安治府。

東南大計，一出指麾，使權益重，不次之寵，未可量也。向寒，維希保重以尉卷卷，不宣。遼上穎叔制置大夫閣下。九月廿五日。

大意是：最近收到你的來信，對你的近況有所了解。晚秋寒氣重，希望你身體安好。我在這裡的情況與之前差不多，從我兒子敦師的信中得知你從海陵回來了，估計現在已經安置得差不多了。你管理東南地區，拿出了許多有效方案，指揮辦理了很多好

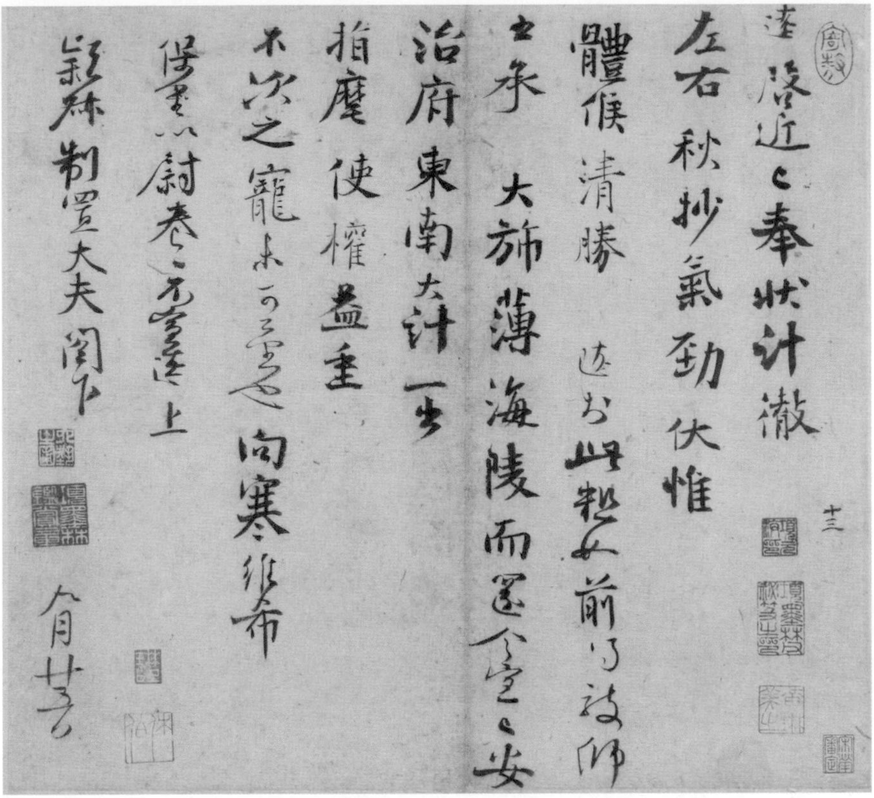

圖 44　〔宋〕沈遼〈致穎叔制置大夫尺牘〉，國立故宮博物院。

事，朝廷更加重用你了，前途不可限量啊！天氣加寒，你要多多保重身體，免得我總是擔心。

蔣之奇是王安石變法時的骨幹力量，深得神宗皇帝的賞識和重用。在任江淮荊浙發運副使期間，他苦心經營，開鑿新河，治理水患，政績頗為良好，因此升任發運使，官銜加為直龍圖閣，沈遼信中所說應該就是此事。在沈遼的文集中，保存最多的就是與蔣之奇互相唱和的詩。沈遼與蔣之奇不僅是好友，還有雙重的姻親關係，蔣之奇娶了沈遼的妹妹，蔣之奇的兒子又娶了沈遼的女兒，親上加親。

晚居池州的沈遼完全脫去華服，摒除一切奢華之物，自耕自作，成了一位佛道俱修的異人。沈遼去世後，蔣之奇為他撰寫了墓誌銘，文筆相當清爽而生動，從中也可看出他與沈遼感情之深厚。可以說，在有宋一代的墓誌銘裡，蔣之奇這篇是最富感情者之一。

注重生態保護的士大夫

沈家三兄弟中的老大叫沈遘（一〇二八——一〇六七），字文通，他在三十四歲那年調任家鄉杭州的知州，到任後頒布了一道法令：禁止捕食蛤蟆。於是，在沈遘任知州的三年間，老百姓就沒吃蛤蟆。

沈遘從小就靠父親的恩蔭進入仕途，但很快他就打算參加科舉考試，以進士身分重新進入仕途。他是科考第一名，本應是狀元，但有大臣認為他之前已經獲得恩蔭，不應再與其他考生爭奪第一名，於是就被定為第二名，派往江寧府任通判。任滿回京述職時，他向仁宗皇帝獻了十篇經世治國的文章，這在喜歡獻詩賦的士大夫中是一股清流。仁宗很欣賞他的才能，就把他留在身邊擔任修起居注和知制誥。後來沈遘的父親出事了，沈遘受牽連，被外放到越州（今浙江紹興），後來又調任杭州，也就發生了禁止捕食蛤蟆的事。

沈遘在杭州不僅禁止捕食蛤蟆，還禁止西湖的一切捕撈活動，於是西湖的螃蟹就多了起來。據說一天晚上，西湖邊的一戶人家爬進不少螃蟹，恰好這戶人家來了客人，於是就將螃蟹煮來吃了。吃完之後，主人和客人都很不安，深怕違法行為會被發現。沈遘為官頗具威嚴，政令是不能打折扣的，而且他對民情掌握得非常透澈，轄區裡的違法犯紀行為大都瞞不了他。如果違法的人動機不良或違法後態度不好，往往會被抓來刺青，然後發配充軍。第二天一早，吃螃蟹的兩個人就主動去官府自首了，還沒等他們開口，沈遘就問：「昨晚的蟹好吃嗎？」兩人目瞪口呆。鑒於兩人罪行較輕而且認罪態度好，沈遘就放過他們了。

沈遘有《西溪集》流傳於世，其中多是公文，也有幾卷詩集。從這些詩集可以看出他與當時一些有名的文人多有交往，其中最有名的當屬梅堯臣（一〇〇二——一〇六〇）。也許正由於此，有人稱沈遘的傳世書法作品〈屯田帖〉（圖45）中的「屯田君」是梅堯臣，此帖文字如下：

> 屯田君，士林之英，方當進用於朝，遽茲棄化，眾所歎也。友于之情，奈何奈何！孔子稱「仁者壽」云者，不以年也，謂聖人達死生之理，而若常存云爾，明哲深珍是，庶可不傷於性焉。遘上。

大意如下：屯田君是士大夫中的精英，他正處於被朝廷重用的時候，卻突然去世了，大家都為他歎息。你做為他的兄弟一定很難過，可是難過又有什麼用呢？孔子說「仁者壽」，有人以為這個「壽」不是指年齡，而是指聖人悟透了世間生死之理，即使他去世了，也像還活著一樣。希望你能明白並重視這個道理，不要讓自己傷心過度。

去世的「屯田君」真是梅堯臣嗎？首先，「屯田」應是死者生前最高官銜的簡稱，梅堯臣確

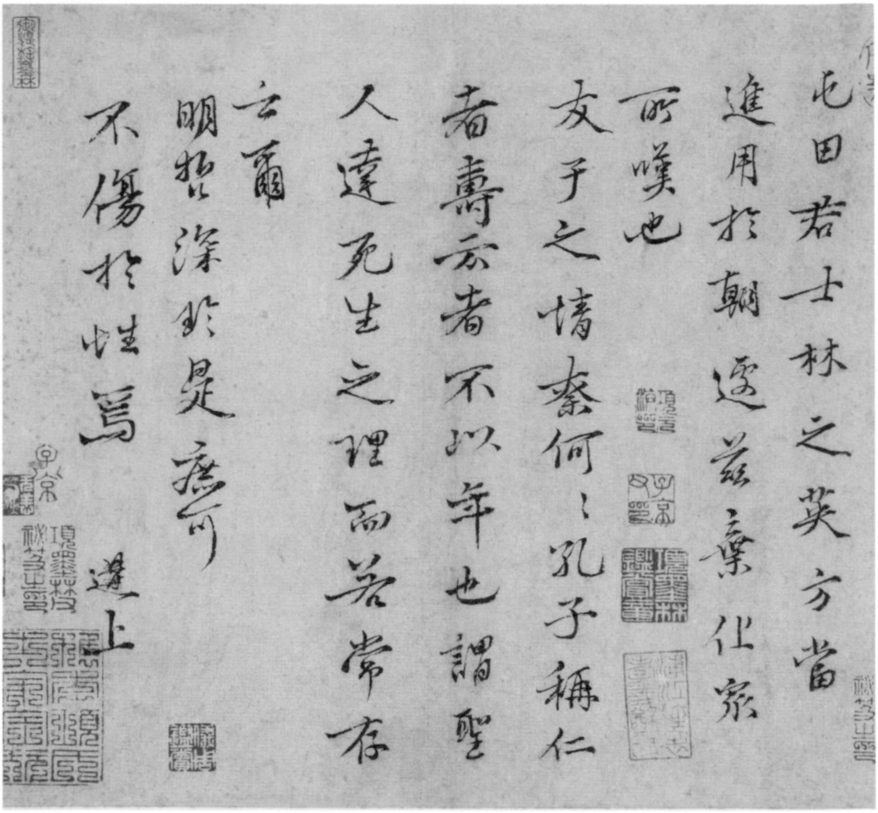
屯田君士林之英方當
進用於朝遽茲棄化衆
所嘆也
友于之情柰何〻孔子稱仁
者壽云者不以年也謂聖
人達死生之理而若常存
云爾
明哲深於是應可
不傷於性焉　遘上

圖 45　〔宋〕沈遘〈屯田帖〉，國立故宮博物院。

實曾被任命為「屯田員外郎」，但後來又升為「尚書都官員外郎」，所以應稱其「都官」才對。其次，梅堯臣比沈遘年長二十六歲，完全是長輩，沈遘稱之為「君」是不禮貌的，可以稱呼他的字「聖俞」。所以，「屯田君」應該不是梅堯臣。那究竟是誰？由於資料缺乏，還真不好確認。

高官中的傳奇科學家

沈家三兄弟中最有名的應該就是堂兄老二沈括（一〇三一——一〇九五），他是東西方科學界的傳奇。沈括是一位興趣非常廣泛並擅長鑽研的官員，在天文、數學、地理、地質、物理、化學、生物、醫藥學、軍事、文學、史學、考古及藝術等方面都有重要成就，讓人不禁懷疑他是從未來穿越回宋朝的。沈括將他的研究成果及當時重要的生產技術，收錄於《夢溪筆談》、《良方》等二十二部著作中。與族兄沈遘相似的是，沈括也注重生態保護，尤其宣導保護山林。

沈括最高官至三司使，掌管全國財政，他在科學上的鑽研不僅沒有耽誤他的仕途，還助益良多。比如，在領導司天監期間，他利用自己的天文知識改革觀測設備，修訂天文曆法；在北宋與遼國的邊界談判中，他利用自己熟悉山川地理的優勢使北宋獲得勝利，並趁前往遼國談判的機會，把遼國境內重要的山川河流、風俗民情都記錄下來。他利用自己的水利知識興修水利，治理水患，有些方案成為世界水利史上的重要創舉；在鎮守邊疆時，他把先進的科學技術應用於軍事上，改良兵器和裝備。

與他的官位和成就形成鮮明對比的是，沈括死後竟然無人為他寫墓誌銘，正史中也沒有單獨為他立傳，他的生平僅附著於沈遘的傳記當中，這是為何呢？除了當時重文輕理的時代觀念之外，最主要的原因恐怕就是他在官場得罪了太多人。在王安石變法時，沈括是積極的變法派，而在王安石第一次罷相後，沈括又對一些新法提出不同意見，導致王安石後來稱他為「小人」，等於他把新舊兩黨都得罪了。後來又有人把蘇軾「烏臺詩案」始作俑者的帽子扣在他頭上，雖不知真假，卻讓他在後世遭受了無數罵名。

元豐五年（一〇八二），北宋與西夏發生永樂城之戰，沈括指揮失誤，宋軍慘敗，沈括從此對政治失去興趣，專心做研究。即使如此，他也不得安寧，經常被家中悍妻張氏打得鼻青臉腫。在張氏的折磨下，沈括身心俱殘，可是在張氏去世後，沈括非但沒有感到解脫，反而備受打擊，精神恍惚，不久也離開人世，享壽六十五歲。

豔福不淺的李之儀

蘇軾有個學生名叫李之儀（一〇四八——？），也許很多人不知道他的名字，但一定知道他寫的那闋詞〈卜算子‧我住長江頭〉：「我住長江頭，君住長江尾。日日思君不見君，共飲長江水。此水幾時休，此恨何時已。只願君心似我心，定不負相思意。」李之儀是一位優雅的文人，雖然仕途不算通達，但有詩文書法相伴，日子過得頗有味道。李之儀曾遭遇一次牢獄之災，後來是他那頗具傳奇色彩的夫人把他救了出來，然後他被發配到太平州的當塗縣。他初到太平州時寫過一封信給朋友（即〈別紙帖〉，圖46），文字如下：

之儀再啟：

伏讀別紙，延予加重，深畏非據。頃自稍遠，一向杜門，時到田畝間與村老周旋外，塊坐而已。

高誼素所景仰。裹糧而趨，固所欣願，況近在數十里地邪？便當掇置以圖傾盡。不愚早晚可回，聞其婦家已有代期，何猶遷延也？丁君聞好事鄙語書於質轉應副，過煩獎予。皇恐皇恐。叔黨定肯書否？果得之，足以借重也。

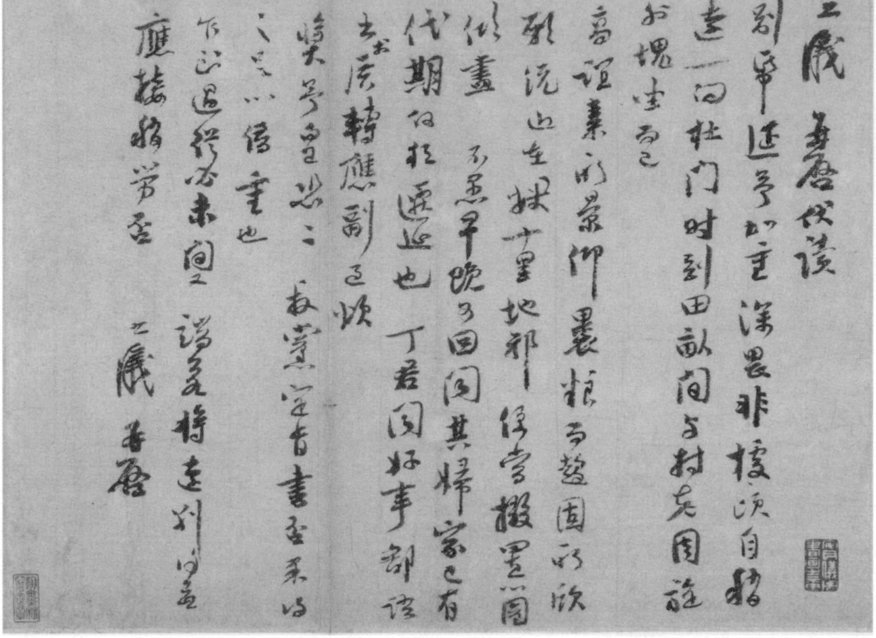

圖 46 〔宋〕李之儀〈別紙帖〉，國立故宮博物院。

乍到，過從必未閒。又端若將遠別，得無應接稍勞否？之儀再啟。

這封信大意是：拜讀了您的信，您對我稱讚有加，真是過獎了。我剛從稍遠的地方來到這裡，基本上都是閉門不出，偶爾到田間地頭與村裡的老人閒聊幾句，其他時間就獨自閒坐著。我一向對您十分景仰，能帶著乾糧去找您當然是我十分樂意的事，何況咱們相距只有數十里地。我儘快收拾行囊出發，到時咱們好好聊聊。不愚很快就可以回來了，聽說他岳父的任期已經到了，但不知為何還沒有調走。丁君從好事者那裡聽到些誇獎我的閒話，不過都是應酬之辭，慚愧慚愧。叔黨真的肯寫嗎？若他真願意寫，那這篇書跡就足夠有分量了。您初到此地，人情往來必定比較繁忙，端若又要遠行，不知您有沒有對諸多應酬感到勞累呢？

信中不難看出李之儀初到貶所時的消極頹廢。「叔黨」是蘇軾的第三個兒子蘇過（一〇七二——一一二三），「端若」姓石，與李之儀是老熟人了。無法判定這封信的收信人是誰，但必定是李之儀的老朋友，所以他在信中難掩與老友相聚的期待與興奮。李之儀的晚年就在當塗度過，他憑藉自己的詩文書法融入了當地文化圈。在第一任夫人去世之後，李之儀又娶了一位夫人，還是一位美女，真可謂豔福不淺。

窮書生娶豪門才女

李之儀，字端叔，出生於一個非常普通的詩書之家。李之儀的父親李頎一生都在基層做小官，但是他為家庭做了兩個比較重要的決定：一是將家眷從老家滄州遷到楚州（今江蘇淮安），楚州在京杭大運河的淮揚段，交通十分便利，南來北往的士人和商隊都要經過此地，這有助於開闊李之儀的視野；二是為李之儀娶了一位傳奇的夫人。

說起李之儀的夫人，當時的士林圈中幾乎無人不知、無人不曉。李之儀夫人姓胡，名淑修，字文柔，號法喜上人，別名守慧，姓名字號全部齊備的女性在古代是不多見的。胡文柔是江蘇常州人，祖父是北宋名儒胡宿（九九五——一〇六七）。胡文柔天生聰慧，從小就熟讀經史子集，頗有名氣。宮中的曹皇后（一〇一六——一〇七九）也聽說了她，胡文柔在十一歲那年就被祖母帶進宮去拜見曹皇后。有一次元宵節賞燈時，曹皇后又想起胡文柔，便問她在哪裡，剛好她在人群中，便被送至皇后身邊，還被賞賜了冠帔。

如此有才、有背景的女孩，自然是豪門貴族爭相下聘禮的對象，但胡文柔是頗有主見的女孩，諸多貴公子她一個也沒看上，而家裡人居然也不干涉。當時李之儀正跟隨父親李頎在京城遊學，父子倆敝車羸馬，食僅果腹。有位算命的人對李頎講，李之儀與胡文柔八字相合，命中註定結為夫妻，李頎覺得這是不可能的。可是，胡文柔還真願意了，尚未考取功名的窮小子李之儀，竟然娶到了傳說中的才女胡文柔，兩人時年都是十八歲。不過，李之儀第二年就金榜題名了，說明胡姑娘沒看走眼。

胡文柔嫁給李之儀後，沒有像李清照那般與丈夫吟詩作畫、充滿生活情趣，而是轉型為一位賢妻良母，每天操持家務。家中大事都是她親自操辦，先是安葬公公，侍奉婆婆，撫養兩位年幼的小姑，將她們風風光光嫁出去，然後又是婆婆去世，安葬婆婆，持家有方。

才女更兼俠女

如果胡文柔從此只是做一位賢妻良母，大概也就會在士林中消聲匿跡了，但她並沒有湮沒在無盡的家事中，她的才學一直吸引著很多文人士大夫。傳奇科學家沈括就非常喜歡往李之儀家跑，他碰到的學術問題，多半都能從胡文柔那裡得到答案或受到啟發。他說如果胡文柔是個男人，他們一定會成為至交。蘇軾也對胡文柔的才學頗感驚奇和欣賞，他後來去定州任職時，選擇李之儀做幕僚，很有「買一送一」的嫌疑。

多次經歷親人去世，胡文柔開始信佛。她食素，穿舊衣，到寺院向高僧參悟佛法要義，逐漸成為箇中領袖人物，名動京師。北宋中後期的士大夫多好佛禪，如文彥博、蘇軾、黃庭堅等，所以胡文柔為士大夫所知曉也是必然。崇寧元年（一一〇二），五十四歲的李之儀因替范仲淹次子范純仁寫傳記，被執政的新黨下獄，從潁昌（今河南許昌市）押送至京城開封。年過半百的胡文柔一路頂著烈日，追著丈夫的囚車到達京城，在監獄附近租了一所小房子，每天親自做飯送到監獄裡去，風雨無阻，知情者無不感動落淚。

范純仁的案子在當時是大案。哲宗親政時，舊黨遭受打擊，范純仁是舊黨重臣，被流放湖南永州。哲宗去世後，向太后與徽宗同朝聽政，他們派宦官蔡克明遠赴永州，傳達詔令：命范純仁為光祿卿，分司南京，鄧州安置。鄧州在河南境內，離開封不遠，而且范仲淹也曾謫居於鄧州，在此地聲譽極好，將年邁的范純仁安置於鄧州，自然比讓他在永州好。此外，向太后和徽宗還託蔡克明帶口諭給范純仁，對他的忠心表示肯定，並詢問他的眼疾情況，想要召他回朝廷任職。范純仁極為感動，但他身體不行了，於是辭絕朝廷詔命，遷居到了潁昌，不久就病逝了。范純仁臨終前口述了一封給皇帝的奏章，談了八件大事，請同住潁昌的門人李之儀代筆轉錄。范純仁去世後，他的家人覺得這八件大事涉及國家政治，不能隨便呈上去。為避免禍患，他們將遺表呈送給了潁昌所屬的河南府，蓋上官印，寄放在軍資庫裡。由於資訊傳遞延遲，朝廷還是下達了對范純仁的任命書，並在范純仁逝世後送達范府，這對范家來講本是一件好事，沒想到卻埋下了禍根。

李之儀為范純仁寫了一篇傳記，文中提到了范純仁的遺表和朝廷對他新任命的事，此文被當權者蔡京看到了。蔡京與范純仁的長子范正平有舊怨，於是藉機將范正平、李之儀、蔡克明逮捕入獄，罪名是偽造遺表和詔命，受牽連者達數十人。蔡克明堅稱自己無罪，他說向太后和徽宗復用范純仁是有詔命的，並且蓋了印璽。如此一來，詔書就成了關鍵物證，可是這詔書在哪裡呢？胡文柔經過多方打聽，終於確認這份詔書在一個親戚家裡，但這個親戚與他們家關係不好，不肯將詔書拿出。為了救丈夫，胡文柔悄悄去親戚家將詔書偷了出來。這一舉動可謂驚天動地，旋即被傳為女俠。

真相大白，矯詔罪名不成立，按說李之儀應該可以平安回家了，但蔡京不想放過范正平，死罪雖免，活罪難逃，最終結果是范正平被羈管於象州，李之儀被羈管於太平州。胡文柔陪同丈夫前往太平州，一路上經歷了很多磨難。到達太平州後，一家人在人生地不熟的謫居地重新開始安家置業。不幸的是，兒子和兒媳婦先她而逝，受盡磨難的胡文柔終於挺不住了，她在定居太平州的第三年也去世了，享年五十七歲。李之儀為亡妻寫了一篇詳細生動、感情深摯的墓誌銘。銘文很長，處處可見讚美之詞，通篇沒有出現「拙荊」、「賤內」之類的字眼，而是自始至終都稱呼她的字——文柔，可見李之儀對夫人是很深情並尊敬的。

李之儀的文藝人生

相比夫人的傳奇人生，李之儀的一生要平淡得多。他十九歲時考取進士，步入仕途，大約二十四歲時，到四明（今浙江寧波地區）工作，他的上司是比他年長十六歲的書法家沈遼。是沈遼開啟了李之儀的書法人生。

結束四明的工作後，李之儀又做了兩任知縣。在他三十歲出頭的時候，他的偶像蘇軾因「烏臺詩案」被貶黃州。李之儀不斷的給蘇軾寫信，蘇軾一封也沒回。倒不是蘇軾不在意這個粉絲，而是他在禁口禁手，努力消除口業給他帶來的災難。然而蘇軾終於還是被堅持不懈的李之儀打動了，就給李之儀回了一封長信，兩人從此定交，那年蘇軾四十三歲，李之儀三十二歲。接下來李之儀去了西北邊疆，成為北宋著名將領折可適（一〇五〇——一一一〇）幕府中的一員，親身經歷了北宋著名的永樂城之戰。永樂城之戰是北宋與西夏的重大戰役之一，以宋軍慘敗收場。由於在永樂城之戰中並不負什麼軍事責任，李之儀安全回到朝廷。李之儀有一篇傳世書帖〈汴堤帖〉（圖47）似乎就作於他從西北回京之後，此帖文字如下：

之儀再拜啟：

自汴堤瞻近，遽復累年。一曾□書海上，不辱報。匆匆，不敢嗣音，而舊德相求，庶幾未在棄點。

故役投滿，謂得還□，遂見□右。又爾維縶，其味可知。美績在人固久，顯部回翔，詎得為終歲計？歸歷嚴近，勤向尤屬。晚春更覬善衛，前對光寵。之儀再啟。

信大意是：自從多年前在汴堤上與您分別，轉眼間已經過去好幾年了。我曾給身在

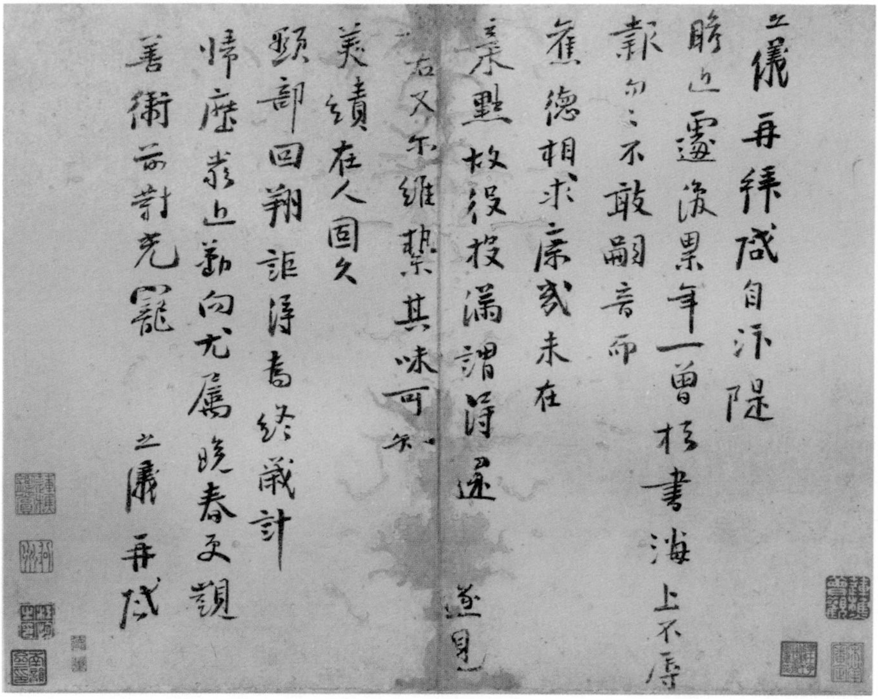

圖 47　〔宋〕李之儀〈汴堤帖〉，北京故宮博物院藏。

海上的您寫信，沒能得到回信。時光匆匆過去，我一直感念您往日的恩德，不敢奢望您給我寫信，只希望您還記得我。結束戍邊的職務之後，我得以回朝任職，終於又再見到您了。這幾年時時牽掛著您，這種滋味真不好受。您美好的政績久久在人間傳頌，您一直身處重要位置，沒有哪一年是平平淡淡度過的。回朝後您又屢歷重職，工作十分勤勉。正值晚春時節，希望您好好照顧自己。再次感謝您之前對我的恩德。

信中提到的「海上」可能是李之儀之前工作過的四明，由於四明境內多海島，所以宋人也多稱為「海上」。

哲宗登基後，太皇太后高滔滔垂簾聽政，舊黨迎來了好日子。蘇軾得以回朝，他身邊聚集了一群文藝才子，其中就有人近中年的李之儀。李之儀此時的官職是樞密院編修官，大約可以理解為國防部編修史料的人員。李之儀雖然沒有躋身於「蘇門四學士」或「六學士」之列，但也是蘇軾身邊非常活躍的人物。馬遠的名畫〈西園雅集圖〉描繪了蘇軾、黃庭堅、米芾等名流在駙馬王詵家聚會的場景，米芾曾寫道：「捉椅而視者為李端叔。」（圖48）

李之儀的藝術才能在這幾年得到充分發展。在詩詞和書法方面，他與蘇軾和黃庭堅有很多共鳴，曾將自己寫的一百多首詩拿給蘇軾看，蘇軾讀到半夜都不忍釋手。在繪畫方面，李之儀是李公麟的玩伴，李公麟曾為李之儀畫過〈濯足圖〉，蘇軾還題寫了像贊，其中寫了「鬚髮之拳然，眉宇之淵然，披胸腹之掀然」，看來李之儀長得一臉好鬍鬚呢。

元祐末年，高太后去世，哲宗親政，蘇軾被外放到定州任安撫使。五十六歲的蘇軾在眾多門生中環顧一圈，只選了一個人陪伴自己，就是四十五歲的李之儀。蘇軾為何獨選了李之

圖 48　〔宋〕馬遠〈西園雅集圖〉局部，美國納爾遜-阿特金斯藝術博物館藏。「西園」是駙馬王詵與寶安公主的私人府邸。寶安公主是英宗皇帝和高滔滔的女兒，與宋神宗是同胞兄妹，兩人感情非常好。「西園」是神宗賜給妹妹的園子，規格和品第非同一般。王詵是一位大才子，著名的山水畫家，喜愛收藏，與蘇軾、李公麟、米芾等都過從甚密，所以「西園」經常是賓客滿園。蘇軾被貶黃州時，王詵受到了牽連。

儀呢？這可能與李之儀忠厚的品性有關。在崇尚口誅筆伐、動不動就把「奸邪」的帽子往別人頭上扣的北宋士大夫裡，李之儀是相當斯文的，在他的文集裡也幾乎看不到詆毀他人的字眼。李之儀的性格還能從一些小事上看出來，比如他從來不會因為別人不回他的信而惱怒。這麼淡定的性格，正好與容易激動且擁有一條「毒舌」的蘇軾互補，所以蘇軾就安排他做自己的祕書。

李之儀的定州之行是帶了夫人胡文柔同行的，胡文柔對蘇軾也欽佩之至。第二年初夏，蘇軾被貶往嶺南，胡文柔含淚做了一把扇子送給蘇軾。結束定州的工作後，李之儀又在外做了一段時間小官，然後回朝廷監管香藥庫，後來又到河東管理糧倉。也就是在這段時間裡，發生了范純仁遺表事件，然後李之儀被貶往太平州的當塗縣。李之儀初到當塗的生活還是挺苦悶的，但不久之後就融入了當地文化圈，日子漸漸好起來。然而短短幾年內，他的兒子、兒媳、夫人、女兒，相繼去世，這麼多親人的棺槨都在當塗，李之儀就決定在此定居。當塗境內有條姑溪河，李之儀於是自稱姑溪居士。

晚年再娶美嬌妻

李之儀到達當塗那年，正好碰上黃庭堅調任太平州的知州，兩位年過半百的老友在異鄉相遇，自然免不了一番詩酒唱和。其間有位名叫楊姝的官伎陪侍，楊姝色藝俱佳，在美女前面一向難以自持的黃庭堅詞情蕩漾，為這位美人作了〈太平州作二首〉：「歐靚腰支柳一渦，小梅催拍大梅歌。舞餘片片梨花雨，奈此當塗風月何。」「千古人心指下傳，楊姝煙月過年年。不知心向誰邊切，彈盡松風欲斷弦。」

按黃庭堅的情感邏輯，接下來應該與楊姝有些故事的，然而他才上任九天就被罷免了。黯然離去，也就成全了李之儀。李之儀對楊姝很上心，他那闋著名的〈卜算子・我住長江頭〉就是為楊姝填的詞。楊姝後來還真被李之儀娶回了家。在經歷了至親相繼過世之後，年近花甲的李之儀能再娶意中人當然是好事。更令他開心的是，楊姝還為他添了兒子和女兒，李之儀可謂是老樹開花。不久，朝廷大赦，李之儀復官，又逢朝廷推恩天下，他按規矩為自己的小兒子求得了恩蔭。

李之儀在當塗的文人圈越混越好，他品性好，才藝全，朋友和粉絲越來越多，這令一個人很不愉快，這個人名叫郭祥正（一〇三五——一一一三），字功甫。二〇一三年蘇軾的名帖〈功甫帖〉在民間現身，引起一系列真偽之爭，這篇帖就是蘇軾寫給郭功甫的一封信。

郭功甫是當塗本地人，比李之儀年長十三歲，頗有些詩才，經常以李白自詡。他雖然沒有李白的天分，卻有李白的缺點——不務實，虛浪漫。李之儀初到當塗時，和郭功甫相處得不錯，但日後友誼生變，郭功甫告發李之儀與楊姝的兒子不是李之儀親生的，如此，李之儀為兒子求恩蔭便犯了欺君之罪，李之儀因此丟了官，還被迫與楊姝分離，兒子也被削奪恩蔭。此事過後不久，郭功甫就去世了，李之儀也很快被平反了，他要回了兒子，並與楊姝重新生活在一起，一直活到八十多歲。李之儀去世時，楊姝似乎還在世，因為有詩人這麼描述楊姝：「清歌低唱，小蠻猶在，空濕梨花雨[10]。」縱觀李之儀一生，財富與權力與他無關，但有了文學與藝術相伴，他的人生還是相當有趣味的。他的前半生有傳奇女子胡文柔扶持，後半生有美女楊姝相伴，也算不虛此生了。

蝗災與變法哪個更禍害？

在京城開封的某處宅院裡，一名官員看著雪花飄揚，心潮澎湃，他的名字叫蔡卞。蔡卞做為朝中大員，深知下雪對於皇帝以及來年朝廷工作的意義，他覺得明天早朝時得說點什麼。想了想，吩咐祕書寫一篇賀雪詩。賀雪詩不久就送到了蔡卞手上，他修改了一下，覺得還應該請宰相大人先過目，就給宰相寫了封信（即〈雪意帖〉，圖49），文字如下：

卞拜覆：

雪意殊濃，甿畝大洽，殊為可慶。蒙賜荅誨，尤以感慰，適行首司呈賀雪笏記，似未穩，試為更定，如可用，即乞令寫上也。不備。卞拜覆。四兄相公座前。

信的意思是：雪意很濃，老百姓要大豐收了，真是值得慶祝啊！感謝您給我回信，非常開心。剛才領班的官員送來了寫好的賀雪詩，我感覺有些韻押得不夠好，試著修改了一下。如果您覺得我可以在朝堂上讀，那我就寫到笏板[11]上去。

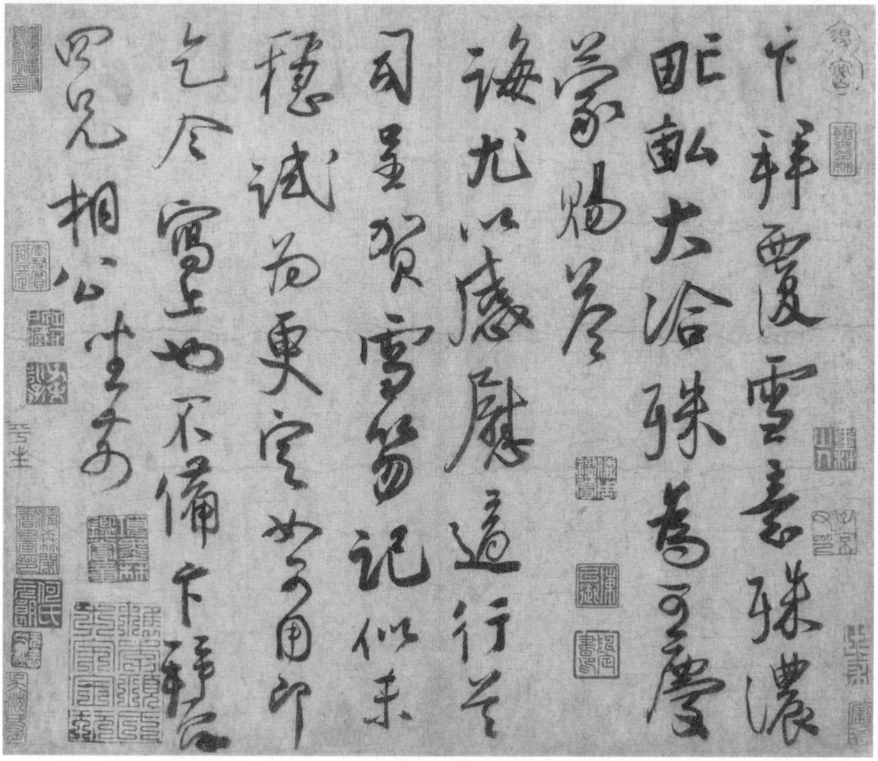

圖 49　〔宋〕蔡卞〈雪意帖〉，國立故宮博物院。

蔡卞為何如此重視下雪這件事？只是因為「瑞雪兆豐年」嗎？

蝗災

連續乾旱無雨，使深藏於土壤裡的蝗蟲卵活了下來，宋人仔細觀察這些小東西，並做了紀錄：蝗蟲卵長得和麥門冬很像，每天都會長大，過幾天就會從卵膜裡爬出很多像小黑蟻的小東西，數一數，有八十一隻。牠們一會兒就爬到地底下去了，如果冬天有雪，雪愈深，蟲入土也更深，俗話說雪深一尺，蟲深一丈。牠們要到第二年莊稼長出苗時才開始爬出來，不久就長出翅膀，齧噬莊稼。

在日本人所編寫的《酷蟲大揭秘》裡，蝗蟲是一種特別可愛的小生物。宋人觀察和記錄這些小東西時，沒有那種閒情逸致，他們是帶著滿腔憎恨而又束手無策的心情，被迫趴到田間地頭研究這些蟲卵，然後絞盡腦汁殺滅牠們。如果降水量多，這些蟲卵就會被淹死，如果遇上旱年，百姓就得遭殃了。在整個北宋時期，蝗災是困擾朝廷的四大害之一，其餘三害是西夏、遼國、黃河。

從熙寧五年（一〇七二）開始，雨雪就特別少，黃河以北地區出現了嚴重的蝗災，這蝗蟲要是滅不乾淨，來年又顆粒無收，災害也會層出不窮。朝廷一道道公文發下去，命令當地官員與老百姓一同去捉蝗蟲，並且隨時上報蝗災和捉捕情況。神宗皇帝焦急萬分，他寫了好幾份手詔，讓手下人快馬加鞭送到災區。後來，神宗皇帝又詳細要求：凡是有蝗災的地方，由知縣領頭，所有官員都要去捕蝗蟲。每捉到五升幼蝗或一升蝗蟲，可獎勵一升細色穀；挖到蝗卵一升，給粗色穀二升。燒埋蝗蟲的情況要詳細報告，如果因為捕蝗而損壞莊稼的，要按情況處罰。

都是變法惹的禍？

熙寧七年（一〇七四）秋天，杭州大旱，蝗蟲鋪天蓋地而來，時任杭州通判的蘇軾走出官署，四處考察杭州境內的災情。沿途數百里，蘇軾看到最多的景象，是老百姓用蒿蔓裹著蝗蟲的屍體堆在路邊，然後燒掉，報到官府的已捕殺蝗蟲數量有幾萬斛。蘇軾在杭州的主要工作就是捕蝗和祈雨，他內心充滿了憤恨，本來就對變法有意見，現在看到這種景象更加不滿了，寫詩抱怨道：「新法清平那有此，老身窮苦自招渠[12]。」他的親密朋友孔武仲對蝗災抱有同樣的怨恨，認為比蝗災更嚴重的就是王安石推行的新法。蝗災還有消盡的時候，而且只有部分地區受災，但是新法流布全國，沒有盡頭，危害比蝗災嚴重多了。

有了這樣的邏輯推理，舊黨中的一些人，尤其是每天要去捕蝗蟲的官員，就借機上書神宗皇帝，要他趕緊向老天爺認錯，並且廢止新法。但是，王安石一派認為要務實看待問題，他們更願意相信雨多、雪多才是消除蝗災的根本，捕滅蝗蟲卵才是最重要的預防工作。所以雨和雪變得彌足珍貴，關係到老百姓的糧食，也關係到新法的推行。

作好「雪」的政治文章

嘉祐二年（一〇五七），來自四川的蘇軾和蘇轍兩兄弟雙雙考中進士，名動京師。十三年後，福建的一對兄弟也同時金榜題名，這對兄弟的父親還與蘇軾是熟人。這兩兄弟，哥哥叫蔡京，弟弟叫蔡卞，他們中進士時沒有引起蘇氏兄弟那樣的轟動，但是北宋後期的政壇卻因為這兄弟倆而地動山搖。在歷史上，蔡京比弟弟蔡卞更有名，但是在早期，蔡卞比哥哥蔡京亨通多了。蔡卞二十二歲中榜時還沒有定親，他的聰明才智深得宰相王安石賞識，把自己的女兒嫁給了蔡卞。蔡卞於是拜在王安石門下，專注於經學研究和變法改革。蔡卞是王安石忠實的粉絲，兩人志同道合，翁婿關係非常好。有岳父護著，再加上本身就具有超強的政治才能，蔡卞的仕途非常順利。他和章惇一樣，都是新法的堅定實施者，也是很好的搭檔，共榮共辱。

現在，終於下雪了。雪花所到之處，從偏遠靜謐的鄉村到繁華的開封城，再到皇宮深處，都湧動著一股歡樂祥和的氣氛。淮河以北的每一個人都在感念上天的眷顧，希望雪愈下愈大，這樣，深藏於地下的蝗蟲卵就能被雪凍死，即使凍不死，等雪化了之後也要被淹死。沒有蝗災，老百姓的莊稼就有救了，他們就不會餓肚子、當流民，官員也不用一天到晚辛辛苦苦到田裡捉蝗蟲。這樣，變法就更有底氣，舊黨對新法的詰難也就不攻自破。所以，對蔡卞來說，「雪」的政治文章是必須要作好的。

蔡京書信裡的小心機

蔡京雖然後來成為「六賊」之首，但在登上權力頂峰之前，他在很多重要官員眼中是個好同事，很多人都覺得他聰明勤敏，懂得感恩，為人可靠，所以有不少人願意推薦他，這與他深通人情世故很有關係。臺北故宮博物院藏有蔡京寫的兩封信，從中可以一窺蔡京的為人處世。其中一封信是寫給上級的（即〈宮使帖〉，圖50），文字如下：

京頓首再拜：

晚刻，伏惟鈞候動止萬福。久違牆宇，伏深傾馳。台光在望，造請未遑。跂引之情，不勝胸臆，謹啟詞候動靜。不宣。京頓首再拜。宮使觀文台坐。

大意如下：現在是晚上時分，祝您一切萬福。多日不見，十分想念。不久就能見到您，只是還沒來得及登門拜訪。您極力推薦我，這份恩情難於言表，謹此寫信問候。

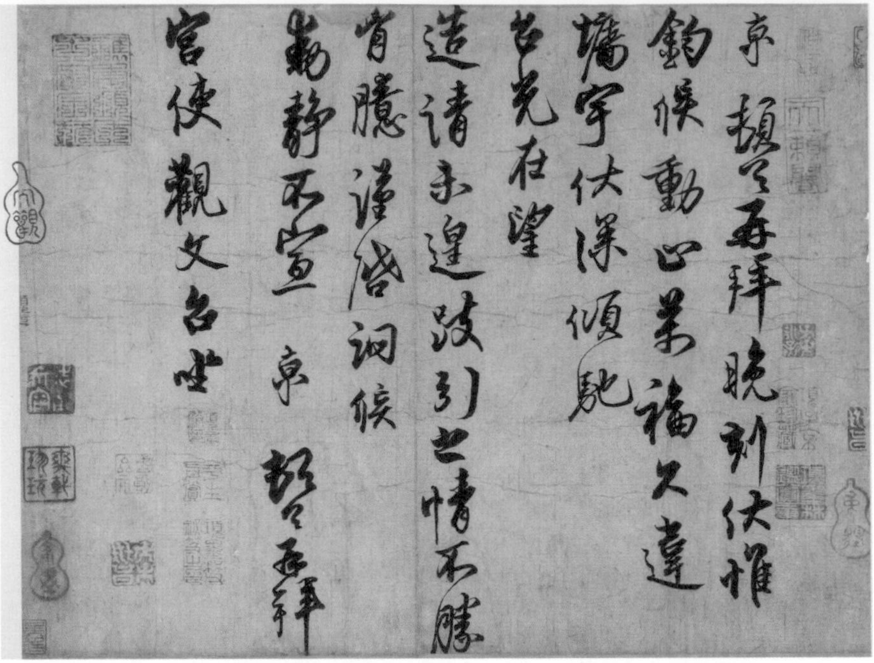

圖 50　〔宋〕蔡京〈宮使帖〉，國立故宮博物院。

從「宮使觀文台坐」這個稱呼可知收信人應該是前任宰相之一，蔡京對這位推薦他的前宰相十分感謝，除了寫感謝信之外，他說不久還將登門拜謝。

另一封信是寫給下屬的（即〈致節夫親契〉，圖51），文字如下：

京再拜：昨日終日遠勞同詣，下情悚感，不可勝言。大暑，不審還館動靜何如？想不失調護也。京緣熱極，不能自持，疲頓殊甚，未果前造坐次。悚怍！謹啟代面敘。不宣。京再拜，節夫親契坐前。

大意如下：昨天麻煩你跟我跑了一天，走了那麼遠的路，我深感惶恐，無法

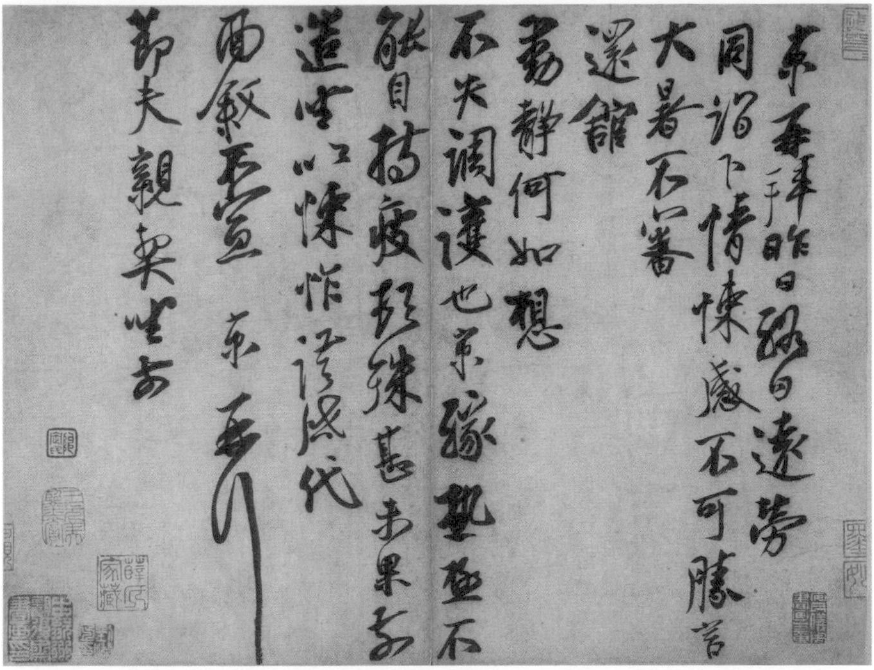

圖 51　〔宋〕蔡京〈致節夫親契〉，國立故宮博物院。

用言語表達。大暑天氣，不知道你回館後感覺如何？想來你會好好調養和愛護自己的。由於天氣太熱，我實在無法忍受，感到非常疲勞困頓，就沒有提前將座次表做出來，深感惶恐。謹此以信代面聊。不多說了。

從這封信的內容看，蔡京和收信人節夫正在一起安排一個有重要上級出席的活動。從蔡京寫信的語氣來看，節夫的級別應該比他要低，但他語氣非常客氣，非常有禮貌，為對方陪自己辦事而表示感謝，關心對方是否太熱或太累，也為自己沒有及時排好座次表達歉意，還在末尾的稱呼加上「親契」二字，意思是親近和默契。節夫看到這封信應該會感到很舒服。

被蔡京伺候得最舒坦的人應該就是宋徽宗趙佶了。徽宗十八歲登基，十九歲親政，三十三歲開始打理朝政，四十五歲被擄往金國，前半生的時間都用於遊藝、宴樂、修道。宋徽宗藝術造詣極高，喜歡有知音與自己對玩，而蔡京就是他非常喜歡的知音之一。

事實上，蔡京並不是一位貪玩的權臣，對於他來說，陪好徽宗就是他最重要的工作，徽宗喜歡什麼，他就做什麼，於是就有了盛大的造園修殿工程，有了不分晝夜的宴遊，以及漫長的詩詞唱和。蔡京這些行為的回報也是相當可觀的，別的不說，北宋御府所藏的蔡京行書作品多達七十六件，這是什麼概念？北宋其他書法家入選的行書數量總和還不到五十件，難道真是因為蔡京的行書寫得太好了嗎？蔡京的書法確實冠絕當時，有一說認為「宋四家」蘇、黃、米、蔡中的「蔡」原本是蔡京，只不過因為他奸臣的身分而被替換成了蔡襄。即便如此，僅憑書法好就能享受如此待遇嗎？顯然不會這麼簡單。要弄明白其中原因，不妨對藏入御府的蔡京行書作品進行一番分析。

紀念皇帝寵妃

蔡京這七十六件行書作品，按內容大致可以分為四組，其中一組與兩個女人有關，她們是宋徽宗最寵愛的兩位妃子：大劉氏和小劉氏。

大劉氏（一〇八七——一一一三）是太師彥清之女，姿色明豔。崇寧二年（一一〇三），十七歲的大劉氏從侍女進封才人，接下來的六年節節高升，最後被封為貴妃，共為徽宗皇帝生下三子三女，大劉氏的女兒康福帝姬，後來嫁給了蔡京的第五個兒子蔡鞗。可惜大劉氏壽命不長，於政和三年（一一一三）秋薨逝，時年二十七歲，後被追封為皇后，諡曰「明達皇后」。徽宗親自撰寫大劉氏生平，並付諸樂府以唱誦。蔡京用行書抄了一遍大劉氏的墓誌銘獻給徽宗，徽宗命人收入御府庫藏。

小劉氏明節皇后（一〇八八——一一二一）出身寒微，父親是一名酒保。小劉氏初為哲宗昭懷皇后的使女，政和三年（一一一三），昭懷皇后因干預朝政且行為不謹而被逼自盡，小劉氏連同其他宮女一併被遣送回家。但小劉氏不願回家，藏匿在宦官何訢家中，也有人說是何訢囚禁了劉氏，事後將她獻給朝中當權者，總之，最後小劉氏被輾轉送到徽宗跟前。

小劉氏聰明貌美，機靈善應，很快就成為徽宗最寵愛的妃子之一。小劉氏擅於設計、縫製服裝，據說她所設計的服裝都會引起別人仿效。不久，徽宗於保和殿宴請蔡京父子等人，蔡京請求見一見新進的安妃，也就是小劉氏，徽宗答應了。一行人遊至安妃居住的玉真軒時，徽宗作了兩句詩：「雅燕酒酣添逸興，玉真軒內見安妃。」並命蔡京將其補全，蔡京即興占了兩句：「保和新殿麗秋暉，詔許塵凡到綺闈。」因徽宗親口說「玉真軒內見安妃」，所以蔡京等人都以為能見到小劉氏，誰知進去才發現，徽宗讓他們看的只是一幅畫像，群臣一時錯愕，而蔡京則隨即又賦詩一首：「玉真軒檻暖如春，只見丹青未有人。月裡嫦娥終有恨，鑒中姑射未應真[13]。」

蔡京很會誇人，將小劉氏比作姑射仙子，美過嫦娥。由於這奉承詩寫得好，徽宗還真的讓蔡京見了見小劉氏本人。宣和三年（一一二一），小劉氏薨，時年三十四歲。徽宗十分悲慟，將她奉安於宗廟中非常重要的位置，又加封她為明節皇后，還親自為她撰寫傳記。為了迎合徽宗的情感需求，蔡京用行書謄抄了一遍徽宗撰寫的〈明節皇后傳〉，又將自己寫的〈奉安明節皇后詩〉和〈觀明節皇后像詩〉都謄抄了一遍進獻給徽宗，徽宗都命人收入御府收藏起來。

與徽宗唱和紙醉金迷的生活

蔡京每次與徽宗宴飲遊樂，都要寫一篇文章呈給徽宗，北宋御府所藏的蔡京行書作品，有一部分就是這類詩文，所涉及的遊玩場所主要是萬歲山、延福宮和宣和殿。萬歲山又名艮嶽，位於開封城東北方。萬歲山本是一片不起眼的平地，徽宗即位後，一名道士跟他說，京城的東北方需要堆出一大片高地，這樣才能使皇嗣繁盛。徽宗信以為然，於是命人在東北方堆土成山，稱為萬歲山。徽宗在開封共生得三十二個兒子和三十四個女兒，果然子嗣繁盛。萬歲山是徽宗時期最大的皇家園林，山上有數不清的珍禽異獸、奇花異石、亭臺樓閣、湖泊池沼、煙柳小橋，每一處都題有別致的名字，徽宗常帶領朝臣嬪妃遊樂其間。此時的蔡京雖然已經年逾古稀，但仍深得徽宗寵信，故而也經常陪徽宗遊萬歲山。蔡京的兒子蔡絛在《鐵圍山叢談》中記載了一些他隨父遊賞萬歲山的見聞，其中特別提到了萬歲山正門口那塊有名的太湖石。這塊太湖石高四十六尺，是「六賊」之一的朱勔於宣和五年（一一二三）用一艘大船從太湖運到開封的。據說因為石頭太大，長途搬運耗費大量人力物力，還拆毀了很多橋梁、屋宇，費時數月才運抵京城開封。徽宗給這塊石頭賜號「昭功敷慶神運石」，並因此授予朱勔節度使一職。後來因苑囿甚多，國力難支，徽宗對萬歲山也感厭倦，才對這方面的投入有所克制。

延福宮位於宮城之北，原本是一座普通的舊宮殿，用於存儲宮中日用物資，也有僧人和士兵在此居住。徽宗即位以後，花石綱工程越來越大，京城的奇花異草也越來越多，於是蔡京建議將延福宮加以改造，以做存儲之地。政和三年（一一一三）春，蔡京安排童貫、楊戩、賈詳、藍從熙、何欣等每人負責一處建築，並讓他們無須拘於傳統，可以充分發揮設計優勢，又開鑿了水系，兩岸種植奇花珍木，殿宇比比對峙。徽宗大部分時間都在此處度過，經常在此宴請近臣。靖康元年（一一二六），徽宗內禪之後即與皇后遷居延福宮。宣和殿始建於宋哲宗時期，殿成五年後，哲宗病逝，宣和殿被拆毀。徽宗即位兩年後復建宣和殿，用於收藏歷代經典字畫、碑拓、古玩等，宣和殿遂成為徽宗個人雅玩之所，同時也逐漸成為存放徽宗個人財產之處。

宣和殿還是一處非常別致的人工苑囿，建築布局與題名都饒有文意和雅趣，還種植了很多奇花異草，散養了很多珍禽異獸，畫工不需外出就能在宮殿裡寫生畫畫。宣和殿前植有荔枝樹，有一次荔枝結出了累累果實，一隻孔雀正好落在樹下。徽宗很開心，令畫工畫出這個場景，畫工各效其能，徽宗看後卻說他們畫錯了。過了幾天再問，畫工仍未找出錯在哪兒，於是徽宗說孔雀升高必先舉左腳，但畫工所畫孔雀先舉右腳。

徽宗似乎並不常邀人去宣和殿賞玩。米芾曾被邀請進入宣和殿，他感到非常自豪，也令周圍人很羨慕。政和二年（一一一二）春，六十五歲的蔡京官復太師之職，徽宗於宣和殿內的太清樓賜宴，輔臣親王都被邀請參加，徽宗就此寫了一篇小記，蔡京也寫了一篇小記。

逢迎皇帝的道教信仰

北宋擁道教為國教，宋真宗炮製出一位神人先祖趙玄朗，尊其為聖祖天尊大帝，還聲稱道教始祖軒轅皇帝就是天尊大帝轉世。如此，趙家就在天上有了後臺，崇道也就順理成章了，之後的北宋皇帝基本都崇信道教，而宋徽宗對道教的崇信更是達到了「佞」的地步。宋徽宗自幼便見到父親神宗皇帝、兄長哲宗皇帝禮敬道教，耳聞諸多靈驗事件，而他自己即位也頗有戲劇性，導致徽宗相信這是天人授命，因而對道教深信不疑。

在徽宗時期，道教的發展以政和年間為界線，政和以後道教突然變得十分昌盛，主要是因為彼時有幾位有名的道士如林靈素等與徽宗密切接觸。宋徽宗不但賜予道士各種官職，准許他們於禁宮中行走，徽宗還自稱「道君皇帝」，服食仙丹，廣建瓊樓殿宇，仿建人間仙境，身著道服與朝士遊樂其間。在道教中，甘露是祥瑞之物，它的出現代表著天地相合，國泰民安，因而徽宗對天降甘露之事特別重視，從不懷疑它的真偽。善於逢迎的蔡京自然不會放過這種討好皇帝的機會，每逢甘露事件，蔡京都拜表稱賀，徽宗也樂於接受。

道教在執行禮教儀式時使用的音樂被稱為「步虛」，據說曲韻輕緩縹緲，宛如眾仙淩波微步。為步虛曲韻而填的詞稱為「步虛詞」，其意境空靈無塵，描述的也都是「水中月，鏡中花」之幻境，這成為雅好文藝的徽宗皇帝所關注的物件，而蔡京則與徽宗互相唱和，樂此不疲。

傳說宋徽宗的生日原本是五月初五，在傳統民俗中有五月初五為「惡月惡日」的說法，徽宗覺得不吉利，就將生日改為十月初十。政和七年（一一一七）十月，徽宗生日臨近，為討徽宗開心，蔡京命所有府、州、縣遍立寺觀，並將原有寺觀改名為「神霄萬壽宮」。蔡京為此賦詩兩首呈送給徽宗：「下馬神霄第一回，晴空宮殿九秋開。月中桂子看時落，雲外仙軿特地來。」「參差碧瓦切昭回，繡戶雲軿次第開。仙伯九霄曾付託，得隨真主下天來。」徽宗看了之後很高興，特意和了一首詩回賜蔡京。真主和仙伯會降居神霄宮？只怕蔡京自己都不會相信，但徽宗相信，所以蔡京必須要寫。

蔡京筆底無社稷

杜甫的成就並非一開始就被人關注，在北宋中期以前，歐陽修等人都是崇李白、貶杜甫的。直到北宋中期，杜甫的地位才逐漸被人重視，而王安石就是大力推崇杜甫的重要代表之一。蔡京喜抄杜詩與王安石的詩，除了他自己確實喜愛之外，恐怕與徽宗對這兩人的喜愛與肯定也深有關係。王安石是新法運動的發起者，是新黨的代表人物，徽宗是新派擁護者，對王安石持肯定態度，比如《宣和書譜》在選宋代書法家時，表現出非常狹隘的政治觀念，許多元祐黨人中的優秀書法家如蘇軾、黃庭堅都沒有入選，而王安石身為新黨代表得以入選。王安石推崇杜甫，蔡京抄錄杜詩和王安石的詩，自然會討徽宗的歡心。

所謂「詩言志，歌詠言，文以載道」，但蔡京並未像杜甫那樣通過詩歌表達自己「致君堯舜上，再使風俗淳」的人生理想，也沒有像司馬光那樣「資治通鑑」。做為一朝重臣，蔡京的書法和文學作品，幾乎沒有一篇是談社稷民生的，也沒有一篇文章是表達自己理想的，他所掌握的技能幾乎都是為皇帝一個人服務的，典型體現了古代利己主義儒臣「學成文武藝，貨與帝王家」的狹隘人生觀和價值觀，而他以詩文和書法討好徽宗，迎合徽宗沉迷玩樂，則其詩文書法又罪莫大焉！當金兵鐵蹄踏破北宋都城，皇帝都無法自保時，蔡京自然也就只能被眾怒吞噬了。

亂世長壽人——孫覿

孫覿（一〇八一——一一六九）是北宋過渡至南宋的一位傳奇人物。臺北故宮博物院藏有一幅〈平江酒毛帖〉（圖52），錯掛在王覿名下，其實它的作者應該是孫覿，這是孫覿在任杭州知府時為了搜尋經濟人才而給上級寫的一封信，文字如下：

覿再拜：

平江酒毛汝能，乃覿所辟置，天下之奇材。而湯德廣諸人，不以法度御之，多取以供它費，小使臣不敢輒忤其意，至今循習不改。覿已請於朝，欲自使令。今已得數萬緡酒本，方營求數十區屋材，與治清河一坊。追復其舊，稍待三兩月之期，使司必與享此利。欲望一差檄過杭，嚴戒以即日上道，幸甚，第勿令胡守知此意也。覿再拜。

這封信大意是：平江府監酒稅的毛汝能是我之前任平江府知府時招的人，他是個難得的人才。湯德廣等人花錢都不按規矩，經常挪作他用，下面的人又不敢忤逆他的意思，所以這個弊病到現在都沒有改。我已經向朝廷申請自由支配這些錢。我現在得到了

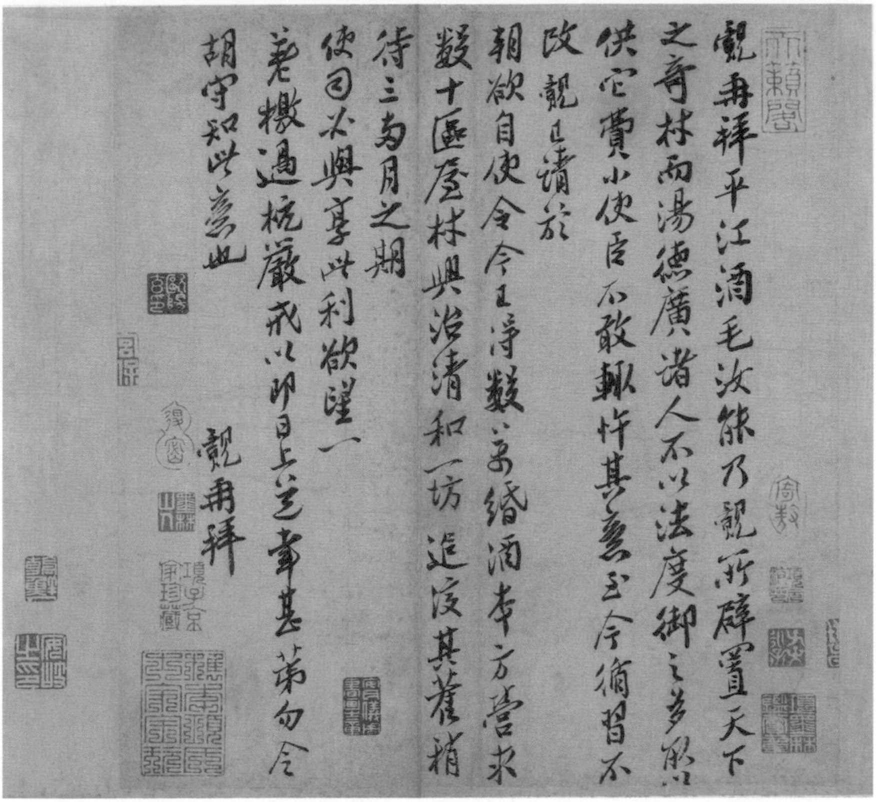

圖 52　〔宋〕孫覿〈平江酒毛帖〉，國立故宮博物院。

數萬緡的酒本，正在尋找木材，想重新修治清河街一處坊巷，恢復成原來的樣子，大約三兩個月後您就可享受到由此帶來的利潤。希望您下一道命令，將毛汝能調到我這裡來，嚴令他馬上出發。如能實現，那真是太好了，麻煩您千萬不要讓胡松年知道這件事。

孫覿自幼崇拜蘇軾，曾為了蘇軾的政治身分積極奔走。金兵南下時，他堅決反對抵抗，主張不惜一切代價求和。靖康之變時，他曾兩次陪同皇帝到金兵大營，竟然全身而退，沒有被擄到金國。到南宋時，他負責幫新政府賺錢，結果遭秦檜迫害，隱居太湖二十年。秦檜死後，孫覿為自己上訴，又官復原職，最後活了八十九歲。

一份頗有文采的降書

靖康元年（一一二六）冬，往年的冬天從來沒有如此寒冷過，習慣冬天出兵「圍獵」的金人，再次兵臨開封城下，並輕而易舉突破了守城的「六甲神兵」。這些「神兵」由一群從沒上過戰場的壯丁組成，領頭的是一位「法力高強」的道士。據說這位道士是神仙的代言人，只要他一做法，這些神兵就可以天下無敵。勇猛的金兵被這玄幻的陣勢給驚呆了，驚訝之餘，他們不費吹灰之力就衝散了這群神兵，然後堂而皇之的走進了北宋王朝都城。

面對開封城很有創意的防禦手段，金兵將領完顏宗望決定也改變一下以往簡單粗暴的劫掠方式，他進入外城之後，沒有直接殺入內城，而是停住了腳步，從容不迫的對皇城來了個「圍而不獵」。宋朝皇帝和大臣聽說金兵進城了，都快要嚇死了。就在這時，突然傳來金兵要和談的消息。完顏宗望讓太上皇徽宗到金軍的大營和談，徽宗自然不肯去，他在不久前把皇位傳給兒子欽宗，就是為了不淌這些渾水。沒辦法，欽宗只得「替父從軍」。他帶了一些能說會道的大臣和一些文筆很好的祕書，再拉上許多的金銀財寶，惶恐的走進了金兵營。

在完成了一系列屈辱的程序後，完顏宗望要宋朝皇帝獻上降表。欽宗立即讓祕書寫了一份降表獻上。完顏宗望看了降表之後很不滿意，倒不是覺得條款有問題，而是語言文字不夠好。欽宗怎麼也沒料到會在這個環節上出問題，於是讓隨行文官加班修改。改完後再送去，完顏宗望還是不滿意，他甚至有點生氣了：怎麼回事呀？人才濟濟的宋朝，寫的降表就這麼沒水準？他明確提出，降表要寫成四六韻文，要寫得充滿感情，讀起來要抑揚頓挫，琅琅上口。沒想到這位金國大將居然會對漢文化的詩賦情有獨鍾，可是這種文章並不是誰都能寫好的。欽宗的祕書都是寫公文的高手，但寫賦就不行了。欽宗用眼神一一掃過隨行人員，然後定在了一個人身上，這個人就是孫覿。孫覿文采很好，平時沒事就喜歡寫四六韻文，他沒讓皇帝失望，新的降表交上去後，完顏宗望很滿意。仔細審閱這份頗有文采的降表：「一統之基，遽失藩籬之守；七世之廟，幾為灰燼之餘。既煩汗馬之勞，敢緩牽羊之請。上皇負罪以播遷，微臣捐軀而聽命……社稷不隕，宇宙再安。」欽宗長吁一口氣，對孫覿說：「對仗和押韻都非常好，多虧你平時喜歡寫這種文章，才能有這個水準啊！」孫覿時年四十六歲。

成功脫身

欽宗第一次出使金營雖然頗費周折，但終於還是平安回來了。可是他怎麼也沒料到，金人只是為了讓他回來籌措財物和女人。滿城的財寶和女人，一車車送進金兵大營，嬪妃和她們壓箱底的金銀首飾也被拉去湊數，但還是沒滿足金人的血盆大口。於是欽宗又被叫到了金兵大營，並被扣為人質，隨行人員中自然少不了文采極好的孫覿。後來為了加重籌碼，金人又把徽宗也叫到金營做人質，逼著宋朝臣子想盡一切辦法搜刮財物。等開封城被榨乾淨後，金兵裹挾著徽、欽二帝及一萬四千多名皇室成員和臣民，前往遙遠的北國，這兩位皇帝從此再也沒有回過開封城。

然而孫覿卻沒被押走，因為在整個過程中，他表現得十分聽話。比如金人要剝去徽宗、欽宗的龍袍，隨行的三個人，吏部侍郎李若水對金人破口大罵，宰相何㮚雖不敢罵但也不斷的抗議，而孫覿卻乖乖伏在地上，什麼也沒做。結果是，誓死不從的李若水慘死金人屠刀下，何㮚因為反抗而被當場抽鞭子，而孫覿與何㮚都被放回來了。不過何㮚在得知自己的學生、年僅十歲的太子也將被擄往金國時，不顧金人阻攔，一路痛哭著護送太子北去，後來絕食而死，年僅三十九歲。孫覿被放走沒多久，金人就後悔了，他們火速派人追捕孫覿。孫覿很機靈，一路躲避，竟倖免於難。

亂世揚名的求和派

孫覿出生於一個普通官員家庭，祖上世代住在南京，到他的父輩時，舉家遷往常州的武進。孫覿從小就有文學天賦，後來有兩本文集流傳於世。他十分推崇蘇軾，為推翻宋徽宗和蔡京兩人戴在蘇軾頭上的「元祐黨人」帽子，他做了很多努力。他的書法也很有特色，其含蓄中帶張揚的氣質與峻拔的筆勢，和東坡先生頗為神似。

在靖康之變之前，孫覿是個沒沒無聞的小官，主要做些文書工作。金兵南下時，他突然就出頭了，被升為侍御史，並很快晉升為吏部尚書和戶部尚書。身為言官和大臣，他得對金兵入侵有自己的態度，孫覿的態度相當明確，求和！他將戰禍歸結為兩個原因，一是之前北宋朝廷太高調了，才招來亡國之禍；二是以蔡京為首的「六賊」禍國殃民。至於如何解決眼前的燃眉之急，他給出的方案就是盡一切力量求和，金人要錢給錢，要地給地，要人給人，只要不打仗就行。

金人兵臨城下後，孫覿被安排守東城門，他立即上書給宰相何㮚請求辭去這份工作，他的理由是自己是主和派，不適合在一線抗敵，何㮚只好免了他這個任務。孫覿雖躲過了上前線禦敵，卻沒能逃過隨同欽宗入金營的命運，這便有了前面提到的寫降表一事。寫降表自然不是什麼光彩的事情，但在欽宗的眼裡，孫覿也算是和談的功臣了，被升了官。

金人圍攻開封城、擄走全部皇室成員時，康王趙構正好在外地，就成了漏網之魚。靖康二年（一一二七）五月，趙構即位，是為宋高宗，南宋正式建立。親眼見證了金人擄走徽、欽二帝的孫覿，內心是崩潰的，他的求和政策顯然一敗塗地。但是靈活多變的孫覿很快就投奔了下一任皇帝，成為第一時間擁立趙構的人。趙構因他寫降表的事就把他給罷免了，但新政府剛成立，急需辦事的人，很快又起用了他。孫覿能在新皇帝面前立足，還有一個非常重要的原因，那就是他跟新皇帝的戰略思想一致，都是主和派。

新仕途從為國庫賺錢開始

孫覿的職務變動比較頻繁，先是戶部尚書，然後是溫州知州，再是到平江府（今江蘇蘇州）任知府。孫覿擔任這三個職務的時間都不長，但如何找錢卻是每個職務共同的任務，因為新建立的朝廷財庫是空的，金人洗劫過後滿目瘡痍，難民滿地，連皇帝也只剩換洗衣裳了。打仗要錢，發工資要錢，皇帝還得過奢侈生活，孫覿便由之前研究押韻和對屬，變成研究如何讓國庫進帳；為了開闢財源，他什麼辦法都想盡了。

孫覿在任平江府知府的時候，通過查帳發現還有很多老百姓欠錢未還，有的甚至連三十多年前的青苗錢都還沒有還，這是多大一筆帳啊。孫覿就開始催繳陳年老帳，結果引起民憤，落下個斂財擾民的罪名而被撤職。孫覿被罷職一年多以後，在宰相范宗尹（一一〇〇——一一三六）的推薦下又擔任了臨安府的知府。臨安府原名杭州，是新皇帝趙構的行宮所在，後來成了南宋都城。說起宋代的富貴與閒情，哪能少得了杭州城。可是當五十一歲的孫覿到這裡上任時，它已經被金兵給糟蹋得不成樣子了。庫裡沒錢，倉裡沒糧，連城牆上的防守設施也只有一些竹籬笆，這副模樣的臨安府，要做新皇帝的行宮可是很有難度的。一年之內臨安府已經換了四任知府都沒起色，只好起用頭腦靈活的孫覿來救場。

賺錢能手遭陷害

孫覿要做的事情太多了，一座城市要恢復繁華，最需要的就是錢。可是朝廷時時準備打仗，有限的錢主要砸在軍隊上，是不會拿來治理城市的。孫覿只能自力救濟，一方面向州縣攤派賦稅，一方面尋找賺錢的門道，他想到了酒業。宋代的釀酒業與鹽、鐵一樣，基本都是由政府壟斷的，特別是酒麴，絕對由國家控制，原因很好理解，酒業賺錢多，在特殊時期，酒業收入可以直接拿去做軍費。孫覿非常不贊成將酒業的錢拿去打仗，為此他向朝廷要求臨安府有自由支配財政收入的特權，尤其是酒稅。在戰亂以前，臨安府的酒稅收入大約有一百多萬緡，而孫覿上任時已不到二十萬，他決定要恢復這一塊的收入，那就得先把酒業繁榮起來。孫覿籌了點本錢，又買了一些木材，準備在臨安府裡非常有名的清河街開闢一處官酒坊。硬體倒還好辦，最難找的是經營人才，他想起了一個名叫毛汝能的人。

毛汝能是孫覿兩年前在平江府任知府時聘來監酒的人，此人很有經濟才能，為孫覿賺了不少錢。孫覿被罷官後，接任他的人叫湯東野，字德廣，這個人與南宋幾位中興名將的關係很深，是被捲入戰爭中的人物，他轄區內的錢多數都會被拿去當軍費，這點讓孫覿很不以為然，他認為應該把錢用於城市治理和恢復商業。後來湯東野調走了，現任的平江知府是孫覿的朋友胡松年（一〇八七——一一四六），這就讓孫覿有些頭疼，他想把毛汝能調過來，可是又不好意思直接去挖朋友的牆腳，那怎麼辦呢？孫覿想了想，就給上級寫了一封信，即本文開篇提到的〈平江酒毛帖〉。

就在孫覿準備大展身手的時候，卻不小心翻了船。秦檜（一〇九〇——一一五五）升任參知政事，孫覿禮貌性的寫了封賀信，但向來以文筆自詡的他竟然表達有誤，得罪了秦檜，當然也有可能秦檜就是要整他，於是有人告發他盜用軍費和官銀，私賣官糧，收受百姓賄賂等。孫覿被停工審查，審查他的過程很簡單，幾乎沒有任何正常程序，但處理方案卻很快出爐了，五十三歲的孫覿以貪贓枉法的罪名被罷職，並發配到廣西象州羈管。孫覿不服，提出申訴，第二年時高宗發現其中真是有不少莫須有的罪名，就釋放了孫覿。

孫覿深知在秦檜當權期間是沒有出頭之日的，雖然他自己的為政作風比較粗暴，但要他跟著秦檜一起幹壞事，他也還是做不到。當年「六賊」當道，他就對這些大奸臣痛恨不已，現在自然也不會跟秦檜同流合污，所以從此隱居太湖馬跡山二十多年。等秦檜死後，孫覿才重提申訴，直接給高宗上書，聲情並茂的陳述當年的事實，請求平反，於是七十六歲的孫覿官復原職。八十二歲時，孝宗即位，孫覿參與編修蔡京等人的史事，回首往事，老人感慨萬分。八十七歲時，孫覿以左朝奉郎龍圖閣待制退休，八十九歲於晉陵故居壽終正寢。

一生「不欺」的狀元王十朋

慶曆六年（一〇四六）秋，鄧州人賈黯狀元及第，回鄉後拜見當地的父母官范仲淹，想向宦海浮沉幾十年的老前輩求得一點做官的竅門。范仲淹語重心長的對他說：「君不憂不顯，惟『不欺』二字可終身行之。」不知賈黯有沒有一生遵循「不欺」二字，但南宋的一名狀元卻是對這兩個字終身行之。這名狀元名叫王十朋（一一一二——一一七一），字龜齡，溫州樂清人。他一生以北伐為大計，對主和派各種抨擊，對主戰派極力推薦，不畏權貴，不計後果，只以天下大計為己任，很有范仲淹當年的風采。

張浚為王十朋題寫了齋名「不欺室」，並解釋「不欺」的標準就是「合天人」，也就是不欺天地，不欺君民，不欺自己。王十朋非常喜歡「不欺室」這個齋名，既符合當時的理學思潮，又切中了王十朋的為人準則。王十朋給老宰相回了一封信（即〈寵示帖〉，圖53）：

十朋伏蒙寵示室銘、題跋並和詩，三復欽歎。詩詞意俱工，但過情之譽，非所敢當耳。銘跋高深微妙，然有所未諭者。「不欺」二字，豈晚學無力量之人所敢擬議？以是銘室，自知得罪。

竊效古人座右銘，聊以自警云耳。張丞相以合天人為不欺，深得《中庸》謹獨、《論語》一貫之旨，其說非不廣大，其為訓誡也，亦深且至矣。而高見以為未廣，如是則吾夫子所謂「惟天為大」「吾誰欺，欺天乎」之語，亦未廣耶？近世學者多流入於異端，反以吾聖人之道為小，又以天為小，而求其所謂大於虛無荒唐，清靜寂滅，不驗無實之間。是之所謂大者，非欺而何？不謂賢者過之而亦為是說也，大是饒舌。及「神遊毗邪離城，稽首丈室」等語，雖出於戲翰弄墨，然先聖賢所不道，六經所不載，恐非先生長者為後學之訓，未敢承教。

金華子之學，亦雜於佛老，至其〈讀和韓詩〉有「想見大顛師，不應談濯麼」之句，識者偉之。聖道不明久矣，諸儒不能無罪。因高論雄文之及，輒敢布其狂言。十朋惶恐，右，謹具呈。左奉議郎、充集英殿修撰、權發遣饒州軍州事王十朋劄子。

圖 53　〔宋〕王十朋〈寵示帖〉，國立故宮博物院。

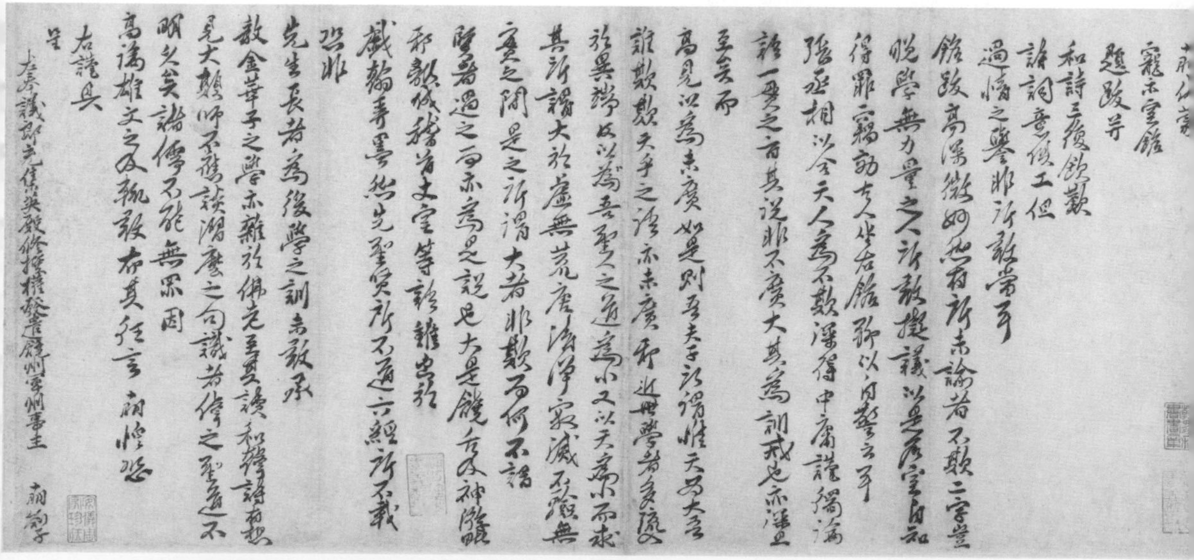

王十朋在信中感謝張浚為自己取了一個這麼好的齋名，並發表了自己對「不欺」的理解，認為它深得儒學之旨。他批判了釋道兩家反孔孟聖人之道的虛無思想，其中「聖道不明久矣，諸儒不能無罪」的自我反省，又恰好讚揚了老宰相的弘揚聖人之舉，同時又成為他們主張北伐的注釋，體現了一名儒家學者鴻博的精神力量。

被時代耽誤的狀元

王十朋少時聰明勤奮，每天要念誦數千字的文章，但生不逢時，正該參加科舉考試的年齡卻趕上了靖康之變，然後山河破碎，皇室顛沛流離，接著又是奸臣秦檜當道，不但拖延了他參加考試的時間，也讓他屢試不第，仕進無門。在絕望中繼續等待機會的王十朋一邊繼續讀書著述，一邊在浙江樂清的梅溪開書院授徒，學生百多人，外地慕名前來者絡繹不絕，學生中有成就者不在少數，梅溪書院後來成為江浙著名的書院之一。王十朋從青年到中年，都是在家鄉度過的，雖然人生不得志，但他從未蹉跎歲月，他的《蘇軾詩集注》在當時和後來都很有影響，奠定了他在文學史上的地位。

秦檜倒臺後，王十朋終於迎來了命運轉機。四十五歲時考中進士，並且在宋高宗親自主持的廷試中以獨特的見解奪得狀元，從此進入南宋官場。不久宋高宗退位，三十五歲的宋孝宗（一一二七——一一九四）趙昚繼位，這位年輕皇帝頗有光復祖業的雄心壯志，讓主戰派的王十朋熱血沸騰。

不計後果的主戰派

為了支持北伐，王十朋把宋孝宗趙昚的老師史浩（一一〇六——一一九四）揪出來口誅筆伐。史浩只比王十朋大六歲，但精於為官之道，他那不與金人為敵的思想深得宋高宗趙構歡心，任命他為兒子趙昚的老師。趙昚是個特別孝順的皇帝，如果不先把主和的史浩拉下來，北伐很有可能就會胎死腹中，所以王十朋連上兩道奏章，把史浩罵得狗血淋頭：「臣聞人臣之罪，莫大於懷奸誤國，植黨盜權，忌言蔽賢，欺君誑上，有一於此，罪不容誅，眾惡備焉，其何可赦！臣謹按尚書右僕射史浩，人品凡下，天姿險奸，昔為士人，以權酤犯罪，身幾不免，及試吏州縣，奸贓狼藉，惡聲播聞[14]。」王十朋這麼做是完全不計後果的，因為他不曾考慮北伐會不會失敗，到時史浩會不會捲土重來，自己會不會被報復，當然更想不到未來還有一個更厲害的復仇者會出現，這是連史浩自己也沒有想到的，那就是史浩的兒子、著名奸相史彌遠（一一六四——一二三三）。

王十朋做的另一件有名的事情，就是極力推薦主戰派的張浚（一〇九七——一一六四）為北伐主帥。張浚的命運與宋金關係休戚與共，需要抗金時，他就會被重用，而當金國同意議和時，皇帝就會將張浚貶到邊遠的地區，張浚因此而兩度被貶湖南永州。王十朋對張浚仰慕已久，為了推進北伐大計，他極力推薦張浚復出。客觀的說，張浚不是最佳人選，他已經被閒置了好長一段時間，年紀大了，身體又不好，可是環顧四周，真正能打仗的人幾乎沒有，岳飛那個時代的名將都已消逝在歷史中了，只剩下一個張浚。於是白髮蒼蒼、渾身是病的老英雄，再度戎裝上陣、為國效力。

北伐戰果並不如意，並不是南宋的兵將太弱，而是以太上皇趙構為首的主和派在戰爭還沒有開始的時候就私通金國，出賣了想要有所作為的年輕皇帝。再加上張浚現在心有餘而力不足，北伐最終失敗。張浚申請退休，告老還鄉。王十朋也寫了自我檢討的〈自劾〉書，被貶往江西饒州。

不欺一生

張浚返鄉時要經過饒州，王十朋終於見到了仰慕已久的英雄偶像，兩人一見如故。但是很可惜，張浚的人生已經快要走到盡頭了。王十朋請張浚幫他題寫書齋名，以便時時勉勵自己。張浚雖是以帶兵打仗聞名，但他本質上是文人和學者。他二十一歲考中進士，做過朝廷高級文官，有研究《易經》的專著《紫岩易傳》傳世。研究一本經書是古代儒家學者的目標，當年蘇洵就因為沒有寫完研究《易經》的專著而抱憾終生，臨終託付給兒子蘇軾，蘇軾到晚年才完成父親的遺願。

張浚為王十朋題寫了齋名「不欺室」，又題了一段跋文解釋「不欺」。在題完這幾個字後不久，張浚就病逝於饒州，所以他為王十朋題寫的齋名、跋文和詩歌，可以說是絕筆了。張浚去世以後，王十朋與張浚的兒子張栻（一一三三——一一八〇）成為好朋友。張栻比王十朋小十一歲，是南宋著名的理學家和教育家，是湖湘學派的集大成者，與朱熹、呂祖謙齊名。王十朋去世後，張栻為他撰寫了墓誌銘。

王十朋一生之言行始終貼合「不欺」的標準，成為南宋有名的文臣，後人將他與諸葛亮、杜甫、顏真卿、韓愈、范仲淹五君子相提並論。

叁

治學

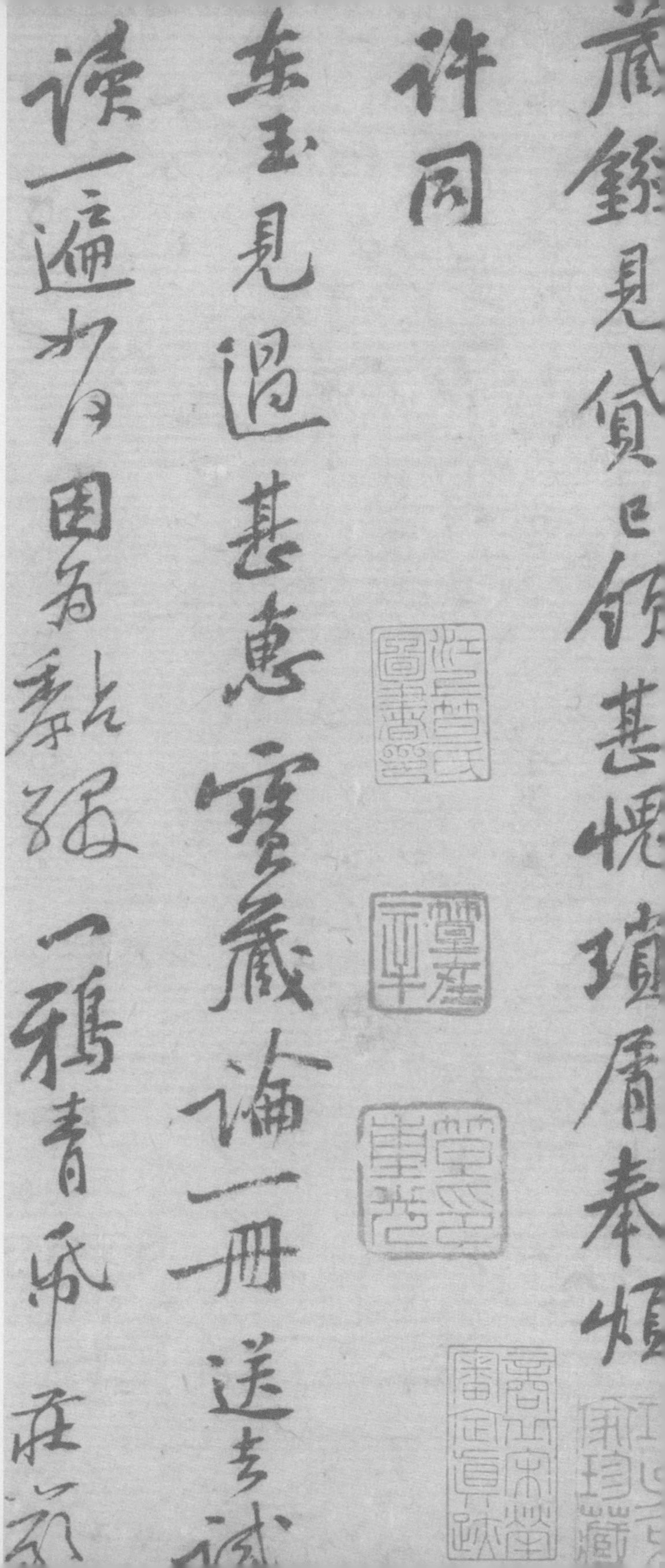

降臣徐鉉的晚年

在臺北故宮博物院的角落裡，靜靜躺著一封內容有點繞的書信，這封〈私誠帖〉（圖54）應該是宋代傳世墨跡中較早的一篇。信裡只是講一件生活小事，為幫自己僕人送一個包裹，寫信人動用了在官場上的關係，如潭州（今湖南長沙）知州和到潭州地區上任的監軍。能動用這種關係來為僕人辦生活瑣事，可知寫信人必有一定的身分地位，且比較熱心腸，思慮問題也比較周全。其文字如下：

鉉今有私誠，特茲拜託。

為先有祗承人劉氏，其骨肉元在貴藩醴陵門裡居住。所有劉氏先已嫁事，得衡州茶陵縣大戶張八郎，見在本處居住。

今有信物並書，都作一角，封記全。託新都監何舍人附去，轉拜託吾兄郎中。候到，望差人於醴陵門裡面勾喚姓劉人，當面問當，卻令寄信與茶陵縣張八郎者，令到貴藩取領上件書信。所貴不至失墜及得的達也。儻遂所託，惟深銘荷。虔切虔切。專具片簡諮聞。不宣。（花押）再拜。

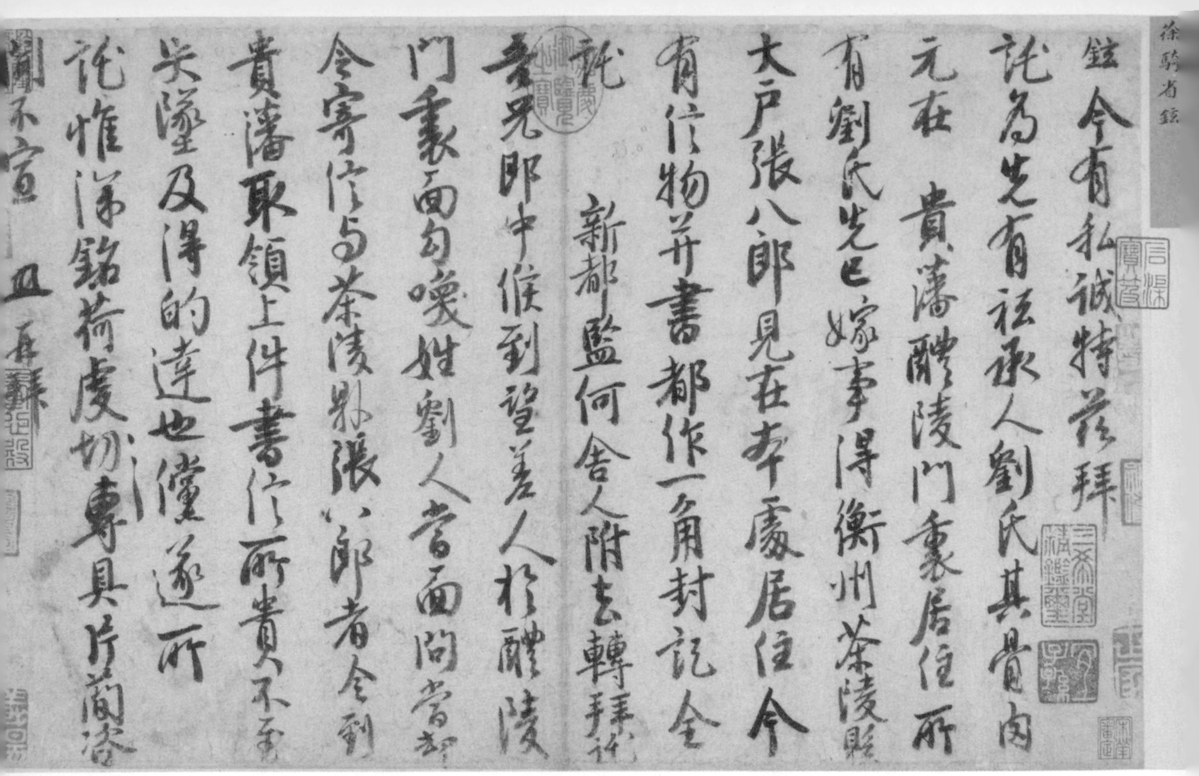

徐騎省鉉

鉉 今有私誠特茲拜
託為先有祗承人劉氏其骨肉
元在 貴藩醴陵門裏居住所
有劉氏先已嫁事得衡州茶陵縣
大戶張八郎見在本處居住今
有信物并書都作一角封記今
託 新都監何舍人附去轉拜託
袁兄郎中候到望差人於醴陵
門裏面勾喚姓劉人當面問當却
令寄信與茶陵縣張八郎者今到
貴藩取領上件書信所貴不至
失墜及得的達也儻遂所
託惟深銘荷虔切專具片簡咨
聞不宣 鉉 再拜

圖 54 〔五代宋初〕徐鉉〈私誠帖〉，國立故宮博物院。

大意如下：我有件私事要拜託您。我有個僕人姓劉，她的親人都居住在您轄區內的醴陵門裡。劉氏已經嫁給了衡州茶陵縣的張八郎，但現在住在我這裡。現有一些東西和一封信，打包成一個包裹，已封裝好並貼了標籤，託新上任的都監何舍人帶給老兄您。您收到之後，請派人去醴陵門裡找到劉氏的家人，當面確認妥當，然後讓他們寄信給茶陵縣的張八郎，讓張八郎到您州府裡去拿這些東西。希望這些東西不會半路丟失，能完好送到目的地。倘能如願送達，必深為感謝。致以懇切真誠的敬意！特書此信告知。

別看這封信特別口語化，寫信人徐鉉（九一七——九九二）其實是一位頂級大學者，尤其在文字學領域頗有權威，我們現在市面上看到的《說文解字》就是由徐鉉校注的。至於詩文和書法上的成就，不過只是他的副業而已。徐鉉還是一位圍棋大家，他的《圍棋義例》可以說是中國圍棋史上第一本全面研究圍棋戰術的著作。此外，徐鉉也是一位身仕三個朝代、六個皇帝的悲劇性人物。

繁華落盡

徐鉉出生於五代時的揚州，在他二十一歲之前揚州屬於吳國，疆域大致包括自武漢起的整個長江中下游，這在當時算是農、林、漁業資源最豐富的地區了。徐鉉學問好、文筆好、口才好，二十歲左右就當了吳國的校書郎，負責校勘宮中收藏的典籍。時人將他與著名的韓熙載（九〇二——九七〇）並稱「韓徐」，韓熙載的墓誌銘就是由徐鉉撰寫。

後來徐知誥廢吳自立，改國號為大齊。這徐知誥本姓李，自稱是唐朝皇室後代，當上皇帝之後就想恢復祖上的基業，於是又改國號為唐，史稱南唐。徐知誥也恢復了自己的姓氏，改名為李昪（八八九——九四三）。南唐又吞併了福建和浙江部分地區，成為比吳國更富裕的南方小國。徐鉉由吳入南唐，可謂生而逢時，幸遇知音。南唐藏書巨富，徐鉉又勤奮聰明，博覽群書，是名副其實的學識淵博。南唐三個皇帝又都是文藝皇帝，徐鉉的學問和才氣深得南唐三主的歡心，尤其末主李煜的青睞，徐鉉也因而位極人臣，並成為南方文人的代表。

從學術身分來講，徐鉉是一位字學專家。他認為，古老文明的精粹都隱藏在以篆籀為代表的上古漢字裡，所以一切重要典籍都應用篆籀來書寫存檔，不重要的文章才用隸、草、行書來書寫。徐鉉因此也成為以篆書聞名的書法家，據說把他的篆書放在太陽下觀看，可以看到墨線正中間有筆鋒行過的痕跡。可惜徐鉉的篆書墨跡沒有被保存下來，只留下一卷〈千字文〉摹本（圖55）。

圖55　〔五代宋初〕徐鉉〈千字文殘卷〉宋摹本局部，黑龍江省博物館藏。

趙匡胤建立宋朝之後，南唐向宋稱臣納貢。在近十五年的附庸關係裡，博學多才又能言善辯的徐鉉，成為出使宋廷的絕佳人選。每當這個時候，宋廷的一些高級文臣就開始找藉口請假，因為徐鉉的學問太淵博了，口才太好了，沒人敢陪他，丟自己的臉倒也罷了，要是丟了「國臉」可是會被降罪的。甚至有一次趙匡胤無奈之下派了個文盲來陪徐鉉，讓他對牛彈琴，無處施展。

徐鉉五十八歲那年，趙匡胤派大將曹彬（九三一——九九九）和潘美（九二五——九九一）發兵金陵，李煜倉皇之餘，又派徐鉉出使宋廷。然而這次趙匡胤志在統一全境，徐鉉口才再好，也終究無法挽回局面，趙匡胤一句「臥榻之側，豈容他人鼾睡」，讓徐鉉澈底死了心。宋太祖開寶八年（九七五），五十九歲的徐鉉陪同三十九歲的南唐後主李煜北上開封，歸附宋朝。鑑於徐鉉的學問和忠心，趙匡胤讓他在宋朝繼續為官。也許，徐鉉晚年的悲劇就是因為接受了宋朝的官職，如果他以布衣歸隱，或入寺為僧，也許能得善終。

亡家不悔

從人文鼎富的南唐遷居到百廢待興的北方後，徐鉉十分難受。換了個地方，換了個君主，但徐鉉還是那個徐鉉。他在北宋朝堂依然盡職盡責，縱使得罪滿朝君臣，依然當言則言。他很難習慣北方人的粗線條，覺得他們多不遵守儒家禮儀。冬天很冷的時候，徐鉉也不穿北方的皮襖，當時棉花種植尚未普及，皮襖是最重要的禦寒衣物，不穿皮襖就意味著他要受凍。

由於徐鉉和李煜的關係很親近，太宗就經常讓徐鉉去看望李煜，並詳細回報李煜的思想狀況。對徐鉉來說，這必然又是一種折磨。李煜是性情中人，不會掩飾自己，時常流露對故國的懷念。遷居開封兩年後（九七八），四十一歲的李煜已經沒有任何價值，終於被太宗毒死了。徐鉉掩飾著深深的悲傷，寫下一首〈景陽臺懷古〉：「後主亡家不悔，江南異代長春。今日景陽臺上，閒人何用傷神[1]。」亡家、閒人，其間多少無奈多少傷心啊！

在別有用心的官員慫恿下，太宗命徐鉉給李煜寫〈墓誌銘〉。這分明就是一個陷阱，一邊是舊主，一邊是新主，徐鉉怎麼寫都不對。徐鉉只好上書請示太宗，該如何為李煜定位，太宗這才明白讓徐鉉執筆的難處，但徐鉉又的確是這項任務的最佳人選，太宗便准許徐鉉按自己對李煜的認識來寫，於是我們至今都能讀到這篇厚讚亡國之君的〈吳王隴西公墓誌銘〉。徐鉉在文中誇讚李煜寬厚的品性和超常的才氣，說他是一個各方面都很優秀的好孩子，只可惜不該當皇帝。不難想像，這位白髮老人為自己看著長大的孩子撰寫銘文時，是如何淚濕青衫的。

最後的春天

打理完前朝君主的喪事後，徐鉉被太宗編進隨軍隊伍，成為御前軍用祕書，前往山西攻打北漢。在那場極為慘烈的戰爭中，徐鉉親眼看見太宗下令水淹晉陽城（今山西太原），又火燒晉陽城，死者不計其數，而很多軍令的起草都出自徐鉉之手，徐鉉內心真正的感受就不得而知了。

此後幾年裡，太宗一心文治，下令收集各種古籍圖典，並斥鉅資進行重編和印刷，這幾年也是徐鉉生命裡最後的春天。他參與校訂《說文解字》，讓全國學子有了官方統一的教材。又參與編修著名的《淳化閣帖》，彙集先秦至隋唐一千多年的書法墨跡，使之成為流傳至今的文化珍寶。他還參與校訂釋道禮儀經典叢書，幫助太宗制訂了很多朝廷禮儀和典章制度。比如，以前太宗上朝時，大臣都輪流拿著奏摺在朝堂上念，一次朝會下來，耽誤很多時間。徐鉉就將南唐的經驗介紹給太宗，北宋政事變得井然有序。徐鉉的價值在渴望文治的太宗朝逐漸綻放熠熠光輝，他成為太宗倚重的大臣，時常享受太宗御賜的盛宴。然而，對於一名降臣來說，這並非好事。

不久，一名女尼舉報徐鉉和他的侄女有姦情，於是一套枷鎖將徐鉉牽進了牢獄。經過審訊，女尼被判誣告。按說此時徐鉉就能清白回家了，但結局不是這樣，他被發配為靜難軍行軍司馬。其中原委已是歷史之謎，但有些邏輯是說不通的，比如，一個七十六歲的老頭子，而且身居高位，暖床丫頭應是不缺的，有必要做出讓自己晚節不保的事嗎？真實原因已不得而知。當年有一位著名的文學家曾為徐鉉鳴冤，也被太宗皇帝貶出了朝廷，他的名字叫王禹偁。白髮蕭蕭，長路漫漫，徐鉉的西去之路可以說是一步一回頭。他一路上寫了許多感人至深的詩歌，「莫怪臨風惆悵久，十年春色憶維揚」，此時，徐鉉最思念的就是以前的南唐。

凍死而終

靜難軍的治所在邠州，大致位於現在陝西彬州市一帶，在當時那裡還是一個尚未完全開化的地方，黨項族首領李繼遷（西夏開國皇帝李元昊的祖父）經常帶著人馬在那裡搶劫，朝廷也沒有澈底收拾，所以當地百姓大多從小好武，沒有幾個讀書的，滿腹經綸的徐鉉在那裡就是一個行將就木的無用老人。此時一位名叫鄭文寶（九五三——一〇一三）的官員到陝西督查稅收，此人能文能武，辦事幹練，深得朝廷信任。有一次，李繼遷搶了宋軍的糧草，並攻佔西部重鎮，鄭文寶率兵冒雪奔襲，一舉奪回地盤。這個鄭文寶恰是徐鉉的學生。當年二十三歲的鄭文寶跟隨老師一起歸降北宋，後來參加北宋的科舉考試並考取進士，成為宋初名臣。

有了欽差大臣的照顧，徐鉉自然不會受欺淩，但西北苦寒，徐鉉仍然拒穿皮襖，終於是凍病了。一天早上，他穿好冠帶，急索紙筆，交代後事畢，又寫下了「道者，天地之母」幾個字，筆落命終，享壽七十六歲。看著一代大師以如此淒涼的方式告別，相信鄭文寶必定悲傷而又無奈，他能做的就是想辦法將恩師的棺槨運回開封安葬，然而這在當時可是一項耗資巨大的工程。宋代文官一般三年換一個地方，很多官員都是客死他鄉而無法歸葬，只有級別特別高的官員才能享受朝廷優待，由沿途官府協助運送棺槨，被發配邊疆的徐鉉自然是沒有這個待遇的。除了政界的身分，徐鉉的威望更多在學界，所以鄭文寶找到了華林書院。華林書院是江南四大書院之一，與岳麓書院、白鹿洞書院、鵝湖書院齊名。在華林書院協助下，徐鉉得以歸葬江西南昌。

愛玩文字遊戲的天聖四友

在今河南商丘民權縣有一對「雙狀元塔」，為紀念「二宋」兄弟而建立。「二宋」是指宋代的宋庠（九九六——一〇六六）、宋祁（九九八——一〇六一），兩兄弟都是狀元，而且是同一屆的狀元。這就奇怪了，有並列狀元的嗎？其實，那一屆的狀元本是弟弟宋祁，哥哥宋庠名列第十，當時攝政的皇太后劉娥認為弟弟不應該排在哥哥前面，於是將哥哥宋庠提成了狀元，把宋祁放到了第十名。宋庠也因此成為罕見的「連中三元」，即鄉試、會試、殿試均為第一名。宋氏兄弟也因此而被稱為「雙狀元」。

宋庠有一次出差到某地，寫了一封信給當地一位兄長（即〈致宮使少卿尺牘〉，圖56）：

庠叩頭拜覆，拜違教約，欻忽經年，下情不勝犬馬戀德之至。即日祥暑，恭惟尊候動止萬福。

庠以薄幹留城中已半月，前晚方到此，本欲亟往趨侍，屬以病暑伏枕，未果如願，深負皇恐，切幸垂亮。尊嫂恭人，伏惟懿候萬福，子禮提宮、廿四嫂孺人，各惟侍履增勝，

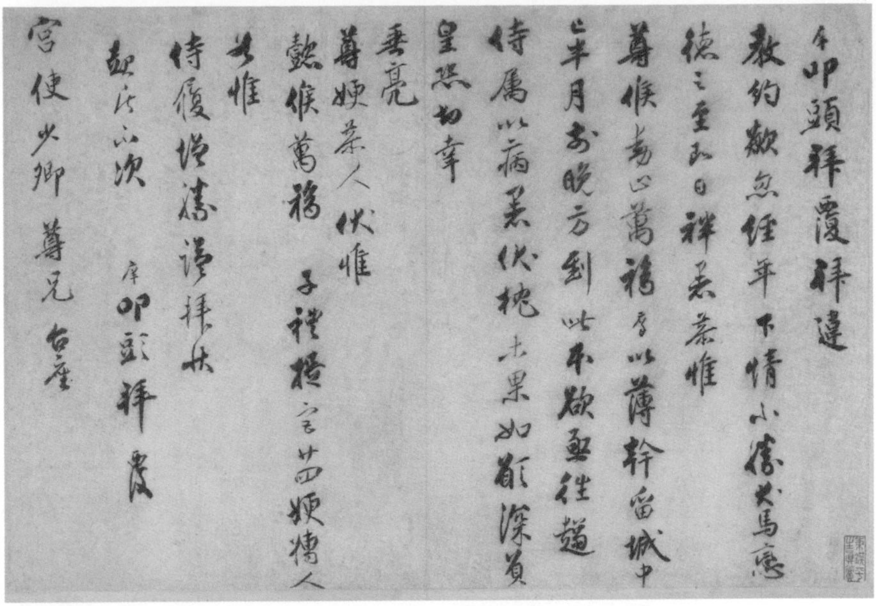

圖 56　〔宋〕宋庠〈致宮使少卿尺牘〉，國立故宮博物院。

謹拜狀起居不次。庠叩頭拜覆宮使少卿尊兄台座。

大意是：庠拜見兄長，已經好久沒得到您的教誨了，一直對您十分欽佩和想念。馬上就到炎炎夏日了，祝您身體和各方面都好。我因為有點小事留在城中已經半個月了，但前天晚上才到這裡來。本想快點去拜訪您，可您說您中暑了，臥病在床，使未能如願，深感不安，請您見諒。嫂子、子禮、二十四嫂等人都還好嗎？祝他們平安健康。

按道理，書信與正式文章的語言風格是有區別的，正式文章可以寫得古雅，但書信最好通俗易懂，而宋庠這封信裡卻有不少詞是很高古的，特別深奧難懂，比如「下情不勝犬馬戀德之至」

其實就是想說「一直對您十分欽佩和想念」，比如「教約」，代指對方寫給自己的書信；「袢暑」是潮濕而悶熱；「薄幹」是些許小事。即使在宋代，這些也都是很古的用詞了。

一封日常拜訪信寫得這麼文氣古雅，只能說明宋庠古文功底確實好，而且喜歡表現在日常言行中，那收信人必定也學識淵博，不然讀不懂信。其實，當時喜歡玩這種文字遊戲的不止宋庠一個人，而是有一個小圈子。這個小圈子裡有四個人，人稱「天聖四友」。

一般人玩不了的文字遊戲

天聖二年（一〇二四）的科考成為歷史上難以逾越的經典，那屆的中榜人員多數後來都成為著名的能臣。除了開篇提到的「雙狀元」宋庠、宋祁兩兄弟，還有榜眼葉清臣（一〇〇〇——一〇五三），他寫的策論把主考官劉筠（九七一——一〇三一）都給驚到了，從而成為宋代開科取士以來第一位以策論而非辭賦拿到這麼好成績的考生。探花是鄭戩（九九二——一〇五三）。這四位人中翹楚私交甚好，後來也成為政治上的盟友。

「天聖四友」有一個共同的愛好，也可以說是他們共同的精神慰藉——文學。他們所玩的文學，詩歌只是其中一部分，最令他們沉迷的可能還是帶有古風性質的語言文字。「古風」並不同於「掉書袋」，「掉書袋」比的是誰讀書多，而「天聖四友」玩的卻是語言藝術，即如何用古語描述當下的生活，也就是宋庠信中的那種語言風格。有這種愛好的幾個人恰好成了考試的前幾名，也可以看出當時科考取士的一些傾向，當時的文壇上就是流行這種奇怪鮮僻的「太學體」文風。後來歐陽修主持科考之後，就做了影響深遠的改革，提倡平易樸實的文風。

歐陽修曾和宋祁一起編修《新唐書》，他發現宋祁就喜歡用一些一般人看不懂的詞語，常令周圍的人啼笑皆非。歐陽修想讓這位年長九歲的大哥修正一下這股「歪風」，但是又不便直接說，於是他想了一個辦法。一天早晨上班後，歐陽修在辦公地點的門上寫下八個字：「宵寐匪禎，札闥洪庥[2]。」宋祁來了以後，仔細端詳了半天，然後笑著說：「這不就是一句俗話『夜夢不詳，題門大吉』嘛，至於寫成這樣嗎？」歐陽修笑著說：「我是在模仿您修《唐書》的筆法呢。您寫的列傳，不是也把『迅雷不及掩耳』這句大白話寫成『震霆無暇掩聰』了嗎？」宋祁捧腹不已。

葉清臣給鄭戩寫過一封信（即〈近追大旆帖〉，圖57），其古雅、晦澀之風，比宋庠的書信有過之而無不及，文字如下：

清臣啟：

近追大旆，久侍緒言，乍此睽分，伏惟企戀。

伏承已涓良日，據案署事。東南千里，蒙福此初，僻陋小邦，日企餘潤，甫憩棠茇。體中若何？聽決餘閒，善輔沖守。不宣。

清臣再拜，資政大諫天休十兄防閤，七月五日。

這封信的文字好識讀，意思卻不好懂。葉清臣在信中稱鄭戩為「大旆」，這個詞本意是大的旗幟，暗含將軍之意，代指鄭戩，因為鄭戩曾任樞密副使。「涓」指選擇；「甫憩」二字極少見，可理解為自始至終；「棠茇」引用了周「召公棠」的典故，用以稱美官吏有德政。「沖守」指淡泊自持。這封信的大意如下：

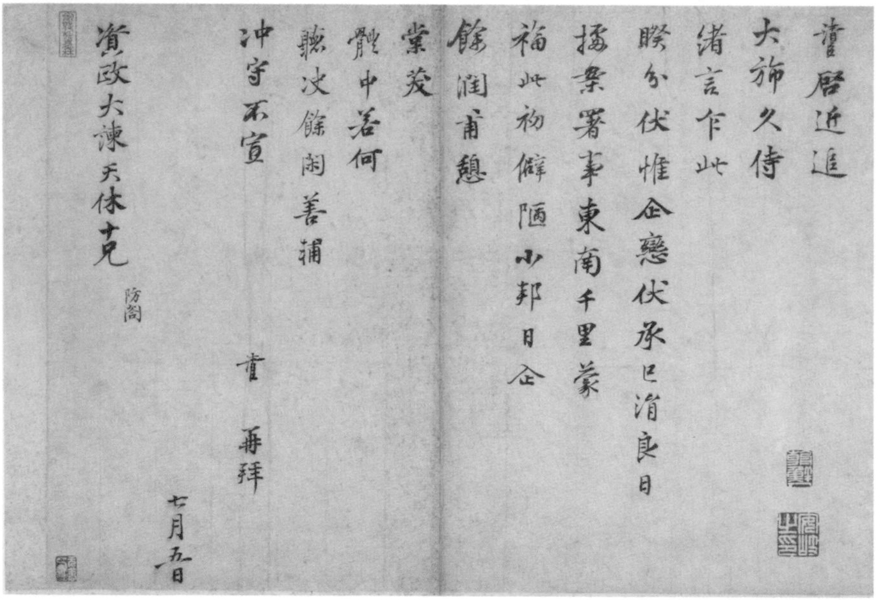
清臣啟近追
大旆久侍
緒言乍此
睽分伏惟企戀伏承已涓良日
據案署事東南千里蒙
福此初僻陋小邦日企
餘潤甫憩
棠茇
體中若何
聽決餘閒善輔
沖守不宣
清臣再拜
資政大諫天休十兄
防閤
七月五日

圖 57　〔宋〕葉清臣〈近追大旆帖〉，國立故宮博物院。

近來一直跟你在一起，長時間聽你教誨，突然分別，非常想念。你已經選好日子準備開始工作了。東南千里之外的小地方，因為有你的主政，無論人、事之巨細，都將蒙受你的恩澤。你身體怎麼樣？公務忙碌之餘，請好好陶養淡泊寧靜的心靈。

多麼淺顯的含義，又是多麼深奧的語言！這似乎違背了日常寫信通俗易懂的原則，可是對於鄭戩和葉清臣來說，這是好朋友之間分享古體文寫作的私密樂趣。

遭人暗算

「天聖四友」在仕途的表現很優秀。到慶曆元年（一〇四一）時，宋庠任參知政事，相當於副宰相；鄭戩任樞密副使，相當於國防部副部長；葉清臣任三司使，相當於財政部部長（圖58），他們離宰相之位都只有一步之遙了。都是進士前幾名，又都進入朝廷核心，私交還特別好，如此看來，他們的前途可謂無限光明，但是危險卻悄悄臨近了，因為他們被一個人重要人物盯上了，那就是宰相呂夷簡。

呂夷簡深得馭人之術，一向對有可能威脅他宰相之位的人嚴防死守，當年范仲淹等人繪製〈百官圖〉彈劾呂夷簡，他們的下場就是例子。現在「天聖四友」已經排在呂夷簡後面了，呂夷簡的宰相之位隨時可能被取代，要是還把他們放在朝廷，太危險了。老謀深算的呂夷簡使出了屢試不爽的那一招，又到仁宗皇帝那兒告了他們一個「朋黨」之罪。呂夷簡也確實是摸透了仁宗的心思，仁宗最忌諱的就是大臣結黨。於是「天聖四友」被貶到外地：宋庠去了揚州，鄭戩去了臨安府（今杭州），葉清臣去了江寧府（今南京）。宋祁只是一名中層官員，但也受牽連，被貶到壽州（今安徽鳳台）。

天才的人生結局

慶曆新政後，呂夷簡去世。宋庠重新入朝，任樞密使，兩年後升任宰相，不過為政期間沒有什麼建樹，後來因為治家不嚴被包拯彈劾下臺，之後一直在地方任職。他生活儉約，不好聲色，讀了很多書，也寫了不少書。弟弟宋祁在生活上與哥哥正好相反，他奢侈享樂，婢妾聲伎成群。與性格相對應，他的詩詞也工麗綺靡，

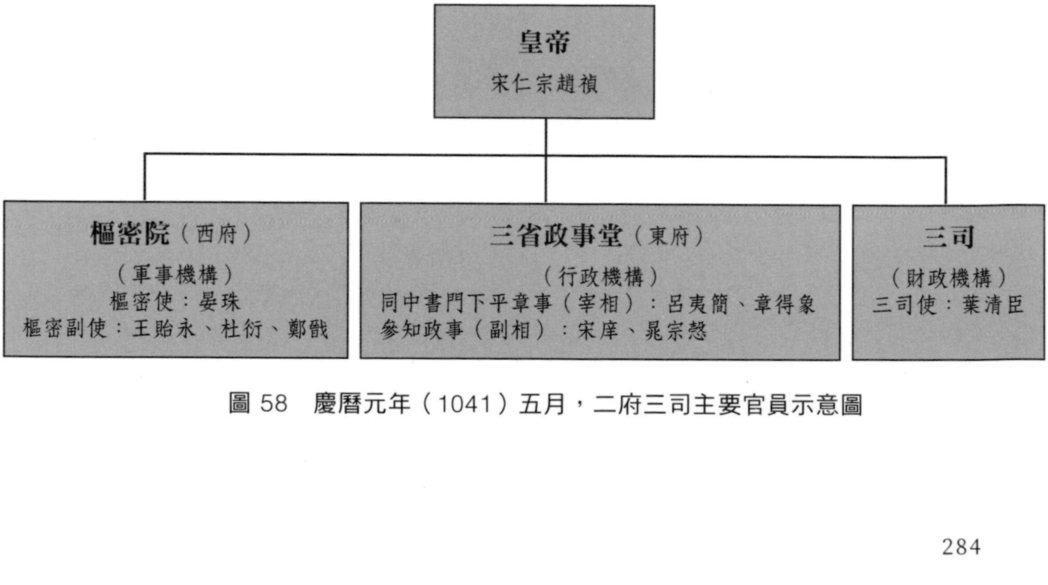

圖 58　慶曆元年（1041）五月，二府三司主要官員示意圖

他有一闋有名的詞〈玉樓春・春景〉，詞中有「紅杏枝頭春意鬧」一句，宋祁因而被世人稱為「紅杏尚書」，因為他的官銜是工部尚書。宋祁在仕途上沒有哥哥發達，但在學術上很有成績，他後來調回朝廷與歐陽修一起編修《新唐書》，從而名留青史。

鄭戩和葉清臣都沒有再回到朝廷，他二人的關係比兄弟還深厚，學識相近，性格相投，政見一致，後來還成了親家。鄭戩被貶杭州後只待了一年多，就被調到西北戰場，因為宋軍正在西北跟西夏李元昊打仗，急需人才。第二年，鄭戩接替范仲淹和韓琦，掌管西北戰區，但後來因為水洛城事件被降職，此後一直待在西北戰區。他被陸續加封戶部侍郎、吏部侍郎、宣徽北院使、檢校太保，再拜奉國軍節度使。雖然朝廷對他榮寵無限，但久在塞外且多病纏身，他屢次請求回到內地都沒被批准，仁宗皇帝還為此親自寫信安慰他。

葉清臣後來也被派到西北守邊，再調任河北。當時的河北安撫使是曾任宰相的賈昌朝，有一次兩人因為士兵糧餉的問題起了爭執，葉清臣上書告了賈昌朝一狀，朝廷不想把事情鬧大，就各打五十大板，把兩個人都降了職。葉清臣調任河陽（今河南孟州市），不久就病逝了，享年五十四歲。鄭戩接到葉清臣的訃信後慟哭不已，棄食數日，強撐病體為葉清臣撰寫墓誌銘。一百多天後，鄭戩也病逝於並州（今山西太原），由朝廷撥款護送靈柩回鄉安葬，享壽六十二歲。葉清臣有一闋詞〈賀聖朝・留別〉中有「三分春色二分愁，更一分風雨。花開花謝，都來幾許」，讓人想起蘇軾的「春色三分，二分塵土，一分流水」。兩人前後相差三十七歲，如果不是蘇軾受到葉清臣的啟發而獲靈感，就是兩人文才不相伯仲。

李後主的澄心堂紙

南唐三代皇帝都是才氣逼人的藝術家，甚至部分後宮嬪妃也不例外，他們對筆墨紙硯的品質追求是不計成本的。南唐存續只有四十二年，卻出現了一些後世無法企及的好東西，比如澄心堂紙、李超墨、諸葛筆。南唐滅亡後，這些東西也逐漸沒落消失了。

安徽涇縣一帶自古以來就盛產水稻，當地人從稻草稈裡發現了它們纖維的祕密，透過非常複雜的工藝，將稻草稈變成了宣紙。南唐後主李煜為了滿足自己的文藝愛好，專門訂製了一款宣紙，取名「澄心堂紙」。南唐滅亡後，這款紙的製作工藝也失傳了。北宋文人發現李煜留存的好紙，驚歎不已，奉為珍寶，並開始仿製。書法家蔡襄就曾多方請人仿製，他有一封信就是專門談這個問題（即〈澄心堂紙帖〉，圖59），此信文字如下：

澄心堂紙一幅，闊狹、厚薄、堅實皆類此乃佳。工者不願為，又恐不能為之。試與厚直，莫得之。見其楮細，似可作也。便人只求百幅。癸卯重陽日，襄書。

這封信的大意是：給你寄了一幅澄心堂紙，長寬、厚薄、硬度都做得跟它一樣是最好的。很多工匠不願意做，又怕做不好。我曾重金請人仿製，可是沒做出來。我觀察發現它的纖維非常細，貌似是能仿製的。如果有人能做，我想要一百幅。

從落款的「癸卯重陽日」，可知此信寫於嘉祐八年（一〇六三）重陽日，此時距南唐滅亡已八十八年，距南唐澄心堂紙在宋朝重現天日也有二三十年了，估計此時澄心堂紙已很少見了，所以蔡襄想仿製一些。澄心堂紙到底是怎麼產生的？又到底好在哪裡呢？

三代文藝帝王

五代十國時期，安徽涇縣屬吳國，後來屬南唐。南唐開國皇帝徐知誥本姓李，

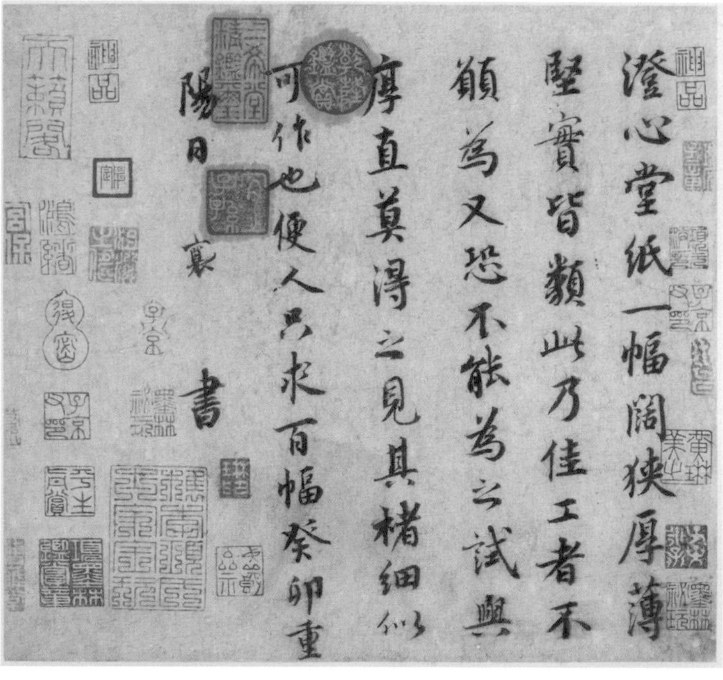

圖 59 〔宋〕蔡襄〈澄心堂紙帖〉，國立故宮博物院。

自稱是唐代皇室後人，他當了皇帝之後想改回原來的姓，先是取名李昂，後來發現唐文宗的名字是李昂，便改名為李晃，但又發現梁太祖朱溫叫朱晃，於是又改名李旦，結果發現這是唐睿宗的名字。沒辦法，他只好在生僻字裡尋求出路，於是取名李昪。估計他請人卜過卦，名字當中必須有個「日字頭」，所以只在帶有「日字頭」的字裡選擇。李昪少年時期在流浪中度過，青年時期在戰火與權謀中度過，晚年就沉醉於文學藝術之中享受帝王生活了。

有一個名叫馮延巳（九〇三——九六〇）的人逐漸引起李昪的注意。馮延巳學問淵博，才氣縱橫，性格詼諧，尤其是寫得一手好詞。李昪將馮延巳安排到太子李璟身邊當祕書。李璟比馮延巳小十三歲，也酷愛文藝，兩人相處得如魚得水。李璟即位後，任命馮延巳為翰林學士，後來又任命他為宰相。對他們來說，沒有什麼事情比宴飲娛樂更重要了。有一回，南唐正跟別國打得你死我活，李璟卻繼續宴飲縱樂，以前他父親李昪遇到這種情況可是徹夜難眠。馮延巳就讚歎李璟有氣度，是「英雄主」，而嘲笑李昪是「田舍翁」。

李璟有十個兒子，第六子李從嘉天賦文采，與李璟非常像。本來李從嘉是想當一名不理俗事的富貴閒人，每天寫寫詩、填填詞，寄情書法，但是他的父皇李璟死得太早，又欽定他為接班人，於是李從嘉就成了南唐的第三位皇帝，也就是歷史上有名的李煜。李煜即位時，馮延巳已去世兩年，但是皇宮裡愛好文藝的氛圍絲毫不減。李煜比他父親李璟更愛填詞，也更喜歡書法。他將境內有學問的、詩文歌賦水準高的、書畫才藝俱佳的人齊聚於宮廷。經過三代薰陶的後主李煜，將詩詞書畫、文房四寶，玩到了前無古人的境界。

皇帝訂製款

南唐皇宮裡有一處藏書之所，名「澄心堂」。此處藏有大量古籍圖書和古人的傳世墨跡，是皇帝與文臣的雅玩之所。活躍在澄心堂的人對文房用品很是講究，樣樣都要求極品。他們找人訂製了一款專門的用紙，後人稱為「澄心堂紙」。它比蜀紙韌性好，比剡紙厚，是品質非常好的書畫用紙，宋代詩人梅堯臣說這種紙像蠶繭一樣細密，像薄冰一般光滑。它的特殊性還在它的尺幅，比常見的四尺、六尺紙都窄，大約和現在的冊頁紙差不多大，這應該是方便南唐皇帝和文臣使用而特製的。

李煜很喜歡讀書和研究學問，經常將重要的東西抄錄下來，或者做讀書筆記，澄心堂紙是最適用的。李煜的行書寫得很好，儘管他的名字是北宋政壇的敏感詞，北宋御府還是收藏了他二十多幅書法作品，其中大部分是行書，內容有詩歌、有文賦，還有御批奏章。

李煜最為人所知的愛好當然是填詞了，澄心堂紙的尺幅不大，剛好夠李煜填一闋詞，比如他的〈相見歡・林花謝了春紅〉：「林花謝了春紅，太匆匆。無奈朝來寒雨，晚來風。胭脂淚，相留醉，幾時重。自是人生長恨，水長東。」這闋詞也就三十六個字，一張小箋紙就夠用了，紙大了浪費，還不好看。不只是字數限制，李煜的詞境也需要這樣的紙來呈現。李煜的詞婉約、多愁，就像是寫給在水一方的伊人，甚至是寫給觸不到的洛神宓妃，這就適合用小小的字悄悄寫在小箋紙上，寫完又悄悄夾在一處只有自己知道的書本裡，思念的時候，裝作看書的樣子，偷偷翻開來看看。所以，在人性最溫柔處開拓審美境界的李煜，就喜歡用這款小箋紙。

北宋文人無限珍愛

李煜在深宮裡當了十五年皇帝之後，在徐鉉陪同下北上開封，歸順宋朝，成了亡國之君。南唐滅亡後，澄心堂紙也停產了，李煜沒用完的那些澄心堂紙，先是被廢棄於亂紙堆裡，後來才被搬運到北宋皇宮的倉庫裡，仍然無人理睬。又不知過了多少年才被發現，驚歎之餘成為比黃金還寶貴的東西。此時澄心堂紙的工藝已經失傳了，所以真正的南唐澄心堂紙數量非常有限，持有者多為名人，非富即貴。

歐陽修曾經得到過一些南唐澄心堂紙，他覺得自己書法不夠好，怕暴殄天物，就將它們送給詩文書法俱佳的朋友。宋初有名的詩人和書法家石延年（九九四——一〇四一）就曾得到歐陽修送的澄心堂紙，石延年寫過一首〈詠柳〉：「天下風流無綠楊，一春生意別離鄉。柔根恐是離腸結，未折長條先斷腸[3]。」早春的離愁被他寫得更加愁斷腸了。石延年草書最佳，歐陽修便拿澄心堂紙和他做交易，好紙送上，但你得給我寫幅字。石延年也樂得交換，他將自己寫的〈籌筆驛〉用草書謄抄了一遍送給歐陽修。歐陽修極為開心，這可是好詩、好紙、好書法的「三好」藏品。歐陽修還送了一些給大詩人梅堯臣，梅大詩人是既擔心紙乾裂了，又怕孩子們撕壞了，同時又覺得自己書法不夠好，不敢在這麼珍貴的紙上落墨，可是讓他為難極了。

蔡襄集政治家、書法家於一身，詩文也不錯，自然少不得會有人送澄心堂紙給他。蔡襄一試用，就知道這是難得的好東西，一直捨不得用。到他晚年視力漸衰時，用所藏的澄心堂紙和李庭珪墨，將各種書體都寫了一遍，留給後人做學習書法的範本，此時距南唐歸附宋廷已近百年了，可見澄心堂紙的品質之好。

文人別有他用

也有人拿澄心堂紙來畫畫。南唐著名畫家徐熙的花木禽魚、蟬蝶蔬果就多畫在澄心堂紙上，在精緻的紙上畫上精微傳神的小生物，一定是非常耐看。

李公麟也曾用澄心堂紙作畫。李公麟摹古的時候喜歡用縑素，而白描則喜用澄心堂紙，史傳他的〈五馬圖〉就畫在澄心堂紙上。不過，如果〈五馬圖〉是畫在澄心堂紙上，應該是小尺幅的。二〇一九年在日本展出的李公麟〈五馬圖〉（圖 60）縱二九・五公分、橫二二五公分，高度與澄心堂紙接近，但紙幅寬度則不似南唐舊紙。明人張醜也說他見過李公麟畫在澄心堂紙上的〈三馬圖〉，後面還有蘇軾題的〈三馬圖贊〉。蘇軾和李公麟合作書畫之事，在元祐年間是很常見的，他們兩人都曾得到過南唐舊紙，李公麟在窄紙上畫畫，蘇軾在箋紙上寫圖贊，都是有可能的。

明代祝允明也說他看到過李公麟在澄心堂紙上畫的〈史圖記〉。所謂「史圖」，是李公麟從古代史書中摘編了八則故事，將其畫下來，一共有三十六位男子、六位女性、四個嬰兒，「人長不過今五寸」。如果人物最高不過十五公分，畫在南唐舊紙上是合適的。而「每紙不過三尺」不應該是紙高，因為三尺有一公尺左右，在一百公分高的紙上畫十五公分高的人物，是不和諧的，所以三尺應該是紙寬，有可能是由三張左右的澄心堂紙拼接起來的。而「自疏節史文，手鈔每冊之後」，這裡的「冊」字更讓人猜測用的就是南唐舊紙。

米芾父子有幾幅畫是畫在澄心堂紙上的，如〈湖山煙雨圖〉、〈雲山墨戲圖〉、〈大姚村圖〉等，但到底是南唐舊紙，還是宋代仿紙，則不得而知了。

士大夫試圖仿製

澄心堂紙如此之好，風雅的宋代文人士大夫自然想多要一些，既然南唐舊紙有限，那就只能仿製，只是仿製很有難度，一般工匠還真做不出來，所以少不了宋代文人親自研究。除了蔡襄曾請人仿製之外，書法家米芾也對澄心堂紙很有研究，他的研究方法不是目測，而是把紙泡開來一寸一寸觀察，他想知道澄心堂紙為何那麼好用。其實拆紙只能窺探其中一部分祕密，要更詳細了解，還得把自己當成一名造紙工匠，親自參與每個環節。當年蔡襄擔任福建路轉運使時，為研

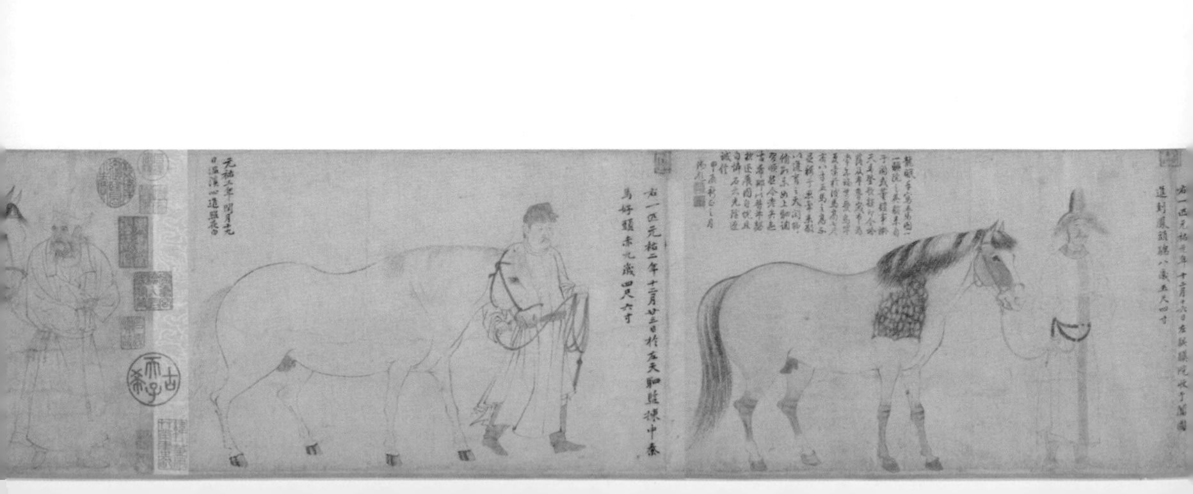

製一款精品龍茶，不但親往茶場監督，還把官服換成茶農服，把自己變成一位採茶工，親身參與每一道程序，終於研製出了宋代的極品貢茶小龍團。

南唐澄心堂紙為何那麼好用，從原料來講，可能與當地的稻草品質有關，沙土裡種植出來的稻草稈，品質和一般稻草稈不同，因為沙土淤泥少，水質清澈，長出的稻草稈纖維不但韌性好，色澤也很光潔。製造這種紙的工藝也非常講究。宋人要想仿製出與南唐一樣高品質的澄心堂紙，難度當然相當大，這也是蔡襄為什麼願意花重金的原因了。

圖 60　〔宋〕李公麟〈五馬圖〉，日本東京國立博物館藏。史傳李公麟曾用澄心堂紙畫過〈五馬圖〉，不知日本藏李公麟畫〈五馬圖〉所用畫紙是否為澄心堂紙。

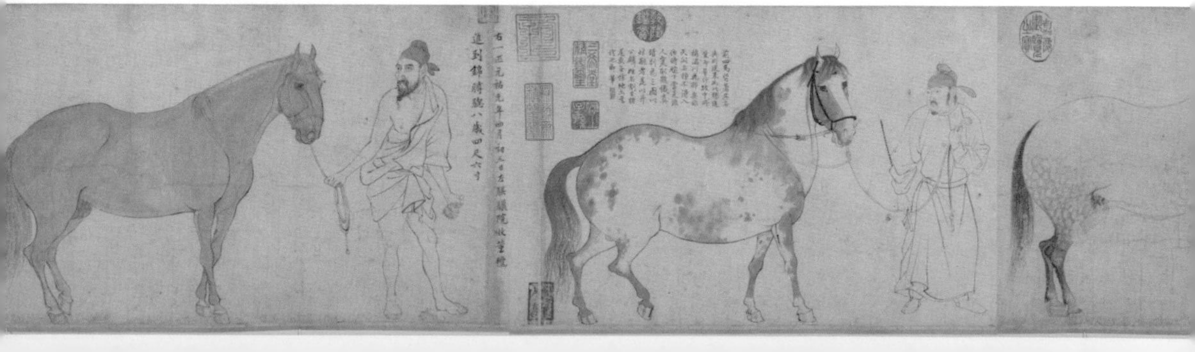

筆芯之死

皇祐三年（一〇五一）春夏之交的某一天，從福建北上開封的蔡襄，收到好友唐詢送來兩支新式毛筆，蔡襄愛不釋手，就給唐詢寫了一封回信（即〈陶生帖〉，圖61）：

襄，示及新記，當非陶生手，然亦可佳。筆頗精，河南公書非散卓不可為。昔嘗惠兩管者，大佳物，今尚使之也。耿子純遂物故，殊可痛懷，人之不可期也如此。僕子直須還，草草奉意疏略。正月十一日，襄頓首。（家屬並安。楚掾旦夕行。）

此信大意如下：你給我的新文章，應該不是陶生抄寫的，但寫得還不錯。筆非常好，褚遂良的書法只有用散卓筆才能寫得好。你之前送我的那兩支都是好東西，我現在還在用呢。耿子純去世了，真是令人心痛，人生就是這樣無法預測啊。僕人馬上要返回去了，匆匆給你回信。正月十一日，襄頓首。（祝家人一切都好。馮京很快就要出發了。）

唐詢送給蔡襄的筆叫作「散卓筆」，這其實就是我們今天常見的毛筆，但在當時可是一種新式毛筆。在那之前，毛筆都是有芯的。對毛筆來說，從有芯到無芯，是劃時代的改變，其中包含了製筆工匠的智慧，也離不開宋代文人的深度參與。

令人傷心的筆芯

宋開寶八年（九七五），南唐歸附宋朝，三十八歲的李煜被帶往開封，他的諸葛筆與其他文房珍寶被一起塞進了北宋皇宮的倉庫裡，很多年以後才陸續被人發現。諸葛筆是南唐境內的宣州諸葛氏製作的毛筆，這種毛筆製作精良，造價很高，數量有限，大多都被南唐皇室和貴族訂購。南唐歸宋後，失去皇室庇護的宣州諸葛氏，在北宋前期聊以自保，熬過將近半世紀的艱難時日，到了

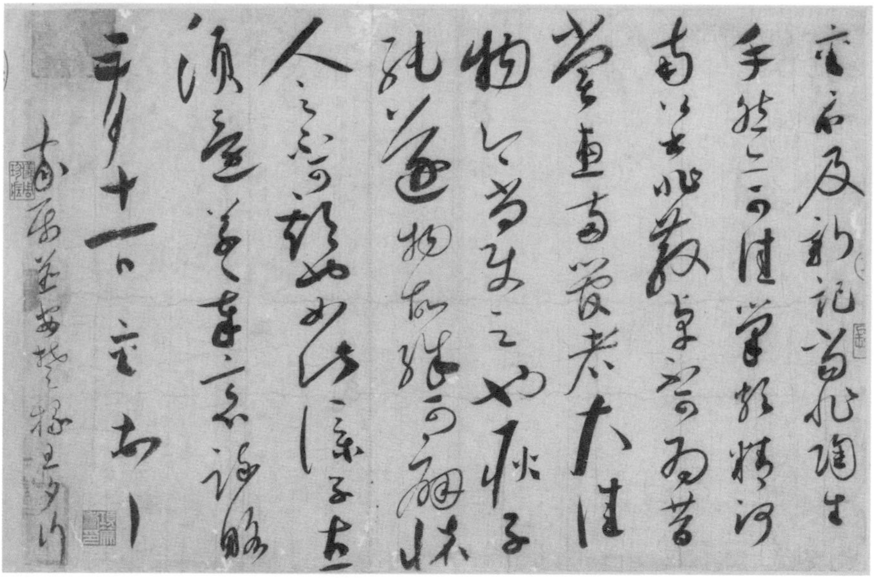

圖 61　〔宋〕蔡襄〈陶生帖〉，國立故宮博物院。

北宋中期，諸葛筆重新為權貴所喜愛。此時有一個名叫諸葛高的人備受關注，宋代詩人梅堯臣是諸葛高的同鄉，他曾在寫給歐陽修的一首詩中稱讚道：「筆工諸葛高，海內稱第一[4]。」歐陽修也曾讚歎諸葛高做的筆非常精密，軟硬適中，用起來非常順手，即使做一百支都絲毫不走樣。黃庭堅也讚歎過諸葛高做的筆，他說即便筆鋒用完了，筆芯還是飽滿依舊。

黃庭堅說的「筆芯」是什麼東西呢？當時上等的毛筆，一般都有一個錐形的筆芯，筆芯由紙或絲線纏裹而成，外面再覆蓋筆毫。日本正倉院所藏的唐式毛筆，直觀的展示了當時筆芯的結構（圖62）。筆芯可以讓筆鋒更尖銳挺健，但這種纏裹型筆芯製作工藝比較複雜，所以好筆肯定是很貴的，比如諸葛筆，可以說是當時讀書人的奢侈品。如果想節省成本，做工不那麼考究，做出來的筆又不好用。這樣一來，寒門學子就只有望「芯」傷心了。

歐陽修年輕時家境不好，就曾因為買不起諸葛筆而傷心，他說盤踞在相國寺東街的製筆人多如牛毛，他們做的筆要麼太軟，鋒尖不實用，要麼太硬，沒法寫字，再不就只是外表做得好看，用不了幾天就廢了，根本不像諸葛筆那樣好用且耐用。此外，纏裹型筆芯的存在也導致毛筆提按不便，寫大字或行草時會很受限。

宋代中期文化藝術和商業進入前所未有的繁榮期，科舉制度更加公平，讀書人愈來愈多，市場亟需既好用、價格又親民的毛筆，筆匠都競相研發，研發的重點就是筆芯。

跟鼠類較勁

市場需求旺盛之下，一種新型的毛筆橫空出世，被稱為「散卓筆」。「卓」的意思是高而直，代指筆芯，「散卓」就是散掉筆芯，不再一層層纏裹，這也就是我們今天常見的毛筆了。當然，這種做法的前提是仍然要保持筆鋒的尖銳挺健，這就要在筆毫的材質選擇和處理工藝上有新做法。當時品質較好的散卓筆，多採用紫毫，也就是野山兔頸背上的毛，這部分毛經歷霜雪較多，如果是南方的兔子或家養兔子背上的毛，就不適宜採用了。蘇軾在北方的時候，經常用獐兔皮去換毛筆，他到江浙一帶任職後，也收集了一批獐兔皮去換毛筆，結果沒人換給他，筆匠都說這些皮毛沒經過霜雪，無法使用。

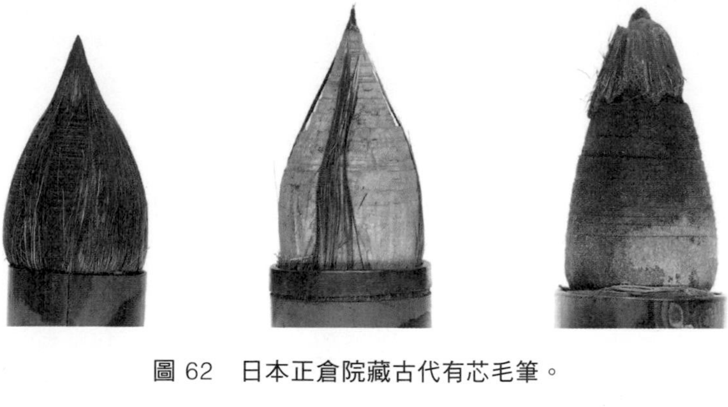

圖 62　日本正倉院藏古代有芯毛筆。

做散卓筆手藝最好的人還是諸葛高，蘇軾甚至說散卓筆只有諸葛高能做，其他人做的都是山寨貨。很多文人都願意與諸葛高來往，比如同鄉梅堯臣就經常與他溝通製筆工藝，刺激他的製筆水準更為提升。梅堯臣是個很會觀察生活的人，他注意到家中老鼠的鬍鬚比較硬挺，就想到是否可以用鼠鬚來做毛筆呢？他把這個想法告訴了諸葛高，諸葛高馬上進行試驗，把鼠鬚加入紫毫中，果然可行，還非常好用。梅堯臣喜不自勝，他馬上把這種筆送給好朋友試用，其他筆匠也開始模仿。

有一回，梅堯臣的一位朋友杜君懿要去宣州任通判，杜君懿也是一位狂熱的毛筆工藝愛好者，梅堯臣就給他寫了一首長詩〈送杜君懿屯田通判宣州〉，把鼠鬚筆的故事告訴他，並讓他去找諸葛高切磋：「京兆外郎稱善書，當時相與集江都。日書藤紙爭持去，長鉤細畫如珊瑚。自茲乖隔三十載，始駕吾鄉別乘車。吾鄉素誇紫毫筆，因我又加蒼鼠鬚。最先賞愛杜丞相，中間喜用蔡君謨。爾後仿傳無限數，州符縣板仍抹塗。鼠雖可殺不易得，貓口奪之煩叱驅。若君字大筆亦大，穿墉瑣質無長鬍。君到官，治事余，呼諸葛，試問渠。」

這首詩大意是：杜兄你的書法寫得好啊，多前年咱們曾在江都（今江蘇省揚州）歡聚。當時你每天都寫書法，每次寫完就被人拿走了。這事兒都過去三十年了，你才到我家鄉任職。我家鄉的紫毫毛筆口碑好得很，因為我的原因又加入了蒼鼠鬚。老宰相杜衍超愛這種筆，蔡襄也很喜歡。從此以後，仿製的人就特別多了，愈來愈普及。但是老鼠不容易抓到，還得追在貓後面從牠嘴裡搶奪。假如杜兄你要用大筆寫大字，那老鼠都要被滅絕了。你到任以後，公事之餘可以叫諸葛高來問問毛筆的事。

這位杜長官還真的經常跑到諸葛高家裡去討論毛筆的事，他對諸葛高非常尊敬，並沒有當他是工匠，而是像對士大夫那樣禮遇他。他們一個製筆，一個試筆，一起研究製筆工藝，都從對方那裡得到不少啟發。杜君懿在宣州工作的幾年得了不少好筆，為了妥善保存這些筆，他發明了一種用水銀來保存毛筆的方法，不僅永遠不會被蟲蛀，還軟潤不乾燥，後來蘇軾稱為「膠筆法」。這個方法應該是用來保存傳統的諸葛筆的，因為筆芯中的紙或麻容易腐爛和遭蟲蛀。很多年以後，當蘇軾被貶到黃州時，還從杜君懿的兒子那裡看到保存多年的諸葛筆，幾乎完好無損。

蘇軾最早接觸諸葛筆，也是經由杜君懿推薦的。杜君懿和蘇軾的父親蘇洵是朋友，在蘇軾還很年輕的時候，杜君懿送了兩支諸葛筆給蘇軾，他試用後十分喜歡，後來參加科考時就是用這兩支毛筆去答題的，蘇軾寫完考卷後發現筆鋒完好無損，這讓他很驚訝，從此愛上了宣州諸葛筆。

杜衍很喜歡梅堯臣送的鼠鬚筆，他還寫了一首〈鼠鬚筆〉詩。蔡襄也很喜歡這種筆，他說「宣州諸葛高造鼠鬚散卓及長心筆，絕佳」。不過梅堯臣在詩中也提出了一個問題，老鼠鬍鬚並不是那麼容易得到的，還得從貓口中搶奪。一隻老鼠僅有幾根鬍鬚，看來想大規模使用這種材料並不現實呀。不過，他們並沒有停止探索的步伐。

有一次，一個叫石昌言的人跟梅堯臣索要鼠鬚筆，梅堯臣回了他一首詩，詩裡就記錄了做鼠鬚筆的另一種材料，這首詩是〈依韻和石昌言學士求鼠鬚筆之什〉：「鼠鬚鼠尾者，前遺君謨，今以松管代贈。江南飛鼠拔長尾，勁健頗勝中山毫。其間又有蒼鼠鬚，入用不數南雞毛。二物緩急豈常獲，捕刺徒爾操鑾刀。舊藏已贈蔡夫子，報君松管何蕭騷。」從詩中可以看出，鼠鬚筆採用了江南飛鼠的尾毛，也加入了蒼鼠鬚。飛鼠也稱鼯鼠，跟松鼠是近親，尾巴上的毛比較長，也比較多，還長著像翅膀一樣的飛膜，能夠飛行，但只是滑行，不能飛升，這種飛鼠主要在夜間出沒，也很難捕捉到，所以梅堯臣才說兩種毛都不容易得到。

還有沒有更合適的材料呢？比梅堯臣小三十五歲的蘇軾說過「為把栗尾書溪藤」，比蘇軾還小十歲的黃庭堅說諸葛高在製筆時「其撚心用栗鼠尾，不過三株耳」。看來諸葛高後來又採用了一種新材料——栗鼠尾毛，栗鼠是一種松鼠，體色灰黑，行動敏捷，尾巴又長又大，宣州附近黃山上的松鼠就是這個樣子。黃庭堅描述諸葛高做筆時的「撚心」動作很具象，可想像技藝爐火純青的諸葛高用兩根手指從容撚轉著三根鼠毛。

總之，為了替換掉價格高昂的筆芯，當時的筆匠和文人也真是費盡了心思，竟要從一眾鼠類的身上去尋找那撮毛。從這個例子也可以看出，宋代的文房、瓷器等工藝品有那麼高的水準，也是得益於文人的深度參與。

諸葛筆芯之死

好用又便宜的散卓筆開始逐步被世人所認可，文房專家唐詢就喜歡上了這種筆，並分享給好友蔡襄使用。唐詢也是書法家，他用紙用筆非常講究，不是好紙好筆絕不動手寫字，他和蔡襄都喜歡用散卓筆，說明當時散卓筆的工藝水準確實已經不錯了，但散卓筆真正被廣泛使用還要到二三十年以後。出生於神宗熙甯年間的詞人葉夢得（一〇七七——一一四八）在《石林避暑錄》中說：「熙寧後，世始用『無心散卓筆』，其風一變。諸葛氏以三副力守家法不易，於是浸不見貴，而家亦衰矣[5]。」

這句話意思是：自神宗熙寧年間以後，世人開始用無芯散卓筆，習慣發生了變化。諸葛氏用「三副」製筆法來守家業就不容易了，於是逐漸喪失了高貴的地位，而家族也衰敗了。

「三副」製筆法就是在筆芯外面裹三層副毫，這是做纏裹型有芯筆的經典方法。散卓筆開始普及之後，傳統的諸葛筆就沒那麼熱門了，不過諸葛筆在當時並沒有完全退出歷史舞臺，而是和散卓筆並行。蘇軾就非常喜歡用諸葛筆，所以他被貶海南以後，天氣潮濕，筆芯都腐爛掉了，他只能用雞毛筆來寫。葉夢得這段話還可以用來旁證諸葛筆和散卓筆的區別，有很多研究資料把諸葛筆當作散卓筆，從邏輯上是不成立的。諸葛氏經典的製筆法就是「三副」製筆法，做出來的就是纏裹型的有芯筆，所以諸葛筆一般就指這種筆。諸葛高雖然後來也做散卓筆，但不能與傳統的諸葛筆混淆。

北宋婉約派詞宗晏殊有個兒子名叫晏幾道（一〇三八——一一一〇），他是黃庭堅的好朋友。晏幾道有一位名叫吳無至的酒友會做散卓筆。一天，吳無至偶遇黃庭堅，就送了幾支自己做的筆給黃庭堅。黃庭堅用過之後頗有感慨，他說很多人習慣手臂貼著桌子來寫字，所以喜歡用宣州諸葛筆，但如果寫的時候手臂提起來幾寸，那宣州的諸葛筆肯定不如吳無至的散卓筆好用，寫起字來想怎麼動就怎麼動，筆劃想粗就粗，想細就細，想直就直，想曲就曲，隨心所欲，毫無遺憾。看來，黃庭堅也被散卓筆給征服了，不過黃庭堅的老師蘇軾就喜歡把手臂擱在桌子上寫，所以蘇軾一直偏愛諸葛筆。

經濟實惠、工藝簡單又容易保存的散卓筆成為大勢所趨，宋代以後，傳統的諸葛筆基本就退出了歷史舞臺。芯死了，古法諸葛筆就只有死了。

一條贈墨成就一位收藏家

治平元年（一〇六四）的某一天，蔡襄得了一塊上好的墨，他立即告訴了老朋友唐詢。唐詢是資深的文房專家，他也想要這塊墨，就評估了一下這塊墨的價值，然後拿了一塊李庭珪墨，再附帶一方大硯臺和一個花盆，託人送給蔡襄，想要換他那塊好墨。蔡襄哈哈大笑，揮筆給老朋友回了一封信（即〈大研帖〉，圖63），文字如下：

襄啟：大研盈尺，風韻異常，齋中之華，繇是而至。花盆亦佳品，感荷厚意。以珪易邽，若用商於六里則可，真則趙璧難舍，尚未決之，更須面議也。襄上，彥猷足下。廿一日，甲辰閏月。

大概意思是：硯臺有一尺多寬，非常有風韻，我這陋室竟因為這塊硯臺而突然蓬華生輝了。花盆也是好東西，非常感謝你的厚意。想用「李庭珪墨」換「李庭邽墨」，只需要商於六里的土地就可以了，但在我心裡，它就像和氏璧一樣珍貴難捨。到底換不換，我還沒有想好，哪天見面再聊吧。

原來，蔡襄得到的這塊好墨叫「李庭邽墨」，與唐詢送來的「李庭珪墨」有一字之差。蔡襄在信裡用了和氏璧的典故，秦王曾許諾以十五座城池交換和氏璧，蔡襄說自己的李庭邽墨沒那麼值錢，只需要秦國邊境六里的土地就可交換，但在蔡襄心裡，這墨就跟和氏璧一樣珍貴，能值十五座城池，所以不會輕易與人交換的。

唐詢送的都是蔡襄喜歡的東西，蔡襄毫不客氣的收下了，只不過那塊李庭邽墨蔡襄是絕對不肯出手的。看蔡襄這字寫得，真是一副春風得意、大意快哉的樣子。不過唐詢也不虧了，看〈大研帖〉這手跡，想必蔡襄是花了心思的，做為書法收藏，也可以算是「風韻異常，齋中之華，繇是而至」了。

騙同事的墨

嘉祐七年（一〇六二）十二月二十七日，五十二歲的仁宗皇帝忽然來了興致，他

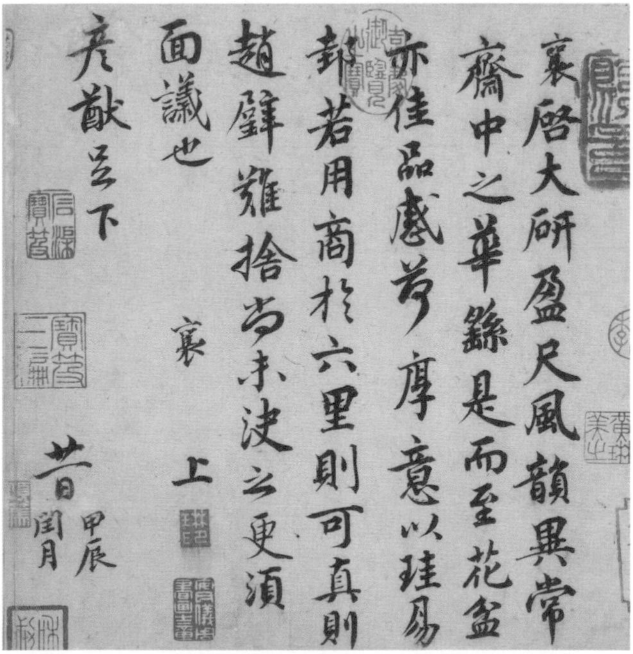

圖 63　〔宋〕蔡襄〈大研帖〉，國立故宮博物院。

邀請朝中要員參觀皇家珍藏的寶貝，並在群玉殿大宴群臣，蔡襄也在受邀之列。其間，仁宗皇帝將皇宮珍藏的老墨取出一些分賜群臣，蔡襄也得到了一塊，是大名鼎鼎的李庭珪墨。李庭珪是製墨人的名字。這種墨是南唐和宋初時的貢品，宋朝皇帝的詔書基本都是用這種墨來寫的，時人譽為天下第一品。據說把這種墨扔到水裡泡一年，再取出來仍然光亮如新。市場上很難買到這種墨，即便能買到也非常貴，據史料記載，在蔡襄的時代，一塊李庭珪墨能賣到一萬錢。

這時蔡襄看到旁邊一位老同事手上也拿著一塊墨，但表情不是那麼愉快，原來老同事也想要李庭珪墨，但皇帝賜給他的不是李庭珪墨。蔡襄看了一下老同事的墨，悄悄說：「咱倆換一下吧，您看，我的是李庭珪墨。」老同事興高采烈的與蔡襄交換了。宴會結束後，蔡襄與老同事告別，蔡襄問了一句：「您知不知道李庭珪是李超的兒子？」老同事後悔得想撞牆。原來，蔡襄換到手的這塊墨上的銘文是「歙州李超造」。

李超是南唐時的製墨專家，是李庭珪的父親，他造的墨品質極佳。南唐首席文臣徐鉉講過一件他曾親身經歷的事。他小時候得到過一根李超墨，長不過尺，很細，大概就像一根筷子。他和弟弟徐鍇一起用，每天書寫不下五千字，用了十年才用完，而且墨被研磨過的邊緣像刀刃一樣鋒利，可以裁紙。徐鉉說他以後也用過李家的墨，卻再也沒見過品質那麼好的了。這是因為李超一開始造的墨數量極少，一年也就做十根左右，後來很多官員都跟他要墨，他只能被迫趕量，一年能製幾百根，但品質也差了很多。李超製的墨，都被南唐皇室和大臣壟斷了。宋滅了南唐以後，把南唐的文房悉數拿走，但忙於統一全國，沒時間整理這些東西，李超的墨，就和澄心堂紙一樣，被埋藏了很多年。李超死後，大家就只能見到他兒子李庭珪的墨，所以蔡襄那位元老同事不認識李超墨實屬正常，這才讓內行的蔡襄佔了便宜。

搶朋友的墨

兩年後的某一天，一位姓曾的朋友拿了一塊墨請蔡襄試用，蔡襄一看，這塊墨下的銘文是「歙州李庭邽」，跟李庭珪墨很像，但「邽」字不是李庭珪的「珪」，而且墨的形狀也略有不同，明顯是個仿冒品嘛，但既然送到面前了，就試用一下吧。這一試可把蔡襄驚到了，這塊墨竟然比真的李庭珪墨還要好用，甚至可以媲美之前從老同事那裡換來的李超墨。這是怎麼回事呢？憑著多年收藏和研究墨的經驗，蔡襄做出了判斷：這就是李庭珪做的墨，因為只有他才能做出這種墨。至於為什麼形狀和銘文有所不同，蔡襄認為是李庭珪的墨愈做愈好，跟之前所做的墨在品質上已經高出一個級別了，所以就把銘文和形狀都做了調整，有所區別。

得出這個判斷之後，蔡襄就對這塊墨愛不釋手，不肯再還給朋友了。曾先生好不容易得了這麼個寶貝，也不捨得送人呀，那怎麼辦呢？一向人品極好的蔡襄，在面對心愛之物時就沒了原則，到了他手裡，那就是他的了。用蔡襄自己的原話就是：「予既辨之，而墨遂歸吾家，墨哉，可無恨矣[6]！」多麼心安理得！但他也沒有白要這塊墨，看著朋友忍痛不捨的樣子，他就把這塊墨的故事寫成了一篇文章送給朋友，並對他說：「就用這篇文章來緩解你的思墨之情吧。」不知這位曾先生是更喜歡那塊墨呢，還是更喜歡蔡襄的書法呢？

蔡襄拿到這塊墨後，立即告訴了老朋友唐詢，也就發生了唐詢以「珪」易「邽」的故事。為何蔡襄如此愛墨並如此懂墨呢？這還得從蔡襄年輕時候得到的一塊贈墨說起。

一切源於一條贈墨

蔡襄二十多歲的時候曾在洛陽工作，他有一位上司叫宋綬。宋綬繼承了外祖父楊徽之的大量藏書，是宋代非常有名的藏書家，他精通書法，自王羲之和唐人徐浩的書法吸取適合自己的部分，從而自成一派，朝野傾奉。宋綬比蔡襄年長二十歲，他很喜歡蔡襄這個從福建來的年輕人，不僅品德性格好，還寫得一手好字。有一天，宋綬高興了，送了一條李庭珪墨給蔡襄，出身小民的蔡襄哪裡用過這麼好的墨，從此他就開始留意這種充滿工藝智慧的寶貝。

蔡襄想研究李氏墨，其實並不困難，因為當時留存的原物還不少，一般多在達官貴人家裡，蔡襄想看還是容易的，而且還能經常去試墨。蔡襄試墨有個優勢，那就是他書法好，又是比較有名的政治人物，讓他試墨，順便留下他一幅字，持墨人還是很划算的。若干年後的蘇軾也曾如此，徐州一個名叫寇鈞國的人藏有十三種古墨，最早的有李庭珪的，最晚的是潘谷的，都是傳家之寶，不輕易示人。東坡先生到了徐州後，寇鈞國鄭重請他試墨。東坡先生心懷恭敬，用每一款墨各寫了一首杜詩，並於每首詩下對相應的墨作了點評。說到這裡，似乎就可以解釋一個問題：為何時間愈往後，不完整的墨條就愈多。比如寇鈞國的藏墨都是「斷圭殘璧」，這很有可能是一遝「藏墨─試墨─藏書法」的結果。

蔡襄研究墨還有一個便利條件，那就是當時製墨業很發達。經過太宗朝、真宗朝，社會日趨穩定，文化藝術開始繁榮，參加科考的學子也愈來愈多，外在形勢刺激了製墨業，蔡襄因而有更多機會來辨別全國各地不同品質的墨，同時探尋李庭珪墨品質好的祕訣。此外，蔡襄還有一些喜歡造墨的朋友，比如李端願。這個人是駙馬爺李遵勖的兒子，也是仁宗皇帝的表弟，他的母親是真宗皇帝的妹妹。當年真宗皇帝賜給妹妹和妹夫一座宅院，在永寧里，所以李端願造的墨上有「永寧賜第」幾個字，用以紀念此事。有這樣一位朋友，蔡襄不僅可以最先試用他造的每一款新墨，還能詳細了解製墨的工藝和材料。另外，蔡襄還認識當時的墨務官李惟慶，李惟慶是李超的後人，對老祖宗的製墨史非常熟悉，蔡襄所知的李超墨的相關資訊，應該就是從他那裡聽說的。

蔡襄的墨經

經過多年研究，蔡襄成了一位墨專家，他認為當時造墨水平最高的人就是李庭珪。李庭珪有個弟弟叫李庭寬，庭寬兒子是承晏，承晏兒子是文用，他們都會造墨，但品質一代不及一代。李承晏之後的李氏墨，祖傳工藝概已流失，沒什麼價值了。當然這只是蔡襄的觀點，到了北宋末期和南宋時期，李庭珪墨已經見不到了，其他的李氏墨開始為人所追捧。

在蔡襄看來，材料和工藝是製墨最關鍵的兩項，只要這兩項過關，就能造出與李庭珪墨同樣品質的好墨。製墨材料首選黃山松，這是他反覆使用不同地域的墨之後得出的結論，如果不是黃山松煤，工藝再好，也略差人意。李超和李庭珪製墨就在黃山附近，墨銘文上的「歙州」就在今天的安徽黃山市。蔡襄還曾收集了一些黃山松煤請人製成墨，竟然能有李庭珪墨的風采。那為何除了李氏之外，歙州出的精品並不多呢？這就涉及工藝了。蔡襄認為這主要是因為造墨者多是窮人，他們往往為了薄利而偷工減料。所以，若想得到歙州好墨，必須出大價錢，而且要找手藝非常好也非常懂墨的匠人。

蔡襄還歸納了一些鑑別李庭珪墨的方法。他認為，外形和銘文是很容易複製的，但要想鑑真，「苟非素蓄之家，不能辨之」，也就是說只有收藏世家才能辨別。這個鑑定經驗等於白說了，不過也確實是蔡襄多年鑑墨的真言，但他還是給出了識別李庭珪墨的兩個基本方法。首先，要認準名字，當時的市面上有一款「山寨墨」，將「庭」字改成「廷」，那款墨的品質的確不錯，但不是真正的李庭珪墨。其次，他認為常見的李庭珪墨有兩款，墨背的龍形圖案有雙脊者為上品，一脊者次之。蔡襄說李庭珪墨還有一款圓墨，但他從未見過。

有了頂級好墨做對照組，蔡襄每次試墨之後，都能給製墨者提供不少建議，所以製墨者都願意與他交往，這也使得蔡襄囊中的各式藏墨越來越多，有時他也會送一些墨給好朋友享用。他在五十歲那年送了一些墨給歐陽修，歐陽修說：「東西是好東西，很難得，但是你送給我的比送給別人的少兩根。我平時無聊的時候就靠玩弄筆墨過日子，墨是不嫌多的。」由此可見，蔡襄的藏墨數量挺多的，不過比起藏有幾百斤墨的司馬光和數百挺墨的蘇軾來說，可能也算少的。

到晚年時，蔡襄已經收藏了李氏四代五個人的墨。對於這些珍貴的藏品，他除了將實物傳給後代，還用李庭珪墨配上珍藏的上百幅澄心堂紙來寫各種書體，做為範本留給子孫後代。

李氏墨的始與末

按《墨史》記載，李氏造墨並非始於李超，唐代的李慥才是李家第一位造墨高手。北宋末年的王景源有一塊祖傳古墨，墨背上寫著「唐水部員外郎李慥造」。黎介然看見這塊墨之後，想用一塊上好的端硯來交換，王景源一開始捨不得，過了好久才同意交換。北宋滅亡後，王景源攜硯追隨流亡的南宋朝廷，有人想花五萬錢買這塊硯，王景源竟然不同意，這也間接證明那塊李慥墨價值不菲。

這也難怪，李氏古墨本來就是隨著時間推移而愈來愈少，別說老祖先李慥的墨了，就連李庭珪墨也愈來愈稀有。一開始，也只有皇帝才有能力把它當禮物賜給大臣，後來存貨愈來愈少，皇帝也只不捨得送了。到南宋時期，李氏墨愈發金貴，甚至到了「黃金易得，珪墨難求」的地步。即使是當時的製墨名家，也很難再看到李庭珪墨了。北宋後期的製墨名家潘谷，一生製墨，閱墨無數，連徽宗皇帝都要收藏他的墨，可是據說有一天他見到李庭珪墨，倒頭就拜。

李承晏是李庭珪的侄子，他的墨在北宋後期很有市場，當然也是因為李庭珪墨已經很難見到，只能退而求其次了。米芾的老友薛紹彭曾寫信給宗室畫家趙令穰（即〈大年帖〉，又名〈晴和帖〉，圖 64），請求看一看他所收藏的李承晏墨，並表示願意用〈異熱帖〉來交換，文字如下：

> 紹彭啟：
>
> 多日廷中不得少款為慊。晴和，想起居佳安。二畫久假，上還，希檢收。許借承晏、張遇墨，希示一觀，千萬，千萬！承晏若得真完，雖〈異熱帖〉亦可易。更俟續布，不具。紹彭再拜，大年太尉執事。廿八日。

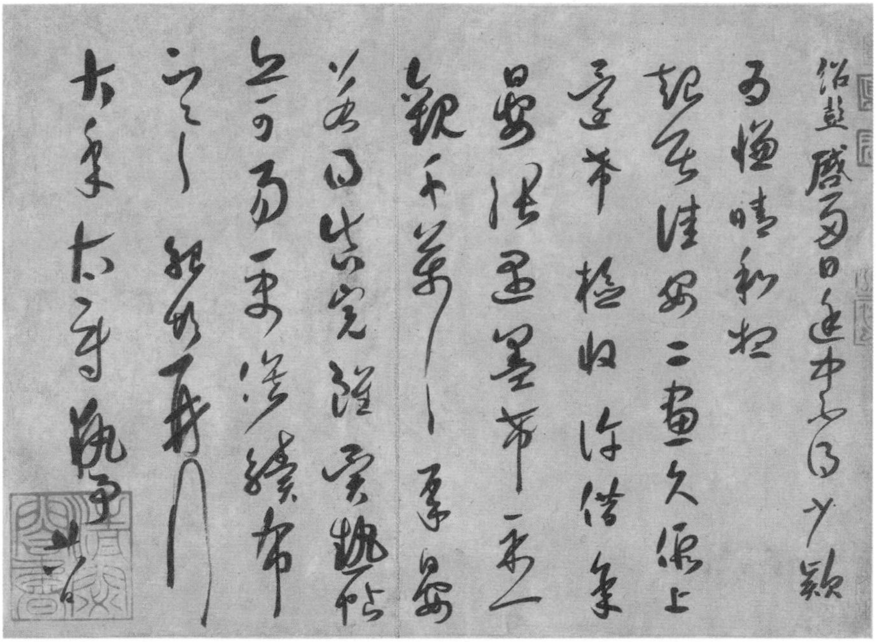

圖 64　〔宋〕薛紹彭〈大年帖〉，北京故宮博物院藏。

此信大意是：紹彭啟，在宮裡很多天都沒有跟你好好聊一聊，深感內疚。天氣晴朗和暢，想來你的起居應該都很好吧。這兩張畫借了很久了，現在還給你，請查收。你答應把李承晏和張遇的墨借給我，希望拿給我看一看，一定一定！如果李承晏的墨是真品且完好，那麼即便是我的〈異熱帖〉，也可以拿來跟你交換。我等你的回音。

張遇的墨也是品質很好的墨，蔡襄曾說，李庭珪墨最好，其次是張遇墨。〈異熱帖〉本是王羲之的手札，但薛紹彭藏的這卷不是王羲之原帖，而是唐代開元年間的摹本，也算是很珍貴的名跡了。薛紹彭願意用唐帖換李承晏的墨，可以想見李承晏墨雖不及李庭珪墨，但相比其他墨，應該也是極品了。

老來得志的蘇洵

第三次科考落榜的蘇洵（一〇〇九——一〇六六）滿心鬱悶，他不想回家，百無聊賴之際決定南下江西，去遊廬山。他在南下途中給朋友寫了一封信（即〈道中帖〉，圖65），文字如下：

洵頓首再拜：

昨日道中草草上記，方以為懼，介使罪來。伏奉教翰，所以眷藉勤厚，見於累紙，感服情眷，愧怍益甚。晨興薄涼，伏惟台候萬福。洵以病暑加眩，意思極不佳。所以涉水迂途，不敢入城府者，畏人事也。

寵諭常安之行，仰戢愛與之重，深欲力疾，少承緒言。但聞台候不甚清快，冒暑遠行非宜，兼水浸道途，恐今晚亦未能至彼。虛煩大旆之出，曷若相忘於江湖。不過廿日後，便可承顏。或同途為鄱陽之行，如何？更幾見察，幸甚！

匆匆拜此，不宣。洵頓首再拜，提舉監丞兄台坐。

此信的大意是：昨天我在路上匆匆忙忙給你寫記，正因此而感到不安，心懷愧疚。

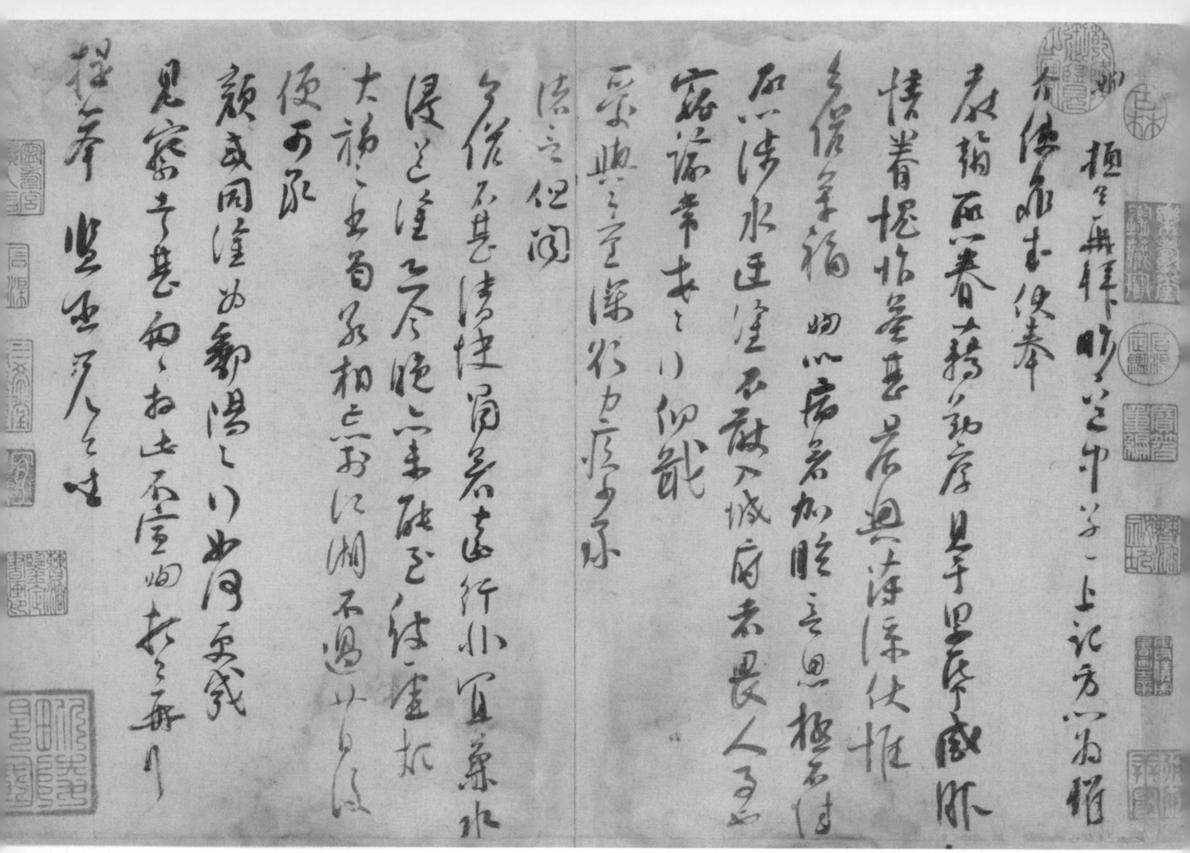

圖 65　〔宋〕蘇洵〈道中帖〉，國立故宮博物院。

感謝你的來信，你對我的關愛見於信中，我非常感謝，甚是慚愧。早上天氣微涼，祝你一切都好。我因中暑而頭暈目眩，興致索然。我之所以走水路，繞遠路不敢進城，是因為害怕人事應酬。多謝你告知你將前往常安，感謝你對我的關愛，真希望你能儘快出發，這樣我就能早日聆聽你的教誨了。但聽說你身體有恙，冒著酷暑趕路很不合適，再加上洪水淹沒了道路，恐怕到晚上也到不了那裡。與其勞您大駕出行，不如先相忘於江湖。再等二十天，咱們就可以見面了。或者咱們還可以一起前往鄱陽，您覺得怎麼樣呢？希望你能體會我的用意，那就太好了！

此信雖然不能斷定是蘇洵的親筆信，但是內容卻比較符合蘇洵落榜後南行的情形。他以水路為主，夜宿時也少到城裡去，這可能是因為落榜了，不好意思見朋友。否則，宋人不論是遊學還是宦遊，都希望一路上能會會老朋友，再結識新朋友。二十歲之前的蘇洵，在鄉民眼中是一個不務正業的小少爺。到三十歲時，他在當地鄉紳眼中是個屢試不中的落第者。到四十五歲時，在京城士大夫眼裡，他是一個沒有官爵的「京漂」。直到人生最後十年，蘇洵的光芒才綻放出來，逐漸沉澱成一名學識超群的學者和文學家。

不務正業的「蘇三」

蘇洵的父親蘇序（九七三——一〇四七）是四川眉州的地主鄉紳，性格豪爽，好作詩，卻不以讀書仕進為人生目標。這種隱而不仕的人生態度是當時多數四川鄉紳的狀態，他們深刻體會了晚唐和五代亂世那種「鐵打的江山流水的皇帝」給人民生活帶來的災難，從幾代人的處世經驗得來的體會是：幸福人生不過是有幾畝薄地，有幾個僮僕，有閒書可以讀，有濁酒可以喝。所以蘇氏雖是大族，但五代皆為布衣，蘇序也安分守己的做一名閒適的鄉紳。

蘇序有三個兒子，老大蘇澹（？——一〇三七）和老二蘇渙（一〇〇〇——一〇六二）先後考中進士，成為士大夫。老三蘇洵非常聰明，很有主見，但是從小就調皮不好學，十八歲時參加了進士考試，當然沒有考中，不過這絲毫沒有給年輕的蘇洵留下什麼陰影。父親蘇序也不以為意，或許他正希望這個小兒子能留在自己身邊呢。第二年，蘇序就給蘇洵娶了媳婦，姓程，比蘇洵小兩歲，是當地的名門閨秀。接下來的幾年，在家待不住的蘇洵開始遠遊。他北上終南山，南下兩湖，流連京洛，足跡踏遍小半個大宋版圖。一個二十多歲的人，已經有了妻室，卻不好好經營家業與功名，成天在外遊蕩，蘇序卻非常淡定的安慰那些替他著急的人說：「你們對他不了解。」

折節讀書又落第

到二十五歲時，蘇洵隱隱覺得還是很有必要讀書，但行動卻相當遲緩。他感覺自己能與古人對話，而身邊熟人朋友的眼界、學識、胸襟都不如他，所以並不急於求學。到二十七歲時，蘇洵突然對夫人說：「我感覺我現在可以開始專心讀書了，可是家裡需要我來維持生計，如果我只讀書，那家人就養不活了。」夫人說：「我早就希望你能好好讀書，但不希望你是因為我去讀書。如果你真的有志於學，那就把養家的事交給我吧。」於是蘇洵將之前收集的古玩字畫都拿出來賣掉，再廣置家產，終於安心讀書了。

一向自負的蘇洵為什麼到二十七歲又折節讀書去了呢，乍看之下是個人的選擇，但若是放在當時的大環境下，卻是歷史的必然。蘇洵生活的時代很講究出身，這個出身不是說家世多好，有多少錢，而是看一個人是不是進士。再有才華，如果不是進士，那也進不了士大夫的圈子。如果蘇洵甘於寂寞，不求聞達，那他完全可以忽略自己的布衣身分，可他偏偏又是個不認輸的倔人，很多人沒啥本事也考上了進士，憑什麼他就考不上？重拾書本的蘇洵就是奔著功名去的，認真專攻考試所需的文辭知識。備考一年以後，蘇洵重新走進考場，可惜他又落榜了。在宋代，兩度落榜並不是什麼了不得的事，在他這個年紀還沒有考上進士的也大有人在。可是蘇洵卻很難接受，因為他一直認為自己是個非常了不起的人才，他還曾寫過一首〈有驥在野〉：「有驥在野，百過不呻。子不我良，豈無他人。縶我於廐，乃不我駕。遇我不終，不如在野。禿毛於霜，寄肉於狼。寧彼我傷，人不我顧，無子我忘。」

「驥」是長翅膀的馬，是龍馬，這是傳說中的一種神獸。把自己比喻成龍馬，可見蘇洵的自我評價是相當高的，不過他說自己是沒有飛上天的龍馬，內心很受傷。就在此時，「龍馬」的次子出生了。蘇洵看著這個新出生的嬰兒，想起自己半生落拓，不知將來能否給孩子以扶持，於是給他取名蘇軾，「軾」是古代馬車前方用作扶手的橫木，蘇洵希望這個孩子能在人生奮進的道路上時時有所扶持。蘇軾兩歲的時候，他的哥哥夭折了，蘇軾成了實際上的長子。

經歷兩次落榜，長女、長子先後夭折，長兄過世，次兄宦遊在外，而父親年事已高，年近而立之年的蘇洵，終於不得不認真思考眼下的生活，他暫時放棄了遠遊的計畫。兩年後，程夫人又生了一個男孩，蘇洵感覺這孩子比蘇軾要穩重，於是給他取名蘇轍。從此，督導兒子讀書就成了蘇洵生活中很重要的事，他默默躺在竹椅上搖晃著，豎著耳朵聽兩個孩子背誦四書五經，這樣的日子過了好幾年。

三番趕考再落榜

大約在蘇軾六七歲時，三十五歲的蘇洵再一次遠赴京城趕考，這次他想走另一條途徑改變自己的身分，那就是參加朝廷舉行的「茂才異等科」考試。這是皇帝求取特殊人才的一種方式。在宋代，除了「茂才異等科」，還有「高蹈丘園科」、「沉淪草澤科」，都是針對有才學的布衣之士設置的。程夫人非常支持丈夫，她把教孩子讀書的事攬到了自己身上。

蘇洵此次上京，正好趕上了中國歷史上非常有名的慶曆新政，主導者就是范仲淹、韓琦、富弼等人。當時改革派革除了很多貪官汙吏和沒有才能的官員，急需提拔有識之士、有能之士。可惜，蘇洵還是沒有考上。蘇洵屢次落第的具體原因不得而知，但可以試著根據當時的情況做些許推測。當時的科舉考試比較強調寫作上的博學雅致，也就是說除了讀書多以外，還要精通音韻，長於修辭，文筆要好，比如天聖二年的狀元宋庠、榜眼葉清臣和探花鄭戩，都是這方面的高手。但此時的蘇洵既不夠博學，音韻也很普通，他對古史的縱橫之論是在後來才初見特異並漸成系統。另一方面，改革派需要的人才，要有很強的工作能力，而且支持改革。蘇洵沒有從政經歷，所論又偏於空談，而且他又是守舊派，自然很難被錄用。

第三次落第的蘇洵南下江西，一直走到了比較蠻荒的虔州（今江西南昌），遊歷了廬山，結識了幾位高僧和隱士。正當他在偏遠南方慢慢修復落第受傷的心靈時，一封家書穿越千山萬水送到他的手中，他的父親蘇序去世了，蘇洵匆匆結束旅行，千里奔喪。父喪困住了蘇洵的雙腿，也讓他有時間重新思考人生。他把之前為了功名所寫的詩文付之一炬，開啟了真正的讀書時期。絕意於科舉的蘇洵再也不想委屈自己去學什麼韻文，而是扎根六經，澆灌自己的思想之樹。直到他感覺讀得差不多了，才開始撰寫注入了自己思想的文章，短則幾十字，多則數千言。蘇洵的人生轉捩點始於四十五歲，這時蘇家遇到了兩位貴人——張方平（一〇〇七——一〇九一）和雷簡夫（一〇〇一——一〇六七）。

閉門讀書遇伯樂

張方平，字安道，號樂全居士，是一位天賦異稟的人物。他生來就記憶力非凡，大腦就像一臺照相機，能把看過的重要東西全部存在大腦裡。他小時候家裡窮，買不起書，只能借書看，看完就記住了。工作以後，有一回監修國史的宰相章得象發現從真宗乾興到仁宗慶歷年間（共約十八年）的史料不齊全，就把補充史料的任務交給張方平。張方平憑記憶補全了這段歷史，令老宰相刮目相看。

張方平擔任開封府官員時，按慣例助理會將工作日誌以及所涉及的人和事都寫在一塊記事板上，但張方平根本就不看這塊記事板，他將所有工作內容都記在腦中，分毫不差，這令身邊的人感到不可思議。也許是上天賜予他的這樣東西太珍貴了，所以要讓他在另一處有遺憾，他的眼睛一直不怎麼好，後來成為糾纏終生的疾病。至和元年（一〇五四），四十八歲的張方平以戶部侍郎的身分擔任益州知州。做為一名有社稷責任感的大臣，張方平除了處理日常公務之外，還搜尋四川的人才。有人跟他提起蘇洵，張方平便約其一見。張方平看了蘇洵帶來的文章後很是讚賞，甚至認為蘇洵的見識與寫作水準可以與司馬遷相媲美，並想聘請蘇洵擔任成都學官，但不知為何遲遲沒有兌現。

蘇洵在等待中又去拜訪了雅州知州雷簡夫。雷簡夫雖然官職不高，但出生於官宦世家，曾得杜衍舉薦，而且與當時著名的文學青年尹洙等人都是好友，所以算是有點名氣的。不過他能為後人所知，很大程度在於他是「三蘇」的伯樂。

雷簡夫對蘇洵的見識和文采非常驚歎，他沒想到在如此偏僻的西蜀還有這麼超異的人才。他見蘇洵年過四十，木訥寡言，不濫交友，就想幫他一把。雷簡夫與宰相韓琦比較熟，就給韓琦寫信推薦蘇洵，然後又給歐陽修寫信，他在信中很直率的說「士大夫不知刑之可懼，賞之可樂，生之可即，死之可避，而知執事之筆舌可畏[7]」，這樣的話也敢說，只怕歐陽修看了要笑死。雷簡夫又給熟人張方平寫信追問讓蘇洵擔任學官一事，並請求張方平也向韓琦和歐陽修推薦蘇洵，可見雷簡夫對蘇洵是有多欣賞了。

在為蘇洵寫推薦信之餘，雷簡夫也鼓勵蘇洵送兩個兒子進京趕考。蘇洵照做了，並且在進京之前帶兩個兒子再次拜訪了雷簡夫，雷簡夫對蘇軾和蘇轍的才氣感到震驚，覺得這兩個孩子前途不可限量。蘇洵及時趁熱打鐵，讓兩個兒子雙雙拜入雷簡夫門下。有了這層關係，雷簡夫更加積極的向當時的重量級人物推薦「三蘇」。

辭別雷簡夫之後，蘇洵攜兩個兒子北上到成都拜見張方平。張方平見到蘇家兄弟後的反應跟雷簡夫一樣，而且他認為蘇軾是少見的天才。張方平遂成為繼雷簡夫之後第二個為蘇氏父子鳴鑼開道的重要人物，他也給韓琦、歐陽修、富弼等朝中要員寫了推薦信。從政治派系來講，張方平與韓琦和歐陽修本屬不同派系，當年范仲淹和宰相呂夷簡相鬥的時候，韓、歐是范仲淹一派，而張方平則屬呂夷簡一派，但此時為了給國家推舉人才，張方平不計前嫌。張方平的推薦顯然比雷簡夫更有作用，因為此時的張方平已經是政壇上舉足輕重的人物。

第二年的科考正好是歐陽修擔任主考官，蘇軾和蘇轍在科舉考試中雙雙上榜，一舉成名而為天下知，成了歐陽修的門生。為感謝張方平的大力推薦，不肯為科舉考試而折腰的蘇洵居然為張方平寫了一篇〈張益州畫像記〉，高度讚揚張方平臨危受命，安撫西蜀之亂的事蹟。這篇文章文辭古雅，中氣磅礴，將一篇奉承的文章寫出高度。蘇軾兄弟成名之後也對張方平執禮甚恭。張方平去世後，從不輕易給人寫墓誌銘的蘇軾，無比感恩的寫了一篇七千多字的長文，詳述了張方平的一生，並給予極高的評價。

寡言清高的老學者

兩個兒子都金榜題名，名揚天下，深深安慰了蘇洵，心頭三十年的陰霾終於煙消雲散。

蘇轍無論性格還是才氣都非常像老父親蘇洵，寡言少語、穩重縝密，若有所發，一擊便中。老大蘇軾的天分遠遠超過父親，性格也開朗得多。有了張方平的推薦，又有文壇盟主歐陽修做老師，他們一夜之間身價倍增。不幸的是，程夫人沒來得及安享兩個兒子帶給她的榮耀就匆匆辭世了，蘇洵帶著兒子返回四川老家卜葬亡妻，兩個兒子也要在家服喪三年，所以蘇家父子便在老家度過了幾年清閒的鄉下生活。

蘇洵雖然僻居鄉下，但仍希望能謀個一官半職，最大的障礙就是韓琦。韓琦認為蘇洵的縱橫思想已經過時，對一些複雜問題的解決方案都過於極端，不適合當下的局勢。後來，朝廷「詔試舍人院」，雷簡夫和大詩人梅堯臣立即寫信給蘇洵，讓他赴京趕考。對考試深惡痛絕的蘇洵婉言謝絕了，他給梅堯臣寫信回憶當年參加「茂才異等科」考試時的心情：「自思少年嘗舉茂才，中夜起坐，裹飯攜餅，待曉東華門外，逐隊而入，屈膝就席，俯首據案，其後每思至此，即為寒心。今齒日益老，尚安能使達官貴人復弄其文墨以窮其所不知邪[8]？」按蘇洵的說法，參加考試的過程就像是乞丐為了求一口飯吃而不惜出賣自己的尊嚴，半夜起床，帶著乾糧，俯首跪地，可見蘇洵是何等的清高，內心又受了多大的委屈。

等兒子的丁憂期結束後，蘇洵父子三人一起回到了京城，這是他最後一次離家。蘇洵這次到達京城後的境遇完全不同於以往，他的才華終於被世人知曉與認可，兩個兒子也成了達官貴人爭相結識的對象。他不再掩飾自己的好惡，對不喜歡的人和事都毫不隱晦的批判，比如他批評位高權重的宰相韓琦為仁宗皇帝的葬禮花了太多錢，又比如他從不給宰相王安石好臉色看。王安石的母親在京城去世，很多人都去悼念，連韓琦、歐陽修都是人到禮也到，而蘇洵非但不去，還寫了一篇〈辨奸論〉痛罵王安石，真是只圖自己痛快而不顧自己和兒子的前程。

在仕途上，年過半百的蘇洵終於得到了霸州文安縣主簿的官職，負責編纂禮書。研究學問是蘇洵的最愛，他非常喜歡這份工作，最終與姚闢共同完成了一百卷的《太常因革禮》，此書保存了非常豐富的禮儀制度方面的知識，是一部非常重要的典籍。後來他又完成了三卷本的《謚法》，撰寫了具有首創之功的《譜例》，以致後來歐陽修編修家譜圖，都是受了蘇洵的啟發。蘇洵能於短短幾年時間內完成這些學術著作，說明他的確不是沽名釣譽之輩。此後蘇洵又開始專注於易學研究，可惜未竟而亡，臨終前把這項任務交給了兒子蘇軾。

隱身的大收藏家

蘇洵最大的愛好是收藏，很多藏品都是他在遊歷四方時搜羅的。由於錢財都拿去收購字畫古玩，所以年輕時候的蘇洵並不富裕。直到他準備第二次參加科舉考試時，因無以養家才變賣藏品，置辦家業。蘇洵的藏品到底有多少？蘇軾說過，他們家藏品的規模可以與京城裡的名公巨卿相媲美。

蘇洵尤其留意佛教、道教及民間信仰類的繪畫。二十一歲那年，他看到了一幅張仙的畫像，筆法清奇，應是出於名家手筆。張仙是道教神靈，傳說中的送子神仙，在民間享有極盛的香火。蘇洵那時剛剛結婚，還沒有孩子，他一直記掛著這事，所以逢神必禱。此時見到這樣一幅畫，便毫不猶豫的將身上的玉環解下來換了這幅畫。蘇洵冥冥中感覺自己的拜求會有回報，後來果然先後有了蘇軾和蘇轍。蘇洵認為這兩個孩子是張仙賜予他的子嗣，若干年後又為這幅畫題了一段跋文，以證明張仙靈驗，並感恩賜子。

在蘇洵的藏品中，最有價值的是吳道子所畫的一組菩薩和天王像，那是蘇軾花十萬錢買下送給父親的禮物。這組像畫在兩扇門板上，正面是菩薩，反面是天王。據說這兩張門板原屬於長安的一座寺院，寺院在晚唐戰亂中被焚毀，一名僧人冒火背出這兩張門板逃亡，從而使它們倖免於難。蘇洵去世後，蘇軾將這組畫捐給了寺院。為防止被人私吞，蘇軾想了個計謀，讓寺院花百萬錢建了一座閣樓安放這組畫，並將蘇洵的畫像一併安放其中。

蘇洵藏品中還有一幅吳道子的〈五星圖〉（圖66），這是一幅長卷，上面分別畫了歲星、熒惑、土星、太白、辰星，都呈人形。歲星像帝王，配有寶劍；熒惑星像猛士，左配弓，右配刀；土星長身蜂腰，飄飄如馭長風；太白星像婦人，身著長裙，懷抱四弦琴；辰星手拿紙筆，嘴唇上有黑膏，妝容奇特。

蘇洵還收藏了貫休的羅漢像，蘇軾感覺這幅畫很靈異，所以在蘇洵去世後，蘇軾決定將此畫讓給父親的老朋友大覺懷璉禪師。沒想到大覺懷璉禪師卻想要金水羅漢像，蘇軾於是將兩幅畫一併給了他。在蘇軾看來，這都是替父親積陰德。

由於對佛像有特殊的認識和感應，蘇洵也替故去的親人施捨佛像，比如在給亡妻辦喪事時，他讓蘇軾置辦了一些不同材質的佛像。在最後一次離開家鄉前，他給當地的極樂院捐造了六尊菩薩，分別是觀音菩薩、大勢至菩薩、天藏菩薩、地藏菩薩、解冤結菩薩、引路菩薩，以此希望去世的父母、大哥、長子、三個女兒等親

圖66　〔南朝梁〕張僧繇繪〈五星二十八宿神形圖卷〉宋摹本局部。

人都能所適如意。蘇洵這種行為深深影響了蘇軾，在蘇洵去世後，蘇軾和弟弟蘇轍捐贈了一百匹絹給杭州天竺寺，託高僧辯才造辦一尊地藏菩薩及兩名侍僮，並要求菩薩的身高與常人相同。

除了繪畫，蘇洵還十分留意書法。在遊廬山時，他曾見過白居易那首非常有名的禪詩〈寄韜光禪師〉：「一山門作兩山門，兩寺元從一寺分。東澗水流西澗水，南山雲起北山雲。前臺花發後臺見，上界鐘清下界聞。遙想吾師行道處，天香桂子落紛紛[9]。」蘇洵看到的這首詩並非石刻，而是墨跡，筆勢奇逸，墨跡如新，令他印象深刻。回鄉後他和蘇軾說起此事，蘇軾心嚮往之，以至很多年後還專門跑去看，只是杳無蹤跡。蘇洵對顏真卿的書法也特別關注，還特地寫了〈顏書四十韻〉。蘇洵的收藏對蘇軾的書畫修養有很大的影響，這可能是他未曾預料到的收穫。

黃庭堅的患難之交

被貶大西南的黃庭堅窮困潦倒，實在沒辦法的時候也只好向朋友借錢過日子。他很想回饋點什麼來表達感激之情，但他能用來表達感謝的也只有自己的學問了，於是就把收藏的好書送給出借人看。黃庭堅記錄了這件事（即〈致明叔同年尺牘〉，又名〈藏鏹帖〉，圖67），這封信文字如下：

藏鏹見貸已領，甚愧瑣屑奉煩。許同東玉見過，甚惠《寶藏論》一冊，送去試讀一遍，如何？因為黏綴一鴉青紙莊嚴之，幸甚！庭堅頓首。明叔同年家。

大意如下：你借給我的錢已經收到了，很不好意思因為這些瑣事煩擾你。估計你已經和東玉見過面了，很感謝他送我一套《寶藏論》，我把它送給你讀一遍怎麼樣？如果能用鴉青紙包裝一下就更好了。

據說《寶藏論》的作者是東晉著名學者型僧人僧肇（三八四——四一四），黃庭堅本就對釋道玄學感興趣，《寶藏論》的語言又很優美，所以就將他推薦給了出借人，與之奇文共享。這位出借人名叫楊明叔，他只是山區裡的一名基層小官，沒什麼名氣，但是喜歡讀書做學問。正是這樣一位基層官員，讓心灰意冷的黃庭堅重新找到了人生的意義。

淡然面對貶謫

紹聖元年（一〇九四）十二月，被審訊多日的黃庭堅終於被宣判發配到大西南。被貶的原因是他在編修《神宗實錄》時寫過一句「用鐵龍爪治河，有同兒戲」，這指的是神宗朝用鐵耙疏通黃河泥沙的事，黃庭堅說自己是如實陳述，但主政的新黨認為他這是詆毀神宗，這顯然又是一樁文字

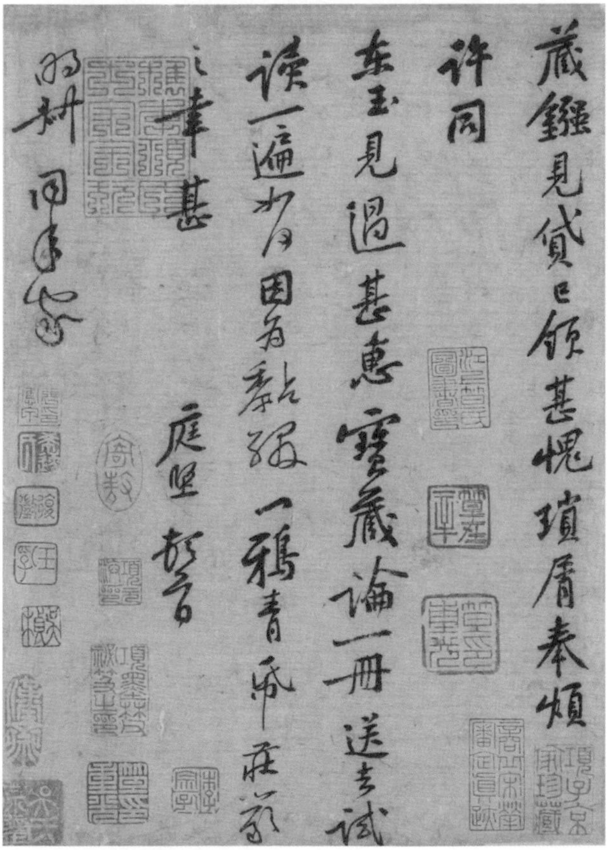

圖 67　〔宋〕黃庭堅〈致明叔同年尺牘〉，國立故宮博物院。

獄。黃庭堅因「鐵龍爪案」被貶為涪州（今四川重慶市涪陵區）別駕，但又不讓他去涪州，而是把他發配到黔州（今重慶市彭水縣）安置。在當時，「別駕」這個職位只是一個空的頭銜，僅僅表示他還沒有被除名而已。也就是說，黃庭堅到了黔州之後，還不如一個普通農夫，農夫還有房有地，他一無所有。

四十九歲的黃庭堅得知這一消息後，神色自若，繼續倒在床上，鼾聲大作。這種事情他見得多了，根本不放在心上。自從新黨上臺後，章惇、蔡卞等人編織各種罪名，把舊黨成員一一貶謫。半年前，他的老師蘇軾不是已經被發配到嶺南去了嗎？黃庭堅甚至不知道涪州和黔州在哪裡，他茫然的問身邊的朋友，有人為他詳細說明位置和路線，怕他迷路，還親自送他到黔州。

黃庭堅從陳留（今河南開封市祥符區陳留鎮）一路南行，到達長江邊後，坐船沿長江逆流而上，進入夔州的巫山，然後捨舟登岸，進入施州（今湖北恩施）。這裡是湖南、湖北、重慶交界處，放眼望去皆是一重又一重的疊嶂山巒，不過黃庭堅並不恐懼，他是江西人，又在南方偏遠地區當過官，還曾深入山區探訪民情，讓那些世居山裡的少數民族第一次見到縣太爺。黃庭堅走在崇山峻嶺間，聽著當地那些讓他著迷的山歌，偶爾還有古道熱腸的朋友為他接風洗塵，一路上並不寂寞。唯一難受的是那雙腳，因為他有腳氣病，這趟流放之旅對他的身體確實是很大的摧殘。

心氣抵不過現實

經過四個多月的跋山涉水，黃庭堅終於抵達黔州，此時貶謫生活就變得非常真實了。因為不能住官府的房子，便暫住在一座破廟邊的空地上，習慣了被人照顧的黃庭堅此時沒有女眷在身邊，生活上多有不便。在這裡的第一年，他先要讓自己活下來，要蓋房子，要開荒種地，他的大家庭會在第二年來到這裡，家眷都沒有生活來源，需要黃庭堅提前謀畫。黃庭堅白天拖著病體張羅生活，夜晚躺在床上禁不住思緒萬千，悲從中來。他是文學家，是書法家，是心高氣傲的詩人。而在這窮鄉僻壤，他是什麼呢？又能做什麼？他終於悲傷的體會到，他不再是那個有身分地位的士大夫，而是一位「耳目昏塞，舊學廢忘」的黔中老農了。

物質的匱乏不會讓黃庭堅感到艱難，但精神的匱乏卻擊垮了他，絕望的黃庭堅無法排遣內心的巨大壓抑，他給朋友寫信說：我內心憂患，身有宿疾，鬚髮半白，衰竭疲憊，也沒有心思做學問，等於是自斷才力，百無一用了。對黃庭堅來說，這種生活無異於行屍走肉，跟枯木寒灰差不多了。一個讀書人到了這一步，他存在的價值是什麼？黃庭堅不知道，他眼睜睜看著自己成了一個廢人。沒有什麼比認識到自己是一個廢人更令人絕望和無助了。

鄉村教師黃庭堅

有一天，黃庭堅收到了一封陌生人的來信。此人是黔州的一名小辦事員，姓楊，名皓，字明叔。其實他是可以直接來找黃庭堅的，因為此時的黃庭堅是被羈管的對象，而楊明叔卻是地方官員，但楊明叔沒有這麼做，而是先遞上一封投名帖，這是讀書人的禮儀。楊明叔在信中說自己的父親與黃庭堅的叔叔有同門之誼，還說自己愛讀書，曾為了求學而賣房，赴任時隨身攜帶的不是金銀財物，而是書籍，現在很希望能追隨黃庭堅學習，學作詩，學古人之道。黃庭堅讀完楊明叔的信後內心澎湃，在這種與世隔絕的陋邦居然還有像楊明叔這樣愛學習的讀書人，黃庭堅開始深刻的自我反省，「國有君子，何陋之有」！他突然找到了自己存在的價值：他可以當一名鄉村教師，為這裡喜歡讀書的人、為山裡的孩子傳道授業解惑。

黃庭堅以前就曾在北京大名府（今河北大名縣）教書，但那時他考慮更多的是仕途和發展，他覺得清貧的教書生涯沒有前途，後來就轉行當官去了。但現在不一樣了，他忽然體會到教書的價值，如果他願意，這裡很多人的命運就會因他而改變。黃庭堅的內心瞬間升起萬丈光芒，他在給楊明叔的回信裡動情說道：我雖不到五十歲，但其實已經衰老了，沒有什麼成就，剩下的日子也不多了。能與你這樣的好學之士相往來，對我也會有所啟發，這真是太好了。我望風欽歎，期待而愉悅的心情真是無法言喻。

黃庭堅從此熱心投入當地的教育。隨著親人到來，他的生活有人照顧了，黃庭堅就開始設帳授徒，過著私塾先生的生活。他將學生分為兒童和青少年，分類教學。兒童在白天和晚上都上課，白天講經，晚上講杜詩。而對青少年，則要更深入一些，除了讀經和背詩，還要相互研究和探討。楊明叔也在物質生活上給予黃庭堅極大的照顧，除了借錢給他，還經常送吃送穿。有一天，楊明叔又送來了山芋，黃庭堅感激不已，給楊明叔寫了一封信，裡面有這樣一句話：「每承君子有相濟用之意，顧亦何所堪，惟忠厚不懈，欲以風示流俗，則可爾[10]。」意思是：每次你照顧我，我都很不好意思，我只有做一個忠厚的人，用自己的風骨展示在世人面前才好。友人的山芋成就了一個士大夫的氣節。

學問才是安魂處

黃庭堅和楊明叔一起研究一些深奧的學問，比如王勃〈滕王閣序〉中的「四美具，二難并」到底是什麼意思。為查到最原始的含義，他們翻盡典籍，討論得不亦樂乎！他們將自己看到的好書與對方分享，還互相抄詩或作詩送給對方，一起探討如何作詩，黃庭堅一幅傳世作品〈雪寒帖〉（又名〈致明叔少府同年尺牘〉，圖68）就記述了這類事，這封信文字如下：

庭堅頓首：

承見諭，早當過此，延佇甚久，何以不至耶？雪寒，安勝否？大軸今送，然勿多示人，或不解此意，亦來索。匠石斫鼻，則坐困矣。庭堅頓首。明叔少府同年家。

意思是：你曾說過要早一點來，卻拖了這麼久，是什麼原因沒有來呢？雪天寒冷，你還好吧？今天把大卷軸送給你，但請不要給太多人看，怕有些人不明白什麼意思，也來跟我要。那我反倒是因為寫得好而給自己帶來麻煩了。

信中的「大軸」應該是指寫了內容很多的手卷，應該是他送給楊明叔的詩文。黃庭堅還把自己的作詩祕訣教給楊明叔：「蓋以俗為雅，以故為

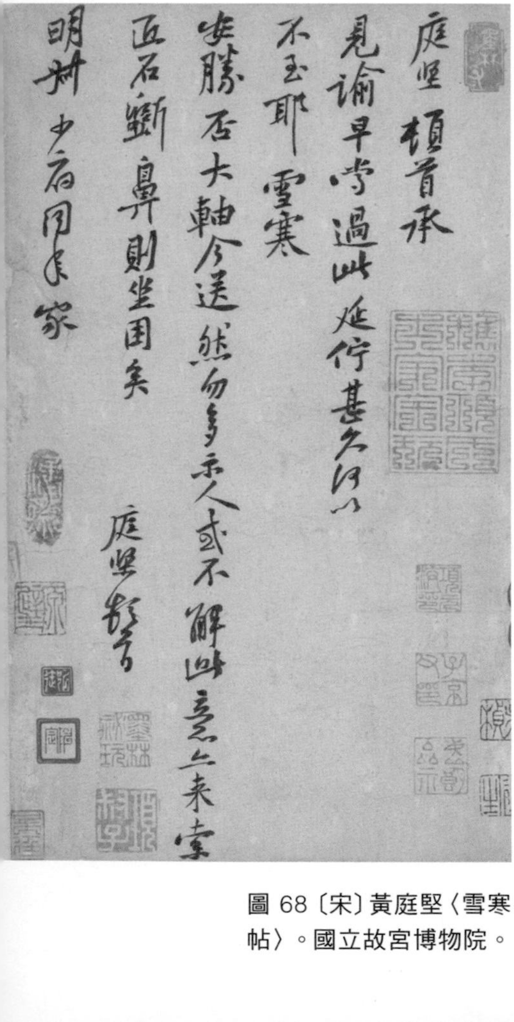

圖 68〔宋〕黃庭堅〈雪寒帖〉。國立故宮博物院。

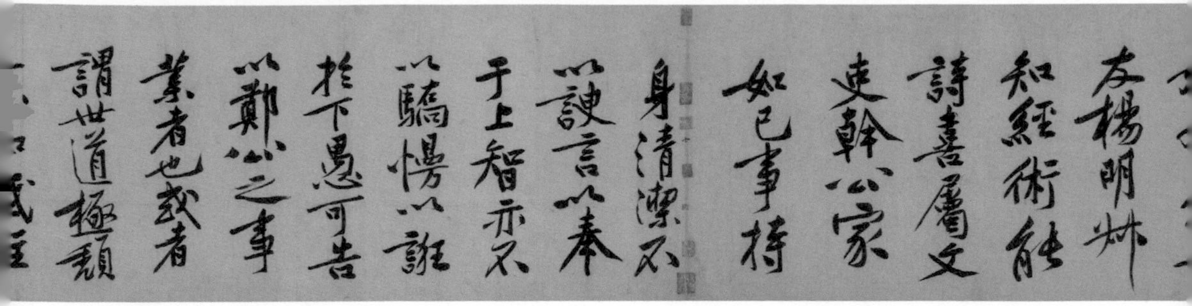

圖 69　〔宋〕黃庭堅〈砥柱銘〉局部，私人藏。書寫於北宋文房名品澄心堂紙。

新，百戰百勝，如孫、吳之兵，棘端可以破鏃，如甘蠅、飛衛之射。此詩人之奇也[11]。」這是黃庭堅非常有名的詩歌理論。至於作文之道，黃庭堅對楊明叔說：「文章者，道之器也。言者，行之枝葉也。」什麼是文章之「道」呢，此中有大學問，「耕禮義之田而深其耒」，「當官又敏於事而恤民」，這就是道。所以他也時常與楊明叔討論為官之道，給他推薦《循吏傳》，跟他講「食其祿而避事，則災怪生矣」，並且協同他處理了不少政事。

因為有了楊明叔這樣的學生，黃庭堅終於可以在這個偏遠之地安放自己的靈魂。他在〈砥柱銘〉（圖69）跋文中有幾句話高度讚揚了楊明叔，其文如下：

（……嫵媚者也。）吾友楊明州，知經術，能詩，喜屬文，吏幹公家如己事。持身清潔，不以諛言以奉於上智；亦不以驕慢以誑於下愚。可告以鄭公之事業者也。或者謂：世道極頹，吾心如砥柱。

米芾的晉帖情結

元祐六年（一〇九一），身在揚州的米芾（一〇五一——一一〇八）聽說好友劉季孫（一〇三三——一〇九二）家有一幅王獻之的〈送梨帖〉，就動了心。蘇軾也看過這幅〈送梨帖〉，且評價頗高，這更讓米芾想要想得到這幅〈送梨帖〉，那就得用價值對等的物件去交換，問題是米芾的藏品中沒有對等的物件可換。後來聽說劉季孫對他的一方硯山很感興趣，終於找到突破口了。硯山是用山形的硯石鑿製而成的硯臺，據說米芾這方硯山是南唐後主李煜的御用硯臺，有一尺多長，像一個峰巒疊嶂的微景觀，流轉數十人後到了米芾手中。

既然劉季孫想要這方硯山，米芾決定忍痛割愛，用它去換王獻之的名帖，但一方硯臺還遠遠不夠，米芾挖空心思在自己的藏品中拼湊，一邊湊一邊跟劉季孫談判。劉季孫不同意，米芾就繼續加價，他先後加了兩幅歐陽詢的法帖、六幅王維的〈雪圖〉、一條犀帶、一支玉座珊瑚，可劉季孫還是不同意，最後米芾決定加入〈懷素帖〉，於是再次給劉季孫寫信（即〈篋中帖〉，圖70），文字如下：

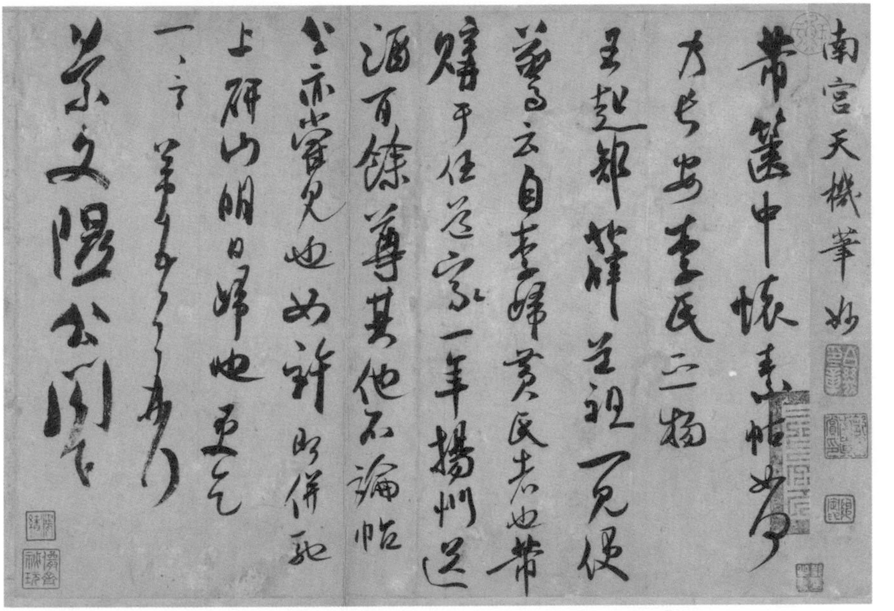

圖 70　〔宋〕米芾〈篋中帖〉，國立故宮博物院。

芾篋中〈懷素帖〉如何？乃長安李氏之物。王起部、薛道祖一見便驚云：「自李歸黃氏者也。」芾購於任道家，一年揚州送酒百餘尊，其他不論。帖公亦嘗見也，如許，即並馳上。研山明日歸也，更乞一言。芾頓首再拜，景文隰公閤下。

大意是：你覺得我書箱裡的〈懷素帖〉怎麼樣？它原是唐朝皇族李氏的舊藏之物。王欽臣和薛紹彭一見到這篇帖就驚呼：「這是從李家轉賣到黃家的東西！」我是從黃任道家買來的，當初為了得到這件東西，一年之內酒就送了一百多尊，其他東西還不說。〈懷素帖〉

你也見過，如果你願意，我一併都給你。硯山過幾天就還回來了，就等你一句話。

劉季孫，字景文，其父是北宋大將劉平，在宋夏戰爭的三川口之戰中死戰殉國，後也有人說劉平被俘至西夏。劉季孫一生官位不高，但詩寫得好，蘇軾的詩集中有好幾篇是與劉季孫的唱和之作，包括大家熟悉的〈贈劉景文〉：「荷盡已無擎雨蓋，菊殘猶有傲霜枝。一年好景君須記，最是橙黃橘綠時。」為了得到這幅王獻之法帖，米芾一共湊了十二件寶貝，劉季孫總算答應交換了。米芾為何要下這麼大的血本去換王獻之的法帖呢？這還得從米芾第一次去駙馬李瑋家品賞字畫說起。

遭公主嫌棄的駙馬

宋真宗的皇后劉娥是歷史上有名的攝政皇后，可惜她沒有兒子。所幸劉娥有個聽話的婢女李氏，經過一番精心設計，李氏為真宗生了一個兒子。劉娥把李氏的兒子當自己的兒子養，並將他扶植為下一任皇位繼承人，即仁宗皇帝趙禎。後人把這段歷史加工成了「狸貓換太子」的故事。

劉娥搶了李氏的兒子之後，並沒有將李氏置於死地，仍將她留在身邊，並善待她的娘家人。真宗去世後，李氏遷往永定陵為真宗守陵，臨終前被劉娥晉封為宸妃。劉娥去世後，仁宗才得知自己的身世，他對自己一生無緣孝敬生母深感痛心，於是對母親的家人特別好。李宸妃的哥哥李用和本是一個賣冥幣的人，後來在劉娥的關照下過上好日子。待仁宗趙禎親政後，親舅舅李用和更是加官晉爵，步入了貴戚行列。李用和的第二個兒子名叫李瑋（一〇二九——？），十三歲那年被三十二歲的表哥仁宗召見，仁宗對他的舉止和才學很滿意，決定將自己四歲的大女兒許配給他。仁宗為何這麼著急給女兒訂婚？難道皇帝的女兒還愁將來挑不到好女婿嗎？其實仁宗皇帝也是有隱憂的，此前遼國曾向大宋索要公主和親，被拒絕了。為了保住女兒，仁宗皇帝必須趕緊把女兒的親事定下來。嘉祐二年（一〇五七），公主十九歲時，仁宗為他們舉辦隆重的婚禮，並斥鉅資為公主建造一座豪華府邸。可是公主並不喜歡李瑋，嫌他長相難看、個性木訥。她喜歡的是近身內侍梁懷吉，結婚時還把這個太監一起帶到李家。

仁宗非常寵愛這個聰明伶俐的女兒，對她百依百順，把她慣得目無法紀。李瑋的母親對這個兒媳婦十分不滿，公主也看不起出身低微的婆婆，婆媳關係很緊張。一天夜裡，公主與梁懷吉私會，被李瑋的母親發現了，結果反倒是公主大怒，打傷婆婆後狂奔離家、夜擂宮門、向父皇哭訴。

為了平息這場家庭糾紛，仁宗決定讓公主住回皇宮，並責罰李瑋，將他外貶到衛州。明明是公主有錯在先，怎麼能偏袒公主而處罰駙馬呢？身為公主不守婦道，不敬公婆，完全置禮法於不顧，還夜闖宮門，這在當時可是重罪，因為宮門晚上是不允許隨便打開的，除非國家有大事。公主將家庭糾紛升級為國家事件，仁宗非但沒有懲罰她，還幫她處罰了受害者李瑋，這如何服得了人心？身為諫官的司馬光連上幾道奏章，言辭之激烈讓人瞠目結舌，一點不給皇帝面子，大意是：你怎麼教女兒的？看你女兒多壞！趕緊讓她回婆家！趕緊召回駙馬！嚴懲公主身邊的奴才！嚴懲開城門的人！

身體多病且已經患有精神問題的仁宗皇帝焦頭爛額，只得又召回女婿，貶斥梁懷吉，卻無法勸公主回李家，而且公主最後還是將梁懷吉帶在身邊。李瑋與公主的婚姻名存實亡，李瑋的哥哥李璋向仁宗申請解除兩人婚姻關係，仁宗皇帝無奈答應了。為示處罰，他降低了公主的封號，奪去女婿的駙馬都尉頭銜和待遇，但還是沒有完全讓他們脫離婚姻關係。不久，兩人又恢復了以往的待遇，只是似乎再也不曾見面。兩年後，仁宗去世，公主失去庇護。八年後，三十三歲的公主鬱鬱而終，而比她年長九歲的李瑋又多活了二十多年。

悲劇婚姻裡的精神慰藉

同為悲劇婚姻裡的受害者，李瑋並沒有像公主那樣抑鬱，因為他有自己的精神慰藉——書法。既然公主不喜歡他，李瑋也懶得搭理對方，沉浸在自己的書法世界裡。

身為駙馬，李瑋有機會看到很多經典名作，又有錢玩收藏，所以收羅很多藏品。他最好的藏品是十四件晉人墨跡，其中陸機的〈平復帖〉（圖 71）被後人評為天下第一帖。李瑋經常邀請書法名家去看他的藏品，請他們題跋。蘇軾就曾被邀請前往觀看，他看完後寫了一

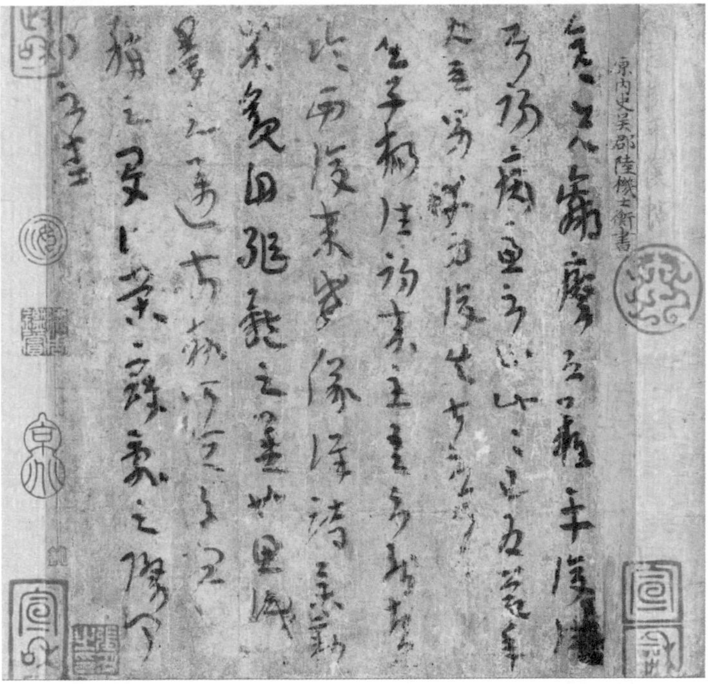

圖 71　〔晉〕陸機〈平復帖〉，北京故宮博物院藏。是陸機寫給朋友的一封信。

段觀後感，其中有這樣幾句：「余嘗於李都尉瑋處，見晉人數帖，皆有小印涯字，意其為王氏物也。有謝尚、謝鯤、王衍等帖，皆奇。而夷甫獨超然如群鶴聳翅，欲飛而未起也[12]。」大意是：我在李瑋都尉家看到幾幅晉人寫的書帖，每一帖上都印有一個小小的「涯」字，說明這是王家收藏的東西。其中有謝尚、謝鯤、王衍等人寫的字，都是罕見的好東西。王衍的書法氣質超然，就像群鶴展翅欲飛而尚未飛起。小印「涯」字是唐代收藏家王涯（七六五——八三五）的收藏印，「夷甫」是西晉書法家王衍（二五六——三一一）的字，這說明李瑋收的這批東西都是有傳承的真跡，且都是經典之作。

元祐二年（一〇八七），三十六歲的米芾與二十七歲王渙之（一〇六〇——一一二四）一起去駙馬家品鑑書法，年近花甲的李駙馬拿出寶藏的晉人墨跡，米芾瞬間就被驚艷到了。在此之前，米芾學習和研究的書法多是唐人之作，五年前他到黃州拜訪蘇軾，蘇軾建議他學習晉人，他才開始尋訪晉人書跡，但很難見到真跡。這次親眼見到李瑋的藏品，總算見識了什麼是好書法，也澈底刷新了他對書法的認識。

米芾和王渙之在李府逗留了好幾天，品賞名作之餘，米芾一直惦記著一件東西，那就是王羲之內弟郗愔（三一三——三八四）的〈廿四日帖〉（圖72），當年宋太宗借來刻法帖時有這一卷，他納悶駙馬爺怎麼沒拿出來呢？到了最後兩天，李瑋終於把這卷東西拿出來了，米芾大喜過望，看這幅作品的裝裱已經破損了，就與王渙之重新拆裝，然後題了幾個字：「李氏法書第一」，後來他又說這幅作品「亦天下法書第一也！」米芾隨後記錄了此事（即〈李太師帖〉，圖73）：

李太師收晉賢十四帖，武帝、王戎書若篆籀，謝安格在子敬上，真宜批帖尾也。

這段評語意思是：李太師收藏了十四幅晉代賢人的書帖，晉武帝和王戎的書法很像篆書和籀書，謝安的書法格調在王獻之之上，這段話真應該題在帖子背後。

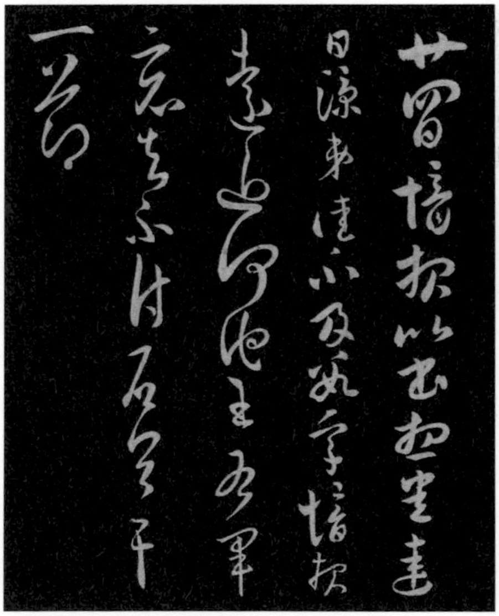

圖 72　〔晉〕郗愔〈廿四日帖〉拓本。

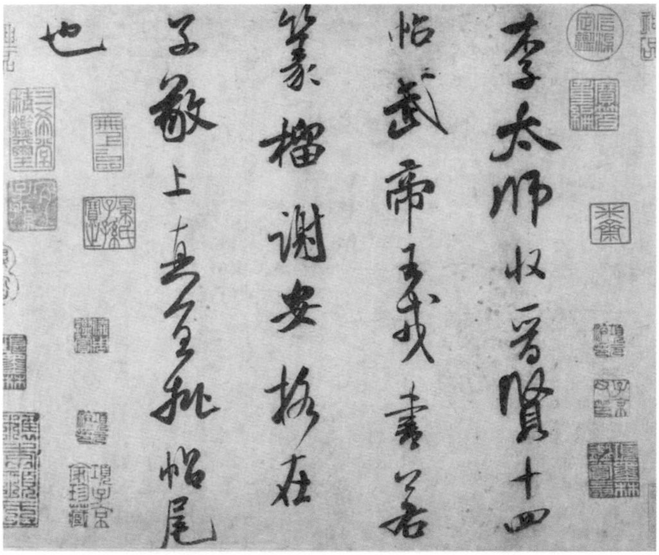

圖 73　〔宋〕米芾〈李太師帖〉，東京國立博物館藏。

賞晉帖得心病

視覺備受衝擊的米芾回家後憑記憶臨摹了數十幅，感覺書藝突變，就給朋友寫信發表感慨（即〈好事家帖〉，圖74）：

> 好事家所收帖，有若篆籀者。回視二王，頓有塵意，晉武帝帖是也。謝奕之流，混然天成，謝安清邁，真宜批子敬尾也。其帖首尾印記多與敝笥所收同，君倩、唐氏、陳氏之類印，玉軸古錦，皆故物。希世之珍，不可盡言，恨不能同賞。歸即追寫數十幅，頓失故步，可笑可笑。□□，陸統有一字如此，不識。退之云：羲之俗書趁姿媚。此公不獨為石鼓發，想亦見此等物耳。

米芾所說的「好事家」是指一般的收藏家，與之對應的是水準更高的「鑑賞家」。估計米芾覺得李瑋的鑑賞能力有限，所以將他歸為「好事家」。

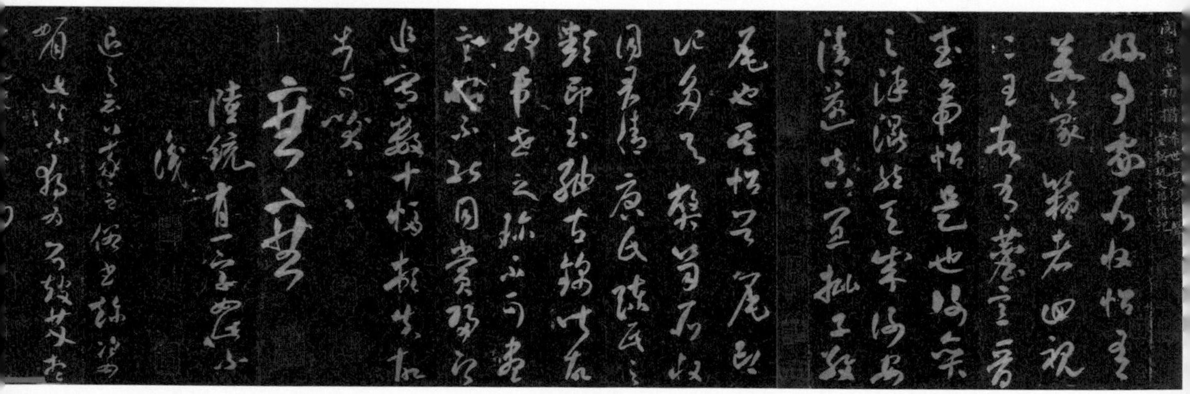

圖 74　〔宋〕米芾〈好事家帖〉拓本。收錄於《群玉堂帖》。

這封信大意如下：某位收藏家藏有一些晉人法帖，其中有的類似篆書和籀書，比如〈晉武帝帖〉，看完這些帖後再回看王羲之和王獻之的書法，立即就感覺到俗氣了。謝奕等人的書法渾然天成，謝安的書法清邁，確實適合題在王獻之書法的後面。這些法帖首尾的收藏印大多都與我收藏箱裡那些書帖上的印相同，如「君倩」、「唐氏」、「陳氏」等，還有裝裱用的玉軸和古錦，都是老東西。這些稀世珍寶很難用語言描述清楚，很遺憾你沒能與我一同觀賞。我回來後憑記憶摹寫了幾十幅，立時改變了我以往的寫字風格，想想真是可笑啊。□□，陸統（應為陸玩，「統」字應是米芾筆誤）的帖裡有一個這樣的字，我不認識。韓愈曾說：「王羲之俗氣的書法都是迎合一般人的審美。」我猜韓愈並非只是因為見了先秦時的石鼓文而發出這樣的感慨，他應該也見過我所說的這類晉人法帖。

從信的內容看，米芾對類似篆籀的高古書體，表現出極大的認同感，他認為與之相比，王羲之、王獻之的行書都太俗氣。在以上兩篇帖中，米芾都提到了晉武帝司馬炎（二三六——二九〇）的墨寶，他是真的被司馬炎的書法給震到了，還專門為司馬炎的書法寫過一篇書評（即〈武帝書帖〉，圖75），文字如下：

武帝書，紙糜潰而墨色如新，有墨處不破。吁！豈臨學所能，欲令人棄筆研也。古人得此等書臨學，安得不臻妙境？獨守唐人筆札，意格尫弱，豈有勝理。

其氣象有若太古之人，自然浮野之質，張長史、懷素豈能臻其藩籬？昔眉陽公跋趙叔平家古帖，得之矣！

欲盡舉一奩書易一二帖，恐未許也。今日已懶開篋，但磨墨終日，追想一二字以自慰也。

大意是：武帝的這幅書法，紙已經有些殘破了，但墨色如新，有墨的地方紙都沒有破。啊！這哪裡是臨摹一下就能學會的呀！我真想扔了自己的筆和硯臺。古人拿這樣的法帖做為學習範本，哪有不得書法妙境之理？現在的人只守著唐人的筆札，氣象卑微，哪裡能寫得好？這篇書法有遠古之人的氣象，自然質樸而帶有野性氣質，張旭和懷素（七三七——七九九）根本連它的邊都沒摸到呀！蘇軾曾給趙叔平家所藏的古帖題跋，他是知道妙境的人啊。我想拿所有的藏書跟駙馬爺換一兩幅帖，不過估計他是不願意的。今天我已經懶得打開書箱了，就磨一整天墨，回想帖中的一兩個字來安慰自己吧！

這篇讀後感讓米芾的性格特點躍然紙上，他看過司馬炎的法帖後，很想換到自己手裡

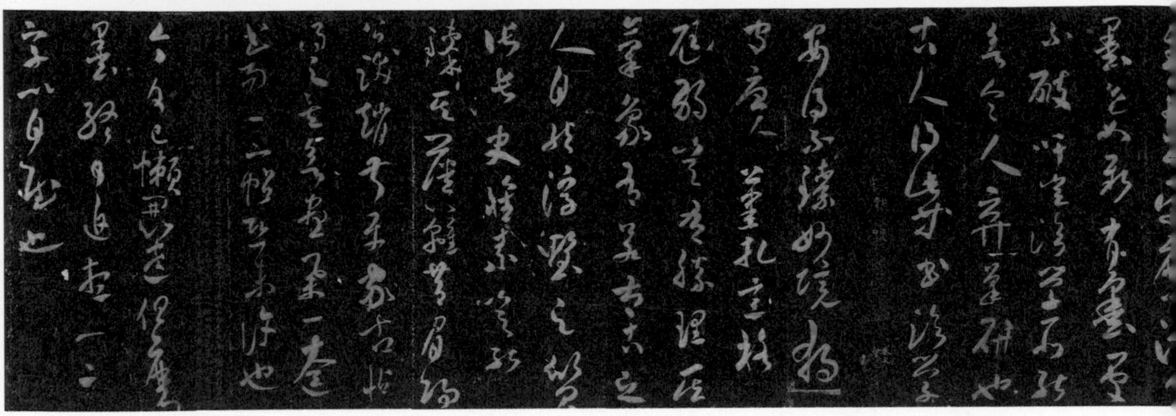

圖 75　〔宋〕米芾〈武帝書帖〉拓本，收錄於《群玉堂帖》。

來，但又沒有足夠好的東西去交換，很是氣餒和無奈，回到家就生悶氣。之前備受他推崇的唐代草書大家張旭和懷素，都無法相提並論、難登高古之堂了。他愈想愈氣，忍不住想罵人，於是另起一紙寫道（即〈論草書帖〉，又名〈張顛帖〉，圖76）：

草書若不入晉人格，輒徒成下品。張顛俗子，變亂古法，驚諸凡夫，自有識者。懷素少加平淡，稍到天成，而時代壓之，不能高古。高閑而下，但可懸之酒肆。辯光尤可憎惡也。

大意是：寫草書如果沒有晉人風采，就只能算下品。張顛（指張旭）這個俗子亂變古法，雖然驚豔了凡夫俗子，但自有人能識破他的真面目。懷素的書風要是再平淡一點，就可略追晉人了，可惜他受限於所處的時代，也高古不起來。至於高閑（中晚唐僧人）等人的草書，只配掛到市井酒肆裡，而辯光（盛唐僧人）的草書就更令人憎惡了。

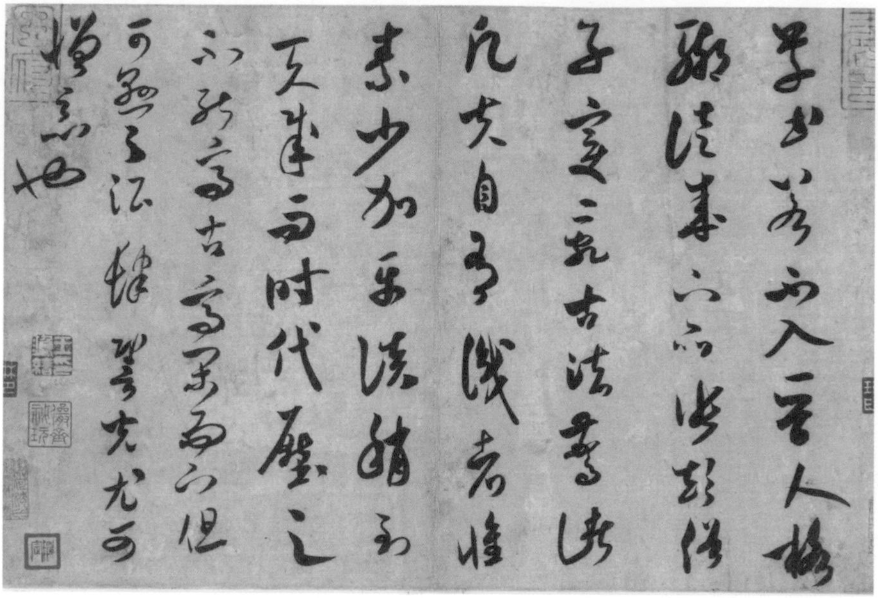

圖 76　〔宋〕米芾〈論草書帖〉，國立故宮博物院。

有了這種晉帖情結，也不難理解米芾聽說劉季孫家裡有王獻之法帖後的表現了。雖然王獻之的書法比不上駙馬李瑋收藏的那些晉人法帖，但終歸也是晉人名作。劉季孫同意交換了，按說這下米芾該開心了，可是開心不過三秒，因為他那方硯山被駙馬王詵借走把玩，一直沒還回來，當王詵歸還硯山時，劉季孫已經起程赴任隰州（今山西隰縣），到任後不久便去世了。

元符三年（一一〇〇），五十歲的米芾收到蔡京送的一幅謝安法帖〈八月五日帖〉，這個謝安就是淝水之戰以少勝多的東晉一方的總指揮。米芾太開心了，他覺得這件東西比「二王」的還好，他的晉帖情結終於得到滿足了。為此，米芾給自己的書齋取名「寶晉齋」。

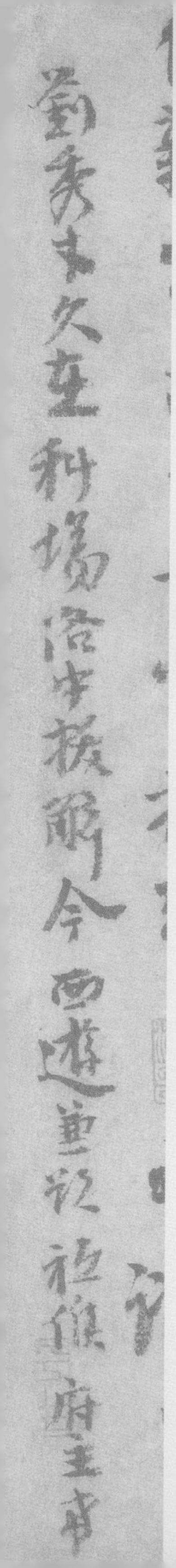

肆 通人情

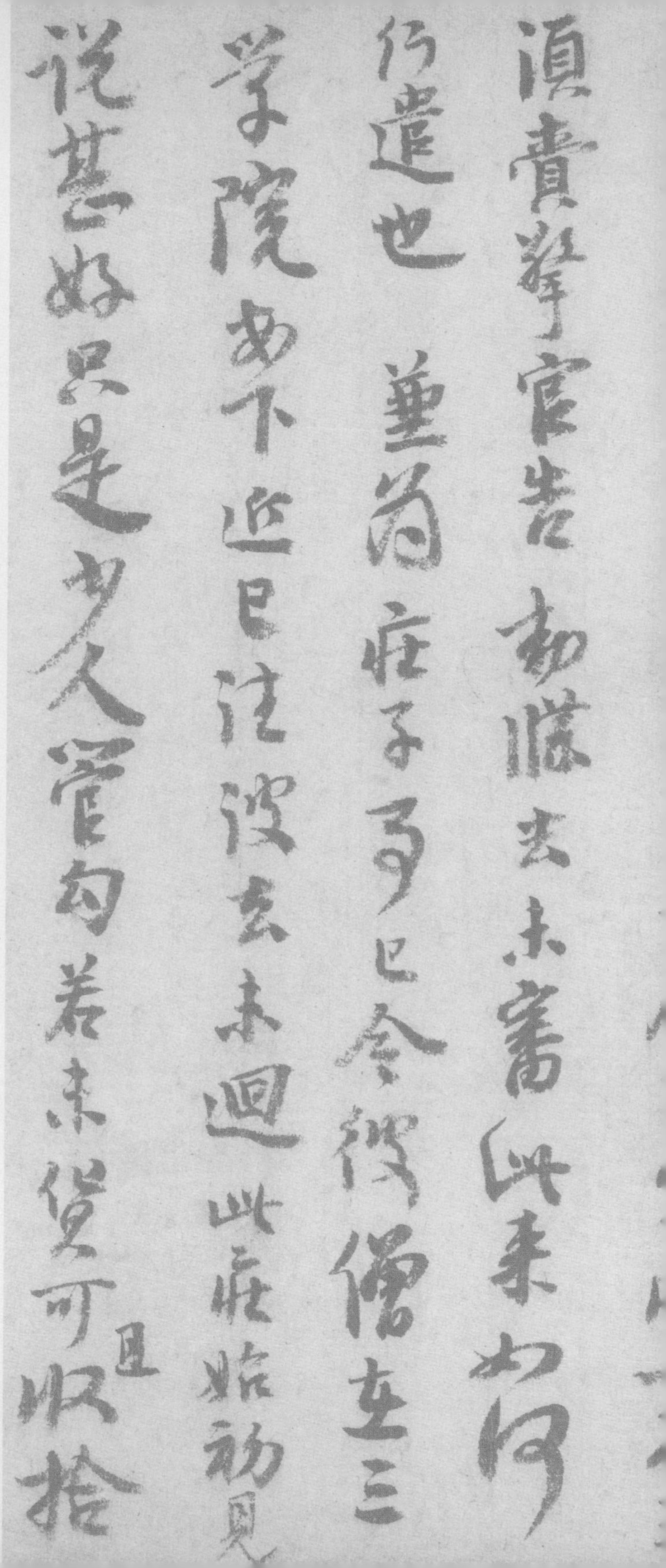

善於經營人生的李西臺

從一名私塾老師到洛陽監察部門高官，李建中（九四五——一〇一三）的一生平凡而又勵志。從他流傳後世的三封書信中，可以看出他對人生和日常生活的精心經營。

書信裡的經營

現藏於臺北故宮博物院的〈土母帖〉（圖77）是李建中寫給朋友的一封書信：

所示要土母，今得一小籠子，畏封全諮送，不知可用否？是新安鈌門所出者，復未知何所用，望批示。春冬衣曆頭，賢郎未檢到，其宅地基，尹家者，根本未分明，難商量耳。見別訪尋穩便者，若有成見宅子又如何？細希示及。（花押）諮。（孫號西行少車，今有舊車，如到彼不用，可貨卻也。）

此信大意是：你之前說要土母，我找了一小筐，封裝好了給你寄過去，不知能不能

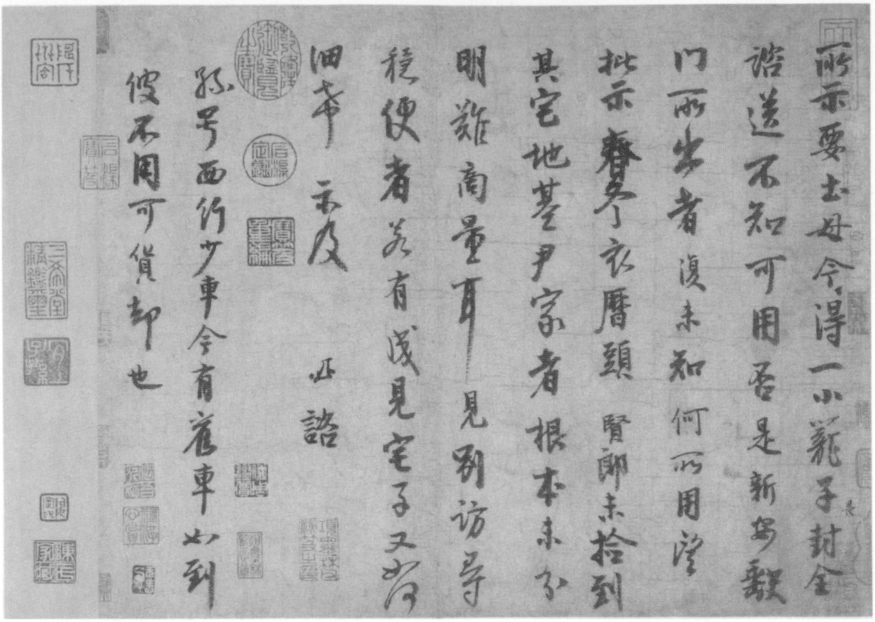

圖 77　〔宋〕李建中〈土母帖〉，國立故宮博物院。

用？是新安縣缺門這個地方出的，不知你要這東西做什麼用，希望能告知我。冬去春來，你兒子還是沒找到合適的宅基地，尹家的宅基地有問題，不適合買，再找找更穩妥的吧。如果有現成的宅子行不行？希望能告知我。（孫號西去的時候沒有車，我就給他找了一輛舊車，如果到了之後沒用了，就賣了吧。）

信中說了三件事：寄土母，找宅基地，賣舊車。李建中不知道友人要土母有何用，一般人遇到這種情況可能只在心裡存疑，但他卻要在信中認真問一句，還讓對方回信告知自己，可見他是個好打探的性格，可以獲得很多小道消息，當然這也是從政之人必須謹慎的個性。他懂得怎樣選房址、買宅子，應該都源於多年

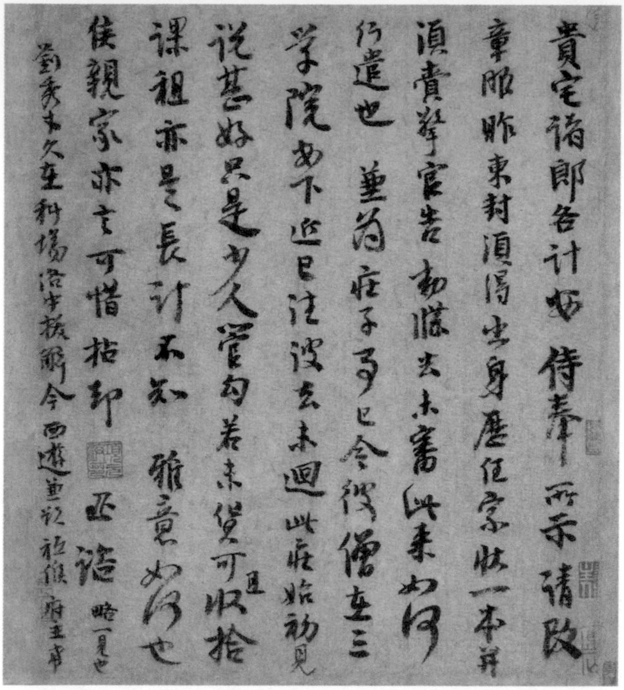

圖 78　〔宋〕李建中〈貴宅帖〉，北京故宮博物院藏。

的生活經驗。他還專門提醒收信人，之前提供給另一位友人的舊車如果用不到就賣掉，他的確是一個心細如髮的精明人呢。

藏於故宮博物院的〈貴宅帖〉（圖78）也是李建中寫給朋友的書信，文字如下：

貴宅諸郎各計安侍奉。所示請改章服，昨東封，須得出身歷任家狀一本，並須齎擎官告、敕牒去，未審此來如何行遣也。

兼為莊子事，已令彼僧在三學院安下，近已往彼去，未回。此莊始初見說甚好，只是少人管勾，若未貨，可且收拾課租，亦是長計，不知雅意如何也。侯親家亦言可惜拈卻。（花押）諮。（劉秀才久在科場，洛中拔解，今西遊，兼欲祗候府主，希略一見也。）

此信大意是：你的幾個孩子都還好吧，你之前說想改章服，昨天皇帝剛剛封禪，你得提供一份包括出身背景、工作經歷的簡歷，還需攜帶委任狀、授官文書前去，至於能不能成功我也不好說。關於找房子的事，已安排那名僧人在三學院住下，我最近也去看過。這個莊子挺好的，只是缺人管理，如果還沒賣出去，倒是可以收拾一下用來出租，也是長久之計。不知你意下如何呢？侯親家也說如果空著的話會很可惜。（我女婿劉秀才科考一直沒中榜。這次他可以不參加外省的考試，直接前往禮部考試。現在他要西行遊學並希望能拜訪知府大人，希望你能見見他。）

這封信也說了三件事：一是說收信人想改章服。章服[1]就是代表官員級別的服飾，不同級別的官員會有不同的章服，最明顯的差別在顏色上，按級別從低到高依次是青、綠、朱、紫（圖79），所謂改章服就是再升升官的意思。信中提到的皇帝封禪，應是指宋真宗在大中祥符元年（一〇〇八）的泰山封禪，這一年李建中六十三歲。一般封禪後會有大規模的官員升遷，所以李建中趕緊告知一直想升官的友人，讓他準備簡歷並提交。二是關於給僧人找房子的事，可再次看出他精於算計。三是關於他女婿劉仲謨去西邊遊學的事，希望收信人能見他一面。此時李建中在洛陽，西邊應該是指以西安為中心的西部地區。總之，無論是幫人求升官、盤點僧院，還是給女婿找關係，沒有一件不是涉及利益經營的。

圖 79　〔宋〕趙佶〈聽琴圖〉局部，北京故宮博物院藏。此圖描繪官員雅集聽琴的場景，從人物服色可以看出官階品級。

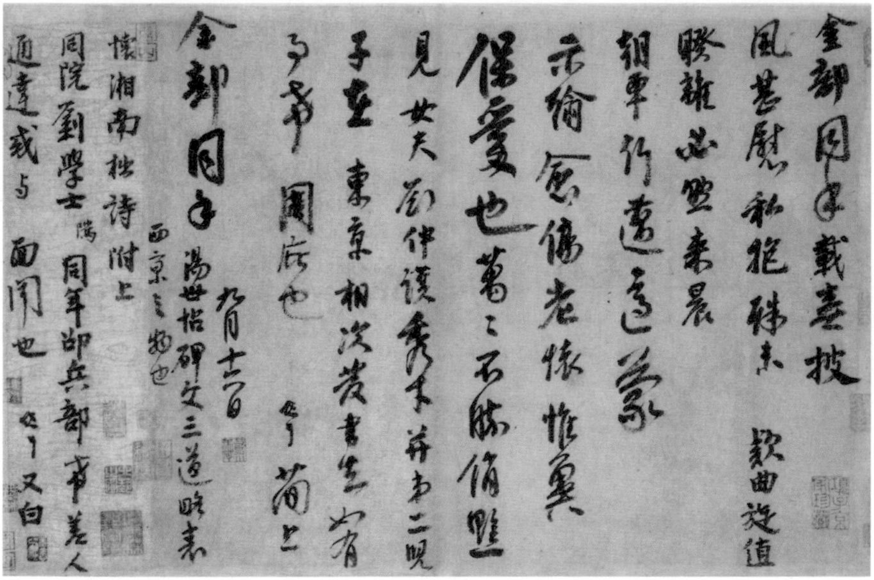

圖 80　〔宋〕李建中〈同年帖〉，北京故宮博物院藏。

藏於故宮博物院的〈同年帖〉（圖80）是李建中寫給昔日同學的書信，文字如下：

金部同年：載喜披風，甚慰私抱。殊未款曲，旋值睽離。必然來晨朝車行邁。適蒙示翰，愈傷老懷，惟冀保愛也。萬萬，不勝銷黯。見女夫劉仲謨秀才並第二兒子在東京，相次發書去。如有事，希周庇也。建中簡上，九月十六日。金部同年。（〈湯世帖〉碑文三道，略表西京之物也。〈懷湘南〉拙詩附上，同院劉學士騭，同年邵兵部，希差人通達或與面聞也。建中又白。）

大意是：金部的老同年，上次見面很是開心，但還沒來得及好好招待你就走了，想來定是第二天要早起趕路吧。最近收到你的來信，更加感傷我們都已經老了，只希望你能好好保重自己，切記切記！說到這些心情真是萬分沉重啊。我女婿劉仲謨和二兒子都在東京開封，我都給他們寫信交代過了，萬一有事還希望你能多多照顧。（附上〈湯世帖〉碑文三份，算是贈送一份西京洛陽的特有禮物吧。另外自寫了一首〈懷湘南〉詩送上，也給集賢院的同事劉騭學士和兵部姓邵的同年各抄了一份，希望你能託人送達或當面轉贈。）

李建中曾在金部工作，金部屬戶部，是掌管錢幣鑄造事務之類的部門，同年是指同一年考中進士的人，類似於現在的同學。這封信與前文〈貴宅帖〉說到了同一個人，就是他的女婿劉仲謨。只不過這次劉仲謨不在洛陽以西，而是在洛陽以東的開封。這封信前半部分都是些回憶往事的客套話，只有託收信人照顧自己女婿和兒子才是正題。託人幫忙還有禮物送上，於是送了碑文和自寫的詩。以碑文和詩做為禮物，非常符合李建中的身分，對接受者來說，這種禮物也非常有價值。因為宋人喜好拓碑，尤其是古碑，李建中屬於早期拓碑者。到北宋中期，此風驟起，因為拓片既可以用來研究學問，還可以學習書法，更可以賣錢，這方面的代表人物有歐陽修、李清照的丈夫趙明誠、宋徽宗趙佶等。

李建中的〈懷湘南〉寫的是他在長沙工作時的事，劉鷺是長沙人，又在那邊工作過，後來才調回集賢院。邵希是老同學，從內容上來說，送這兩首詩給這兩位朋友，是適合的。然而意義還不盡於此，畢竟李建中不是文學家，他的詩不像梅堯臣、歐陽修、蘇軾等人那麼有價值，但他是有名的書法家，他早年的書法就被人爭相收藏，晚年的書法就更有價值了。多年之後，眼光極高的歐陽修見到李建中的書法，大為讚賞，《宣和書譜》有記載御府收藏了李建中四件詩帖。所以，他表面是在送詩懷舊，實際上是在送自己的書法。李建中這封託人幫忙的信寫得很用心，既有情又有利，而且除收信人外還順帶兼顧了其他相關的同事和同學，也可看出他做事一貫周密謹慎的性格特點。從以上三封書信已經可以看出，李建中一直在步步為營的精心經營著自己人生中的每一步、每一處。如果我們再來看他一生的軌跡，這種人生規畫和經營就更明晰了。

一定要考上公職

李建中，字得中，四川人。他的祖父、曾祖父都是史書上留名的人，但父親沒留下什麼資訊。李建中出生於五代時的後蜀（九三四——九六六），十四歲時父親去世，二十一歲時趙匡胤滅後蜀，李建中成了大宋子民。這一年，他與母親遷居洛陽，靠私塾教學維持生活。根據李建中的專業特長來推測，他大概至少要教授兩門課程：一是書法，二是小學。古代的小學內容主要是文字的形和義，也包括字形的演變。小學是兒童蒙學的內容之一，也是書法愛好者成為大家的必修課，李建中後來在這個領域成了專家。

李建中在洛陽的日子過得還不錯，偶爾也會到兩百公里以東的開封去走動，積累一點人脈。日子久了，他發現參加科舉考試非常重要，一是因為進士的身分是上流社會交際的必需品，二是因為走仕途的必要條件要麼是有恩蔭，要麼就是進士出身。李建中是沒有恩蔭的，也就只能靠參加科舉考試，於是他開始了漫長的考試生涯。在李建中遷居洛陽十七年後，也就是趙匡胤的弟弟趙光義當皇帝的第八年，三十八歲的大齡考生李建中終於考上進士了。從此李建中就過上了平凡而安穩的公務員生活，先在兩湖地區當了幾屆小官，差不多到四十五歲的時候，擠進京城做了一名太常博士。太常博士主要是負責皇家禮儀以及給某些去世的重要官員擬諡號，這既與他的專業無關，官階也比較低，但畢竟是京官了，這可能得歸功於他的老鄉蘇易簡的幫助。

蘇易簡雖從小生長在開封，但父輩卻是四川人，他比李建中小十三歲，但比李早三年考中進士，而且是狀元，深得太宗趙光義的賞識，後來成為副宰相和大收藏家。有一回，太宗問起四川有什麼人才，蘇易簡就推薦了李建中，李建中就這樣有了面見皇帝的機會，後來成為太常博士。大概是在這個時候，他看到了前輩郭忠恕撰寫的字學專著《汗簡》（圖81）。

時人對郭忠恕的書法評價很高，但嚴格來講，郭忠恕的書法成就只是他研究字學的副產品，而《汗簡》則是他研究古體字的學術成果。他把自己的研究成果敬獻給宋廷，可惜當時的宋朝一門心思都在統一全國，且一直到他去世，南方都還沒有統一，加之他的著作又深奧難懂，所以一直無人問津，直到有一天被李建中發現，才重見天日。李建中翻到這部著作時很是驚訝，他根據落款中的「臣忠恕」三個字猜測是郭忠恕，但又不敢確定，於是向前輩徐

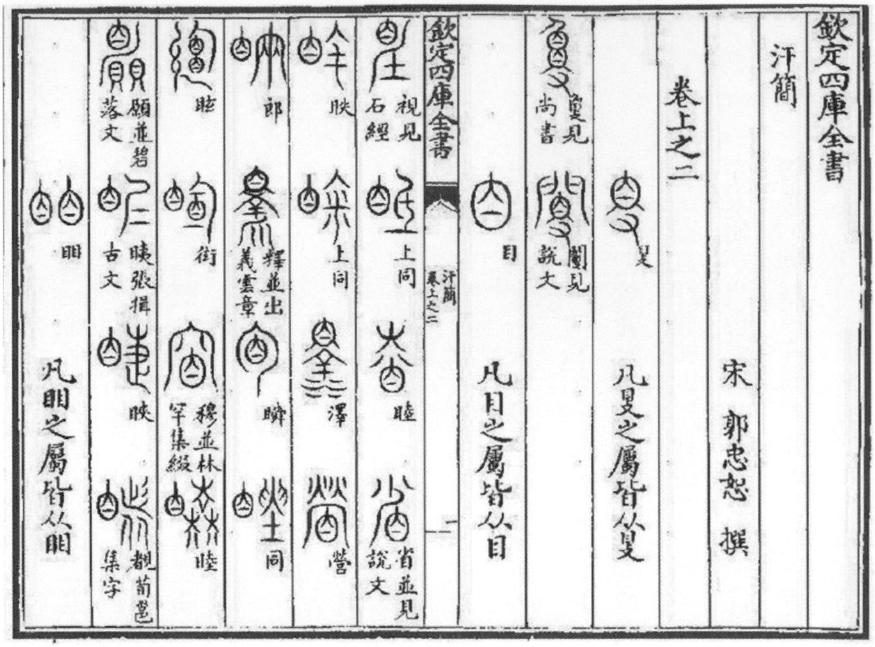

圖 81 〔宋〕郭忠恕《汗簡》局部，引自文淵閣《四庫全書》。

鉉諮詢，徐鉉也是字學領域的學術達人，他肯定的說作者就是郭忠恕。此時郭忠恕已去世十餘年，李建中用當時已經瀕臨失傳的蝌蚪文將《汗簡》重抄一遍獻給皇帝，深得讚譽。李建中還與晚輩周越一起編纂了《法書苑》，論古今字學，非常詳備。李建中書法絕佳，又通曉字體演變，所以很多人都模仿他的字。

一生最愛是洛陽

李建中先後做過著作郎、殿中丞，管理過香藥，任過兩浙轉運副使、河南府通判，又在曹、解、潁、蔡四州當過知州，大致還是安穩的。唯一的一次波折是在他快六十歲時，因連坐被發配到山西運城。經過一番仕宦之苦，李建中只想安享晚年。他多次向朝廷申請一個在洛陽的職位，雖未能如願，仍堅持不懈，最終得到了「西京留守司御史臺」這個職位，類似於洛陽檢察院檢察長，這是李建中一生任過的最高職務，他也因此而被後人稱為「李西臺」。李建中為什麼一心想著要在洛陽工作和養老呢？這或許與洛陽的特殊地理位置有關。

洛陽位於河南中部地區，它的周圍除東北方向外都是大山，有太行山、王屋山、崤山、熊耳山、外方山和著名的嵩山。諸山腳下河流彙聚，有伊水、洛水、澗水、瀍水等，最大的則是北面的黃河。這些天然優勢使得洛陽成為中原王朝最重要的城市之一，它是漢唐的陪都以及一些王朝的首都，也是絲綢之路的起點，是連接絲綢之路與東部地區的中轉站，所以匯聚了很多達官貴人及商賈大戶。洛陽後來成為盜墓賊的天堂，是有深厚物質基礎的。

李建中在洛陽除了擔任御史臺的職務外，還有一項任務是校訂《道藏》，這是一套關於道教經典的總集。宋真宗自「澶淵之盟」後，再也無意與遼國對戰，而是一心向道，希望道教神仙能保佑宋朝世代安寧，他在大中祥符元年（一〇〇八）舉行了聲勢浩大的封禪活動，並且組織大規模的道教經典編撰工作。這麼一大把年紀還要當辛苦的校書郎，隱士林逋實在無法理解，但李建中只是嘿嘿一笑，不置一辭。

一生經營終成其名

工作之餘，李建中最大的樂趣就是收藏古玩、作詩、寫書法、遊園林，晚年過著安逸舒適的生活。如果說前輩徐鉉成名主要是靠天資的話，那麼李建中則是靠長期經營，才終成其名。從四川到洛陽，從一個早年喪父的孩子成長為一代字學專家和書法名家，他一直都在認真努力的經營自己、改善生活，也精心謀求下一代的安穩生活。相比諸多士大夫的宦海沉浮、家族動盪，李建中的一生既普通又勵志。他沒有背靠大樹的底氣，也沒有天資支撐的狂放，行走在當時驚險的官場上，他只能憑藉自己的細心謹慎、穩妥周密來求生存發展，並最終一生平安，穩妥收場。

范仲淹的伴手禮

范仲淹有個遠房親戚叫張昷之（九八五——一〇六二）。范仲淹的親家王質的堂姊，是張昷之的連襟呂公著的親嫂，而呂公著就是宰相呂夷簡之子，所以後來有人說，范仲淹與王質結為親家，就是因為他彈劾呂夷簡失敗被貶後，轉而攀附呂夷簡。范仲淹到底有沒有這個心思不得而知，但後來范仲淹升任重要職位時，呂夷簡並未阻攔。在慶曆新政推行期間，范仲淹和張昷之因工作經常需要見面，在新政後期，范仲淹處於被監視、圍攻階段，被迫離開朝廷到地方任職後，他們兩人見面不方便，通信就頻繁起來。其中有一封問候信（即〈遠行帖〉，圖82），文字如下：

仲淹再拜，運使學士四兄：

兩次捧教，不早修答，牽仍故也。吳親郎中經過，有失款待，乞多謝。吾兄遠行，瞻戀增極，萬萬善愛，以慰貧交。蘇醞五瓶，道中下藥。金山鹽豉五器，別無好物，希不責。不宣。仲淹再拜，景山學士四哥座前。八月五日。

此信大意：四哥您好，之前收到您兩封信，沒有及時回覆，因為雜事太多了。您從我這裡經過，沒有好好款待，還請見諒。老哥您要遠行，弟十分不捨，您一定要多保重，別讓老弟擔心。給您送上五瓶蘇酒，可用於路上服藥，還有五罐金山鹽豉。實在是沒什麼好東西，您別見怪。

信中范仲淹稱呼張昷之為四兄，因為張昷之比范仲淹年長四歲，這有可能是同科進士中幾個要好的同學私下排的序，或張昷之在家裡排行老四。信中的「運使學士」、「吳親郎中」、「景山學士」，都是對張昷之的尊稱。「景山」是張昷之的字。稱「運使」是因為張昷之曾任轉運使和都轉運按察使。稱「吳親」是因為兩人祖籍都在吳地，即蘇州一帶，且二人有姻親關係。

隨新政同浮沉

范仲淹與張昷之年齡相仿，都是蘇州人，不過他們小時候不認識，因為范仲淹兩歲喪父，母親帶著他改嫁到山東，他是考上功名後才帶著母親回歸故土。大中祥符八年（一〇一五），他們成為同科進士，同年的進士還有〈岳陽樓記〉中的主人公滕子京，以及范仲淹名帖〈道服贊〉（圖 83）的主人許希道。

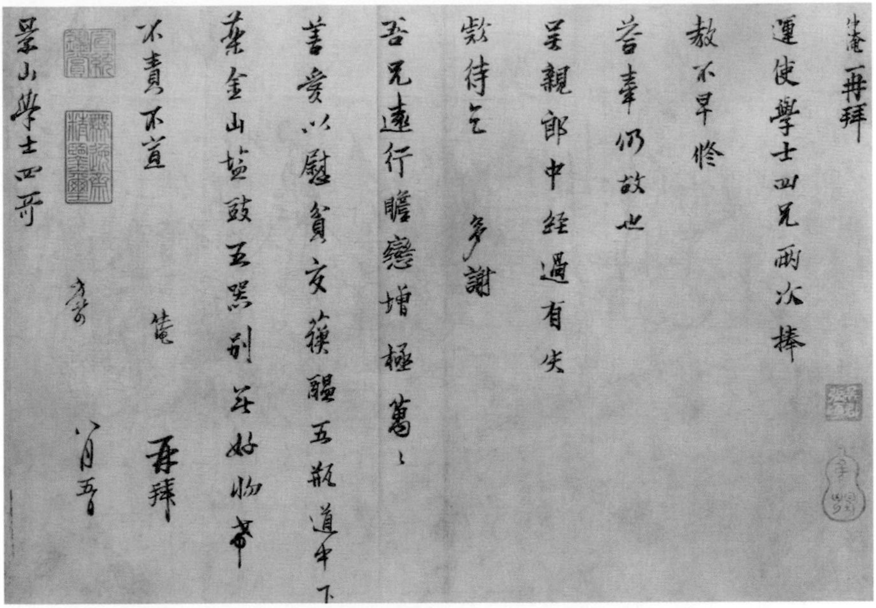
仲淹再拜
運使學士四兄兩次捧
教不早修
答奉仍故也
呈親郎中經過有失
款待之 多謝
吾兄遠行瞻戀增極萬萬
善愛以慰貧交獲驅五瓶道中下
藥金山藍豉五器別無好物希
不責不宣
仲淹再拜
景山學士四哥
月五日

圖 82 〔宋〕范仲淹〈遠行帖〉，北京故宮博物院藏。

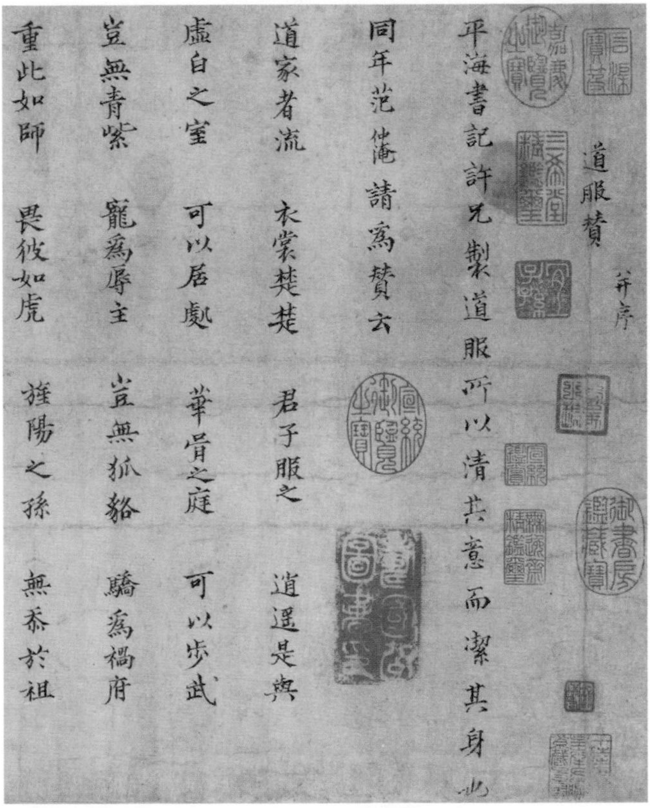
道服贊 并序
平海書記許兄製道服所以清其意而潔其身也
同年范仲淹請爲贊云
道家者流 衣裳楚楚 君子服之 逍遙是與
虛白之室 可以居處 華胥之庭 可以步武
豈無青紫 寵爲辱主 豈無狐貉 驕爲禍府
重此如師 畏彼如虎 旌陽之孫 無忝於祖

圖83 〔宋〕范仲淹〈道服贊〉，北京故宮博物院藏。本卷是范仲淹為其同年友人「平海書記許兄」所製道服撰寫的一篇贊文，稱友人製道服乃「清其意而潔其身」之舉。

張昷之的父親張佖，原是南唐後主李煜的文臣，隨李煜同歸宋朝。張昷之沒有走父親的恩蔭，而是通過考進士走入仕途。張昷之的名字在後世並不顯赫，可能是因為他不擅於寫點文章以傳後世。但實際上，他的工作能力很強，有不少工作經驗可供後人參考，蘇軾也曾說他是仁宗朝的能臣[2]。

張昷之曾在滬州擔任知州，因工作出色，被宰相蔡齊（九八八——一〇三九）推薦到淮南路任提刑官，負責這個地區的刑偵工作。寶元元年（一〇三八），五十三歲的張昷之晉升為廣南東路轉運使，成為地方大員。廣南東路大約就是今天的廣東地區，這裡在北宋前中期是蠻荒之地，少數民族非常多，民族關係比較複雜。張昷之在廣南東路的手段非常強硬，他認為政府沒有必要給少數民族特殊待遇，他們犯罪之後應該與漢人同等處罰。所以一時之間，很多犯事的少數民族被抓捕處置，境內安寧了很多。結束廣南東路的工作之後，張昷之升為三司度支判官，進了國家財政部門，大約一個月後改授河北路轉運使。不久又升任三司鹽鐵副使，相當於財政部的副部長，是三司各副使中最重要的副職。

從張昷之的經歷來看，他的仕途平穩，但是卡在了三司副使這個位置上。大約就在此時，張昷之遇上了慶曆新政。在宋仁宗主導、范仲淹等人出謀劃策的慶曆新政中，有一條政策是裁撤工作能力很弱的官員，重用有能力的官員，張昷之就被范仲淹、富弼推薦上去了。很快，張昷之升為天章閣待制、河北都轉運按察使。都轉運按察使比轉運使級別要高，除了轉運使的職責外，還兼公檢法的職責於一身，是欽差大臣，而「天章閣待制」的頭銜，則意味著他下一步可能升為副宰相。被范仲淹舉薦升官後，張昷之自然也就成了改革派。所以後來改革派倒臺時，他也跟著被貶了，被外放到虢州當知州。

以家鄉特產送行

在范仲淹寫給張昷之的這封信裡，最貼心的要屬范仲淹給張昷之準備的禮物：五瓶蘇酒和五罐金山鹽豉。這兩樣東西都是他們家鄉的土特產。根據信中「道中下藥」一語，可推測張昷之身體不好，要靠藥物維繫，而藥物要以酒送服。宋人以酒服藥很常見，或藥前服酒，或藥後服酒，或直接服用，或加熱服用，非常講究，這無形中也成為宋代酒業空前發達的一個原因。所以，范仲淹送的酒不是為了開懷暢飲，也不是為了借酒澆愁，而是治病。宋代的酒，酒精度數不高，但禁止私釀，酒麴都由官方專賣，最好的酒在皇宮裡，稱內庫法酒，一般人喝不到。所以如果朝廷賞賜宮裡的酒，或者允許某些人自己釀酒，都是很大的恩惠。

那麼「金山鹽豉」又是什麼東西？金山是指金山寺，在今江蘇省鎮江市，已有一千六百多年歷史，是中國佛教禪宗四大名寺之一，宋代很多名人都曾在這裡留下詩篇，如范仲淹、蔡襄、蘇舜欽、司馬光、王安石、蘇軾等，蘇軾的好友佛印曾住持這裡。鹽豉，是用鹽醃製的豆豉，只不過不同地區的做法不同，至於金山寺的鹽豉做法如何，為何這麼有名，現在已不可考。不過現在最正宗的鹽豉一般要用海鹽醃製，不知是不是因為金山寺近海，用的海鹽比較特別。

鹽豉的往事

鹽豉的歷史悠久，西晉時期有一個著名的典故中就提到了鹽豉。西晉文學家陸機到王武子家做客，王武子問陸機，南方有什麼美食可以和北方的羊酪相媲美，陸機說「有千里蓴羹，但末下鹽豉耳」，陸機說的美食，是用鹽豉做的蓴菜羹。後魏賈思勰在《齊民要術》裡也提到了一種名為「蓴羹」的菜品，具體製作方法大致如下：將魚切成兩寸長的魚段，蓴菜不切，冷水放蓴菜，水開後放魚和鹹豉。

鹽豉一般不直接食用，多是用來調味。如上文說到的「蓴羹」就是以鹽豉來調味。另外，美食家東坡先生有「每憐蓴菜下鹽豉」、「點酒下鹽豉，縷橙芼薑蔥」、「鹽豉煮芹蓼」之類的美食經驗。黃庭堅有「鹽豉欲催蓴菜熟」，劉才邵也有「蓼分紫虯髯，芳滑鹽豉足」，他們說的都是以鹽豉給蓴菜調味。鹽豉也經常用做肉食和水產品的調味品，如南宋陸游（一一二五——一二一〇）曾寫過，朝廷宴請金國使者的第一道菜就是「肉鹽豉」。

關於鹽豉這種食物，還有一個典故。有一回，南宋詩人楊萬里（一一二七——一二〇六）的一個老鄉從江西吉水去看他。這個老鄉頗以學識自負。楊萬里想滅滅他的威風，於是給他寫了一封信：「聞公自江西來，配鹽幽菽，欲求少許[3]。」這個老鄉不知道「配鹽幽菽」是什麼意思，也明白了楊萬里是想教訓他，於是趕緊登門求教。楊萬里慢悠悠地拿出《禮部韻略》，翻到「豉」給他看，「豉」字下邊的注釋寫的正是「配鹽幽菽」。這幾個字是什麼意思呢？原來豆子在古代被稱為「菽」，「幽菽」就是把豆子裝在封閉的器皿中，調料中要有鹽，所以稱「配鹽」。楊萬里這封信的意思是：聽說你從江西來，能不能給我帶一點鹽豉呢？

宋代的金山鹽豉，很可能是一個百年老字號。周敦頤（一〇一七——一〇七三）的侄兒周仲章曾送了鹽豉給裴煜，裴煜將其中一小罐轉送給著名詩人梅堯臣（一〇〇二——一〇六〇）。梅有一首詩，其中一句「金山寺僧作鹹豉」，說明送的就是金山鹽豉。再晚一些的蘇軾和黃庭堅也都收到過金山鹽豉。黃庭堅說「惠紫蕈、金山豆豉，皆佳物」。再晚一點的王洋（一〇八七——一一五四）也曾送金山鹽豉給朋友鄭望之（一〇七八——一一六一）和徐誼。只上述這幾個人，已經跨越近百年。

寺院裡出精品豆豉是很有可能的。自梁武帝以來，中國僧人以茹素為主，但茹素未必就吃得清湯寡水，素菜也可以做得美味。一些寺院裡也藏有技藝高超的大廚，他們能將豆製品做出各種味道，有的吃起來甚至分不清是真肉食還是假肉食。梅堯臣就說：「我今老病寡肉食，廣文先生分遺微[4]。」說明金山鹽豉的味道可以與肉味相比，所以裴煜送了一點給他，他就把這事寫在詩裡了。同時也說明，金山寺僧人做出來的豆豉不僅可以調味，有的還可以直接下飯。金山寺是一座名寺，遊客眾多，其鹽豉應該是很暢銷的。一個產品能做百年之久，並且還能滿足大眾送禮的需求，可以想見當時金山鹽豉的製作應該很有規模了。

山藥在北宋

山藥在今天是家喻戶曉的食物，但在北宋以前，它只是荒山野嶺間的一種植物，人類對它的記載也僅限於少量醫書。直到北宋早中期的某一段時間，山藥才頻繁出現在御醫筆下。而驚現於士大夫眼中則始於一次「宰相帶貨」，山藥的知名度因而竄升。在文人士大夫圈子裡，山藥甚至成為一種雅物，種植山藥、送山藥禮、喝山藥酒、吃山藥點心，都成為雅事。

南都山藥禮

文人之間常拿山藥做為禮物餽贈，被譽為鐵面御史的趙抃（一〇〇八——一〇八四）曾鄭重寫過一封感謝信（即〈山藥帖〉，圖84），感謝對方贈送的山藥，並回贈了對方禮物：

抃啟：

辱誨示。以南都山藥分惠，曷勝珍感。介還布謝崖略，不宣。

抃頓首。知郡公明大夫坐前，即刻。（海柑四十顆，容易為獻。惶恐惶恐！）

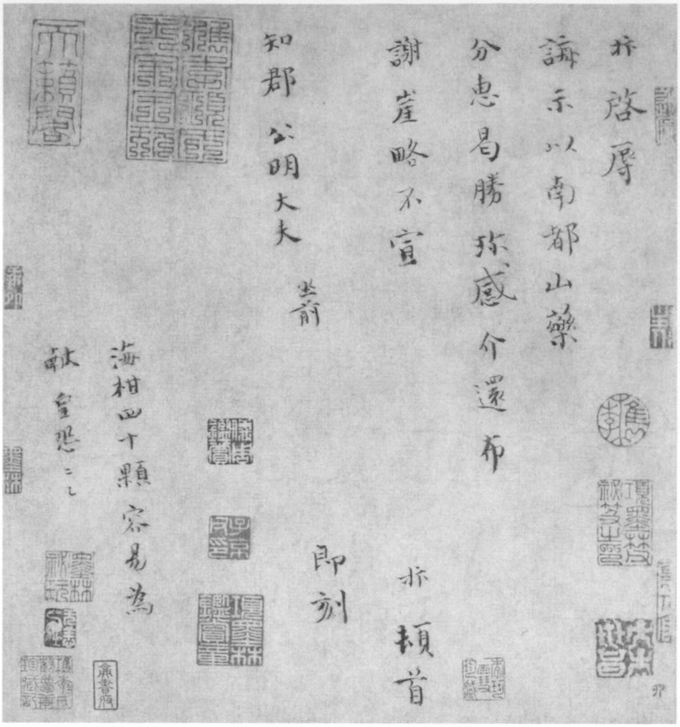

抃啟
辱
誨示以南都山藥
分惠曷勝珍感介還布
謝崖略不宣
抃頓首
知郡公明大夫
前
即刻
海柑四十顆容易為
獻 皇恐二二

圖 84 〔宋〕趙抃〈山藥帖〉，國立故宮博物院。

信的大意是：承蒙您給我寫信，還送南都山藥給我，真是不勝感激。特委託來人幫我表示感謝。（送上海柑四十顆，請您收下，不成敬意。）

從〈山藥帖〉的筆跡來看，這位鐵面御史絲毫沒有淩厲之氣，反而用筆溫潤收斂，禮儀與章法互為表裡，體現出趙抃鐵面仁心的性格。〈山藥帖〉的收件人是宰相李迪的兒子李柬之（九九六——一〇七三），也是一位口碑很好的清望大臣。那李柬之送給趙抃的「南都山藥」到底是什麼寶貝呢？南都，即宋代的南京應天府（今河南商丘）。南都山藥曾頻繁出現於北宋士大夫的生活中，這與一個人有關——蔡挺（一〇一四——一〇七九）。

蔡挺是趙抃的同學，曾官至樞密副使，他老家就是南都。蔡挺對家鄉的山藥甚是珍愛，不僅喜歡吃，還拿來做山藥酒，而且常將山藥酒和山藥苗做為禮物贈送給同僚好友，還告訴他們怎麼種，使得種植山藥、吃山藥、泡山藥酒，成為文人士大夫之間彼此切磋的休閒活動。宰相王珪就喝過蔡挺泡製的山藥酒，並說這酒很好喝。王安石曾向蔡挺請教山藥的種植方法，蔡挺不僅詳細告知，還送了幾十株山藥苗給他。蔡挺在甘肅任職時，曾將南都山藥帶去種植，王安石就很感慨，什麼時候自己也能回家鄉種山藥呢？

南都山藥有什麼特別嗎？宋人文獻中沒有相關記載，不過，現在的河南商丘仍然是有名的山藥種植基地。山藥有很多品種，據說最有藥用價值、堪比人參的是河南溫縣的壚土鐵棍山藥，這種山藥個頭細長彎曲，表皮有鏽斑，類似鐵棍，因而得名。

宋代山藥的變遷

在宋代，由於漕運發達、各地設置轉運使，以及官員不斷輪調，全國各地物資之豐饒前所未有，可以見到以往不曾見過、來自不同地域的同科植物，名稱五花八門，長相或同或異。宋代的山藥就是其一。從名字判斷，或許是古人透過生活經驗的積累，發現這種植物的藥用價值，進而才稱其為藥。但如果某段文獻裡出現了「山藥」這個詞，千萬不要輕易斷定它就是現在食用的山藥，因為它有可能只是「山中草藥」的簡稱，也有可能是地瓜的一種。而今人通常所說的山藥，在宋代也常被稱為山芋、土藷、蕷藥等。

雖然這些藷類的名與實之間比較混亂，但有一點可以確定，那就是北宋時期，山藥比紅薯的地位和價值高多了，這主要是因為山藥具有特殊的藥用價值，進而有更高的文化價值，而且在北宋中期以前，山藥多為野生，不易得到。

在古代醫書中，山藥是一味具有補腎、提升陽氣、抗衰老等功效的中藥。但由於宋代以前的醫書數量有限，能接觸到這一資訊的人非常少，加上山藥是地域性的野生植物，並不常見，所以知道它的人較少。到北宋初期承平時代，朝廷下令由御醫收集天下醫書，重新校對、刊刻和發行，許多藥材和藥方才更為人知曉，山藥就是一例。除了藥用之外，山藥還能裹腹耐饑，多被僧道食用，這有可能是因為他們多居山野，容易挖到山藥。宋初有一個名叫種放的人，他早年在長安一帶隱居時，就經常效仿修道人士，身著道服，背一把古琴，拎一壺酒，沿溪水溯遊，餓了就挖山藥充饑。另外，他們修煉時對飲食有諸多限制，比如辟穀時就不能食五穀，更不能吃葷，此時山藥就可以用來維繫生命，完成修煉。所以在醫書和佛道人士共同推動下，當時的野生山藥幾乎等同於人參。

就在北宋朝廷對古代醫書進行大規模整理的時候，發生了一件有趣的事。宰相呂夷簡在中書省的辦公廳裡種植了一株山藥，引來不少人的圍觀和唱和，這大約可以算得上是宋代版的「宰相帶貨」了，帶動士人圈的山藥熱。

東坡先生的山藥點心

養生專家蘇軾對山藥也頗有研究，他將自己的研究心得分享給了北宋有名的畫家文同。文同是蘇軾的遠房表哥，在蘇軾的鼓動下，他也開始留意山藥。文同一生大部分時間都在四川任職，而蘇軾恰好是四川人，所以他就告訴文同，四川唐福（今四川眉山市仁壽縣附近）山上的山藥品質最好。文同還真的去看了，那座山是紅色的，所以他懷疑山土中有丹砂。丹砂是道教修煉丹藥的一種原材料，因而文同就覺得這山上很有可能長著仙草。

山上確實有野生山藥，品質為西南第一。它們有的長在岩石上，有三尺多長，像壯漢的手臂；有的長在山洞口，像是仙人的手掌，這也正應驗了文同對於仙草的猜測。當地百姓一到冬天農閒時，就會上山挖山藥來賣。雖然野山藥挖起來很辛苦，但售價並不貴，通常給錢就賣。由於蘇軾介紹過吃山藥的好處，所以文同就經常買這裡的山藥吃。吃了兩年之後，他感覺效果非常不錯。從文同的敘述來看，唐福的山藥與現代流行的細長型鐵棍山藥外形差距很大。那些長得像仙人手掌的山藥，與湖北一帶的佛手山藥頗為類似。

蘇軾吃山藥，不限配藥、製酒，有時也隨意煮來吃。他有一句詩「銅爐燒柏子，石鼎煮山藥」，宋人一般用石鼎煮茶，看來蘇軾在無聊寂寞的夜晚，也會往石鼎裡丟一節山藥煮來吃。根據蘇軾的食譜，他也會用山藥做點心。例如送別曾鞏的弟弟曾肇時，席間的下酒物除了螃蟹、水果之外，還有山藥，這山藥很有可能是一款精心製作的甜品。

從一〇三〇年代被宰相供奉於皇宮，到一一〇〇年代成為文人雅集的常見甜品，山藥用七十年的時間，完成了從山野到餐桌的大規模遷移，是宋代飲食文化的一個有趣實例。

跟著蔡襄上京城

皇祐二年（一〇五〇）十一月，蔡襄的三年服喪期結束，朝廷下達新的任命，調蔡襄回京任職。蔡襄的新職位是「右正言直史館同修起居注判三司度支勾院」。這一長串的職位包括不止一份工作，他既要當中書省的諫官，同時也負責記錄皇帝言行，另外還在財政部門任職。這種一人多職、一職多人的官職安排是宋代的特色，目的就是防止專權和腐敗。

蔡襄從老家福建回到開封，行程耗時近一年，他邊趕路邊會友，寫了很多首詩，後來蔡襄從中選了十三首抄在一起送給友人，即現藏於北京故宮博物院的〈行書自書詩卷〉（圖85）。此外，還有兩封他在途中所寫的書信，現藏於臺北故宮博物院，即〈思詠帖〉、〈虹縣帖〉。這三幅作品的內容可以還原蔡襄這趟旅途的所見所聞所感。在交通不發達的宋代，三年一換任的士大夫，宦遊生涯的大部分時光都耗在了旅途中，這些士大夫在漫漫旅途中是如何度過的呢？這期間又會發生什麼故事呢？我們不妨穿越到一千年前，跟著蔡襄體驗一次從福建上京城的艱難旅程。（圖99，見408頁）

家鄉的兩位高壽老人

蔡襄的老家在仙遊，後來他在莆田定居，收到朝廷的調令之後，他先回仙游老家祭奠父親，順便在父親的墓地周圍遊覽，遇到了兩位老人。其中一位老人姓戴，福建仙遊的戴氏可謂淵源已久，祖先可以上溯至東周時期的宋國國君宋戴公，其後裔戴雲升後遷居於譙郡（今安徽省亳州市譙城區），後代世居於此，成為地方的名門望族，並以「譙國」為堂號，因此「譙國」也常指姓戴的大戶人家。後為躲避戰亂，戴氏逐漸往東、南遷移。蔡襄的老家仙遊是戴氏宗族的聚集區之一，這一支戴姓是自福建長溪縣（今福建霞浦縣）遷居過來的，至蔡襄時已有三百年。戴氏以讀書傳家，但不一定是貨與帝王家，所以能安居於鄉村。三百年以來，戴氏發展得很好，蔡襄見到的這位戴夫子，即是一位能傳家學、家風的鄉賢。為了表達敬意，他特地在戴氏宗祠廳堂牆壁上題了一首〈書戴處士屋壁〉（圖86），詩文如下：

長岡隆雄來北邊，勢到舍下方迴旋。三世白士猶醉眠，山翁作善天應憐。
如彼發源今流泉，兒孫何數鷹馬然。有起家者出其間，願翁壽考無窮年。

「白士」指清貧的讀書人，「猶醉眠」說明戴氏像顏回一樣安貧樂道，「山翁」即指這位戴夫子，「作善」是對戴夫子的評價。「天應憐」是說上天都要嘉獎他的行為。「鷹馬」

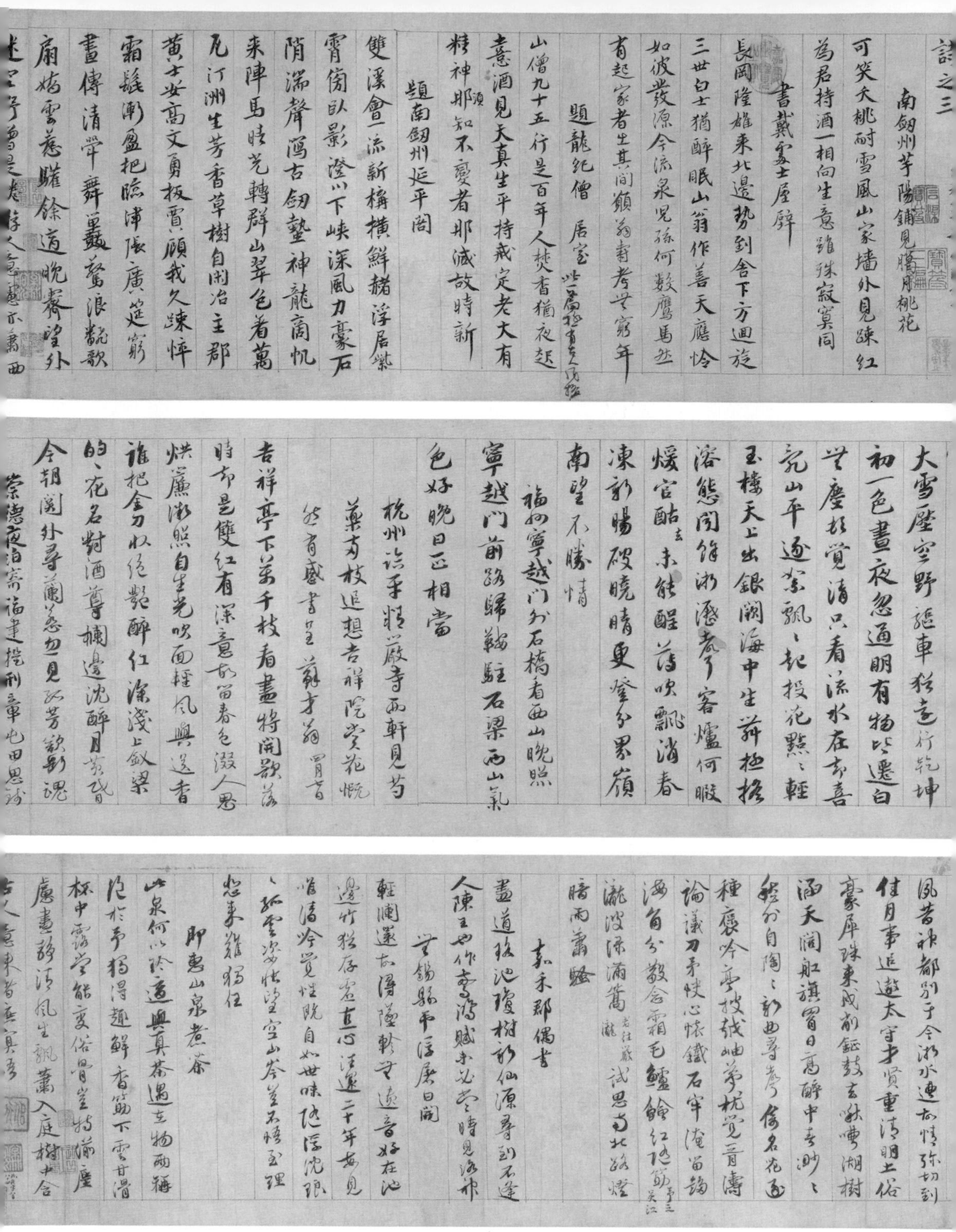

圖 85 〔宋〕蔡襄〈行書自書詩卷〉，北京故宮博物院藏。自上至下，之一至之三。

指非常傑出的人才，「願翁壽考無窮年」是蔡襄對老人的祝福。此詩還有另一個標題〈題譙國評事壁〉。前人關於此詩的釋讀多有錯誤，如「譙國，今安徽亳州」，可能是因為安徽亳州古代稱「譙國」、「譙郡」，才將「譙國」釋為安徽亳州，但這是錯的。

首先，蔡襄一生都沒有去過安徽亳州。其次，兩個標題中，一個有「戴處士」，一個有「譙國」，說明這兩者肯定在同一個地方，且存在關聯。前文介紹過，福建仙遊有戴氏聚居，是當地的大姓，詩中的「譙國」是戴氏家族的堂號，並不是一個地名。第三，詩的起首「長岡隆雄來北邊，勢到舍下方迴旋」，有一語雙關之意，一方面講戴氏家族居住在高山腳下，另一方面也指戴氏是大姓，發源於北邊。安徽亳州境內沒有高山，而福建多高山。如果再確切一點，這個北邊應該就是指福建東北部的長溪縣，蔡襄曾

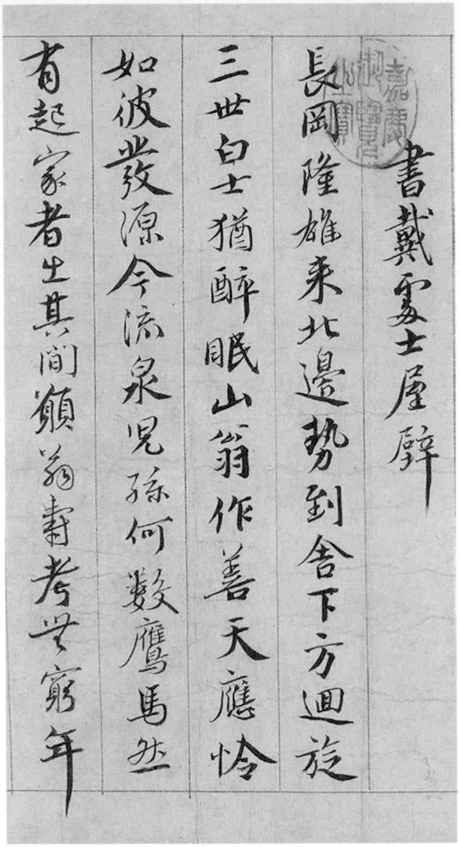

圖 86　〔宋〕蔡襄〈行書自書詩卷・書戴處士屋壁〉。

任福建路轉運使，一定知道那是一個高山地區，仙遊戴氏就是從那裡遷過來的。

另一位老人是龍紀寺的一位老僧。龍紀寺位於仙遊蓋尾鄉，是一座歷史悠久的古剎，始建於漢末。吸引蔡襄的並不是龍紀寺的佛教文化，因為蔡襄是不信佛的，他感興趣的是一位九十五歲的老僧人。這位老僧人一輩子持戒修定，但是喜歡喝酒，不戒酒。他每天晚上都要起來焚香禪座，看上去精神好極了。這讓蔡襄感覺生命之不可明瞭，他為老僧人題了一首〈題龍紀僧居室〉（圖87）：

山僧九十五，行是百年人。焚香猶夜起，憙酒見天真。
生平持戒定，老大有精神。須知不變者，那減故時新。

福建戴氏和龍紀寺的僧人，容易令人聯想起另一位戴氏後人，即北宋高僧

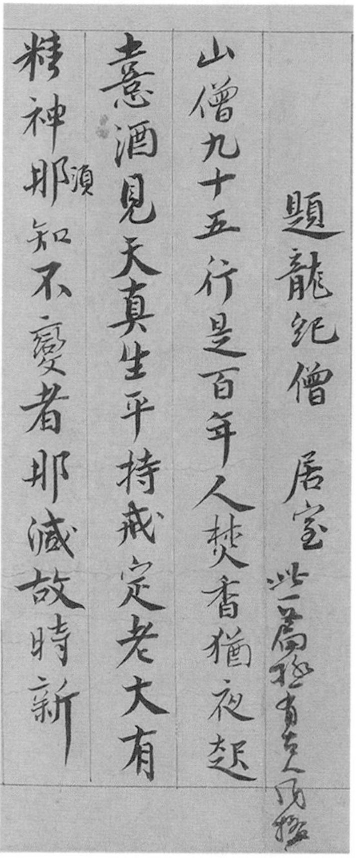

圖87　〔宋〕蔡襄〈行書自書詩卷‧題龍紀僧居室〉。

道臻（一〇一四——一〇九三），他是古田戴氏的後人，活了八十歲，也算是長壽高僧了。道臻曾是大相國寺著名的慧林禪院的大住持，黃庭堅到京城任職以後，經常前往慧林禪院食齋飯和沐浴，有時也在那裡寫書法，黃庭堅的傳世墨跡〈致景道十七使君書〉就是在那裡寫的。蘇軾的〈淨因院畫記〉中還記載了道臻曾請文同為他的僧壁畫墨竹。道臻與蔡襄年齡相仿，道臻在大相國寺的時間和蔡襄在京城的時間有交集，那麼愛好書畫的道臻與蔡襄很可能也相識。

進了寧越門，內心就安寧了

蔡襄處理完家事，就帶著七十六歲的老母親和妻兒一同北上，他從莆田出發，往東北方向走了大約一百公里，就到了第一個大站——福州。蔡襄對福州是非常熟悉的，他任福州知州和福建路轉運使時都在這裡居住和辦公。福州古城裡有多道門，南北中軸線上有多道門，最南端的合沙門在宋朝統一福建之後就毀掉了，所以寧越門成了最南端的門，進了寧越門就預示著平安歸來了，出了寧越門就出福州城區了。無論出還是入，都希望是安寧的，也許這正是「寧越」二字所包含的祝福吧。蔡襄由南往北走，自然要從南門入城，進城之後要先過寧越門。他剛走到寧越門前，還沒有解鞍下馬，內心就感到很溫暖，這是回家的感覺。他站在石橋上，看到太陽即將下山，內心充滿了禪意。從這裡也可以看出蔡襄對這次北上是充滿期待的。蔡襄進入寧越門之後，寫了一首絕句〈福州寧越門外石橋看西山晚照〉（圖88）：

寧越門前路，歸鞍駐石梁。西山氣色好，晚日正相當。

延平閣上醉酒，觀音院裡賞花

離開福州朝西北方向走，下一個目的地是南劍州（今南平市延平區）。沿閩江乘船而行一百多公里就到了南劍州。傳說干將和莫邪將他們鑄造的兩柄寶劍在此地合二為一，變成了一條龍，劍州之名即源於此。四川也有一個劍州，為了區別，福建的劍州改為了南劍州。蔡襄抵達南劍州後，知州黃士安為蔡襄一家接風洗塵，地點在江邊新修的延平閣上。延平閣是一座木閣樓，樓層很高，樓下即是建溪和沙溪交匯處。蔡襄心情愉悅，喝得醉倒了，被人扶到附近的觀音院睡到自然醒。蔡襄醒後寫了一首長詩贈給黃士安，以表感謝。即〈題南劍州延平閣〉（圖89）。

雙溪會一流，新構橫鮮赭。浮居紫霄傍，臥影澄川下。
峽深風力豪，石峭湍聲瀉。古劍蟄神龍，商帆來陣馬。
晴光轉群山，翠色著萬瓦。汀洲生芳香，草樹自閑冶。
主郡黃士安，高文勇扳賈。顧我久疏悴，霜髭漸盈把。

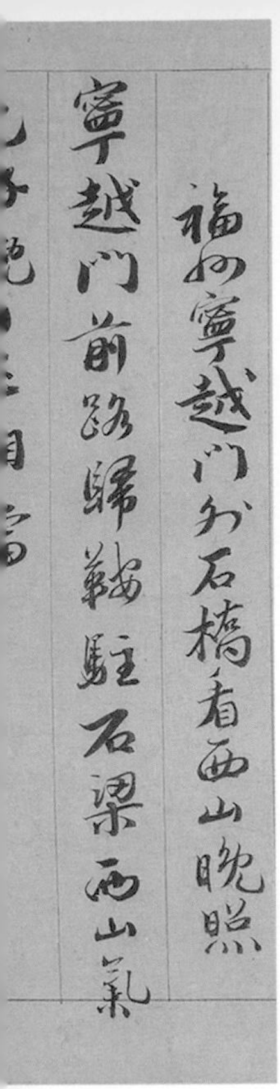
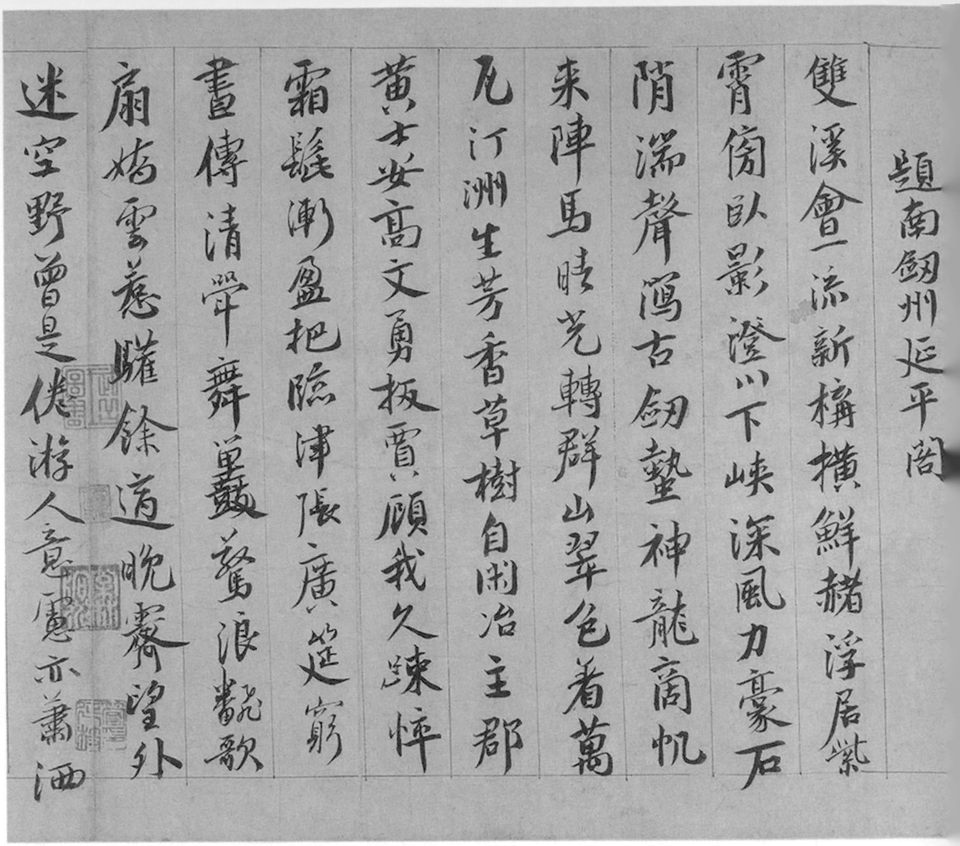

圖 88（左）　〔宋〕蔡襄〈行書自書詩卷・福州寧越門外石橋看西山晚照〉。
圖 89（右）　〔宋〕蔡襄〈行書自書詩卷・題南劍州延平閣〉。

臨津張廣筵，窮晝傳清斝。
舞疊驚浪翻，歌扇嬌雲惹。
歡餘適晚霽，望外迷空野。
曾是倦遊人，意慮亦瀟灑。

在閣樓上可聽到江風的呼號聲和江水激石聲，詩中的「峽深風力豪，石峭湍聲瀉」，寫的就是當時的實景。向遠處眺望，可見「晴光轉群山，翠色著萬瓦。汀洲生芳香，草樹自閑冶」，此情此景讓人想起王勃在〈滕王閣序〉所寫的「落霞與孤鶩齊飛，秋水共長天一色」。

在南劍州，芋陽鋪的桃花引發了蔡襄的詩情，那就是。那桃花竟開在臘月天，這讓看慣了南方風物的蔡襄有點小驚喜，於是作了一首〈南劍州芋陽鋪見臘月桃花〉（圖90）：**可笑夭桃耐雪風，山家牆外見疏紅。為君持酒一相向，生意雖殊寂寞同。**

蔡襄向桃花敬上一杯酒，試問桃花：你開在錯誤的時序裡，有沒有感到寂寞呢？七年之後，蔡襄結束在京任職，攜家眷返回福建時，長子蔡匀病逝於應天府（今河南商丘），夫人病逝於衢州。蔡襄帶著兩具靈柩走到南劍州時，再見到這株桃花，內心無比傷感，提筆再賦了一首〈過南劍州芋陽鋪見桃花〉：「七年相別復相逢，牆外千枝依舊紅。只有蒼顏日憔悴，奈緣多感泣春風[5]。」

作別家山，翻越仙霞嶺

離開南劍州繼續沿建溪、南浦溪往北行走約兩百公里，到達浦城縣，再走二十公里，就到了著名的漁梁

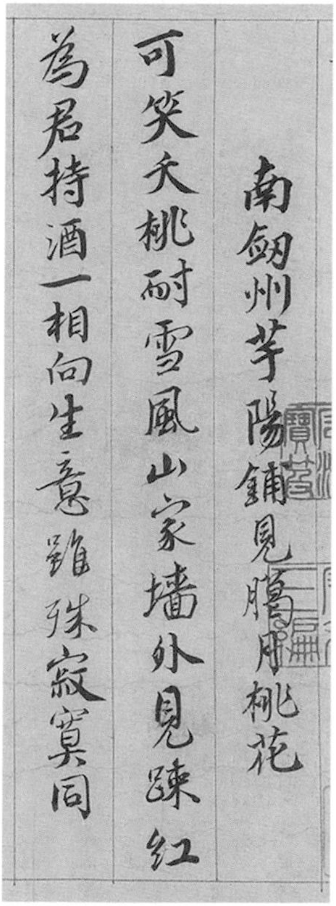

圖 90　（左）〔宋〕蔡襄〈行書自書詩卷・南劍州芋陽鋪見臘月桃花〉。

驛。漁梁驛位於浦城縣北的仙陽鎮漁梁村，這裡從唐代起就設置了驛站，供行旅往來休息和補給。這裡自古為中原入閩第一驛站，也是閩入中原的第一出口。過了漁梁驛就進入浙江境內，接著要翻越著名的仙霞嶺古道。古道無法行車，險要處僅容一人可過，只能徒步而行。蔡襄有腳病，這一段路會走得非常辛苦，對他的老母親和妻兒也是挑戰。

從漁梁驛到衢州這一段路上幾乎都在下雪，雪景非常美，但畢竟寒冷，還要趕路，所以蔡襄極為感觸，他寫了一首〈自漁梁驛至衢州大雪有懷〉（圖 91），詩中的「更登分界嶺，南望不勝情」，寫的就是站在仙霞嶺上南望家山的依依不捨之情。

大雪壓空野，驅車猶遠行。乾坤初一色，晝夜忽通明。
有物皆遷白，無塵頓覺清。只看流水在，卻喜亂山平。
逐絮飄飄起，投花點點輕。玉樓天上出，銀闕海中生。
舞極搖溶態，聞餘淅瀝聲。客爐何暇暖，官酤（去）未能酲。
薄吹消春凍，新陽破曉晴。更登分界嶺，南望不勝情。

下嶺後不久，即可在江山溪上繼續乘船，接下來幾乎都是水路了。蔡襄與家人坐船到睦

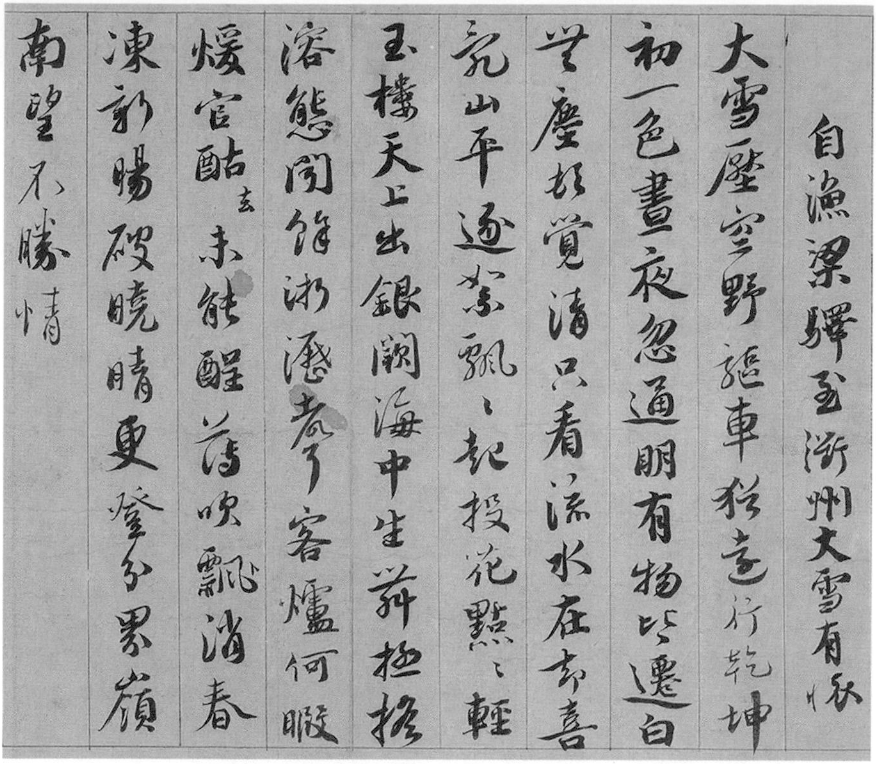

圖 91　〔宋〕蔡襄〈行書自書詩卷・自漁梁驛至衢州大雪有懷〉。

州，再沿江到桐廬、富陽、錢塘，直抵杭州。

賞春，會友，簪花

第二年二月，蔡襄到達杭州。此時杭州的知州是張方平，他是在蔡襄剛啟程的時候從江寧府調過來的，到任不過三個月。從政治派系來講，蔡襄與年長五歲的張方平不是一系的。數年前，當蔡襄寫〈四賢一不肖〉詩聲援范仲淹彈劾宰相呂夷簡的時候，張方平是呂夷簡一派的。後來在慶曆四年（一〇四四）「進奏院事件」發生時，張方平也曾主張殺掉蔡襄的好朋友王益柔（一〇一五——一〇八六）。但時過境遷，呂夷簡已經故去七年，張方平和蔡襄都不是奸邪小人，北宋中期士大夫的儒士風範令他們互生欽佩，所以蔡襄在杭州與張方平的相聚是很愉快的。

由於從杭州繼續北上的水路還在冰封期，因此蔡襄在杭州滯留了將近兩個月。當然，他也不著急走，因為他的老朋友蘇舜元也在這裡。蘇舜元（一〇〇六——一〇五四），字才翁，比蔡襄年長六歲，是蘇舜欽的哥哥，政治背景極深，也是北宋前中期有名的文藝才子。蘇舜元靠長輩的恩蔭享有不參加考試就可以當官的優越待遇，而這也成了他的絆腳石，因為宋代官場重視進士出身，重視同門之間的政治同盟，喪失了這兩項優勢，要憑資歷熬到「二府三司」的位置是非常困難的。蘇舜元深知其中利害，請求朝廷收回給他的恩蔭官，以科舉考試的方式重新進入仕途。他的請求並未獲准，後來由於文章寫得好而被賜進士出身，也就是具有與進士相同的身分，但無法與科考的進士相比。

蔡襄與蘇舜元、蘇舜欽兄弟早年都是好友，而與蘇舜元最為相善。蘇舜元性格有點孤傲，在朝中任職時，經常不記得同僚的姓名和職務，又不肯同流合污，常被議論、排擠，朋友自然不多，像蔡襄這樣能引以為知己的，更是少之又少。蘇舜元一生大部分時間都在外地擔任基層官職，「提點刑獄」是他做得最久的職務，也就是傳說中的大宋提刑官。當蔡襄在福州任知州時，蘇舜元也調到這裡提點刑獄，兩人一起交流書法和收藏，度過了兩年美好時光。慶曆七年（一〇四七），蘇舜元被調走了，先是去了京西路任提刑官，兩年後改遷河東路，恰在此時，他那多才多藝的弟弟蘇舜欽謫死於蘇州，他非常悲痛，請求改任杭州，想離蘇州近一些，於是就遇到了北上至此的蔡襄。

蔡襄在杭州還遇到另一個熟人章君陳。章君陳是韓琦在四川任職時推薦的考生，後來與蔡襄同在洛陽任官，私交甚好。此次章君陳前往福建任提刑官，正好也路過杭州。他鄉遇故交，實為人生一大樂事。而且一年一度的吉祥院賞花盛會即將到來，對於有簪花風尚的宋代士人來說，怎能錯過如此美好時節呢？賞花、簪花、喝酒，這是一整套的。幾個老男人頭上插滿花，醉醺醺的互相攙扶著走在路上，他們自己不覺得羞，頭上的花兒都覺得羞了。

四月六日前後，蔡襄離開杭州繼續北上，出關後，他給好友許當世寫了一封信（即〈思詠帖〉，圖92），文字如下：

襄得足下書，極思詠之懷。

在杭留兩月，今方得出關，歷賞劇醉，不可勝計，亦一春之盛事也。知官下與郡侯

情意相通，此固可樂。唐侯言：王白今歲為遊閩所勝，大可怪也。初夏時景清和，願君侯自壽為佳。

襄頓首。通理當世屯田足下。（大餅極珍物，青甌微粗，臨行匆匆致意，不周悉。）

這封信大意是：我收到了你的來信，非常想念你。我在杭州逗留了兩個月，現在才出關，在杭州頻繁地賞花、喝醉，不記得有多少次了，真是一春之盛事。得知你和你的上司相處融洽，這真是一件好事。唐詢說，王白茶今年居然

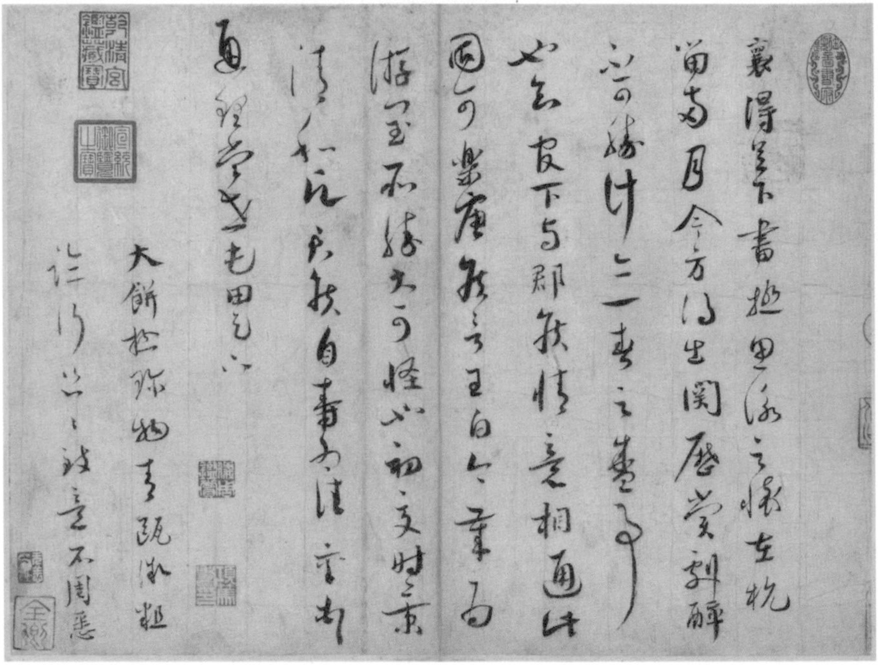

圖 92　〔宋〕蔡襄〈思詠帖〉，國立故宮博物院。

被遊閏茶打敗了，真是怪事！初夏來了，天氣清和，希望你照顧好自己。（你送的大團茶可真是好東西。我送你一套青瓷，略微有些粗糙。臨行匆匆寫信給你，不周到之處，請見諒。）

信中的「唐侯」就是他們共同的好友唐詢，唐詢此時在福建任轉運使，管理貢茶是他的重要工作。蔡襄是資深的茶博士，而且之前也曾任福建路轉運使，對福建的貢茶工作非常熟悉，所以唐詢經常與蔡襄交流茶事。寫這封信的時間正值福建茶農收茶的季節，每年新茶採收之後，茶農之間要比試高下，看誰的茶更好，這就是宋代有名的鬥茶，士大夫經常玩這個遊戲。唐詢所說的王白茶被遊閏茶打敗，指的正是此事。

出杭州城後，沿運河向北行駛二十多公里就到了臨平（今杭州市臨平區）。臨平在宋代是一處重要的中轉站，北上開封的人都要從臨平換乘大船走大運河。蔡襄在這裡的華嚴寺短暫停留，觀賞了寺院裡的芍藥。賞花思故人，他寫了三首詩贈給好友蘇舜元（圖93）：

杭州臨平精嚴寺西軒，見芍藥兩枝，追想吉祥院賞花，慨然有感，書呈蘇才翁，四月七日。

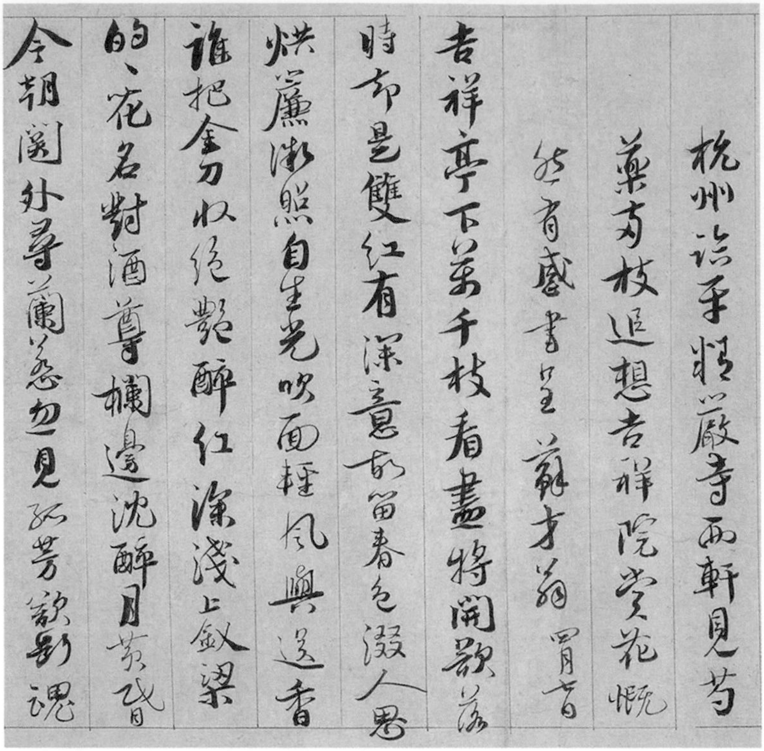

圖93 〔宋〕蔡襄〈行書自書詩卷·呈蘇才翁〉

（一）

吉祥亭下萬千枝，看盡將開欲落時。
卻是雙紅有深意，故留春色綴人思。

（二）

烘簾微照自生光，吹面輕風與送香。
誰把金刀收絕豔，醉紅深淺上釵梁。

（三）

的的花名對酒尊，欄邊沉醉月黃昏。
今朝關外尋蘭蕙，忽見孤芳欲斷魂。

幾年之後，蘇舜元調入京城擔任三司度支判官，與蔡襄成了同事，兩人又可以愉快相聚。不幸的是，蘇舜元不久就去世了，享年四十九歲，蔡襄含淚為他撰寫墓誌銘。若干年後，蔡襄重訪杭州，仍然在追憶當年與蘇舜元一起賞花的情形。

詩贈傷心客

從臨平乘船北上就到了浙江桐鄉境內，船隻夜泊於崇德。夜晚的月色非常好，蔡襄給章君陳寫了一首詩（圖94）：

崇德夜泊，寄福建提刑章屯田，思錢唐春月並遊

夙昔神都別，於今浙水遭。故情彌切到，佳月事追遨。
太守才賢重，清明土俗豪。犀珠來戍削，鉦鼓去啾嘈。
湖樹涵天闊，船旗罥日高。醉中春渺渺，愁外自陶陶。
新曲尋聲倚，名花逐種褒。吟亭披越岫，夢枕覺胥濤。
論議刀矛快，心懷鐵石牢。淹留趨海角，分散念霜毛。
鱸鱠紅隨箸（予之吳江），瀧波綠滿篙（君往嚴瀧）。
試思南北路，燈暗雨蕭騷。

蔡襄在詩中描繪了他和章君陳在杭州春遊時看到的盛況，並表達了對朋友的思念。都離開杭州那麼遠了，蔡襄還

圖 94（左）〔宋〕蔡襄〈行書自書詩卷・寄福建提刑章屯田〉

圖95（右）〔宋〕蔡襄〈行書自書詩卷・嘉禾郡偶書〉。

在不停回味，可見他在杭州的兩個月確實過得非常愉快。繼續舟行五十多公里，就到了嘉興。蔡襄偶有感觸，寫了一首〈嘉禾郡偶書〉（圖95）。

從嘉興往北再走七十多公里，就到了蘇州。在這裡，蔡襄有一件事情必須要辦，那就是祭奠蘇舜元的弟弟蘇舜欽。兩人上次見面是在七年前，那時蘇舜欽才三十六歲，文采風流、瀟灑倜儻，是京城權貴少爺中的佼佼者，如今寂寞孤魂，家山千里，蔡襄不勝傷感。

念老和尚，品惠山泉

從蘇州繼續向西北舟行五十多公里，就到無錫了。蔡襄第一次來這裡還是二十年前趕考之時，當年那個意氣風發、激揚朝政的年輕人已經步入中年了，他熟悉的日開老和尚已經圓寂了，他寫了一首悼念詩〈無錫縣吊浮屠日開〉（圖96）。

> 輕瀾還故潯，墜軫無遺音。好在池邊竹，猶存虛直心。
> 往還二十年，每見唯清吟。覺性既自如，世味隨浮沉。
> 琅琅孤雲姿，悵望空山岑。豈不悟至理，悲來難獨任。

此詩還有另一個標題——〈瞻禮開師真像〉，「日開」和「開師」是同一個人。蔡襄與老和尚有二十多年交情了，蔡襄往返無錫時會拜訪老和尚，聽老和尚彈古琴。

還有一個地方蔡襄必須去，那就是惠山泉（今無錫市西郊錫惠公園內），相傳陸羽曾在這裡汲水煮茶，因而也被稱為陸子泉。惠山泉對蔡襄具有特別的意義，因為蔡襄是品茶大師。他這次進京之前，利用擔任福建路轉運使之便利，親手研製了一款精品茶，即著名的「小龍團」。在研製過程中，他發現泉水的品質對茶水的品質有很大的影響，惠山泉那麼有名，他一定要用這裡的泉水來試試，結果如何呢？且看他寫的〈即惠山泉煮茶〉（圖97）：

此泉何以珍？適與真茶遇。在物兩稱絕，於予獨得趣。
鮮香箸下雲，甘滑杯中露。嘗能變俗骨，豈特湔塵慮。
晝靜清風生，飄蕭入庭樹。中含古人意，來者庶冥悟。

惠山泉是蔡襄最愛的煮茶用水，朋友們知道他有此愛好，所以有機會也會把惠山泉水當禮物寄給他。蔡襄母親九十二歲大壽時，他的妻舅葛密就遠道寄了惠山泉水做為賀禮。前文中的十三首詩就是蔡襄〈行書自書詩卷〉中的內容，蔡襄在回京後抄寫了這十三首詩贈送給

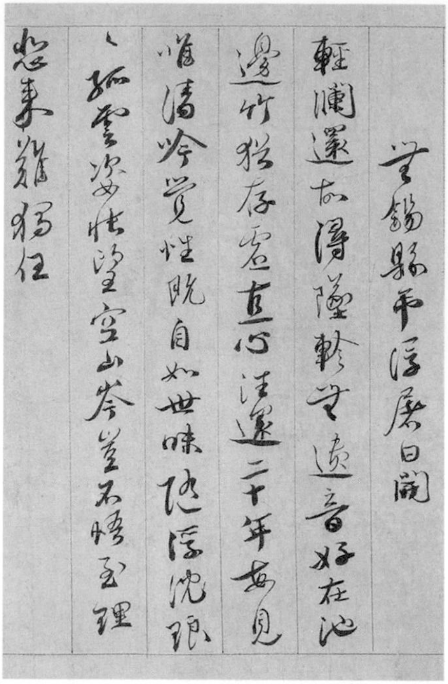

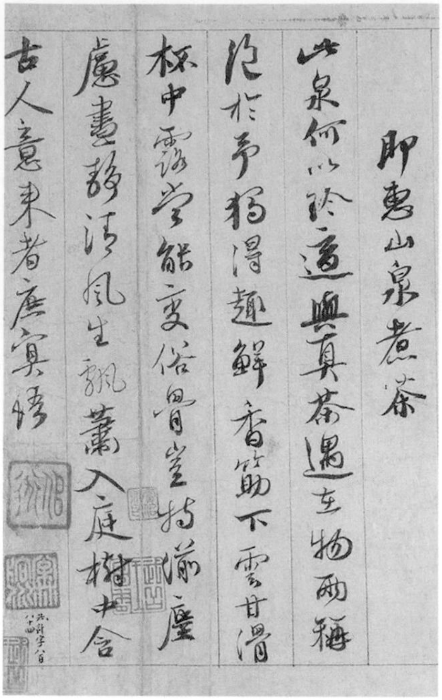

圖 96（左）　〔宋〕蔡襄〈行書自書詩卷・無錫縣吊浮屠日開〉。
圖 97（右）　〔宋〕蔡襄〈行書自書詩卷・即惠山泉煮茶〉。

張方平，以感謝在杭州時他對蔡襄一家的款待。蔡襄上京的旅途還沒有走完，他還要繼續趕路。

一生結緣江陰葛氏

離開無錫後，蔡襄可以繼續走京杭大運河前往常州和潤州，但他改道了，直接往北去了江陰，因為他夫人的娘家就在這裡，蔡襄往返開封與福建時，只要有機會便會去江陰小住。此時已到夏天，全家人少不得要去葛氏娘家避避暑。蔡襄的岳父葛惟明育有五子三女，蔡襄夫人是最小的女兒。蔡襄夫人的兄弟一直努力考科舉，但不是沒考上就是仕途窮蹇。她有個哥哥名叫葛宏（九八八——一〇四〇），比蔡襄年長二十四歲，一直考到五十二歲，考完回家就病逝了，葛家在他們這一支就衰落了。雖然葛氏的兄弟都沒什麼大成就，但幾位堂兄卻發展得不錯。葛宮，字公雅，比蔡襄大二十歲，蔡襄稱他「七兄」。葛宮十六歲（一說二十歲）就考中進士，深為著名文學家楊億（九七四——一〇二〇）所稱賞。葛宮娶了孫冕的女兒孫四娘子為妻，孫冕也是《宋史》中留名的人物。一九七八年，江蘇省無錫市江陰縣（今無錫江陰市）發現一座北宋墓，墓主即為葛氏的堂兄葛宮（九九二——一〇七二）。兩年後，在附近又挖掘出了「孫四娘子墓」，即葛宮夫人之墓。

葛宮有個弟弟名叫葛密，字公綽，比蔡襄年少。他是慶曆二年（一〇四二）的進士，不到四十歲就辭官回家了。親友都對此不解，勸他不要辭官，但他說要是等到既老且病了再退休，那餘生還有什麼可樂的？於是他在江陰修築了一座東園草堂，自號「草堂逸老」，隱居讀書。葛密曾求蔡襄為他的草堂寫過一篇〈葛氏草堂記〉，還曾求蔡襄從福建弄來幾隻猿，以便研究華佗創編的〈五禽戲〉。但蔡襄覺得圈養有違野生猿的天性，婉言拒絕了。蔡襄一家人在葛密的東園草堂度過了一段愜意的時光，蔡襄在〈五月宿江陰軍葛公綽草堂〉中寫道：「曾解征衣寄草堂，枕邊泉石自生涼。休論仙訣能延壽，暫得身閑夢亦長[6]。」意思是：且把沾滿塵土的征衣暫寄在草堂，席地而臥，頭枕泉水邊的石頭，在五月天裡，真是好涼爽啊。不要說神仙的祕訣能讓人長壽，只要能有片刻身閑，睡得安穩，作一個長長的夢也是十分美好的事啊。

想讀懂〈虹縣帖〉，先要懂運河

江陰緊挨著大江（今長江），蔡襄的下一段行程是沿大江往西北方向走一百二十多公里回到運河，再繼續北上。在重新進入運河前，蔡襄先去大江南岸的潤州（今江蘇鎮江）看望了自己的同年劉奕（九九九——一〇五一），誰知竟成永別，劉奕臨終前託孤於蔡襄。由於劉奕生前曾特別照顧蔡襄，蔡襄對他也感情深厚。蔡襄曾與劉奕的弟弟劉異結為童子親家，後來劉異家道衰落，覺得自己的女兒高攀不起蔡家，想要退婚。退婚還有一個理由，那就是拿不出豐厚的嫁妝，宋人嫁女兒的嫁妝是十分豐厚的，士大夫家裡女兒多的，辦起嫁妝都難免吃力。但蔡襄一諾千金，不僅讓兒子與劉家女兒完婚，還親自給媳婦置辦了嫁妝。這件事只是蔡襄人生中一個小插曲，但折射出蔡襄對待朋友的道義精神。

辦完潤州的事情，蔡襄繼續沿水路行至虹縣（今安徽泗縣），這時水路走不通了。人工挖的汴河是開封與南方的交通幹道，由於黃河泥沙持續流入，汴河河床不斷增高，水暴漲時容易氾濫，水少時又經常水位過低，無法行船，加上夏季灌溉和農事用水較多，汴河經常乾涸。朝廷每年都要花費大量人力、物力治理河道，但效果不佳。蔡襄走到這裡時，正逢汴河大面積乾涸，船隻無法通行，蔡襄一行被迫滯留了四十餘天。朝廷給的報到日期快到了，實在不能再延誤了，蔡襄只好走陸路去宿州。虹縣到宿州有一百多公里，在炎熱的夏天，蔡襄帶著一家老小驅車而行，自己的身體也不好，辛苦可想而知。到達宿州後，他給準備南下福建的葛宮寫了一封信（即〈虹縣帖〉，圖98），文字如下：

襄啟：

近曾明仲及陳襄處，奉手教兩通，伏審動靜安康。門中各佳，喜慰喜慰！至虹縣，以汴流斗涸，遂寓居餘四十日。今已作陸計，至宿州，然道途勞頓，不可勝言。尚為說者云：渠水當有涯，計亦不出一二日。或有水，即假輕舟徑來；即無水，便就驛道至都，乃有期耳。

閩吳大屏皆新除，想當磐留少時。久處京塵，無乃有倦遊之意耶？路中誠可防虞，民饑鮮食，流移東方，然在處州縣，須假衛送。老幼並平善。秋涼，伏惟愛重，不宣。

襄頓首。郎中尊兄足下。謹空。八月廿三日，宿州。

此信大意是：最近從曾明仲和陳襄那裡收到兩封信，得知你家中都好，深感安慰。我到虹縣的時候，汴水突然乾涸了，所以在那裡住了四十多天。我後來是走陸路到宿州

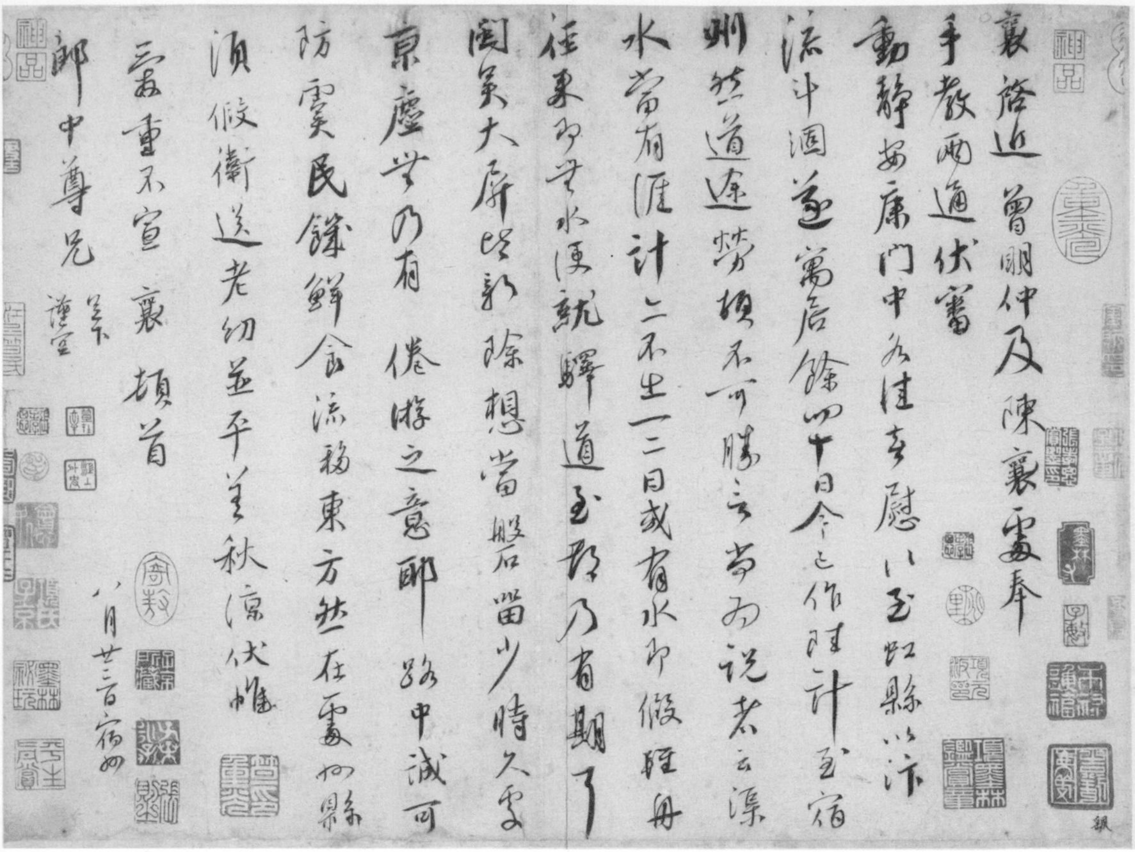

圖 98　〔宋〕蔡襄〈虹縣帖〉，國立故宮博物院。

的，路上太勞累，苦不堪言。有人說這兩天應該會有水，如果有水我就坐小船過來。如果沒有水我就走陸路到京都，咱們見面的日子大約就可定下來了。福建和吳地的長官都是新上任的，估計你要多盤留幾天了。久處功名利祿之中，不知你有沒有倦怠之意呢？路上一定要防備意外的災患，饑民找不到吃的，都流浪到了東邊，各州縣到處都是，你一定要找人護送。我家裡老幼都好。秋天涼了，保重身體，不多說了。

蔡襄如何知曉這兩天可能會有水呢？因為一般情況下，如果汴水乾涸，官府會啟動人工放水。信中還提到了治安問題，即使在被視為盛世的仁宗朝，也仍然危機四伏，流民遍地。有的是自然災害導致的流民，如黃河決堤、蝗災等；有的是戰爭造成的流民，當時西北地方和南部的廣西都有戰事；也有結夥打劫的強盜，比如葛宮即將赴任的南劍州就有搶匪，葛宮到任後把搶匪給剷除了。

從宿州繼續往西北行駛近兩百公里，就到了南京應天府。蔡襄在這裡登船上岸，因為退休的老長官杜衍就住在這裡，蔡襄與杜衍關係很好。此外，他還去看望了前一年由潁州調任這裡的老友歐陽修，並為歐陽修收藏的漢碑題了跋。應天府距離開封府還有一百五十多公里，在初冬到來之前，蔡襄終於到達京城。

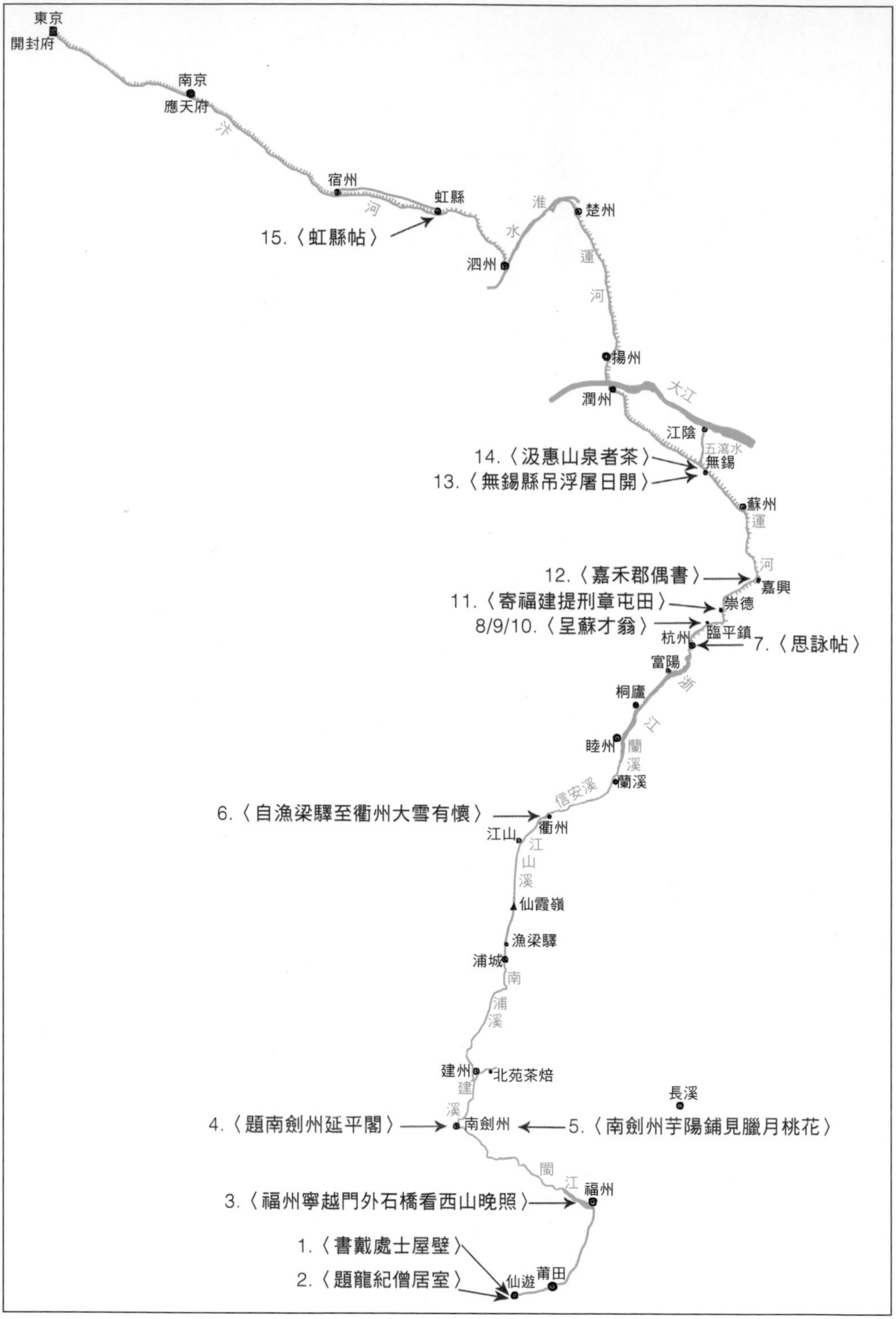

圖 99　1050—1051年蔡襄進京路線示意圖。（仇春霞繪製）

上下級的君子之交

慶曆新政失敗後，宰相杜衍主動辭去相位退休了。他隱居在南京應天府（今河南商丘），在鄉下蓋了幾十間民房，有十來個僕人，穿的也都是普通衣服，這種簡樸生活與在洛陽擁有豪華園林的富弼、文彥博等退休宰相形成鮮明對比。杜衍從此不再過問政事，閒時作詩，習書法，與遠方友人通信，過著簡約的生活。

南京應天府是京杭大運河的碼頭城市，南來北往的人都要經過這裡，很多人都會順路去看望這位德高望重的老宰相，也常有人寄送一些禮物給他。一天，杜衍收到蔡襄從福建寄來的禮物，竟然是些北方很難見到的珍鮮水果，其中就有荔枝。長途跋涉這麼多天，荔枝大部分都壞了，杜衍覺得十分可惜。此外，蔡襄還送了四餅茶，這茶是蔡襄自己做的，異常好喝，杜衍多年沒有喝到過了。於是，杜衍回贈了一些禮物給蔡襄，並給他寫了一封信表示感謝（即〈更蒙帖〉，圖100）：

更蒙寵惠珍果新鮮，皆奇品也。只是荔子道中暑雨，悉多損壞，至可惜。五六千里

地，不易至此，為感固可知也。

別無奇物表意，早收得蜀中絕妙經白表紙四軸寄上，聊助辭翰。至微深愧，衍又拜。（新茗有四者至奇，近年不曾有。珍荷！）

此信大意是：感謝你給我寄來珍貴鮮果，都是不常見的上等果品，只是荔枝經歷路途暑雨，損壞了很多，太可惜了。五六千里地送到這裡，很是難得，這片心意真是太感人了。沒有特別的禮物表達我的謝意，早年得到四軸絕妙的經白表紙，來自蜀中，給你寄過去，希望能給你的文章添點光彩。東西不多，深感愧疚。你送的四銙新茶很妙，好幾年沒喝到過了，感謝厚愛。

還有一次，韓琦向杜衍求得幾幅字，就給杜衍寫信表示感謝，這封信就是現藏於貴州省博物館的〈旬

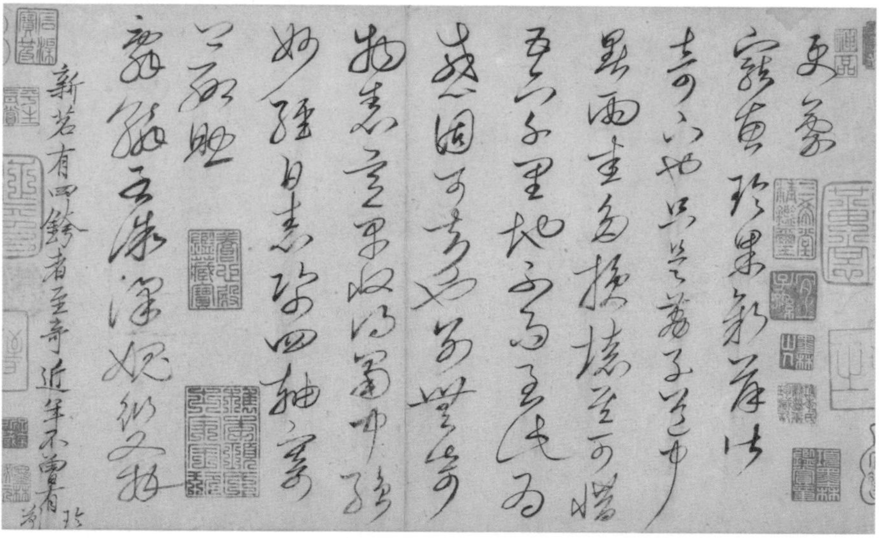

圖 100　〔宋〕杜衍〈更蒙帖〉，國立故宮博物院。

日帖〉。這封信字跡已經脫落很多，內容可粗略釋讀如下：「……某公旬日前得手書，雖云『近苦多病，勉強親筆』，而草隸遒勁，雖少年所不能及。……前辱□翰，在并日已□得……。……親染數字[7]……」按信的意思，韓琦已不在并州，那麼韓琦這封信應該寫於至和二年（一〇五五）二月他調任相州以後，也就是杜衍去世前的兩年內。大約在這個時間，韓琦還給杜衍寫過一首感謝詩〈謝宮師杜公寄惠草書〉，這說明被貶的韓琦也經常與杜衍通信，或和詩，或交流書法。很明顯，韓琦、蔡襄等人與退休隱居的杜衍保持交往，並不是為了利益，而是純粹的君子之交。為什麼他們都願意與杜衍保持這種君子之交呢？

從無家可歸到朝廷大員

杜衍，字世昌，越州山陰（今浙江紹興境內）人，這個地方在五代時屬吳越，後來被宋朝吞併，杜衍正好出生在吳越入宋這一年，是名正言順的大宋子民。

與范仲淹類似，杜衍的早年也是不幸的。在他兩歲的時候父親去世、母親改嫁，他由祖父撫養長大。到他十五歲時，祖父去世了，杜衍千辛萬苦跑到千里之外的孟州（今河南孟州市）去投奔母親，結果繼父不肯收留他，杜衍就流落於孟州附近的濟源。由於寫得一手好字，他便幫人抄書以維持生計。濟源縣令會相面，他預言杜衍以後會位極人臣，於是極力撮合當地大富人家的女兒相里氏與杜衍成婚，相里氏的哥哥十分不情願，他覺得一個抄書匠不會有什麼出息，後來礙於縣令的面子還是勉強訂婚了，他就指望杜衍能給家裡的孩子當家庭教師。大中祥符元年（一〇〇八），三十歲的杜衍考中進士甲科第四名。在榜下擇婿的宋代，杜衍瞬間成了搶手貨，相里氏的哥哥著急了，怕杜衍反悔，趕緊拿著厚禮去見杜衍。杜衍說：「婚事已定，我是不會反悔的，只是擔心我出去為官之後，家裡的孩子們由誰來教呢？」相里氏的哥哥無地自容。

杜衍的第一個職務是揚州觀察推官，職責是協助知州處理政務。杜衍的仕途與他的性格類似，穩紮穩打，陸續擔任知縣、通判、知州、知府，後來提點河東路刑獄，成為大宋提刑官，靠他的查案才能，澄清了很多冤假錯案，當時掌控朝政的劉娥皇太后都專門派人打聽杜衍的情況。

後來杜衍任吏部流內銓，職責主要是為官階比較低的京官安排工作調動，這顯然是個肥差，以前擔任這個職務的官員多是看賄賂辦事，不查實際情況，苦了很多貧窮的小官員。杜衍一改陋習，凡事親力親為，讓很多有才能但自以為終生升遷無望的官員得到提拔，為朝廷補充了人才。杜衍因此而被擢升為審官院的負責人，於是一大批人才出爐了，他們後來都成為服務於國家各個部門的棟梁，歐陽修就是其中之一，他在杜衍面前一直以門生自稱。歐陽修年輕時性格偏激，志趣相投者不多，杜衍卻對他青眼相待。歐陽修晚年追憶老長官對自己的培養，感慨萬分，提筆寫過一首感懷詩：「掩涕發陳編，追思二十年。門生今白首，墓木已蒼煙。報國如乖願，歸耕寧買田。此言今始踐，知不愧黃泉[8]。」

攜手改革

韓琦比杜衍小三十歲，他們何時相識已不可考，但韓琦第一次在北宋政壇亮相時，杜衍一定是注意到了的。韓琦科考成績優異，獲得甲科第二名。杜衍與韓琦工作上的交集，是在西夏興兵於大宋西北邊境之際，韓琦主動請纓，拉上被貶謫的范仲淹一同前往西北戰場。韓琦當時三十出頭，是戰場上最年輕的高級將領，急切渴望建功立業，而此時的杜衍任樞密副使，相當於國防部副部長。杜衍辦事幹練，沒有陰謀，為人穩重，不怒自威，令一向霸氣的韓琦深為折服。

戰爭持續了三年，西夏國力消耗殆盡，而大宋也快被拖垮了。西北千瘡百孔，國庫已經見底，各地民亂紛起，大宋這艘航空母艦在暗流湧動的大海上已經有傾覆之險。接下來，他們一起配合皇帝進行改革。在慶曆新政中，韓琦任三司使，蔡襄、歐陽修任諫官，比他們年長許多的杜衍堅定站在改革派一邊，他積極支持革除時弊，對這些青年才俊大力提攜，很多人對他永久感恩和銘記。他們都有雄心壯志，希望能力挽狂瀾，可是宋仁宗趙禎沒有將改革進行到底。相比國家面臨的各種頑疾，如何平衡各派之間的力量，才是他首先要解決的問題，於是在奸詐老練的反對派如夏竦、王拱辰等人以陰謀詭計攻擊改革派時，宋仁宗選擇了借力打力，挫敗了只轟轟烈烈進行一年多的新政，改革派全部被外放。

人退情不退

蔡襄被外放至福建擔任福州知州，後來又升任福建路轉運使，表現出色，親手研製的精品團茶「小龍團」深得仁宗喜愛，所以後來又被調回京城任職。蔡襄從福建回京經過應天府時，特意上岸去看望老宰相杜衍。回到京城後，蔡襄偶然見到了一卷杜衍的草書，他很驚訝，老宰相的其他書體他是見過很多的，但草書卻是頭一回見，而且寫得這麼好。其實杜衍晚年才開始學草書，很快成為一代名家。從此，書法家蔡襄和杜衍又有了書法方面的交流。不久，蔡襄開始研究家禮，而杜衍在這方面是專家，兩人來來往往的信件就更多了。

蔡襄任開封府知府期間遇到兩件棘手的案子，牽扯到仁宗皇帝和宰相陳執中，蔡襄想兩方周旋，結果被鐵面御史趙抃彈劾，蔡襄被迫辭職回福建擔任泉州知州，他又能親手做小龍團了，做好之後，他送了一些給杜衍。杜衍在〈更蒙帖〉中提到蔡襄送了「四銙」新茶，「四銙」是多少呢？「銙」是古代富貴男子帶胯（即腰帶）上的裝飾品（圖 101），呈圓形或方形，可用來指一餅茶葉。小龍團的體積很小，直徑大概也就三四公分左右，四銙茶連一個手掌心都放不滿。

給老宰相送四餅這麼小的茶，是不是太寒酸了？這個問題可以用另一個故事來回答。仁宗皇帝非常喜愛蔡襄做的小龍團，由於數量極少，他輕易不會賜給臣子喝。有一回，舉行完郊祀大禮後，仁宗皇帝終於大方的給中書省和樞密院的官員賞賜了一些小龍團，不過數量不多，八個人分兩餅，算下來每個人也就分到一公分大小的一塊。皇帝都這麼珍惜，那蔡襄送四餅給老宰相，已經相當大方了。蔡襄還送了荔枝等福建特產的水果。當時交通不便，從福建泉州到杜衍隱居的應天府至少也得走兩個

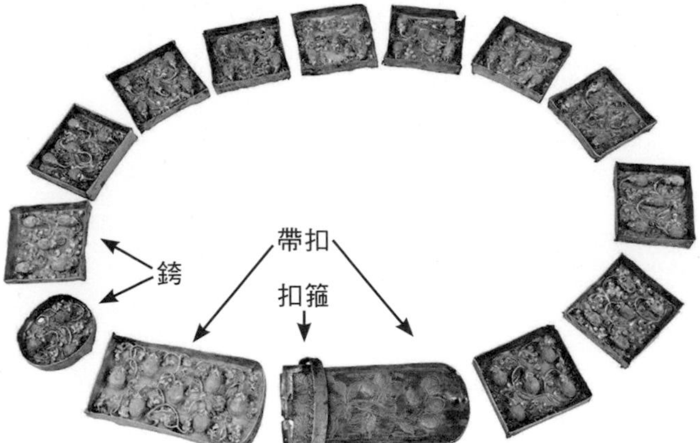

圖 101　宋代帶胯（已無腰帶，僅存帶扣和銙），重慶三峽博物館藏。

月，荔枝肯定是要壞掉了，那為什麼蔡襄還要送呢？蔡襄回福建後，經常將家鄉的陳家紫荔枝送給朋友品嘗，他還曾應邀到宋諴家裡品嘗宋家香荔枝。陳家紫和宋家香都是上好的荔枝品種，至今還有一棵宋家香古荔樹存活於世，就位於莆田市荔城區英龍街原宋氏宗祠遺址，可惜近些年維護不佳，結的荔枝已經越來越少了。相傳這棵古荔樹植於唐天寶年間，現在已經一千兩百多歲了。蔡襄也見過這棵樹，他說當時此樹已經三百歲了。

荔枝這麼好吃的東西卻很少有人記載，蔡襄就對家鄉這個特產產生了一種使命感，決定好好研究和記錄，讓世人都知曉。三年後，他寫成一部《荔枝譜》，書中盛讚福建荔枝是世上最好的品種，他說張九齡和白居易雖然寫過荔枝，但他們根本就沒遇見過真正的荔枝。蔡襄認為真正的荔枝就在福建，而且就在他老家莆田，其中最好的荔枝品種就是陳家紫，當地的大戶人家非陳家紫不吃。所以，蔡襄給杜衍寄荔枝合情合理，不僅因為荔枝是嶺南的特產，還因為他覺得這些荔枝真的非常好吃，必須要讓好朋友嘗一嘗，哪怕只有一顆能完好送到也是值得的。

為表示感謝，杜衍回贈了蔡襄四軸「經白表紙」。表紙是什麼紙？表紙是一種上好的宣紙，與詔紙相對；詔紙是皇帝用來書寫詔書的紙，表紙是臣子用來書寫章表奏書的紙。蔡襄寫給皇帝的感謝信〈謝賜御書詩表〉（圖見136頁），應該就是寫在表紙上的。經白是指紙上的白色紋理，是撈紙工具在紙上留下的痕跡。杜衍之所以強調蜀中，是因為宋代上好宣紙一般產於宣州，蜀地雖然也出產文房用紙，但多數比較粗糙，難得見到細膩的好紙，所以杜衍才會特地強調一下。如此特別的上等表紙，送給當朝最有名書法家蔡襄當然是送對人了。

社稷之臣

韓琦被貶至揚州，後來又陸續調往鄆州（今山東東平縣）、真定府（今河北石家莊正定）、定州（今河北定縣）、並州（今山西太原），大部分時間都是在北方的宋遼邊境線上。有鴻鵠之志卻只能屈居一州，韓琦的鬱悶可想而知。十幾年過去了，韓琦感覺仕途升遷無望，就請求調回老家相州（今河南安陽）安養，於是在至和二年（一〇五五）二月調任相州知州。在此期間，韓琦一直與杜衍保持頻繁的書信往來，杜衍經常對韓琦加以鼓勵。

韓琦在相州老家安養了一年多之後，好日子突然到來了。嘉祐元年（一〇五六）七月，韓琦被召還為三司使，又進入了核心領導層，他又開始新的仕途攀登，並在不久的將來登上宰相之位，把歐陽修推為副宰相，把蔡襄推為三司使，他們都進入了權力核心。

在韓琦忙於政務時，杜衍的生命正一點一滴的流失，他卒於嘉祐二年（一〇五七），享壽八十。拿到杜衍的訃告時，韓琦十分悲痛，他在〈祭正獻杜公文〉中說：「元老之喪，天下將安而法焉[9]？」意思是元老已逝，天下還能太平而有秩序嗎？他評價杜公「至清之名，今昔無二」，《宋史》贊其「古人所謂社稷臣，於斯見之[10]」。

蔡襄如何應酬皇親

嘉祐八年（一〇六三）四月，比蔡襄年輕兩歲的仁宗皇帝沒能熬過病痛的折磨，早早辭世了。隨著仁宗去世，一個傳奇的時代落幕了，有大臣聽聞仁宗去世的消息後一夜白頭。

蔡襄是仁宗很信任的大臣，兩人關係一直很好，聽聞仁宗駕崩，他極為難過，作了一首長詩緬懷給予他無限榮光的皇帝，其中有這樣幾句：「往事時兼遠，孤臣淚獨橫。晨興西向久，淒斷老年情[11]。」這年十月，仁宗皇帝下葬，陵園在距開封城一百多公里外的永昭陵，蔡襄身體本來就不好，參加葬禮來回折騰，身體受不住了。蔡襄回來後，家人跟他講有人送新茶來了，在得知送茶人是誰之後，蔡襄就明白對方這是在跟他「催貨」呢。蔡襄回了一封信（即〈扈從帖〉，圖102），文字如下：

襄拜：今日扈從逕歸，風寒侵人，偃臥至晡。蒙惠新萌，珍感珍感！帶胯數日前見數條，殊不佳。候有好者，即馳去也。襄上，公謹太尉閣下。

大意是：今天剛剛陪侍皇上從永昭陵回來，感了風寒，一直在床上睡到下午三四點鐘。非常感謝您送的新茶，很珍貴。我前幾天看到幾條帶胯，都不怎麼好，等看到有好的，就馬上給您送去。

原來，收信人託蔡襄尋找一種叫「帶胯」的東西，蔡襄一直沒完成任務，對方就派人來催問了。此時的蔡襄已經官至三司使，也相當於副宰相了，能託他幫忙尋東西的人地位自然也不一般，蔡襄在信中稱他「公謹太尉」，這個人是誰呢？他託蔡襄找的帶胯是什麼？

幫皇帝的表弟搜尋奢侈品

嘉祐六年（一〇六一），五十歲的蔡襄仕途到達巔峰，被擢升為

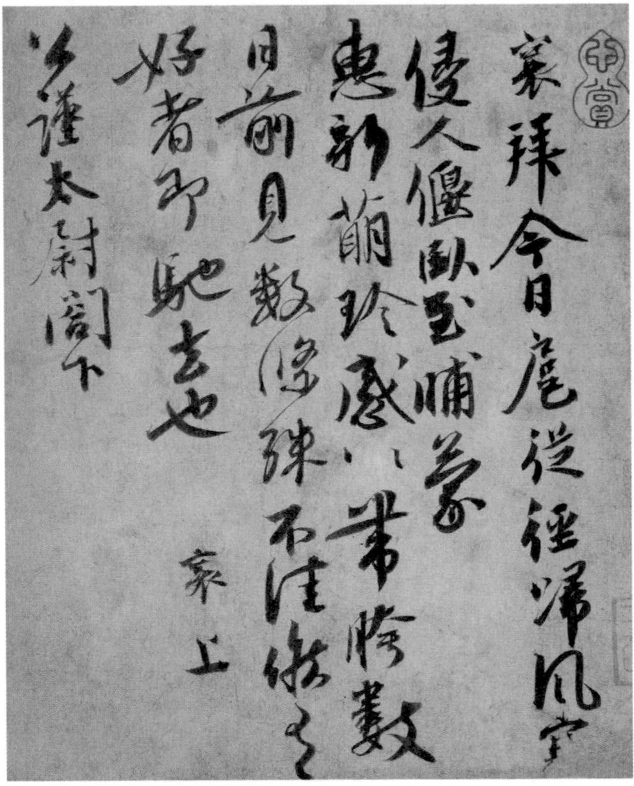

圖 102 〔宋〕蔡襄〈扈從帖〉，北京故宮博物院藏。

三司使，掌管全國財政和物資統籌。既位高權重又手握重要資源，蔡襄難免要應付各種人情，除工作上的應酬外，也有不少皇親國戚與他走得近，李端願（？——一〇九一）就是與蔡襄走得很近的一名貴戚。

李端願是宋太宗趙光義的親外孫，他母親是賢德善良的萬壽公主（九八八——一〇五一），父親是駙馬李遵勖（九八八——一〇三八），進士出身，有才又帥氣。李遵勖和萬壽公主是外戚圈裡有名的模範夫妻，所以李端願從小家教良好，歷代皇帝對他們禮遇有加。李端願一生共經歷五位皇帝，即舅舅真宗、表兄仁宗、表侄英宗、表侄孫神宗、曾表侄孫哲宗。得益於父母和他自己的良好品行，他一生安穩富貴，是位愛好文藝的富貴閒人，與文藝界的很多大人物都來往密切。

蔡襄與李端願是熟人。蔡襄年輕時就聞名士林，是前途光明的政界才俊，又寫得一手好字，朝中要員貴戚都願意與他來往。李端願這種貴戚雖然不干預朝政，但與朝中要員保持著一種隱形的關係，尤其當朝皇帝仁宗又是他的表哥，所以蔡襄也樂意與他交往。蔡襄為李端願的嫂嫂寫過〈汾陽夫人輓詞二首〉，也為李端願的姊姊寫了〈延安郡主李氏墓誌銘〉。

按時間來算，這次李端願送來的茶應是白露時節的。俗話說：春茶苦，夏茶澀，要好喝，秋白露。蔡襄是茶博士，愛好品茶，李端願送新茶給他是送對禮了。李端願這種人是不會缺奢侈品的，一般奢侈品也入不了眼，那他託蔡襄找的帶胯是什麼呢？前文提到過，帶胯是一種腰間飾物，包括腰帶和上面的小飾品，如果採用成色好的玉或黃金為材料，再由手藝好的匠人製作，會非常貴氣，是深得富貴人喜愛的奢侈品。中國重慶三峽博物館藏有一條南宋時期的帶胯，雖然腰帶已經腐爛不見，但純金的胯飾卻鮮亮如新（圖見415頁）。李端願這種貴戚想要的帶胯，自然是可遇不可求的極品，即使是身為三司使的蔡襄，也要花時間慢慢搜尋。蔡襄稱呼李端願「公謹太尉」，因為「公謹」是李端願的字，「太尉」是他的頭銜。在秦漢時，太尉是全國最高軍事長官，位高權重，但在宋代就只是一個官銜，沒有實權。

參與名流雅集

第二年，李端願在家宅辦了一個有特色的刻石活動。他找了些好石頭，邀請有名的詩人寫詩，再邀請重要的書法家書丹。等詩刻上石頭後就拓下來，然後邀請所有的參與者來園中雅集，將拓片分贈給他們。

在自家宅院辦雅集，除了與李氏雅好文藝有關，還與他們家那座宅院有關。李家的宅院是真宗賜給李端願父母的禮物。由於李端願的父親是駙馬，朝廷不會委以重任，但會優待他的生活，李駙馬便經常舉行文藝雅集，這個院子因而也是當時的名流聚會之所。一般在公主去世後，皇帝賜的宅院會被收回去，但由於萬壽公主為人恭謙禮讓，是有名的模範公主，這宅院就沒有被收回，因此這座宅院很特別，能被邀請進去參加雅集的也不是一般人物。蔡襄也在李端願邀請之列，所以他為李端願的活動寫了詩。不過，蔡襄接到邀請函後卻沒心情參加，因為此時他正遭遇政治危機，心情沮喪，而且那兩天身體也不好。

蔡襄所遭遇的危機來自新皇帝英宗，英宗不知從哪裡聽說蔡襄曾阻止他繼承皇位，就以蔡襄請病假太多為由，逐步削減他的職權。宰相韓琦和副宰相歐陽修都幫忙解釋，說蔡襄身體不好，經常需要靠睡眠調節，所以才多請了些假，但英宗並不理會。為了修補和英宗的關係，蔡襄將十多年前為仁宗寫的《茶錄》重新謄抄了一份獻給英宗。這卷《茶錄》是蔡襄精心撰寫的一本科普性質的茶書，其中包含茶葉的製作、收藏、茶器、飲用方法等。仁宗皇帝很喜歡蔡襄研製的小團茶，也很喜歡他寫的這本茶道科普書，被外放福建的蔡襄因此而增進了與仁宗皇帝的關係。蔡襄這次向英宗敬獻《茶錄》，也是想「妙手回春」。

歐陽修此時是英宗面前的紅人，他與韓琦一起幫英宗登上皇位，也因此獲得副宰相之位。歐陽修想幫蔡襄一把，但又不能直接違逆皇帝，因為這位新皇帝性格很古怪，還會記仇，誰要惹他不高興那是必然會受罰的。歐陽修就巧妙運用自己在文學上的影響力，為蔡襄的《茶錄》寫了一篇後序。歐陽修在序中回顧蔡襄在福建研發小龍團精品茶的歷史，強調了小龍團的珍貴，又為《茶錄》寫了一篇尾跋，高度讚揚蔡襄的書法成就。如果將歐陽修這兩篇東西合起來看，就可以理解他的用意，前者是介紹蔡襄的政績表現，後者則是宣揚蔡襄的書法成就，可謂用心良苦。英宗還是不買帳，他甚至將三司使的工作逐步下放給蔡襄的助手。

在身體有恙和仕途變故的雙重影響下，蔡襄自然心情不佳，他為此寫了封信給李端願：「昨日蒙手教見招，乃素所願。然前朝暴暖，省中解衣，晚為冷氣所侵，至今猶未甚解。夜來並服餌，明日料之出未得。且那後時，可否？惜此春物已闌，私心殊不快也[12]。」大意是：「謝謝您昨天寫信來邀請我去聚聚，其實我是很想去的。然而前天天氣突然變暖，上班時解開了衣服，晚一點就被寒氣所侵，到現在還沒有恢復過來。晚上服食了一點丹藥，明天能不能出門還不曉得，過後再說，行嗎？今春已經快過完了，內心真是很不愉快。」

互贈珍稀禮品

蔡襄沒去參加雅集，但李端願派人將拓本送來了，蔡襄去信說：「兩日支體不快，今日閑眠粗適。蒙手誨，並石本拙詩，詞翰無取，但欲寄名壁間，以為榮耀耳。謹奉啟陳謝，不一一。襄再拜，公謹座右。蓮花香合附納。宣州白蜜一簍並鴨腳寄上[13]。」大意是：「這兩天身體都不舒服，今天睡了一下，感覺好點了。謝謝您的來信以及送我的詩歌拓本。我的詩文水準有限，刻在石頭上只不過是寄名石壁，以此為榮罷了。非常感謝，不多說了。送您一個蓮花香盒，一簍宣州白蜜和銀杏果。」

蔡襄信中說的蓮花香盒，是一種用來盛香的盒子，外飾上有蓮花圖案，或者外形像蓮花。宋人喜歡香，香盒是常見禮品。蔡襄特地送蓮花香盒，又與李端願的佛教信仰有關。宋代奉道教為國教，但李氏家族信奉佛教，尤愛禪宗，李端願和他父親都是虔誠的佛教徒和有名的居士。他們的後代中還有一位有名的僧人——濟公李修緣。宣州白蜜就是安徽的結晶蜂蜜，含水量極低，呈膏狀。白蜜也有液態的，液態白蜜主要是白水蜜，有清新的槐花味，顏色較透明，含有較豐富的活性酶。白蜜有抗菌消炎、止咳平喘、助消化等作用。鴨腳就是銀杏果，取名鴨腳，應該是因為銀杏的葉子像鴨掌。銀杏果在現代的北方很常見，但在北宋前中期卻並不常見，多是從南方進貢到皇宮裡，所以才會出現在達官貴人之間的禮品中。

李端願曾送過一種很特殊的花給蔡襄，蔡襄給李端願回了一封感謝信（即〈蒙惠帖〉，圖103），文字如下：

蒙惠水林檎花，多感天氣暄和，體履佳安。襄上，公謹太尉左右。

男人給男人送花，是宋代的時尚。水林檎花長什麼模樣不得而知，一些史料中記載這種花跟海棠花很像。不過林檎花和水林檎花是不是同一品種不能確定。如果是一種東西，那可以看出這種花顏色素淡，盛開的時候花團錦簇，不僅可以用來插花，還可以用來別在頭上。宋代士大夫有簪花的習慣，三五人的小聚和幾十人的聚會都會簪花，這樣一來，花卉的需求量就比較大。蔡襄是朝廷要員，簪花和插花的機會很多，所以李端願也是投其所需呢。

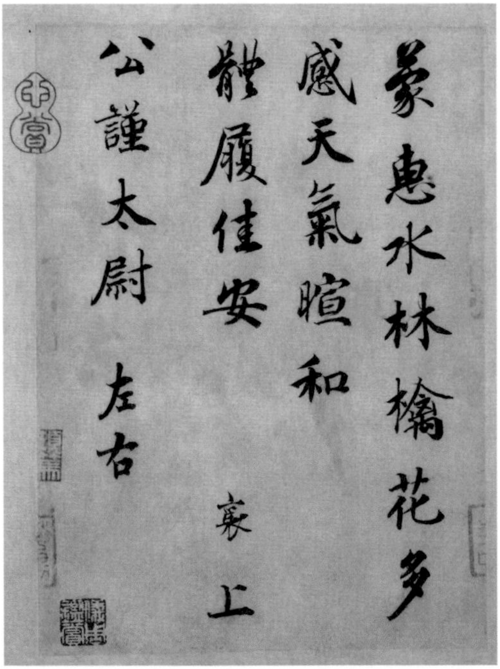

蒙惠水林檎花多
感天氣暄和
體履佳安　襄上
公謹太尉　左右

圖 103　〔宋〕蔡襄〈蒙惠帖〉，北京故宮博物院藏。

交流玩物資訊

李端願不參與朝政，平時喜愛購藏玩物，往往就會成為這方面的專家，所以有時蔡襄也會向李端願諮詢。有一回，蔡襄得到一副用牯犀牛骨製作的小玩意，不確定能值多少錢，就找李端願諮詢（即〈暑熱帖〉，圖104）：

襄啟：

暑熱，不及通謁，所苦想已平復。日夕風日酷煩，無處可避，人生韁鎖如此，可歎可歎！精茶數片，不一一。襄上，公謹左右。（牯犀作子一副，可直幾何？欲託一觀，賣者要百五十千。）

大意是：天氣好熱啊，最近沒有與

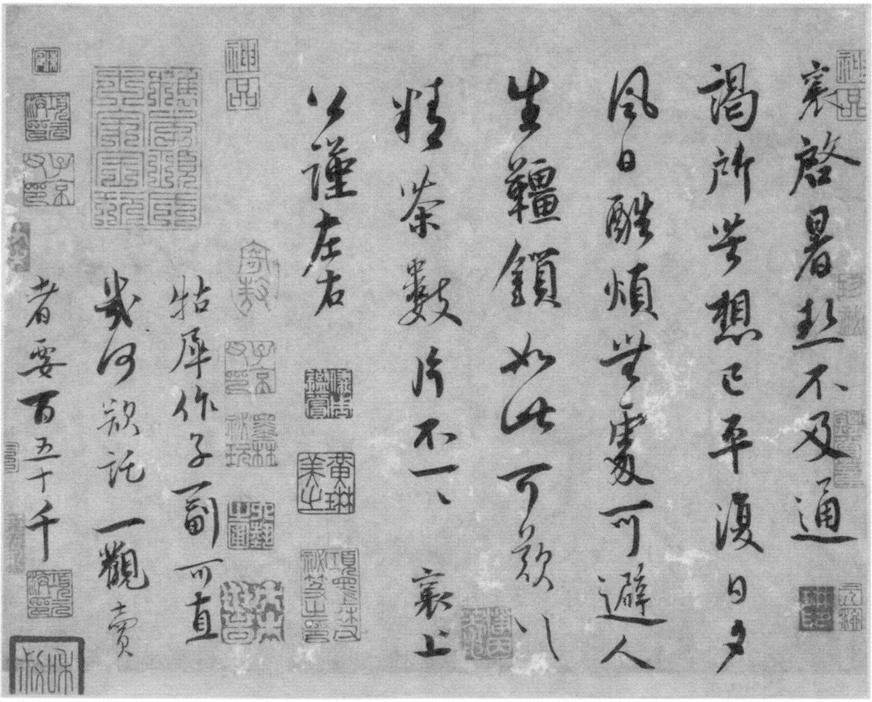

圖 104　〔宋〕蔡襄〈暑熱帖〉，國立故宮博物院。

您通信，想來您的痛苦已經減輕了。從早到晚都這麼熱，無處可躲，人生被縛束如此，可歎可歎！送您一些精品茶，別的不多說了。（有一副用牯犀牛骨製作的小玩意兒，麻煩您看看能值多少錢，賣家要百五十千。）

蔡襄流傳至今的墨跡不足三十件，而寫給李端願的就有三件，這顯然歸功於李端願妥為保存、收藏，才使後人能看到這些珍跡。

玩物不喪志的唐詢

蔡襄的好友唐詢一直想調回京城任職，蔡襄就一直幫他留意各種人事變動的資訊。蔡襄曾寫給唐詢的一封信裡（即〈遠蒙帖〉，圖105）就有令唐詢感興趣的資訊，文字如下：

襄再拜。遠蒙遣信至都波，奉教約，感戢之至。彥範或聞已過南都，旦夕當見。青社雖號名藩，然交遊殊思君侯之還。近麗正之拜，禁林有嫌馮當世獨以金華召，亦不須，玉堂唯此之望。霜風薄寒，伏惟愛重，不宣。襄上，彥猷侍讀閣下。謹空。

大意是：承蒙你從遠方派人送信到京城，並給我提出批評意見，非常感謝。聽說你弟弟彥範已經過應天府了，那我們很快就能見面了。青州儘管是重要的地區，但我在京城與朋友們交往遊玩時，還是常想起你，盼望你能回京城來。最近翰林院有新任命，馮京被授為翰林侍讀學士，似乎翰林院並不樂意這次任命，是皇帝詔他回來的。其實沒必要反對，馮京還是很能勝任這個職位的。天氣微寒，你多多保重，不多說了。

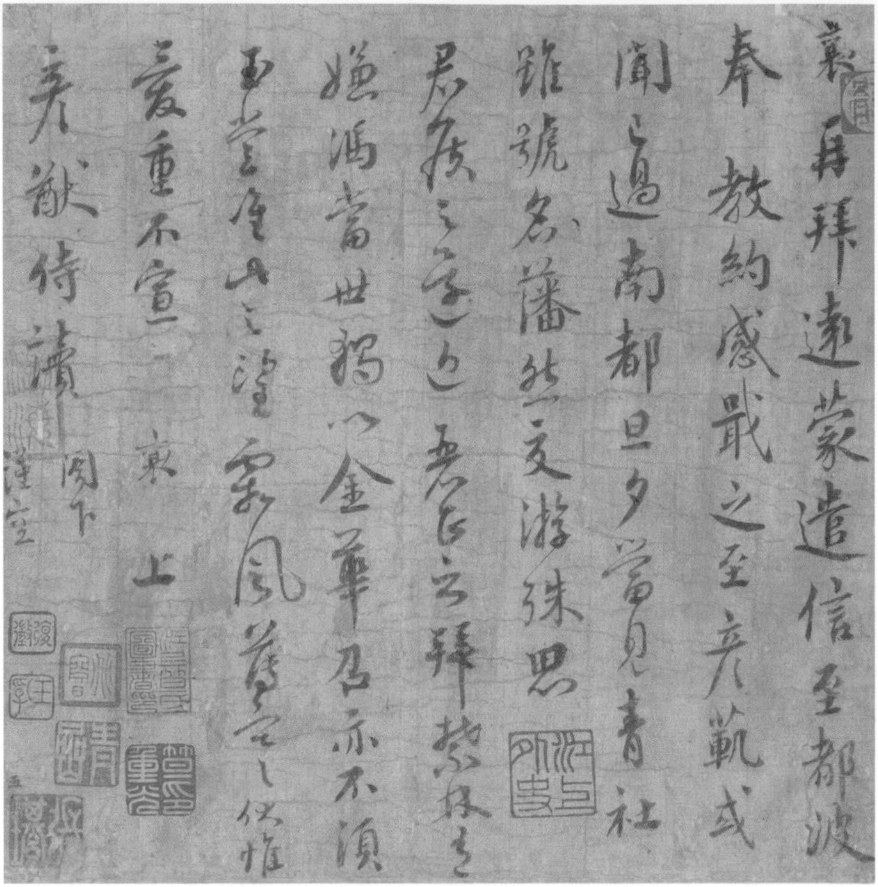

圖 105　〔宋〕蔡襄〈遠蒙帖〉，國立故宮博物院。

彥猷侍讀閤下，就是指唐詢，這封信除了禮節性的寒暄外，還透露了他們共同的好友馮京的任免情況。馮京的工作變動不是個例，而是朝廷有較大規模的人事變動中的一例，五十七歲的唐詢很快也藉機調到京城與好友團聚了。唐詢一生多次進京又出京，每次出京任職後，蔡襄都會幫他打探消息，好讓他能調回來。幸運的是，這次回京之後，唐詢終於得以在京城安享晚年，直至命終。

才子娶官伎

唐詢，字彥猷，杭州人。唐詢收藏過唐代書法家歐陽詢的一片殘紙，他反覆研究和學習，僅憑練這幾個字，就成功晉級為蘇軾和黃庭堅都認可的書法家。唐詢的父親唐肅是朝廷大員，唐詢以父蔭進入仕途，做了一名基層小吏，官階從七品下。仁宗登基後，下詔求天下好文章，有數百篇上獻，入選者只有幾篇，其中就有唐詢的文章，於是他被賜予進士出身。

唐詢與小七歲的蔡襄是非常要好的朋友，兩人經常談論書法與文房用品。唐詢獲得進士那年，蔡襄考中進士，兩人算是同年，不過這兩種進士的分量不一樣，通過科考獲得的進士更受重視。唐詢在學歷上不如蔡襄，還真不是因為唐詢能力弱，而是因為蔡襄這位學霸太厲害了，他十九歲就獲得一甲第十名的優異成績，這在宋代科考中是不多見的。

唐詢性格耿介，中勁而外莊，與世寡合，遇到不平之事就要鳴幾聲。也許就因此被推薦為御史，負責糾察違法犯罪行為。但他很快就因為母喪而去職。等他再回來上班時，他的親戚賈昌朝當了宰相，按規定他要迴避到外地去，於是被安排到廬州（今安徽合肥）任知州。出發前他被仁宗皇帝召見，這算是破例了，因為一般大臣外放時，皇帝只以書面形式表達慰問與期望。好友張方平就趁機請求仁宗皇帝將唐詢留下來，所以他也就暫時沒有去廬州。但是參知政事吳育不同意，他要求秉公辦理，非得要唐詢迴避到外地，宰相賈昌朝也沒辦法，於是唐詢又被安排到湖州任知州。這些事都發生在慶曆新政實施及失敗這段期間。雖然唐詢並不情願被外放到湖州，但此行卻成全了他一樁美事。湖州有一名才藝雙全的官伎，唐詢看著滿心歡喜，大大方方把人家娶回家了。在那時伎女也分很多種，有的只賣藝不賣身，有的類似於交際花，官府也會養一些官伎用於接待、宴請等。

分享情報

湖州任期結束後，唐詢被授予江西轉運使，成為地方大員。一般來講，如果轉運使一職做得好，任期滿後是可以進京任職的，不過唐詢沒能進京，而是又到福建任轉運使。蔡襄就是在這個職位上調回京城的，他任福建路轉運使時把貢茶工作做得很好，還親手研製出了精品貢茶小龍團，仁宗皇帝很喜歡喝這款茶，視若珍寶。

蔡襄回到京城後的工作是修《起居注》，記錄皇帝言行，可以經常與皇帝見面。一天仁宗主動問起小龍團，蔡襄就知道自己製的茶成功了。蔡襄立即將這個消息告訴唐詢，對唐詢來說，這是非常有價值的資訊。茶葉是福建的特色物資，把貢茶做好了，福建路轉運使的工作就做好了一半。從此，小龍團就成為歲貢精品。仁宗皇帝非常喜歡喝這款茶，因為數量有限，他極少分賜給臣僚，臣子偶爾得到一點，也捨不得喝，當傳家寶供著，一夜之間，小龍團貴比黃金。除了溝通茶的工作之外，兩人還經常分享有關人事調動的重要情報，因為唐詢一直想回到京城，蔡襄曾在給他的一封信裡提到：「兩日前堂中下進奏，取江西及福建赴治月日，後逼節，未有聞，不知作何行，當是別有命耳[14]。」意思是：兩天前大臣上表章，要從江西和福建調人回京，後來因為要過節了，就沒消息，不知接下來會怎樣，估計還會有進一步的安排。

果然，不久後唐詢就調回京城了，但後來又被派到地方上工作。唐詢每次好不容易回到京城，就又因為一些理由被派出去，就這樣反反覆覆，蔡襄也只能不斷幫這位大哥打探消息。嘉祐六年（一〇六一），在他們共同的好友馮京調回京城後，五十七歲的唐詢很快也調回京城與好友團聚了。

文玩之友

五十歲的蔡襄和五十七歲的唐詢都在京城工作了，工作之餘，他們都玩些什麼呢？當然是書法和文房了。唐詢酷愛收集文房用品，用紙用筆都非常講究，「若墨紙筆，居常購求必得其精者[15]」，「非精紙非佳筆不妄書也[16]」。當時散卓筆剛出現不久，唐詢算是用得比較早的人，他還曾分享給蔡襄，此事見蔡襄寫給唐詢的〈陶生帖〉（圖見297頁）。

唐詢對硯頗有研究，他寫過一本《硯錄》，雖然文字不多，卻是後人了解宋代硯臺的必讀書目。唐詢每執政一方，就要尋找當地適合做硯的石頭，而他任職過的地方如廣東、湖北、山東等地，都有特色硯石。好石鑿成硯，或自藏，或送人，差一點的石料就做茶臺。

蔡襄和唐詢有一個共同的朋友名叫崔之才，崔之才是廣東肇慶人，以挖端石和製端硯為生。崔之才很有經營頭腦，他辦了個硯臺加工廠，專做高品質的硯臺，雇了一百多名工人，每年要產製上千方端硯。蔡襄四十一歲那年，崔之才挖到一塊品質極好的端石，朋友都擔酒端肉來為他祝賀。硯臺製成後，他抱著這方硯廢寢忘食。他想，這麼好的東西，一定要送給值得受用它的人，於是他派人將這方硯送給了千里之外的蔡襄。蔡襄是識貨之人，他拿到這方又大又精的硯臺，喜歡極了，專門為之齋戒，又挑了一個吉祥的日子，用珍藏的澄心堂紙、李庭珪墨、諸葛高鼠鬚筆，寫了一篇〈硯記〉回贈給崔之才。

有一回，蔡襄到唐詢家賞硯，唐詢送了一方洮河石硯給蔡襄。蔡襄很喜歡，於是題寫硯銘，還寫了一篇兩百多字的小記。他說：「此時如無良硯，則興趣索然矣。予因瑞卿之惠，而書其大略如此[17]。」看來，硯臺是釣出蔡襄書法的誘餌呢！

唐詢送給蔡襄的這方硯，色微白，有紅絲，蔡襄說這方硯：「甚可愛，兼能下墨，隔宿洗之，亦不留墨痕。其肌理細膩瑩潤，不在端溪中洞石下[18]。」蔡襄懷疑它就是傳說中的紅絲硯。在唐詢的《硯錄》中，排名第一的就是紅絲硯，這個排名引來頗多爭議。蔡襄曾送了一塊紅絲硯給歐陽修，歐陽修認為這並不是最好的硯石，並且寫信給蔡襄直言相告。唐詢當然知道端、歙地區有好硯，但他挖到過好的紅絲硯，也知道這種硯的獨特之處，他認為紅絲硯不僅要挑好石頭，還要會用，他說：「凡為硯，初用之，固有法，今更不載，惟精於物理者，自當得之，然世之大，罕有識者，往往徒得之而不能用也。此石之至靈者，非他石可與較藝，故列之於首云[19]。」

蔡襄就把唐詢的意思轉告給歐陽修，但歐陽修可能還是不能領會。東坡先生也看到過好的紅絲硯，他說：「唐彥猷以青州紅絲石為甲，或云：惟堪作骰盆，蓋亦不見佳者。今觀雪庵所藏，乃知前人不妄許爾[20]。」看來，說紅絲硯不好的，果真是沒有見到好東西呢。

宋人宦遊時，多喜歡尋訪當地特產，比如歐陽修喜歡尋訪碑拓，畫家文同喜歡尋訪字畫，蘇軾喜歡找美食和特色藥材，唐詢則喜歡尋訪好筆和好硯石。他在青州為官時，考察了當地特色紅絲硯石。紅絲硯是小眾硯石，產量和名氣不如端硯和歙硯。唐詢搜到了極品紅絲硯，認為其發墨效果不低於優質端、歙。有些人認為唐詢故意提高紅絲硯身價，蘇軾用過極品紅絲硯，認為唐詢所說不誣。

唐詢有時也會用自己的硯臺換蔡襄的好東西。有一回，蔡襄得了一塊品質極好的墨，唐詢知道這件事後，就想把這塊墨換過來。唐詢選了一塊稍次一點的墨，外加一方大硯臺和一個花盆，給蔡襄送去了。蔡襄把東西都收下，那塊好墨卻沒換給他，只回了一篇書法做為交換品，這篇書法就是蔡襄的傳世墨跡〈大研帖〉（圖見307頁）。知心朋友一起賞玩共同喜好的東西，自然是人生一大樂事。然而好景不長，在蔡襄寫完這封回信五個月後，唐詢就病逝於京城，享年五十九歲。

蘇軾向文同求畫

北宋有了蘇軾，其他人的詩文詞章都黯然失色，但蘇軾卻對表兄文同（一〇一八——一〇七九）的詩文極為讚賞。蘇軾尤其喜歡文同寫的騷體賦，那衝擊心扉的文字和韻律裡流淌著一股高貴的憂傷，令他非常著迷。不過，相比詩文，蘇軾更喜歡文同畫的墨竹（圖106），只是文同不喜歡別人跟他索要墨竹，所以蘇軾也不敢輕易開口。後來，蘇軾發現很多朋友都藏有文同的墨竹，於是厚著臉皮開始主動出擊，果然得到了文同的一幅〈篔簹谷偃竹〉，他很高興，給文同回了一封信（即〈偃竹帖〉，圖107）：

圖 106　〔宋〕文同〈墨竹圖〉局部，國立故宮博物院。文同以畫竹名世，其實他的書法和詩文都很好。蘇軾喜歡與文同玩詩文遊戲，有時候還向文同求詩文以刻碑。

軾啟：

郡人還，疊辱書教。承尊候微違和，尋已平愈，然尚未甚美食。

又得蒲大書云：尊貌頗清削。伏料道氣久充，微疾不能近，然未免憂懸。惟慎擇醫藥，痛加調練，莫須燃艾否？軾近來亦自多病，年老使然，無足怪者。

蒙寄惠〈偃竹〉，真可為古今之冠，謹當綴黃素其後，作十許句贊。蓋多年火下，不可無言也。呵呵。

聞幼安父子共得卅餘軸。謹援此例，不敢過望。所示，當作歌詩題之，軾作此，乃莫大之幸，日夜所願而不得者。今後更不敢送浙物去矣。老兄恐嚇之術，一何疏哉！想當一大噱。

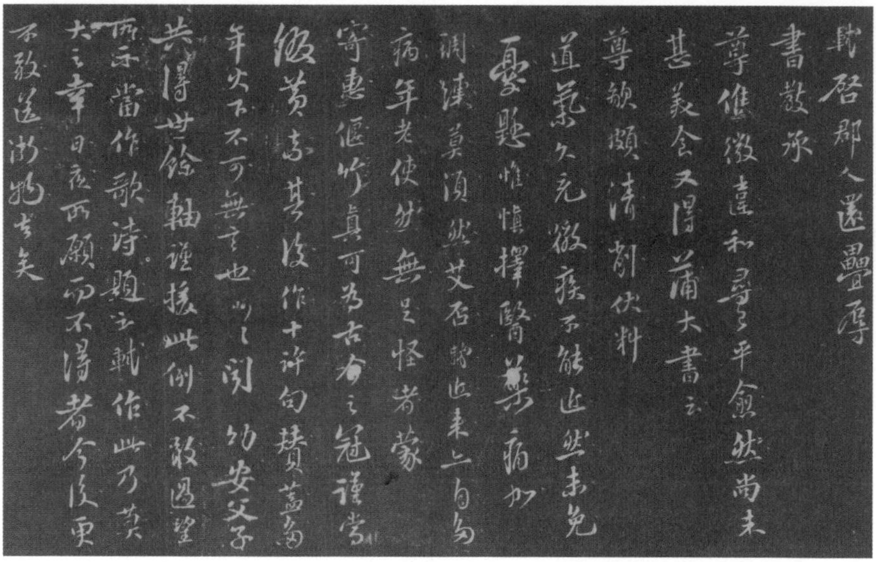

圖 107　〔宋〕蘇軾〈偃竹帖〉局部，選自宋拓本《成都西樓蘇帖》，北京市文物商店藏。

別後亦有拙詩百餘首，方令人編錄，以求斤斧，後信寄去。老兄盛作，尚恨見少，當更蒙借示，使劣弟稍稍長進。此其為賜，又非須惠墨竹之比也。冗中奉啟，不盡之意。軾再拜與可學士親家翁閣下。正月廿八日。

意思是：老鄉從你那裡回來了，又帶來了你的書信。聽說你身體微恙，雖然已經好了，但還不大愛吃飯。蒲大在信裡告訴我說你現在很清瘦，雖然你經常練功，體內充滿道氣，小病不會傷害到你，但我還是很擔心。你一定要謹慎選擇大夫和藥物，多多調養練功，你看是否需要艾灸一下呢？我現在也常生病，人老了都這樣，沒什麼奇怪的。你送給我的〈偃竹圖〉真可謂古今之冠，我一定要在後面接一段黃絹，寫十句贊。我們是多年的老夥伴了，怎麼能不好好寫幾句呢？呵呵。聽說幼安父子一共得了你三十多幅畫，你也按照他們的數量給我吧，我也不敢有過多的奢望。你送給我的畫，我都會在後面題詩，能為你的畫題詩是我莫大的幸運，這可是我日夜所盼望而不能實現的事啊。今後可不敢再給你送江浙的特產了，老兄你嚇唬人的本領可真不行，當為此大笑一場。自上次分別後，我寫了一百多首詩了，正請人編錄，還要請你多多指正，等編好後再隨信寄給你。老兄你的詩文大作我只恨見得少，你一定要多給我一些，也讓你頑劣的老弟能稍稍有所長進，這種恩惠可比送我墨竹要大多了。忙裡偷閒給你寫信，言不盡意。

信中提到了文同身體不大好，但蘇軾也沒有太放在心上，只是提醒他多注意保養。信中提到的江浙特產，應該是指之前蘇軾送了一個杭州的藥玉船（玉酒杯）給文同，而文同回贈的是一幅墨竹，蘇軾覺得這幅墨竹價值遠遠高出那個藥玉船，所以才說再也不敢送浙江特產去了。雖然蘇軾索畫的口氣顯得有些貪心，但最後他還是說文同的詩文是比墨竹更大的恩惠，不知這是他的真心話還是為了討文同歡心呢？蘇軾在落款處稱呼文同親家翁，是因為弟弟蘇轍的女兒嫁給文同的兒子，兩家親上加親。蘇軾的傳世碑帖中有好幾篇都是跟文同索要詩文書畫的，從中不難看出他二人的深厚友情。

沒有存在感的官員

四川有一個姓袁的道士，能用六十四卦推五行配六神使七十二煞，預言別人的禍福十分靈驗，在京城的達官貴人之間混得很不錯，還得了皇帝賜的紫衣。袁道士住在開封城南的一座道觀，一天，他在道觀看到一位官員模樣的人在納涼，仔細一看，大吃一驚，趕緊上去行禮。那位官員很錯愕，因為他不認識這個道士。袁道士將官員請上高座，攀談起來。袁道士自我介紹之後，官員恍然大悟，原來這個道士跟自己是四川同鄉，小時候曾聽說過這位奇異的道士。袁道士請官員為自己取個字，官員略微一思索，為他取字「惟正」。

這位令袁道士敬仰的官員，即是中國墨竹史上大名鼎鼎的文同。好在袁道士求的是字，如果是求墨竹，那未必能求得到，倒不是因為文同吝惜自己的畫，而是他很不願意別人把自己當畫家看待。在宋代，畫家的地位跟工匠雜役差不多，偏偏大家公認文同最擅長的就是畫墨竹，這讓他很惱火。袁道士向他求字，看重的是他的學問，文同自然就樂意幫忙了。

從十三歲起，文同的父親就期許他將來要考進士，可是從他父親往上四代都是布衣，所以文同算是「白手起家」，得在詩、賦、策論和儒家經義方面狠下功夫才行。為了增強記憶，他把應考要熟讀的內容都刻在牆壁上。若干年後，文同回鄉省親，自己都被那堵密密麻麻刻滿考試內容的牆壁給震驚了。

文同的科考之路並不順利，一直考到三十一歲才考上，幸運的是，他考了第五名，是非常優秀的成績。按這個成績，他將是大宋人才庫的重要儲備人員。文同天生不是靠政治發家的角色，他性格內向，膽小怕事，從來不會草率議政，在摯友蘇軾身陷囹圄時，他甚至都不敢直呼其名。反觀仁宗朝有名的文臣如范仲淹、歐陽修、蔡襄等人，哪個不是嘴巴上掛著火藥筒的？路見不平就發幾筒！文同卻總是謹言慎行，時間久了，他在政治上的存在感自然就慢慢消失了，這也許就是他幾乎一輩子都待在西部偏遠地區的原因。後來文同也有了靠山，那就是北宋政界活了九十一歲的文彥博（一〇〇六——一〇九七）。文彥博比文同年長十二歲，卻比文同晚十八年去世。當年文彥博以朝中要臣的身分出任四川，發現了與他同姓的文同，他讚揚文同的詩「襟韻灑落，如晴雲秋月，塵埃不到」。一時之間，四川學子爭相傳閱文同的詩文。

流連字畫間

一個人把詩歌寫得不著一粒塵埃，就別指望他在仕途上能爬多高了。文同對吏治也確實沒什麼興趣，經常還不到下班時間就走人了。去哪裡了？他不是回家品賞字畫去了，就是到別人家品賞字畫去了。

文同每到一處新任職地，就惦記著走訪名勝古跡，因為這些地方往往有古人或當朝前輩留下的手筆。一天，他在一處古蹟偶遇宋初著名副宰相魯宗道（九六六——一〇二九）所題寫的榜書，那種磅礴而內斂的氣勢讓文同眼淚雙流。

四川僧人喜歡收藏字畫，很多寺院裡藏有寶貝，這是文同從小就知道的祕密。文同在考中進士前就與當地僧道多有聯繫，他有一位僧友名叫惟中，惟中性格孤潔，不常與人相往來，但是精通禪律之學和儒學，粉絲非常多，文同也是其中之一。惟中喜歡佛像，他在圓寂之前請當地一位有名的畫家繪製禪宗六祖慧能的畫像，文同有幸看那位畫家現場作畫。寺院裡經常有前代高手留下的壁畫，文同在逛壽寧院時，居然發現了五代至宋初非常有名的大畫家孫知微（字太古）的壁畫，這種意外的發現使文同更熱衷尋訪古寺。

多年流連於字畫間的生活，使文同對當地收藏界瞭若指掌。自唐末戰亂以來，一些世居長安的富貴人家舉家南下四川避禍，一大批好字畫流入四川，所以文同不時有機會大飽眼福。文同雖然很窮，卻藏了一櫃子好畫，且看看這個單子吧：

朝代	作者	作品	朝代	作者	作品
五代	黃筌	〈鵲雛圖〉	北宋	許道寧	〈寒林圖〉
五代	許中正	〈捕龍雷〉	北宋	易元吉	〈抱櫟猨〉
五代	滕昌祐	〈芙蓉〉	北宋	孫知微	〈辟支迦佛〉
北宋	范寬	〈雪中孤峰〉	不明	梁信	〈羯鼓小圖〉
北宋	崔白	〈敗荷折葦寒鷺〉	不明	蒲氏	〈鍾馗〉
北宋	宋迪	〈晚川晴雪〉	不明	無名氏	摹王維〈捕魚圖〉

這十二幅精品若是能保存到現在，必定是國寶。即使在當時，每幅作品大約也是能換到一套房子，而這還只是文同收藏畫的一部分。文同收藏的字畫愈來愈多，繪畫造詣也愈來愈高，而官階卻遲遲上不去，這讓文同很鬱悶，常將自己的情緒透過詩文和書畫創作抒發，他的墨竹因而更加有意味，很多人都希望得到他的墨竹，卻不能把他當畫家一般索畫。文同只樂意隨便畫、隨便送人，他的身分是士大夫，是朝廷命官。

表弟蘇軾也不敢索畫

文同有個遠房表叔也很喜歡收藏字畫，這位表叔有個兒子比文同小十九歲，就是蘇軾。蘇軾與表兄文同的性情完全不同，他豪邁直爽，仗義敢言，即便是皇帝制定的政策，他看著不順眼也照樣不吐不快。蘇軾非常喜歡交朋友，他的兒子說他一天不找人玩就會憋壞。在流放儋州的荒涼歲月裡，蘇軾也不甘寂寞，周圍沒有朋友，他就找當地的農民聊天。性格反差如此大的一對表兄弟卻成了好朋友。熙寧三年，四十九歲的文同與三十五歲的蘇軾難得同時在京城任職，蘇軾為文同的一幅墨竹題了一段跋文：「昔時與可墨竹，見精縑良紙，輒奮筆揮灑，不能自已，坐客爭奪持去，與可亦不甚惜。後來見人設置筆硯，即逡巡避去，人就求索，至終歲不可得。或問其故，與可曰：『吾乃者學道未至，意有所不適，而無所遣之，故一發於墨竹，是病也。今吾病良已，可若何？』然以余觀之，與可之病，亦未得為已也，獨不容有不發乎？余將伺其發而掩取之。彼方以為病，而吾又利其病，是吾亦病也，是吾亦病也。熙寧庚戌七月二十一日，子瞻。」

這段話大意是：以前文同畫墨竹，往往是看到精絹好紙就奮筆揮灑，不能自已，周圍的人爭搶著把畫拿走，他也不在意。後來他一見別人擺好筆硯就趕緊躲開，別人向他求畫，往往一整年都求不到。有人問他原因，他說：『我學道沒有學到家，心裡覺得不舒服，又無處排遣，就發洩在墨竹上了，這是病。現在我病好了，還畫什麼呢？』但在我看來，與可的病還沒完全好，難道還能攔得住他再次發作嗎？我就等著他再發洩的時候取走他的墨竹。他覺得自己有病，而我又盼著他發病，看來我也病了，我也病了呀！

從這段跋文可知，文同畫墨竹是為了派遣心中鬱悶。文同是一位全能的藝術家，詩文辭賦、書法、繪畫、古琴等無不精通。在藝術創作上的自如表達以及對藝術本質的通透理解，使得文同在繪畫時會想到書法，想到文學，當然，歸根結柢是想到他自己，所以他畫的墨竹既有個人特色，又寄託了失意士大夫的普遍感情。於是，他的畫名蓋過了他的其他藝術，他的墨竹也愈來愈受歡迎。

蘇軾了解文同的脾氣，所以不會輕易跟文同要畫，但經常索要文同的詩文和書法，還經常規定好字型大小和書體，以便刻在石頭上流芳千古。熙寧九年，任密州知州的蘇軾給文同寫了一封求詩文的信（即〈乞超然臺詩帖〉，圖108），內容如下：

〈鳳味〉等詩，屢有書道謝矣。豈皆不達耶？暌遠可歎，皆此類也。向有書乞〈超然臺〉詩，仍乞草書，得為摹石臺上，切望切望！安南、代北騷然，愚智共憂，而吾徒獨在閑處，雖知天幸，然憂愧深矣。此中亦漸有須調，蜀中不覺否？

軾近乞齊州，不行。今年冬官滿，子由亦得替，當與之偕入京，力求鄉郡，謀歸耳。洋川園池乃爾佳絕，密真陋邦也，然亦隨分葺之。城西北有送客亭，下臨濰水，軒豁曠蕩，欲重葺之，名快哉亭。或為作一詩，尤為幸厚也。傖父恐是南人謂北人，亦不曉其義，《王獻之傳》有，可詳之。軾又上。

蘇軾這封信大意如下：你幫我寫了〈鳳味〉等詩，我給你寫了幾封感謝信，難道你都沒有收到嗎？唉，隔得遠，通信不便，多是這樣子的。我之前求你寫〈超然臺詩〉，請仍用草書寫，我要把它摹刻在石頭上，一定要記得！南方、北方局勢都不安寧，大家

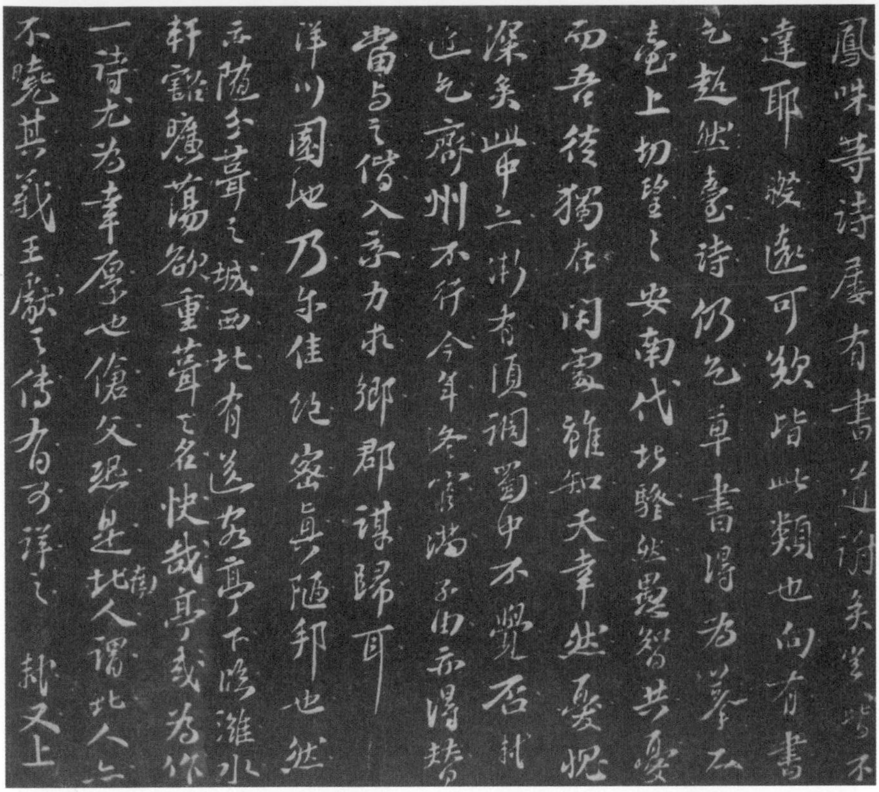

圖 108 〔宋〕蘇軾〈乞超然臺詩帖〉，引自宋拓本《成都西樓蘇帖》，北京文物商店藏。

都很擔心，而我卻在密州這個地方閑著，雖然我知道這很幸運，但是深懷憂慮，於心有愧啊。近來國家在徵調兵馬，蜀中沒有覺察到嗎？我最近請求調到齊州（今山東濟南），沒有成功。今年冬天我的任期就滿了，我兄弟子由也到了輪換的時候，我會與他一起入京，盡力求得四川的職位，我想回家了。你所在的洋州自然環境非常好，我所在的密州真是窮鄉僻壤，但我還是盡力把這裡修建得好一點。城西北有一座送客亭，下臨濰水，高大開闊，我想重新修葺，將名字改為快哉亭。你要是能為這個亭子作一首詩，那就太好了。你問「傖父」這個詞是什麼意思，我估計是南方人對北方人的稱呼，我也不知道它的確切意思，《王獻之傳》裡有，你可以仔細看看。

蘇軾索畫有絕招

大約到元豐元年（一〇七八）時，蘇軾發現周圍很多朋友都有文同的墨竹，有的還不止一幅，他就覺得不平衡了，也開始跟文同索要墨竹，他給文同寫信道：「近屢於相識處見與可近作墨竹，惟劣弟只得一竿。未說《字說》潤筆，只到處作記作贊，備員火下，亦合剩得幾紙。專令此人去請，幸毋久秘。不爾，不惟到處亂畫，題云：與可筆，亦當執所惠絕句過狀，索二百五十匹也。呵呵[21]。」

大意是：我最近在好幾個朋友那裡看到你新畫的墨竹，我卻只有一幅，還只有一根竹子。我給你寫過《字說》，你也沒給我點什麼做為潤筆費，只到處給別人寫記寫贊，身為你多年的老夥伴，你也該留幾張畫給我呀！我現在專門派人去找你要墨竹，你最好別拖延太久，否則，我就到處亂畫，然後落款寫你的名字。還有，你還欠我二百五十匹絹，你之前送我的絕句裡白紙黑字寫著的，呵呵！

東坡先生頗有點為弟不恭的樣子，不過他一般只在與好友的通信中才用「呵呵」這招索畫，在老兄面前耍耍無賴。這個二百五十匹絹的故事，發生在蘇軾這次去信之前。大概是因為那段時間文同心情不錯，想專心從政，不想畫畫了。蘇軾一直說要跟文同學習畫墨竹，於是文同就給蘇軾去了一封信，信中說：「我最近跟士大夫們說，我這一派的墨竹在徐州，你們想要墨竹，就到那兒去求吧，那這些做襪子的材料就都會聚到你那兒去咯。」文同還在信後附了一首詩，其中有兩句是「擬將一段鵝溪絹，掃取寒梢萬尺長」，意思是用絹來畫萬尺長的竹子。

蘇軾當時正在徐州，文同說他這一派的墨竹在徐州，就是指蘇軾在跟他學畫墨竹（圖109）；做襪子的材料，就是指畫畫用的絹。文同把畫畫用的絹稱為襪材，也可見畫畫在他心目中的地位並不高，當然，這並不意味著他不熱愛畫畫。蘇軾就抓住了文同詩中提到的「寒梢萬尺長」，回信給文同說：「要畫萬尺長的竹子，那得用絹二百五十匹啊，我知道你不想畫畫了，你把那絹給我吧。」文同無言以對，就說：「我說錯了，世上哪有萬尺長的竹子呢？」蘇軾又去信說：「世間亦有千尋竹，月落庭空影許長。」文同又回信說：「老弟你雖然善辯，但要真有二百五十匹絹，那我就要買田歸老咯。」

圖 109　〔宋〕蘇軾〈瀟湘竹石圖卷〉局部，中國美術館藏。

蘇軾此番出擊，果然得到了文同的一幅墨竹，他很高興的給文同回了一封信，即開篇提到的〈偃竹帖〉。蘇軾在信中得寸進尺，竟然獅子大開口，讓文同給他畫幾十幅墨竹圖。

蘇軾文人畫的啟蒙

針對蘇軾在〈偃竹帖〉中提到的養身、求墨竹等內容，文同一一作了回覆，也真的又給蘇軾寄去了墨竹和詩文書法。蘇軾就又給文同去了一封信（即〈墨竹草聖帖〉，圖110）。

> 寄示墨竹草聖，皆極妙，所謂亹亹逼人。並示長生匱法，僕亦傳得此方久矣，但未暇養鍊。常有從理入口之憂，所謂面上桑葉氣，非所患也。
>
> 松滋王令，邂逅一見，好學佳士也，輒託附書。適值數親客，冗迫，未暇詳悉，續附遞次，不一一，

軾頓首。（墨竹與石，近又變格，別覓便，寄去次。）

大意是：你寄給我的墨竹和草書都妙極了，正所謂亹亹（讀音「委」）逼人。你跟我說的長生匱法，我很早就學習過，但一直沒時間修煉。我常常憂慮自己法令紋入口這種不好的面相，而所謂臉上有桑葉氣，倒不是我所擔心的。松滋的王令是我偶然遇見的一位好學之士，所以託他帶書信給你。此刻恰好有幾位親朋好友在我這裡作客，匆匆給你回信，來不及細聊，過後慢慢聊吧。我最近畫的墨竹和石頭，格法又有些變化，等我再找合適的機會給你寄過去。

看來蘇軾真的在用心跟文同學畫，不僅學墨竹，還學畫石頭。可以說，蘇軾文人畫的啟蒙老師就是文同，而蘇軾文人畫思想的發源地就是徐州。不久，應蘇軾索要詩文的請求，文同寄來了一首六言詩，而後蘇軾又回了一封信（即〈平復帖〉，圖111），文字如下：

軾啟：

疊辱來教，承起居佳適。聞中間復微恙，且喜尋已平復。軾比來亦多病，漸老不耐，小放意輒成疾，不可不加意慎護也。水後彌年勞役，今復聞決口未可塞，紛紛何時定

乎？寄示和潞老詩，甚精奇，稍間當亦繼作六言詩，殆難繼也。

未緣會遇，萬萬以時自珍。謹奉手啟，上問不宣。軾再拜。與可學士親家翁閣下。

三月二十六日。

大意是：多謝來信指教，願你起居安好。聽說你前些天身體又有小毛病，可喜的是現在已經恢復了。我的身體也比以往多病，漸漸老了，抵抗力沒那麼強了，稍微不注意就會生病，不可不小心謹慎，多加防護吧。洪水之後一整年都在勞役，現在又聽說決口沒有堵住，氾濫的水災何時才能休止呢？你回和文彥博的詩相當精奇，等我有空的時候也和一首六言詩，但估計很難和得出來。沒機會見面，請萬萬珍重。

從這封信可以看出文同的身體確實已經很差了，到夏天時，他在一幅〈墨竹〉後跋了一段文字：「伏暑不能退，須在假將理。今僅能飲食，惟皮骨耳。欲求襄、汝或資、簡，生事窘薄，俯首碌碌，為竊祿人，慚悚。素所嗜好，都自撤去，惟畫竹、吟詩，有子駿、子瞻為真賞，故斷之遲遲。」大意是：伏暑一直不退，只能請假在家調養休息。現在只能吃些流食，我只剩一副皮包骨了。我想下一個任期換到襄州、汝州、資州或簡州，生存狀況如此窘困，一輩子埋頭碌碌，只不過是空領一點俸祿罷了，慚愧惶恐啊！一直以來的嗜好都已經捨

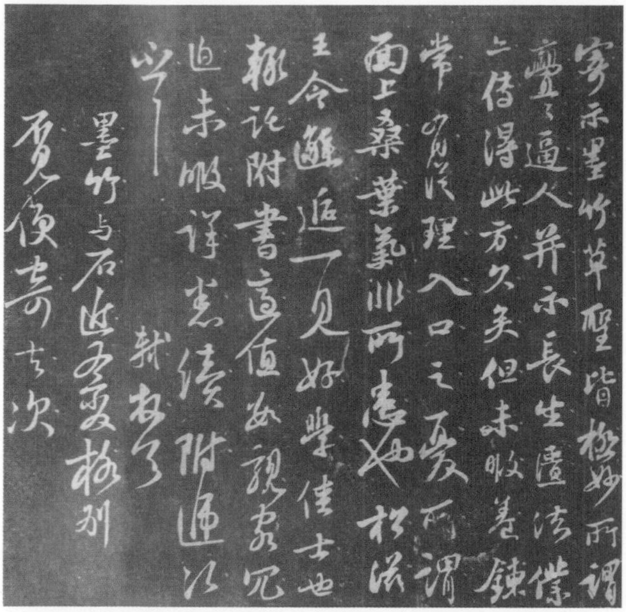

圖 110　〔宋〕蘇軾〈墨竹草聖帖〉，選自宋拓本《成都西樓蘇帖》，北京市文物商店藏。

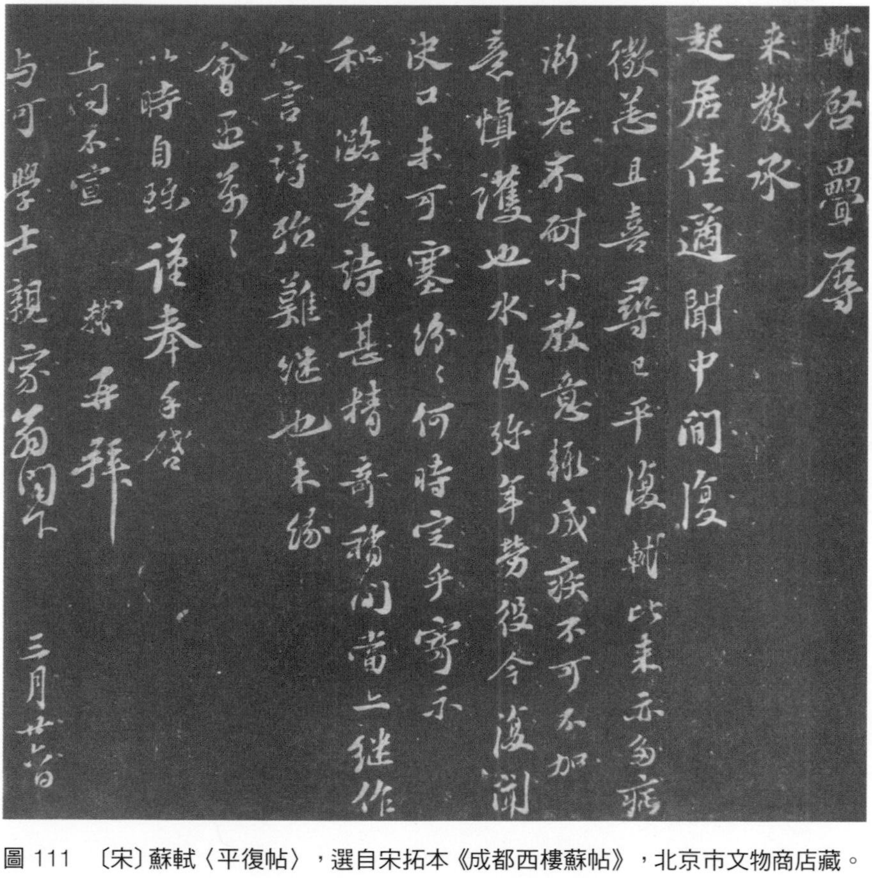

圖 111　〔宋〕蘇軾〈平復帖〉，選自宋拓本《成都西樓蘇帖》，北京市文物商店藏。

棄了，只留下畫竹和吟詩兩項，因為有子駿、子瞻能真正欣賞，所以就遲遲沒有斷掉。

子駿是鮮于侁，子瞻是蘇軾。從文同的自述看，此時他像是一個將死之人了，但由於鮮于侁和蘇軾是他真正的知音，所以就硬撐著為他們兩人畫竹、作詩，傳授畫法。文同在這段時間把畫竹的心法傳給了蘇軾，對於蘇軾的繪畫藝術來說，確實是非常重要的契機。

黃樓遺憾

當年八月，蘇軾因治水成功而在徐州城東門修建了一座大樓，飾以黃土，故名黃樓。樓成之後，蘇軾向各路才俊徵集詩文辭賦，舉辦了聲勢浩大的文學雅集，文同自然在蘇軾邀請範圍內，但一直到重陽節舉辦的黃樓落成慶典上，文同的賦都沒有寄來。十月中旬，蘇軾去信相催（即〈入冬帖〉，圖112）：

軾啟：

稍不馳問，不審入冬尊體何如？想舊疾盡去，眠食益佳矣。

見秋試，知八郎已捷，不勝欣慰。惟十一郎偶失，甚為悵然。然一跌豈廢千里，想不以介意。寄示碑刻，作語古妙，非世俗所能彷彿。長句偈尤奇，非獨文字甘降，便當

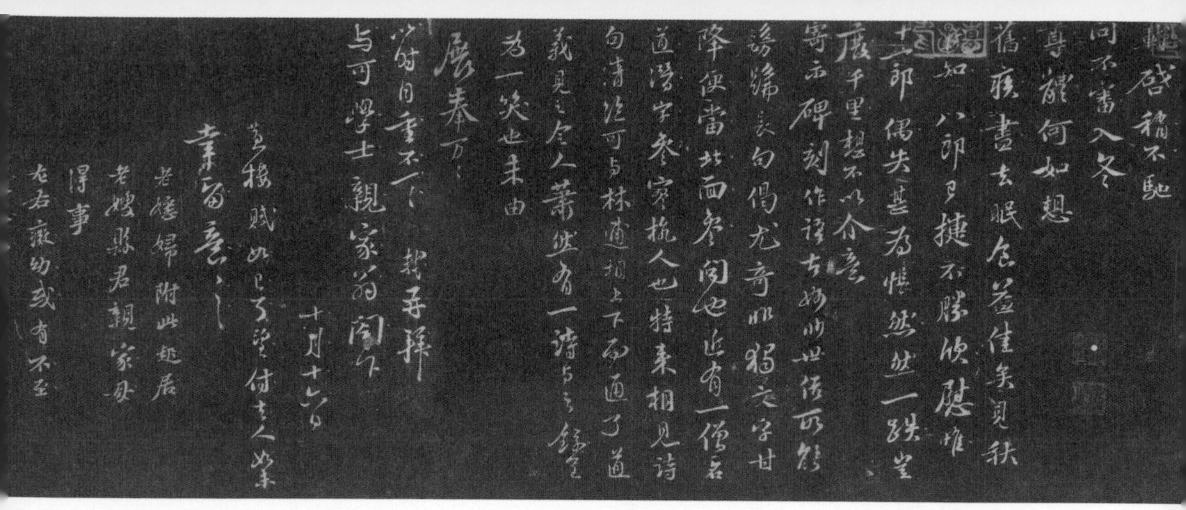

圖 112 〔宋〕蘇軾〈入冬帖〉，選自宋拓本《成都西樓蘇帖》，北京市文物商店藏。

北面參問也。

近有一僧，名道潛，字參寥，杭人也。特來相見。詩句清絕，可與林逋相上下，而通了道義，見之令人蕭然。有一詩與之，錄呈，為一笑也。未由展奉，萬萬以時自重，不一一。軾再拜與可學士親家翁閣下。十月十六日。

（〈黃樓賦〉如已了，望付去人，如未，幸留意留意！老媳婦附此起居，老嫂縣君親家母，得事左右，癡幼或有不至，提誨也。）

信的大意是：最近沒顧上問候你，不知入冬以來你身體怎麼樣了？想來老毛病都已經康復了，睡眠和飲食應該都好多了。秋試的結果出來了，聽說八郎中榜了，不勝欣慰，而十一郎偶然失利，令人難過。但是千里之行怎能因一次跌倒而受影響，想來他應該不會介意。你曾把他的碑刻寄給我看，文章語言古樸絕妙，不是一般人能寫得出來的，長句偈頌寫得尤為精奇，讓我自歎不如，我還要向他多多請教才是。最近有一名僧人，名道潛，字參寥，杭州人，特地來與我相見。他的詩很清絕，與林逋不相上下，而且還通了道義，令人一見到他就感覺很空寂。我把他寫的一首詩抄錄給你，且為一笑。來不及暢聊，你一定要多保重，不多說了。十月十六日。（〈黃樓賦〉如果寫完了，就請交給送信人，如果還沒寫完，煩勞費心。我的夫人附了一張問候起居的便條，請轉交親家母，我的侄女有幸在你們身邊侍奉，她還年幼無知，有照顧不周之處，煩請多多提攜教誨。）

蘇軾此刻顯然對文同身體狀況的實情不甚了解，而文同似是不忍掃了自己鐵粉的雅興，一直沒有實言相告，所以蘇軾就繼續向文同求畫或換畫，他給文同寫信道：「軾啟：近承書誨，喜聞尊候益康勝。見乞浙郡，不知得否？相次入文字，乞宣與明。若得與兄聯棹南行，一段異事也。中前桑榆之詞，極為工妙，尋曾有書道此，卻是此書不達耶？老兄詩筆，當今少儷，惟劣弟或可以彷彿。墨竹即未敢云爾，呵呵！佳墨比望老兄分惠，反蒙來索，大好禪機，何處學得來？大軸揮灑必已了，專令人候請，切告。烏絲欄兩卷，稍暇便寫去。近見子由作〈墨竹賦〉，意思蕭散，不復在文字畛域中，真可以配老筆也。亦欲寫在絹卷上，如何如何？乍涼，萬萬珍重[22]。」

大意是：最近收到你的來信，知道你身體更健康了我很高興。你說下一任想申請去浙江，不知朝廷批准了沒有？我已經向朝廷申請下一任去宣州或明州，若是能與老兄你一起坐船南下，那可真是妙事一樁啊。之前你寄給我的桑榆之詞寫得極好，我隨即就給你去信談及這個，難道你沒有收到嗎？老兄你寫的詩歌，當今少有人能與之媲美，只有劣弟我或許可以和你有得一比，但是畫墨竹我就不敢說這種話了，呵呵！指望老兄你把好畫大大方方的送給我，現在卻讓我主動索要，這大好的禪機是從哪裡學來的呀？你肯定早已經把兩幅大畫揮灑完成了，我專門派人候請，特此告知。那兩卷印有烏絲欄的紙，等我稍空閒一點的時候就寫好給你送去。最近見蘇轍寫了一篇〈墨竹賦〉，意境瀟灑閒適，那境界不是文字可以描述的，很值得配上一幅筆墨老到的墨竹大作，也希望你畫在絹上，怎麼樣？天氣突然轉涼，萬萬珍重。

從信中可知，此時文同應該已經結束了洋州之任而回京述職，並等候下一個任期的安排，他申請去浙江。蘇軾在徐州的任期也將要結束，他申請去宣州（今安徽宣城宣州區）或明州（約今浙江寧波），如果能夠實現，他們就有可能一起乘船南下。看樣子，蘇軾想要的文章、畫作，文同都遲遲沒有完成，身體應該是差到極點了。

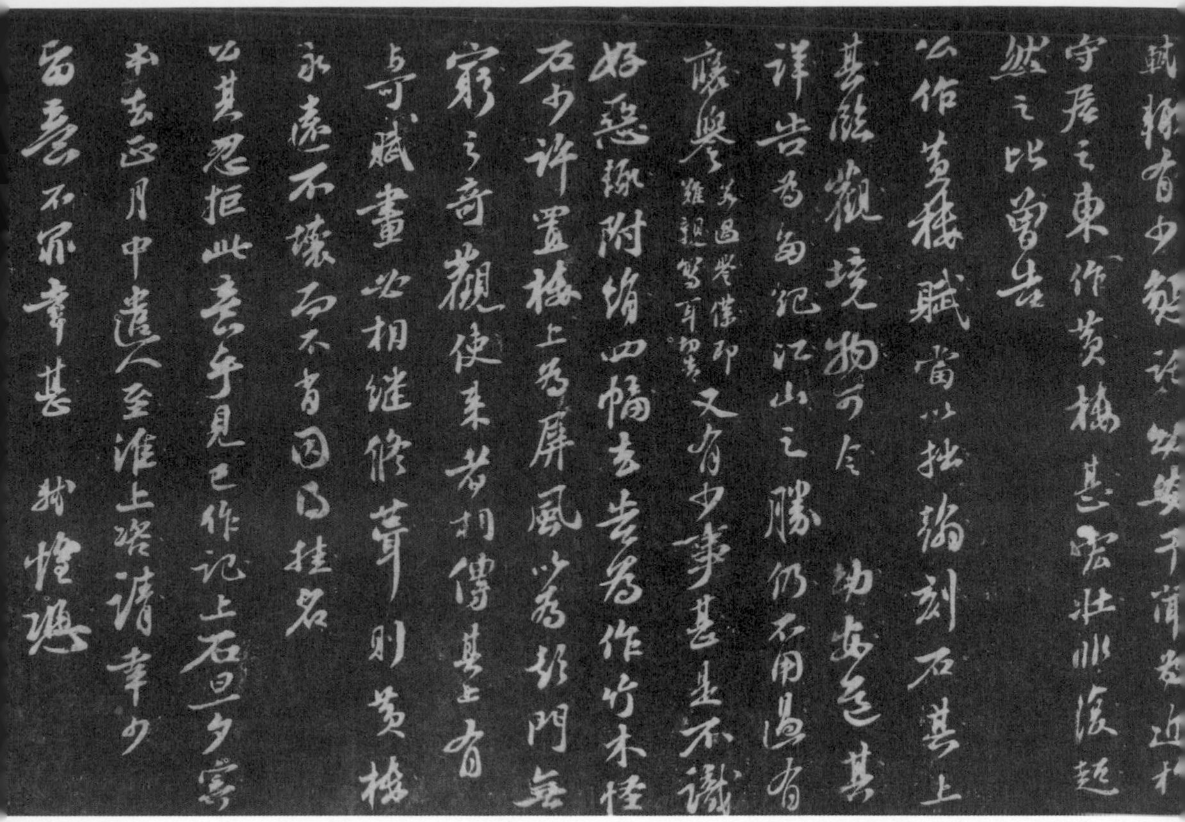

圖 113 〔宋〕蘇軾〈黃樓帖〉，引自宋拓本《成都西樓蘇帖》，北京市文物商店藏。

又過了一段時間，文同的任職安排出來了，朝廷批准他的申請，派往浙江湖州任知州。終於可以在晚年到東南富庶之地任職，相信文同心情是愉快的。此時，蘇軾又有了新想法，他很希望在黃樓上安置一道屏風，做為鎮宅之寶，這項任務他也交給了文同，於是專門給文同寫了一封信（即〈黃樓帖〉，圖113），文字如下：

軾輒有少懇，託幼安干聞。為近於守居之東作黃樓，甚宏壯，非復超然之比。曾告公作黃樓賦，當以拙翰刻石其上。其臨觀境物，可令幼安道其詳，告為多紀江山之勝，仍不用過有褒譽（若過譽，僕即難親寫耳，切告）。又有少事，甚是不識好惡，輒附絹四幅去，告為作竹木、怪石少許，置樓上為屏風，以為彭門無窮之奇觀，使來者相傳其上有與可賦、畫，必相繼修葺，則黃樓永遠不壞，而不肖因得掛名，公其忍拒此意乎？

見已作記上石，旦夕寄本去。正月中遣人至淮上諮請，幸少留意。不罪，幸甚。軾惶恐。

大意如下：我之前有一個小小的請求，託石康伯給你帶了口信。我在徐州城東建了一座黃樓，十分宏偉壯麗，不是超然臺能夠相比的，所以想請你作一篇〈黃樓賦〉，然後用我拙劣的書法抄刻在石上。它周圍的景物可以讓石康伯為你詳細講解，煩請多寫江山之勝，而不要褒譽過度，否則我就很難自己親手抄寫了，切記。還有一件小事要勞煩你：我真是太不識好歹了，隨信給你帶去四幅絹，請你在上面稍微畫一些竹木怪石，我要放在黃樓上做屏風，以做為徐州永久的奇觀，這樣後人都知道黃樓上面有文同的賦和畫，必然會不斷修葺，那樣黃樓就永遠不會毀壞了，而我這個不肖之徒也因此而掛了個名，老兄你忍心拒絕我這個請求嗎？現在已經作了一篇記，並已刻石，很快就會把拓本寄給你。正月中旬我會派人到淮上（今安徽蚌埠淮上區）詢問完成情況，請你留意一下。不要怪罪我，這是我莫大的幸運。

按時間推算，此時文同大約已經啟程赴任湖州，蘇軾與他溝通過行程日期和路線，知道他會路過淮上，所以才說正月中旬時派人到那裡與文同會面並詢問完成情況。可惜文同剛從開封出發沒走多遠，就病逝於陳州（今河南淮陽），蘇軾驚聞噩耗，痛哭流涕，一夜未眠，後來還多次寫詩文紀念文同。

蘇軾被寶月纏上之後

治平二年（一〇六五）初，三十歲的蘇軾和父親蘇洵、弟弟蘇轍一起生活在開封的南園，這是他們數年前剛到京城時買的一座宅子，一大家子都搬到這裡居住。有一天，他們收到一封信，是四川老家的親戚寄來的，信的背面附了蘇洵的好友杜君懿的問候。杜君懿喜歡研究製筆工藝，曾在宣州與製筆高手諸葛高一起切磋技藝，他送了兩支諸葛筆給年輕的蘇軾，蘇軾對諸葛筆的品質驚訝不已，從此就愛上了這種筆。蘇洵讓兒子蘇軾替自己給杜君懿回了一封信（即〈寶月帖〉，圖114），此信文字如下：

大人令致懇，為催了《禮書》，事冗，未及上問。昨日得寶月書，書背承批問也。令子監簿必安勝，未及修染。軾頓首。

大意是：父親大人讓我代他向您致以誠懇的問候。他為了催促完成《禮書》，一直很忙，沒顧上問候您，昨天收到寶月的書信，看到信背面附有您的問候。您的兒子也一定各方面都很安好，沒來得及給他寫信，十分抱歉。軾頓首。

後世將這封信以寶月命名，這個名字也借由蘇軾的名氣而流傳千古了。

初有交往

寶月是佛門中人，法名惟簡，而寶月很可能是朝廷賜他的法號。寶月俗姓蘇，四川眉山人，只比蘇洵小兩歲，但是輩分較低，跟蘇軾同輩。蘇軾說寶月年輕時又黑又瘦，像個印度僧人，老後皮膚居然變得很白，有人說這是因為他做了很多積陰德的事，一定會長壽。

嘉祐四年（一〇五九），蘇軾母親去

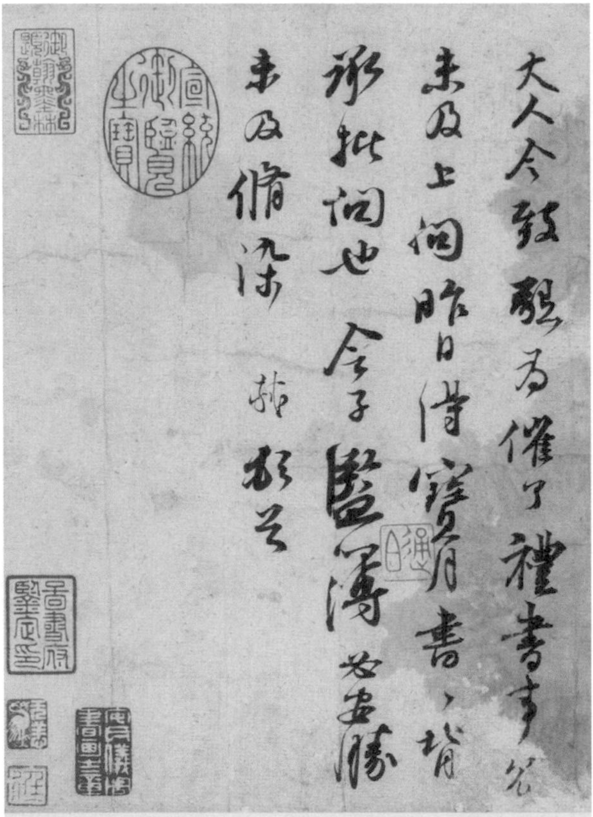

圖 114　〔宋〕蘇軾〈寶月帖〉，國立故宮博物院。

世，兩年前名動京師的三蘇父子榮歸故里祭奠，寶月做為同族親友兼僧人，少不得為崇信佛教的蘇老夫人張羅各種佛事。這期間，蘇軾與寶月為葬禮瑣事多有通信，有兩封信流傳至今，被後人刻在同一塊石頭上（即〈奉喧帖〉，圖115），其中第一封信內容如下：

軾頓首：

昨者累日奉喧，既行，又沐遠出，至刻厚意。即日法履何如？所要繡觀音，尋便召人商量，皆言

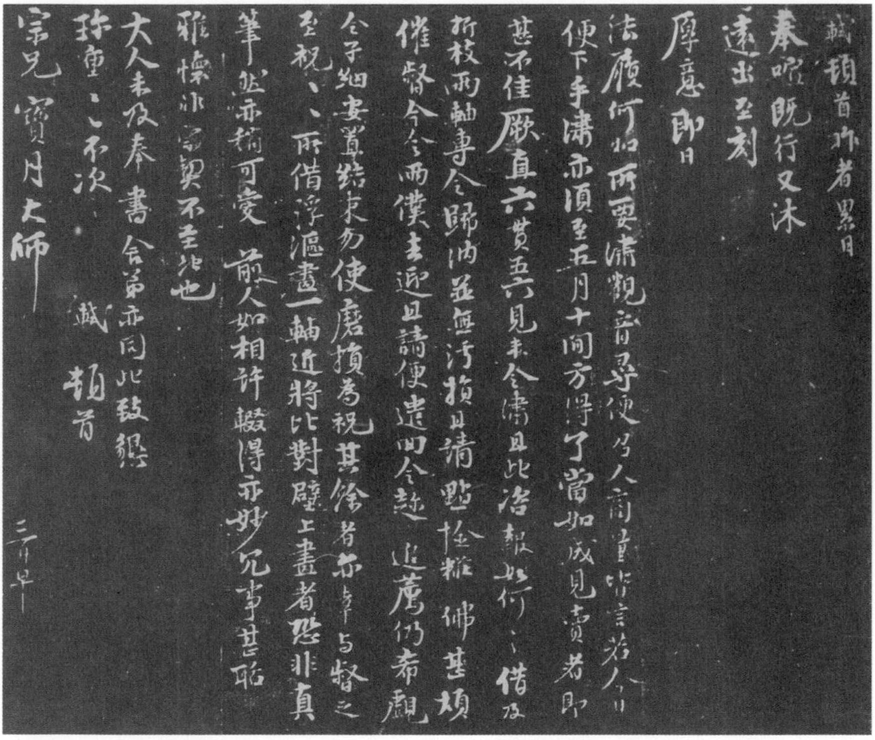

圖 115 〔宋〕蘇軾〈奉喧帖〉，選自《成都西樓蘇帖》，天津市藝術博物館藏。

若今日便下手繡，亦須至五月十間方得了當。如成見賣者即甚不佳，厥直六貫五六。見未令繡，且此諮報，如何如何？

借及折枝兩軸，專令歸納，並無汙損，且請點檢妝佛，甚煩催督。今令兩僕去迎，且請便遣回。今趁追薦，仍希覷令子細安置結束，勿使磨損為祝。其餘者，亦幸與督之。至祝至祝！所借浮漚畫一軸，近將比對壁上畫者，恐非真筆，然亦稍可愛。前人如相許，輟得亦妙。冗事甚聒雅懷，非宗契不至此也。

大人未及奉書，舍弟亦同此致懇。珍重！珍重！不次。軾頓首，宗兄寶月大師。三日早。

這封信主要談及以下幾件事：一是繡觀音。這可能是寶月為做法事而開出的材料，蘇軾沒有買到這樣東西，因為品質好的沒有現貨，訂製的話時間來不及了，而現貨的品質比較差，價錢還很貴，蘇軾不知道該怎麼辦，所以請寶月定奪。二是兩軸折枝花畫。蘇軾借了這兩幅畫去裝點寺院的佛像，應該是為剛剛故去的母親求福的。蘇軾因此而對寶月表示感謝，並叮囑妥善保管借來的東西。三是蘇軾對寶月送來的一幅浮漚畫做了鑑定，認為可能不是真跡，但是畫得也還滿可愛的，收下也是不錯的。

另一封信內容如下：「前買纈一匹，花樣不入意。卻封納換黃地月兒者一匹，厥直同否？聒噪聒噪！昨所說兩藥方，札去呈大人。近召卅八哥，與說前來事意，他言待歸與一親情計會，此欲與再扣前人，恐要知。浮漚請與掛意圖之，厥費亦請勿令過，前來所說，但量貧宗所辦得，莫作何三輩眼目看也。呵呵。因送寶宰，千萬□及，軾手啟[23]。」

第二封信說了四件事：一是蘇軾之前託寶月買了一匹染花的絲織品，但不喜歡那個花樣，換了一種，問寶月價格是不是一樣。二是寶月所說的兩個藥方，蘇軾已經送給父親了。三是寶月託蘇軾辦一件事情，蘇軾回報了一下進展。四是提醒寶月將浮漚畫的事放在心上，至於價錢，不要超過之前商量好的數目。看來蘇軾確實想收下這幅畫，很可能是買了送給老父親的，因為蘇洵愛畫。

此時的蘇軾不過二十出頭，剛進入仕途不久，做為家中長子，他剛開始參與和主持家事，要與包括寶月在內的很多親友聯繫。寶月雖是佛門中人，但人脈廣，善於處理多方事務，同時也是一位雅僧，喜歡書畫，這也成為後來他們兩人交往的重要交集。

謾侮佛教

幾年後，蘇洵去世，蘇軾扶柩回鄉辦喪事，少不得又請寶月做法事。蘇軾和弟弟蘇轍按慣例在家服喪三年，其間寶月請蘇軾為他的寺院寫了篇文章——〈中和勝相院記[24]〉，這篇記大意如下：

「佛法很難修成，說起來讓人悲酸愁苦。那些剛開始學佛的人，都要進入山林，踏著荊棘叢生、毒蛇遍地的小路，冒著冰霜寒雪前往。有的要把自己的肉割下來切成薄片，燒烤烹煮，餵給虎豹鳥雀蚊蟲，什麼情況都有可能發生。就這樣含辛茹苦，歷經百千萬億年才能修成。即便做不到這樣，也要拋棄親人，穿麻布，吃野果，白天辛勤勞作，砍柴挑水，打掃衛生，晚上點燈薰香，侍奉師父如同親生父母。要讓身體吃苦受累，身體、嘴巴、意念等都要受戒律限制，基礎的戒律有十條，詳細的還有無數條。終身都要顧念這些戒律，吃飯、睡覺也要守戒，能做到這樣，也才剛達到出家人的標準而已。雖然名義上不用耕作就能有食物吃，但其勞苦卑微受辱的程度，要遠遠超過農夫和工匠啊！

衡量這些利害得失就會發現，出家人的生活並不是普通老百姓所喜歡的，可為什麼現在有那麼多人拋棄家庭，扔掉衣服，剃除毛髮，去出家呢？他們是怎麼想的呢？冬耕夏作，官府又要召集百姓，派發勞役，老百姓為此憂愁受苦，但出家人卻可以免除。師父所說的那些戒律，是為愚夫和沒有達到標準的人設定的，對聰明的出家人有什麼用處呢？刪掉對自己不利的部分，只留下有利的部分，不過如此而已。但是又貪圖名聲，所以研究一些荒唐的學說，穿戴整齊坐到大堂上，問答自如，就可以被人稱為長老了。我曾研究過他們的話語，大多讓人無法理解，設置一些條條框框來應付對手，給自己留好後路以應對失敗，一旦遇到窘迫的情形就各種雲裡霧裡，不知其所云，如此而已啊！

我宦遊各地時，一見到他們就不停的跟他們辯駁，揣度他們的思路，然後堵住他們的去路，常常弄得他們面紅耳赤，但他們自稱得道之人，又不能對我惡語相向，只好笑著說：你這個外道魔徒！我看待僧侶的態度如此輕慢，根本不相信他們說的那一套，現在寶月大師惟簡竟然要我為他的寺院寫一篇記，這豈不是太荒謬了嗎？不過我以前在成都遊學時見到了文雅大師惟度，他很有風度，大方可親，是個淳樸厚道的人。他能講述史書上沒有記載的唐末、五代時的舊事，因此我就跟他一起雲遊，互相就非常熟悉了。惟簡是他的同門好友，精敏過人，做佛事和管理僧眾非常嚴謹，如同官府行事一樣。

這兩位大師都是我尊敬的人，他們的寺院又有唐僖宗皇帝和七十五名隨從官員的畫像。這些人奔走逃亡離開都城，差一點亡國但最終又沒有滅亡，這已經足夠讓人感慨歎息了，而他們的畫像又都精妙蓋世，值得稱讚，所以我就為寺院寫了這篇記。最開始住在這裡的人，是京兆人廣寂大師希讓，惟度和惟簡是第六世。惟簡姓蘇，眉山人，是我的遠房親戚，現在住持這座寺院，而惟度已經去世了。」

以上便是蘇軾為寺院寫的長文。寶月請蘇軾給寺院寫記的目的應該是希望蘇軾美言幾句，從而借蘇軾的名氣提升寺院的地位，但從蘇軾寫完的成品來看，完全不是那麼回事。他不讚美也就罷了，還用了一大半的篇幅對佛教進行挖苦諷刺和責備，甚至把寶月向他求文的行為評價為「謬」，足可看出蘇軾此時是有多心高氣傲了。對於這樣一篇文章，老僧寶月一定是撚著長鬚搖頭歎息了。

蘇軾此時大約三十歲，他對佛教的態度與他的人生經歷有關。蘇軾雖然從小對母親的崇佛行為耳聞目染，也經常替親人做佛事，但他卻是讀儒家的四書五經長大的，加之父親的影響，修身齊家治國平天下的思想在他腦海中根深柢固，他替親人做佛事也不過是出於一個孝字。況且他科考得意，仕途順利，人生旅途正是揚帆起航的時候，還沒有經歷大風大浪和生死劫難，對佛法的理解也僅限於文字表面，不僅談不上信，連起碼的尊重都沒有升起。

以佛之名

蘇軾守父孝結束後，寶月跑來跟他探討佛法，並說對親人最好的報答方式就是把他生前最難以割捨的東西捐獻給佛，這樣給死者帶來的福報最大。蘇軾猜寶月是有目的的，父親蘇洵是個大收藏家，收藏了很多好東西，這點寶月自然是知道的，而他又知道蘇軾是個孝子，這樣一番說辭可謂雙管齊下，讓蘇軾無法不上鉤。蘇軾也確實上鉤了，他當時雖然不信佛教，但的確是個孝子，既然能為老父親換取福報，不管真假，他都要去做。此外，他決定捐贈還有另外一個原因，那就是他覺得自己沒有把握讓父親的藏品在蘇家世代保存，說不定到他下一代就會被變賣了，所以還不如以父親的名義捐到寺院裡去保存得更久些。

那蘇洵生前最喜愛的東西是什麼呢？蘇洵對事物沒有什麼過分的偏好，平時也不苟言笑，只有見到喜歡的畫時能露出點笑容，所以蘇軾經常弄一些好畫來博取老父親開心。有一次，蘇軾在一個朋友那裡見到兩張門板，每張門板的正面和背面各有一幅畫，這兩張門板頗有來歷。唐明皇時期，長安有一個藏經閣，藏經閣共有四個門，每個門的正面畫著菩薩，背面畫著天王，這些畫的作者正是被尊稱為畫聖的吳道子。黃巢攻佔長安時，藏經閣被焚毀，一名僧人逃走時不捨得這些畫，拆下兩張門板帶走。一百多年後，這兩張門板輾轉來到蘇軾眼前，蘇軾花十萬錢買下來送給父親蘇洵做禮物。蘇洵收藏了很多畫，但他最喜歡的就是這一組，所以蘇軾準備把這組畫捐獻給寺院，但放到寺院也有可能被人私吞、變賣或被盜被搶，那怎麼辦呢？蘇軾決定找寶月談一談。

蘇軾：「唐明皇都無力保住這些畫，何況我呢。天下藏家眾多，其藏品大多存不過三代，很快就被子孫變賣掉了，我正是考慮到這一點才準備捐獻給寺院，你準備怎麼保護它們呢？」寶月：「我用生命來守護它們！我的眼睛可以被挖，雙腳可以被砍，而這些畫不可以被搶走，像這樣，足夠保護它們了吧？」蘇軾：「不行。這樣最多也就只能保存你這一生。」寶月：「我向佛盟誓，讓佛派小鬼來保護它們，凡是拿走這些畫的人都將按律處置。像這樣，足夠保護它們了吧？」蘇軾：「還不行。世上有不相信佛和鬼的人。」寶月：「那你說，應該怎麼保護它們？」蘇軾：「我把這些畫給你，主要是替父親捐獻。天下哪有沒父親的人呢？有誰忍心拿走別人替父親捐給佛的物品呢？如果明知如此仍要拿走，那這個人的品質與黃巢之亂時燒藏經閣的賊寇就是一樣的了，又能有什麼辦法阻止他呢？這些畫要保全到子孫輩都很難，更何況想長久保存？再說，能不能拿走在於你，要不要拿走在於別人，你需要做的就是守護住不能拿走這些畫的念頭，至於別人到底會怎麼做，又如何知道呢？」

蘇軾辯贏了，寶月為證明自己想長久守護這組畫，用百萬錢建造了一座樓閣來藏這些畫，並在閣上畫上蘇洵的像。蘇軾也捐了五萬錢，兩方合力將這組寶貝變為了寺院公產，以期將其保存得更久些。蘇軾與寶月的對話，再次證明蘇軾當時是不信佛和鬼神的，他之所以同意將父親的心愛之物捐給寺院，是出於孝心。此外，通過這件事也可以了解到寶月此時的修行狀況，他之所以辯不過蘇軾，除了蘇軾本來就牙尖嘴利外，還與寶月此時的修行境界不高有關。做為一位出家多年的僧人，他對塵世中的東西仍然念念不忘，想要得到些什麼，守住些什麼，心為外物所困，自然無法超脫，他的這些特點同樣體現在與蘇軾後來的交往中。

終有所悟

蘇軾離開四川後，寶月一直與蘇軾保持書信往來，並經常給蘇軾寄各種禮物，當然，他並非無所求，比如他求蘇軾為他的兩名弟子請賜紫衣和名號。給僧人賜紫衣和名號，有點類似給官員賜等級和榮譽。寶月二十九歲時獲賜紫衣，三十六歲賜號，現在他請蘇軾為他的大弟子士瑜和二弟子士隆請賜紫衣和名號。紫衣和名號的最終同意權在皇帝手裡，蘇軾當時官位並不高，說不上話，只能再轉求朋友幫忙，蘇軾自然不太樂意做，拖了很久。為求蘇軾幫忙，寶月送了他很多紙，蘇軾只能盡力而為，他先通過駙馬王詵為士瑜求得了紫衣，賜號海慧。至於士隆的紫衣和名號，蘇軾只能再求別人。

蘇軾後來陸續任職於密州、徐州、湖州等地，到元豐二年（一〇七九），「烏臺詩案」落在四十二歲的蘇軾頭上，他在牢中經歷了不見天日、生死未卜的幾個月，這期間對人世的艱難終於有了深刻體會。好在天無絕人之路，蘇軾僥倖逃過一劫，於大年三十與長子蘇邁倉皇趕往貶謫地黃州。

在黃州時，寶月並未介意蘇軾是罪臣，照樣與他通信、送禮物、求詩文，還請蘇軾為自己寺院所藏的經書寫一篇文章，這不由讓人想起十多年前寶月請蘇軾所寫的〈中和勝相院記〉，當時蘇軾在文章裡說寶月跟他求寺院詩文是荒謬行為，難道寶月不怕蘇軾再次對佛教挖苦一番嗎？只能說，寶月是了解蘇軾的，蘇軾這次真的沒有再放肆，他甚至不敢動筆寫了。此番入獄和被貶，皆是因為口舌惹禍，因而蘇軾再三告誡自己要少說少寫。一天晚上，蘇軾睡夢中夢到寶月催他寫文章，醒來一看是三鼓時分（夜晚十一點至凌晨一點），夜深人靜之中靈感突來，他持筆一揮而就，寫了一篇〈勝相院經藏記〉[25]。

文章第一部分是對寶月和他收藏的經書加以肯定，說這些經藏對於引導世人脫離苦海有重大意義。第二部分是蘇軾的自我反省，他回想自己以前論古說今，說了很多的妄語和綺語，自以為是能言善辯，其實是在造口業，現在願意追隨經藏的指引，捨棄之前所有的口業，並希望未來世也能永斷諸業。第三部分是蘇軾說的一段偈語，這段偈語頗有禪機，論述了山與寶、覺與夢、蜜與甜的關係，最後總結了口說、眼見、耳聽與道之間的關係。這是一段非常有佛性的話，看來蘇軾在黃州淨因院齋居養氣、洗心洗塵的收穫不小，此時的他已經認識和體會到佛法義理中確實有珍貴的東西，並勸誡眾生都要好生領悟佛法。

相比之前的〈中和勝相院記〉，這篇〈勝相院經藏記〉顯然要莊重得多，其句式、用詞、內容和謀篇布局都很像是一篇佛經，說明這些年蘇軾熟讀了大量佛經，而他此時對佛教的心態也不再是之前不理解、不恭敬，而是於佛理確有感悟，並內化於心，外化於行。此時的蘇軾也開始主動給寺院施捨心愛之物，他有一幅吳道子畫的釋迦佛，雖然有些破損，但妙跡如生，與之前替父親蘇洵施捨的板畫類似，蘇軾就想把它送到寺院裡供養，這次他沒有提任何條件，只說如果寶月想要就回個信，他會寫一篇記一起送上。

水到渠成

蘇軾與寶月的通信一直持續到寶月去世那年，即紹聖二年（一〇九五），這一年應該算是蘇軾艱苦歲月的開始。前一年一直護著蘇軾的高太后去世，親政的哲宗對以高太后為首的舊黨深懷不滿，開始全面罷黜元祐重臣，蘇軾首當其衝，被貶到惠州。寶月依然沒有因為蘇軾獲罪而疏遠他，繼續保持通信，蘇軾給寶月寫了一封信告知自己一家的近況，這封信應該是他們之間的最後一封通信（即〈明叟帖〉，圖116），文字如下：

子由在筠甚安，此中只兒子過罄身相隨，餘皆在宜興。子由諸子在許州也。法眷各安，不及一一奉書。軾又上。

成都大尹明叟，雅故相知之深，禮當拜狀，以罪廢之餘，不敢上玷。或因問及，即道此意，如不言及，即不須道也，軾手啟。

大意是：我弟蘇轍在筠州，一切安好。我這裡只有小兒子蘇過陪在身邊，其他人都在宜興。蘇轍的孩子都在許州。祝你和道友們一切安好，我就不一一給他們寫信了。成都知府明叟是我的老朋友，按禮節應當給他寫封信，但我現在是戴罪之身，不敢連累他。如果他

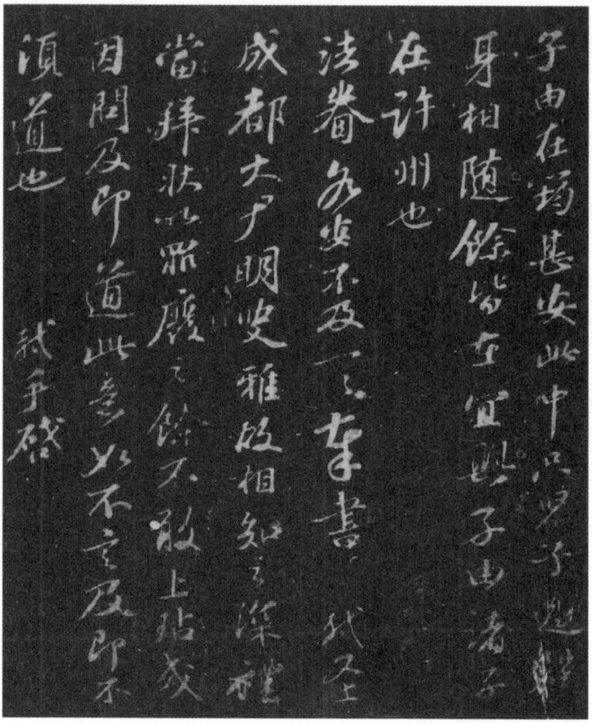

圖 116 〔宋〕蘇軾〈明叟帖〉，選自宋拓《成都西樓蘇帖》端陶齋本，天津市藝術博物館藏。

問及我的狀況，就這樣告訴他，如果他不問，就不用跟他說什麼。

當年六月九日，寶月大師微疾，大約是預知即將歸西，他把身體狀況寫信告訴老友們，並陸續告誡徒子徒孫做好弘法之事，還安排僧人前往蘇軾的貶所，請蘇軾為他撰寫塔銘。六月二十二日，寶月集結僧眾，問及早晚時辰，告訴他們「吾行矣」，遂坐化，世壽八十四。得知寶月圓寂的消息後，蘇軾選了澄心堂紙、鼠鬚筆、李庭珪墨這三件文房之最，為寶月撰寫了〈寶月大師塔銘〉。在銘文中，蘇軾記錄了寶月大師的生平，對他的為人、能力、傳法功德都做了高度評價。尤其值得一提的是蘇軾對寶月修行的認識：「師於佛事雖若有為，譬之農夫畦而種之，待其自成，不數數然也。故余嘗以為修三摩缽提者[26]。」這段話意思是：「大師在佛事上雖然也想大有作為，但平時只是像農夫耕田播種，然後等待他自然長成，並不急於求成，這才是我所認為的佛教修行者。」

綜觀寶月一生行事，蘇軾的點評可謂相當精到，蘇軾對寶月和佛教的認識也如「農夫畦而種之，待其自成」，可謂圓滿。

蘇軾和陳季常的友情

蘇軾被貶黃州（今湖北黃岡黃州區）後的第二個春節，他收到好友陳季常的一封信，陳季常在信裡問蘇軾新房何時建好，還跟蘇軾索要了一些玩物。蘇軾就給陳季常回了一封拜年信（即〈新歲展慶帖〉，圖117），文字如下：

軾啟：

新歲未獲展慶，祝頌無窮，稍晴起居何如？數日起造，必有涯，何日果可入城？昨日得公擇書，過上元乃行，計月末間到此，公亦以此時來，如何如何？竊計上元起造，尚未畢工，軾亦自不出，無緣奉陪夜遊也。沙枋畫籠，旦夕附陳隆船去次，今先附扶劣膏去。此中有一鑄銅匠，欲借所收建州木茶臼子並椎，試令依樣造看。兼適有閩中人，便或令看過，因往彼買一副也。乞暫付去人，專愛護，便納上。餘寒、更乞保重，冗中，恕不謹，軾再拜。季常先生丈閣下。正月二日。

子由亦曾言方子明者，他亦不甚怪也。得非柳中舍已到家言之乎，未及奉慰疏，且

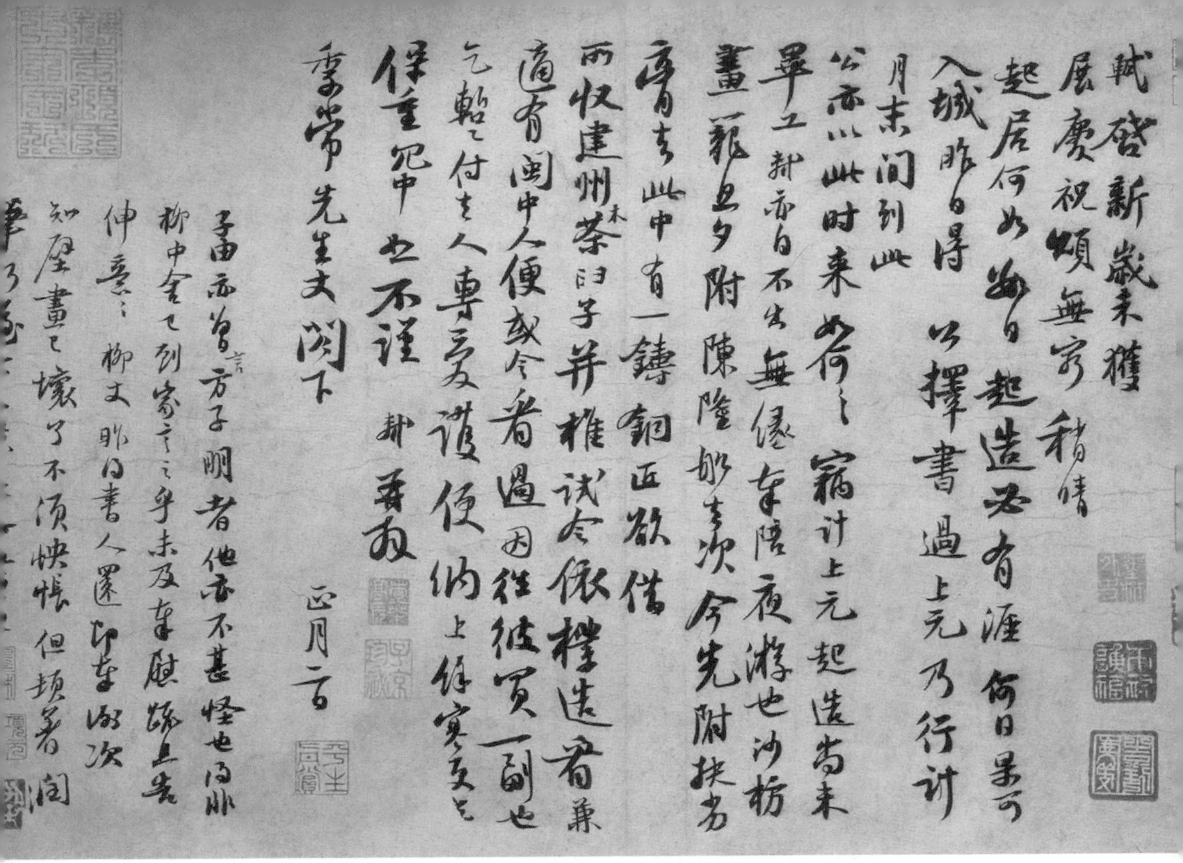

圖 117　〔宋〕蘇軾〈新歲展慶帖〉，北京故宮博物院藏。

告仲意，仲意。柳丈昨得書，人還即奉謝次。知壁畫已壞了不須快悵，但頓著潤筆，新屋下不愁無好畫也。

大意如下：新年還沒有向你賀禧，祝你一切都好！天氣變晴了，你還好吧？過幾天就要開始建造了，總會有建好的那一天。你到底什麼時候能進城呢？昨天收到李公擇的信，他說要過完元宵節才出發，大概月末就能到黃州了。你可否也這個時間來？我想元宵節開始動工，到月末應該還沒有蓋好，所以我是沒法外出的，晚上不能陪你們遊玩。你要的沙枋、畫籠，我儘快託陳隆的船運過去，這次先給你帶扶劣膏。我這兒有個鑄銅匠，我想請他鑄造一副茶臼和茶椎，麻煩你把那套建州木茶臼和茶椎借我一下，我給他看看樣式。另外，剛好有人要去福建，我請他也看看，順便幫我買一副回來。煩請交給送信人帶來，我會好好愛護的，很快就還你。天氣還很寒冷，你要多保重。我還比較忙，就不和你多說了。子由也曾提到過方子明，他也沒覺得特別奇怪。難道柳中舍已經到家說起過這件事了嗎？我還沒來得及寫信安慰他，麻煩代我問候他。柳丈昨天收到信了，等他回來就給你回信。聽說壁畫已經壞了，你不必憂心，只要把潤筆費準備好，新房子裡不愁沒有好畫。

展慶，就是表達祝賀的意思。蘇軾建的房子就是後來有名的雪堂，蓋好的時候正在下雪，所以起了這個名字。雪堂共有五間房，這裡成了蘇軾接待客人的地方。信中提到的李公擇就是黃庭堅的舅舅李常，比蘇軾年長十歲，兩人是好友。

落難黃州遇故人

北宋元豐三年（一〇八〇）的一天，一個飽經風霜的中年男人心情低落的走在大別山的山路上。突然他看到對面走來一個身著奇裝異服、瀟灑倜儻的俠客。怎麼看著有點眼熟？對方也在盯著他看。哎呀！兩個人同時認出了對方，叫著擁在一起。這便是蘇軾與陳季常在他鄉相遇的戲劇性一幕。陳季常因此而成為蘇軾被貶黃州後第一位迎接他的人，同時也是蘇軾離開黃州時送別最遠的人。

陳季常住在湖北麻城，離蘇軾所在的黃州大約一百公里，兩人經常串門子。蘇軾與陳季常早年就相識，但關係一般，等蘇軾被貶黃州後才與陳季常有了更深的交往。陳季常幫蘇軾解決各種生活問題，兩人成了終生好友。陳季常，名陳慥，季常是他的字，他的父親陳希亮（一〇一四——一〇七七）是蘇軾二十六歲任鳳翔府簽書判官時的上司，就因為這層關係，蘇軾和陳季常兩個人相識了，但他們並不是一路人。蘇軾是傳統文人，讀書、科舉、當官是他的人生之路。陳季常是官二代，家裡在洛陽有豪宅，他雖然也參加過科考但沒考上，倒是從小有俠義思想，喜歡提劍跨馬走江湖，當地的遊俠都推舉他做老大，所以在蘇軾眼裡，陳季常不過就是一個紈絝子弟。

蘇軾有才有名氣，陳希亮就想殺殺他的銳氣，蘇軾很不爽，就寫詩發洩，還消極怠工。陳希亮一封奏章告到了朝廷，蘇軾被罰銅八斤。被扣工資倒是小事，在人事檔案中留下一筆不良紀錄可不好，蘇軾更加不爽了，此後多年一直對這件事耿耿於懷。鑒於以上兩個原因，蘇軾與陳季常早年並不親近。

元豐二年（一〇七九）除夕夜，蘇軾因「烏臺詩案」被貶黃州。他從京城出發，剛進入黃州地界，就偶遇在這裡隱居的陳季常，也就是本文開篇的那一幕。陳季常放棄考功名之後就隱居在湖北麻城鄉下，離蘇軾所在的黃州很近。他鄉遇故人，兩個人都很高興，陳季常就邀請蘇軾去家裡作客。蘇軾驚訝的發現，這個「紈絝子弟」住的房子竟然非常簡陋，還真像是一個超脫物外的隱者。

蘇軾被貶後生活艱難，與隱居的陳季常成了同命相憐之人，感覺親近多了。而且接觸多了之後，兩個人竟然非常投緣，他們都是那種能在困境裡樂觀豁達、自得其樂的人。蘇軾被貶黃州之後心態變了很多，文人士大夫的清高傲慢少了很多，開始體會民間疾苦。陳季常喜歡喝酒、交友，還喜歡彈琴、譜詞、作詩、藏畫，這些也都是蘇軾喜歡的，兩人很快就成了好友。不過，陳季常還是當年的少爺，不是真正隱居，只不過是在山野鄉村尋找著自己的詩和遠方，過著理想中的任俠生活。有一回，陳季常前往黃州拜訪蘇軾，蘇軾愕然發現，黃州的豪門貴族居然爭相邀請陳季常去作客，他儼然就是一位宋代的陳孟公啊，於是蘇軾戲作一首〈陳孟公詩〉贈送給陳季常：「孟公好飲寧論鬥，醉後關門防客走。不妨閒過左阿君，百謫終為賢太守。老居閭里自浮沉，笑問伯松何苦心。忽然載酒從陋巷，為愛揚雄作酒箴。長安富兒求一過，千金壽君君笑唾。汝家安得客孟公，從來只識陳驚座[27]。」這首詩生動描述了陳季常好酒、好友、不求聞達的豁然態度，這些性情深深吸引了蘇軾。

蘇軾剛到黃州的時候沒有地方住，他這種「罪犯」不能住官舍，也不能租別人房子住，所以一開始就只能住在寺院裡。後來陳季常幫他在臨皋這個地方找到一處住所，但是平日往來的客人很多，家裡沒法接待，蘇軾就決定在自己的耕地附近蓋一座房子。這片耕地在黃州東門外的山坡上，原本是一塊軍營廢棄地，約有五十畝，是蘇軾到黃州的第二年，朋友替他從黃州知州徐君猷那裡求來的。

元豐五年（一〇八二）春節，蘇軾收到陳季常的信，蘇軾回了一封信，即本文開篇提到的〈新歲展慶帖〉。信中提到陳季常跟蘇軾要一種叫「沙枋」的東西，沙枋應該是四川的一種木材，比較貴重，可能是蘇軾從四川老家弄來的。畫籠是一種做工非常精美的鳥籠。扶劣膏是潮州的朋友吳復古託人送給蘇軾的，具體用途不詳。蘇軾也跟陳季常要了樣東西——茶臼和茶椎，因為蘇軾想仿做一套，所以借陳季常收藏的那套來看樣子。這套東西是用來搗碎茶葉的，一般多用陶製，但蘇軾朋友多，客人多，陶製的不經用，想來一副銅製或木製的才能擔當重任了。

宋代的夜生活是很豐富的，所以信中才會說到晚上出去遊玩。宋以前的朝代沒有夜生活，即使盛唐時期，也只在元宵節才會有夜市。到了宋代就完全放開了，商業非常發達，夜生活也非常繁華，有酒樓、茶坊、飯館、戲院、賭場，還有擺攤的、算卦的，有各種各樣的美食，而且女性也可以去夜市玩。一些大城市的夜生活甚至比我們今天還要繁華，能一直持續到半夜兩點。有記載說鬧市區的油燈燃燒產生的煙把整條街的蚊子都燻沒了，甚至皇宮裡都能聽到夜市裡的歌舞昇平。

詩詞唱和

除了寫信聊天，蘇軾和陳季常經常見面，在蘇軾貶居黃州的四年裡，陳季常跑來看蘇軾七次，蘇軾跑去看陳季常三次，兩人在一起的時間有一百多天。蘇軾第一次去陳季常家時，兩人互相唱和，每一首詩中必押「汁、濕、得、急、鴨、羃、赤、白、幘、泣、缺、客、集」，從此這就成了他們每次見面的必玩遊戲。蘇軾擔心好朋友為招待自己而宰殺活物，專門給陳季常去了一首「泣」字韻的詩，請求不要因他而殺生。自從貶謫黃州後，蘇軾感覺自己惡業深重，於是吃齋念佛，戒殺生，陳季常馬上執行，也跟著齋素一段時間。據說陳季常的這一舉動還影響了村人，一些村民也開始食素了。一天，蘇軾在前往陳季常家的路上看到梅花，他想起前一年剛來到黃州時也見過梅花，還寫過一篇〈梅花詩帖〉（圖118）：

春來空谷水潺潺，的皪梅花草棘間。昨夜東風吹石裂，半隨飛雪渡關山。

何人把酒慰深幽，開自無聊落更愁。幸有清溪三百曲，不辭相送到黃州。

這篇〈梅花詩帖〉成為蘇軾傳世書法中為數極少的草書詩帖之一，由於當時他剛來貶謫地不久，所以詩中的情緒比較低落。現在又見梅花，蘇軾內心很感慨，此時他的境況和心情

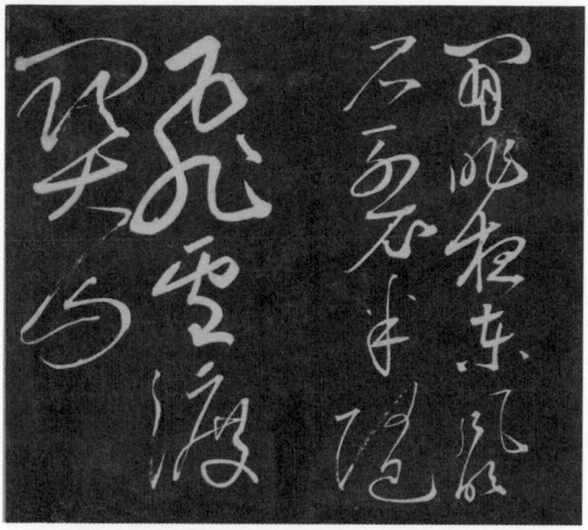

圖 118 〔宋〕蘇軾〈梅花詩帖〉拓本局部，《觀海堂帖》，國立故宮博物院。

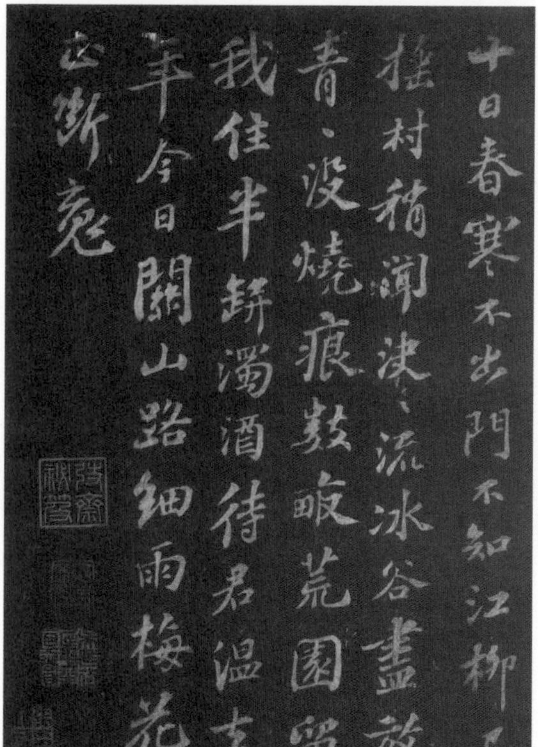

圖 119 〔宋〕蘇軾〈往岐亭詩帖〉，引自宋拓〈成都西樓蘇帖〉端陶齋本，天津市藝術博物館藏。

都好多了，於是新寫了一首梅花詩戲贈陳季常（即〈往岐亭詩帖〉，圖119）：

十日春寒不出門，不知江柳已搖村。稍聞決決流冰谷，盡放青青沒燒痕。數畝荒園留我住，半瓶濁酒待君溫。去年今日關山路，細雨梅花正斷魂。

大意是：早春太寒冷了，我在家窩了十天來都沒出門。今天出門一看，江邊的柳樹發芽了，江上的冰開始融化了，田野裡燒過的草也冒出了新芽。我守著我那幾十畝地和半瓶濁酒，等著老朋友來找我一起溫酒喝。想起去年的此時，我看到細雨濛濛中的梅花，感覺魂兒都斷了。

陳季常好聲樂，喜歡聽曲、譜詞、蓄樂伎。他有一位歌伎善彈琵琶，蘇軾也愛聽她彈奏，還專門改編了一闋〈瑤池燕〉寄給陳季常：「飛花成陣，春心困，寸寸，別腸多少愁悶，無人問。偷啼自搵，殘妝粉。抱瑤琴、尋出新韻。玉纖趁，南風未解幽慍。低雲鬟，眉峰斂暈，嬌和恨[28]。」〈瑤池曲〉本來是富貴人家宴飲時的樂曲，蘇軾改了一下，變成了閨怨曲，契合了陳四少爺的需求。據說蘇軾改編這首詞可能是受到老師歐陽修的啟發，讓他區別了古琴與琵琶在詞曲上的不一致。蘇軾是作詞大家，自然非常喜歡俗樂，以及唱俗樂的歌女。陳季常有位歌女名叫秀英，蘇軾很喜歡她。有一回蘇軾喝醉了給陳季常寫信，附了一首帶「君」字的詩。酒醒後他問夫人自己寫了什麼，夫人說寫的是「乞秀英君」，蘇軾羞愧難當，趕緊再去信解釋。

玩畫，養生

蘇軾記錄了他和陳季常等朋友們玩畫的一個小片段（即〈一夜帖〉，圖120）：

> 一夜尋黃居寀龍不獲，方悟半月前是曹光州借去摹拓，更須一兩月方取得。恐王君疑是翻悔，且告子細說與。才取得，即納去也。卻寄團茶一餅與之，旌其好事也。軾白。季常。廿三日。

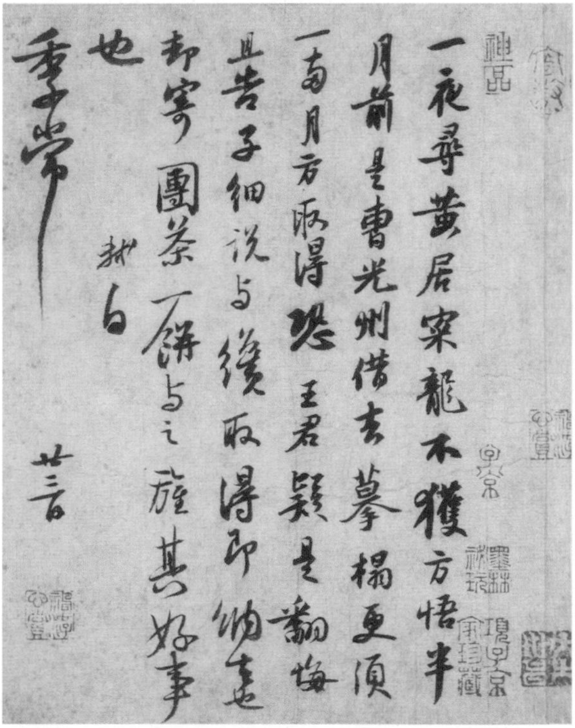

圖 120　〔宋〕蘇軾〈一夜帖〉，國立故宮博物院。

這封信的大意是：翻箱倒櫃一晚上都沒找到黃居寀畫的〈龍圖〉，突然想起半個月前被光州的曹知州借去摹拓了，還需要再等一兩個月才能拿回來。恐怕王君會懷疑是我反悔而不肯借給他了，你要幫我跟他好好解釋一下。只要我一拿回來，就給他送去。現在先寄一餅團茶給他，算是鼓勵他的雅好。

曹光州是光州知州曹演甫，名九章，他的兒子曹煥後來成為蘇轍的女婿，因而與蘇軾也是親家了。蘇軾有封〈職事帖〉（圖121），收信人是「主簿曹君親家」，劉墨先生認為是寫給李臺卿的，他是曹演甫妻族之人，信文如

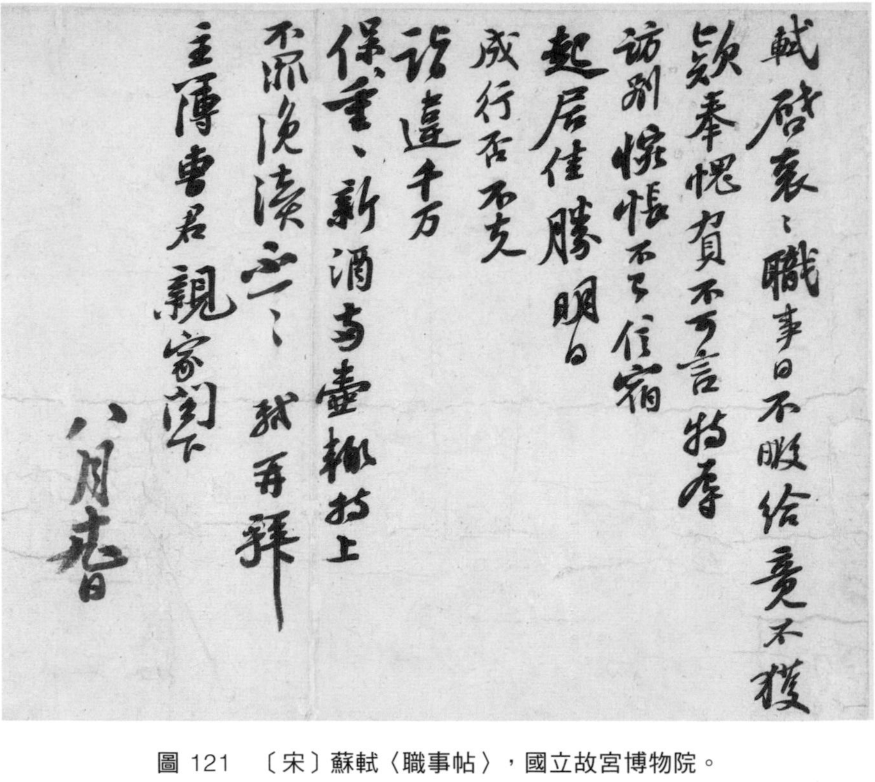
軾啟。衰衰職事，日不暇給，竟不獲
款奉，愧負不可言。特辱
訪別，悵悵不已。信宿
起居佳勝。明日
成行否？不克
詣違，千万
保重。新酒兩壺輒持上，
不罪浼瀆。軾再拜。
主簿曹君親家閤下
八月十九日

圖 121　〔宋〕蘇軾〈職事帖〉，國立故宮博物院。

下：

軾啟：衰衰職事，日不暇給，竟不獲款奉，愧負不可言。特辱訪別，惋悵不已。信宿起居佳勝。明日成行否？不克詣違，千萬保重，保重！新酒兩壺，輒持上，不罪，浼瀆。不一一。軾再拜主簿曹君親家閣下。八月十九日。

大意是：因事務繁雜，我每天忙得團團轉，竟然沒顧上接待您，真是非常抱歉！您專程來道別，令我惋惜惆悵不已。這一夜您還好吧？明天就要出發了嗎？不能前去給您送行了，千萬要保重。兩壺新釀的酒，請您帶上。東西不好，您別見怪，不多說了。

陳家以前就藏了古畫，比如陳希亮藏有〈柏石圖〉，陳季常視之如寶，蘇軾還專門為之題詩：「柏生兩石間，天命本如此。雖云生之艱，與石相終始。韓子俯仰人，但愛平地美。土膏雜糞壤，成壞幾何耳。君看此槎牙，豈有可移理？蒼龍轉玉骨，黑虎抱金柅。畫師亦可人，使我毛髮起。當年落筆意，正欲譏韓子。」陳季常還蓄有〈朱陳村嫁娶圖〉。朱陳村在徐州蕭縣，唐朝的白居易曾有〈朱陳村〉一詩，詩中描述了一個世外桃源：「機梭聲札札，牛驢走紜紜。女汲澗中水，男采山上薪。縣遠官事少，山深人俗淳。有財不行商，有丁不入軍。」蘇軾曾在徐州任職，熟知朱陳村，他為〈朱陳村嫁娶圖〉題詩道：「我是朱陳舊使君，勸耕曾入杏花村。而今風物那堪畫，縣吏催錢夜打門。」今非昔比，如今的朱陳村已經蕭條殘破了。兩人還一起研究養生，蘇軾說自己養生是為了身體健康，而陳季常是「為國鑄造」，意思是生兒養女。蘇軾總是聽到陳季常談養生，可他來信總說自己在生病，蘇軾就去信說陳季常的養生是「害腳法師鸚鵡禪，五通氣球黃門妾」，意思是：腿腳不好的法師坐禪、鸚鵡學說禪機、有好多個洞的氣球、太監的妾，這些都是裝裝樣子而已。陳季常讀信後應該是哭笑不得。

一起買房

蘇軾與陳季常還一起做更接地氣的事情——買地買房。蘇軾在黃州就是一介流民，沒有自己的土地和房子，雖然後來朋友幫忙求了一片地，但產權是官府的。陳季常就張羅著要蘇軾買地買房，所以有一段時間蘇軾就四處看地看房。有一回陳季常又推薦了武昌的一處莊院，認為不用自己重新建，價格還便宜。蘇軾蠢蠢欲動，但又覺得不妥，因為去了武昌就等於離開自己的貶所黃州了，這是違法的，不得不放棄。蘇軾也幫別人留意房子的事。有一次他向朋友楊元素推薦一處附帶耕地的房產，田裡的產出每年有五百來石，只是稅有點重。整個買下來大概六百千，還可以分期付款，首付只要兩百來千，其他慢慢還。有了這麼多次看地買房的經歷，蘇軾突然發現到處都有房子是一件很重要的事。一是自己或後代指不定誰在任官或貶謫時會住上，就免得像自己初到黃州時那樣借宿寺院了。二是他發現建房子有很大的利潤空間。房子建好後，即使自己不住，轉手賣出去，也是可以賺一筆的，何況像他這樣的名人，房子肯定不愁賣不掉。也許正是這個原因，蘇軾後來無論到哪個地方，都要蓋一套既帶院子又可以種田的宅院。試看他的傳世信札〈陽羨帖〉（圖122）：

> 軾雖已買田陽羨，然亦未足伏臘。禪師前所言下備鄰莊，果如何？託得之面議，試為經度之，及景純家田亦為議過，已面白得之，此不詳云也。冗事時瀆高懷，想不深罪也。軾再拜。

大意是：我已經在陽羨買田了，但收成還不足以養家糊口。禪師您之前說

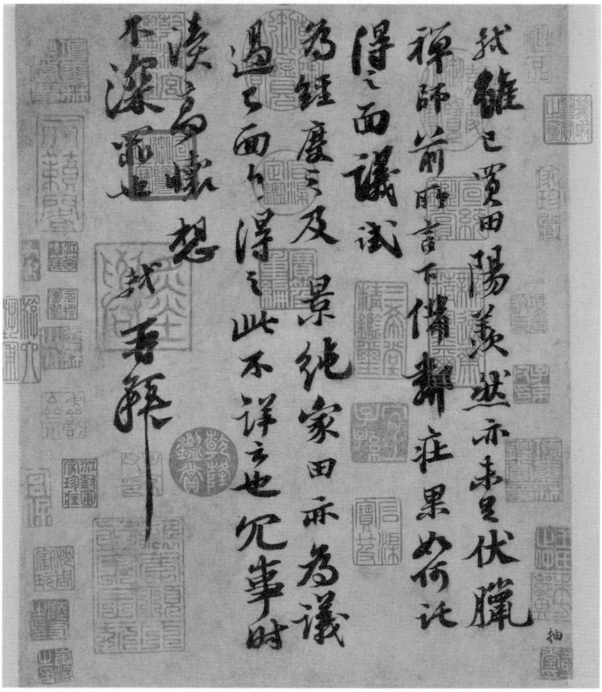

圖 122　〔宋〕蘇軾〈陽羨帖〉，旅順博物館藏。

過的下備鄰莊，最後怎麼樣了？我託徐得之找您面談，請幫忙籌畫一下。景純家的田已經談過了，我跟徐得之說過了，他會跟您說的，我這裡就不詳談了。因這些繁雜的事打擾您，請恕罪。

蘇軾從黃州「刑滿釋放」後就上書請求長住常州，朝廷批准了，於是常州的陽羨（今江蘇宜興，宋時屬常州）成了蘇軾一家的定居之所。蘇軾在陽羨買房買田頗費了一番周折，還介入了官司，但終究是有了固定的歸宿，即使他的俸祿斷供了，一家人也不至於挨餓。數年之後，蘇軾遠貶嶺南，家人卻能安居陽羨，所以他去得也無牽掛。由此來看，在黃州買房的經歷對蘇軾真是惠莫大焉！

一起出書賺錢

陳季常雖然隱居，但也沒閒著，一直在經營出版業。他刻的書有傳統經典，如《易》、《史記索隱》、《舊五代史》以及一些醫書。他還經常送紙給當代名家，請他們將寫好的詩抄在紙上寄過來，他再把這些詩文刊印發售。他為蘇頌刻過《蘇尚書詩集》，這個蘇頌就是蘇軾〈天際烏雲帖〉裡提到的「子容」，後來官至宰相。黃庭堅的舅舅李常去世後，陳季常找到黃庭堅，想要他模擬李常的口吻寫詩，然後刊刻發行，黃庭堅拒絕了，認為這是對舅舅的不尊重，是不道德的行為，但他答應把給舅舅寫的墓誌送給陳季常刊刻發售。

陳季常刻售最多的應該就是蘇軾的詩文了。蘇軾是寫詩詞文章的好手，又有名氣，他寫的東西自然不愁銷路。可以想像，當蘇軾的〈前赤壁賦〉、〈後赤壁賦〉、〈黃州寒食帖〉、〈念奴嬌．赤壁懷古〉等名篇橫空出世時，陳季常可以賺多少錢。也難怪蘇軾要稱陳季常為「大檀越」，也就是大施主。當然，蘇軾這樣稱呼陳季常，不只是因為陳季常也幫他賺了不少錢，還因為他經常向陳季常借書看。

對陳季常來說，蘇軾為他撰寫的最有價值的兩篇文章，當屬〈陳希亮傳〉和〈方山子傳〉，前者是陳季常父親的小傳，後者是陳季常自己的小傳。蘇軾自從與陳季常成為好友後，對老長官陳希亮了解更深了，也明白了當年陳希亮懲罰自己的良苦用心。後來元人在修《宋史》時，關於陳希亮和陳季常的列傳全部參照了這兩篇文章，兩人因而得以名垂青史。

別離豈能無信

蘇軾離開黃州時，陳季常一直送到九江市，蘇軾感念非常，再次做了「泣」字韻的詩贈送給陳季常。兩人的正常通信一直持續到蘇軾再貶嶺南時，陳季常聽聞蘇軾被貶廣東，立即

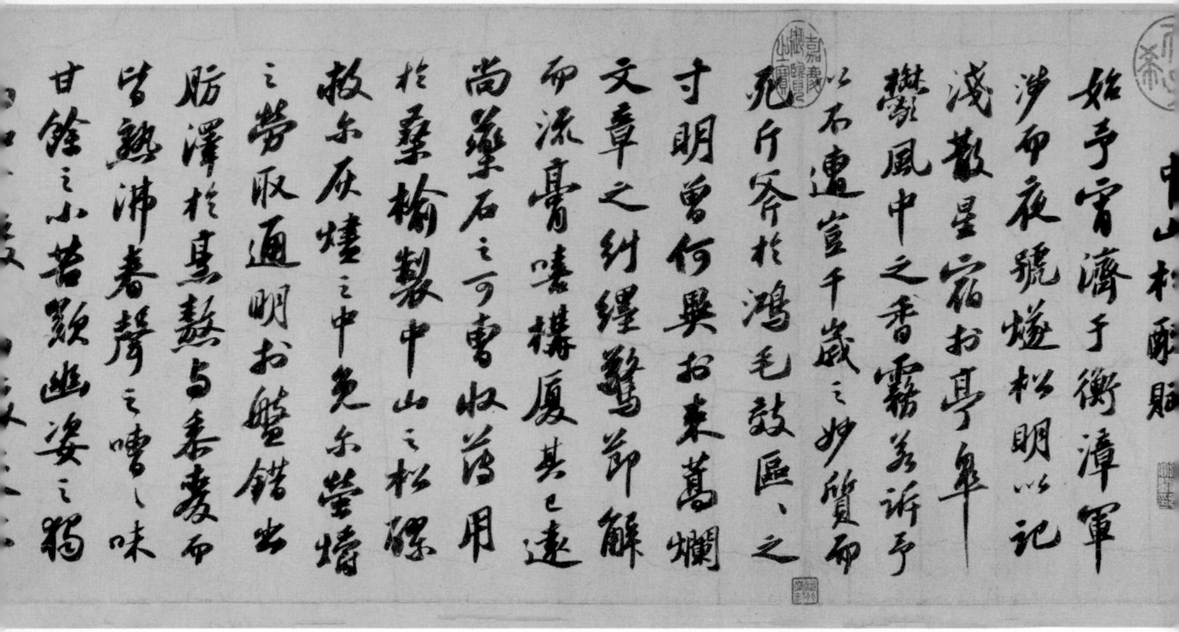

給他寫信，但蘇軾一路南奔，居無定所，加之廣東偏遠，通信不便，直到他在惠州住了將近半年時才收到陳季常的信，已經有厚厚一摞了。可以想見，陳季常一直沒能收到蘇軾的回信，寢食不安，就一封接一封的寫。

那天蘇軾爬山回來，取來紙筆，安坐桌前，開始給陳季常寫回信，他問候陳季常的家人，再敘述自己的近況，叮囑陳季常不要派人來看他，兩個人都鬍子老長了，不要那麼兒女情長的。他行文盡量輕鬆隨意，一如往日的幽默風趣，絮絮叨叨寫了大約五百字才停筆。隨信一起的，還有蘇軾抄送給陳季常兒子陳擇的一卷〈中山松醪賦〉（圖123），想必陳季常收到蘇軾的親筆信時，定是老淚縱橫。

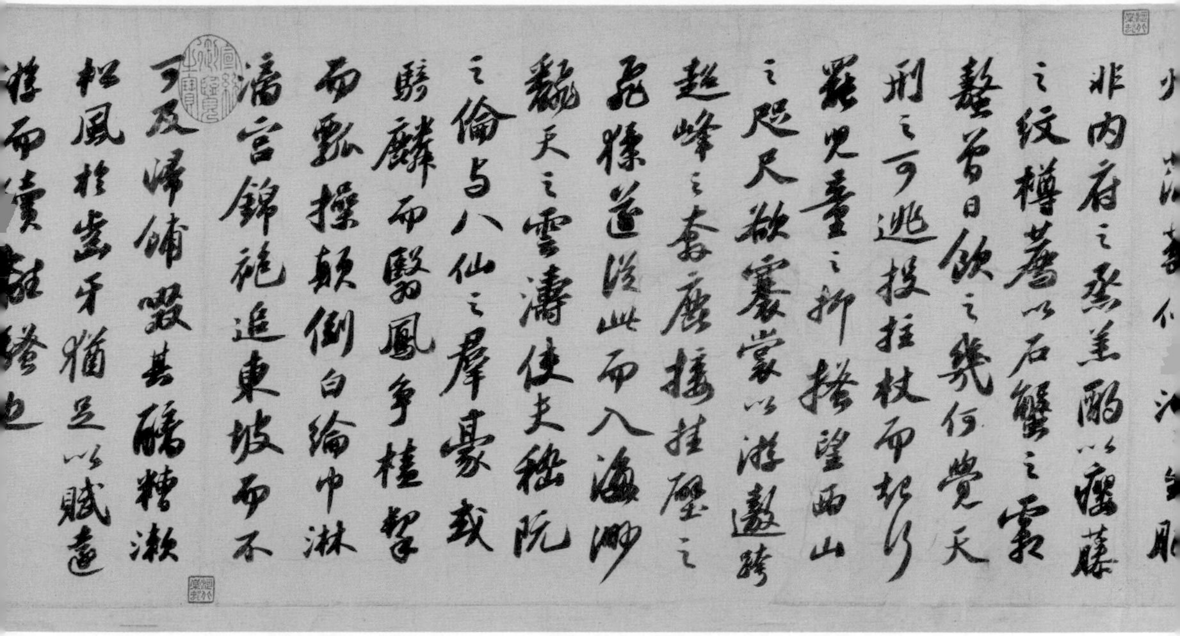

圖 123 〔宋〕蘇軾〈中山松醪賦〉，吉林省博物院藏。

宰相張商英的三位朋友

從四川新津（今四川成都新津區）通往河南開封的路上，一個剛滿二十歲的年輕人行色匆匆，他要進京趕考。年輕人一直走到深夜才經過一戶人家，居然還有燈火亮著。年輕人叩門請入，主人向先生似乎並不感到意外，他非常熱情的接待了年輕人，第二天還給他補足了糧草。不久之後，向先生又將自己的女兒嫁給這個年輕人。

向先生為什麼對這個年輕人這麼好呢？說來也有一段奇特的因緣。前一天晚上，深信佛法的向先生作了一個夢，夢中一位神人跟他講：「明天接相公。」在當時，相公就是宰相的意思。明天宰相會到自己家裡來？向先生不明白這句話是什麼意思，但他相信神人的指點一定有道理，於是就留意第二天遇到的人。向先生一直等到夜裡才等到一位年輕考生，莫非他將來會是宰相？向先生心頭一驚，就熱情接待他，並將女兒許配給他。這個年輕人名叫張商英（一〇四三——一一二一），字天覺，四川蜀州新津人。張商英順利考上進士，後來真的成為徽宗朝的宰相。臺北故宮博物院藏有張商英的一封書信〈女夫帖〉（圖124）：

商英惶恐，女夫王溈之蒙收錄，八月七日已解商水任。薦格餘溢，遂可改京。商英受賜，與王氏均等。今第二女夫楊開還蜀，輒令請見。恐或下問河東北間事，蓋楊生從商英者二年矣。伏恐上知。商英惶恐再拜。

這封信的意思是：我的女婿王溈之承蒙您收錄，八月七日已經結束商水縣的任期。他的條件符合薦舉的要求，所以可以改任京官。我受皇上的恩賜與王氏均等。現在我的第二個女婿楊開回四川了，我讓他去拜見您，或許您想問問他河東河北地區的事，因為楊開跟了我兩年了。這件事估計您已經知道了。

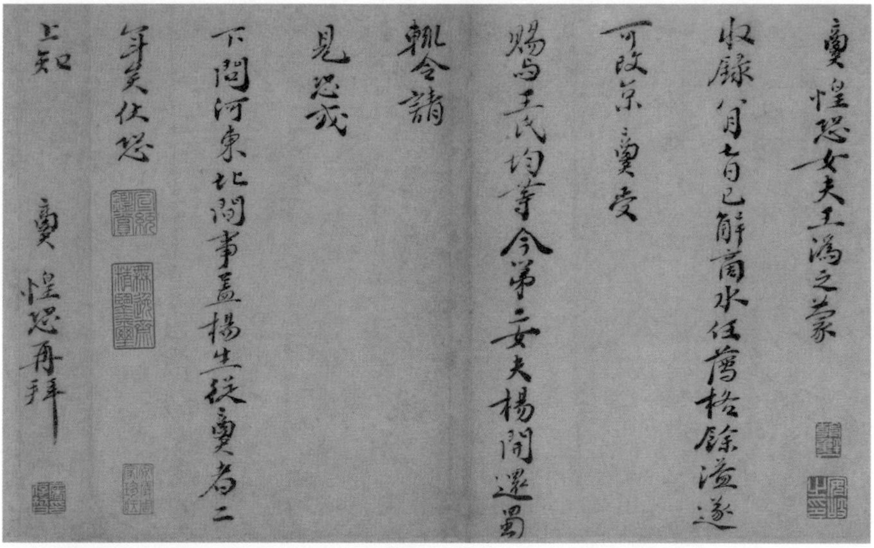

圖 124　〔宋〕張商英〈女夫帖〉，國立故宮博物院。

張商英這封信與女婿的工作有關。雖然他後來官至宰相，但他的後代都沒什麼成就，兩個女婿的工作也都是靠他到處託關係才解決。在寫這封信十餘年前，張商英還曾因為幫女婿王澥之找工作走後門而被人舉報，而這個舉報他的人，卻是經他推薦而被王安石重用的一位好朋友。張商英一生有三個比較重要的朋友，一個是把他推薦給宰相王安石的章惇，另一個就是那位受恩於他而又舉報他的舒亶，還有一個就是能與他有諸多精神交流的蘇軾。

兩位氣味相投的未來宰相

出身四川的進士，如果沒什麼特殊背景，一般都會被分發回四川從基層做起。張商英被分配到通川（今四川達州市通川區）任主簿。在通川，他勸降了當地的少數民族首領，從而升任夔州南川縣（今重慶南川區）知縣。恰在此時，另一名未來的宰相被調任夔州，他的名字叫章惇。章惇才思敏捷、談鋒銳利，當地官員沒人能跟他對得上話，這時有人想到了張商英，於是張商英被火速召到夔府。章惇打量了一下眼前這個人，看他沒穿官服，只穿了一身道袍，就沒把他放在眼裡，繼續高談闊論。可他沒想到，這個羽扇綸巾的人居然能跟他見招拆招，有時還令他語塞，而張商英也領略了章惇的才幹與風度，兩人從此結下了終生友誼。章惇回朝後，將張商英推薦給宰相王安石，王安石決定起用張商英，還讓他見了神宗皇帝。此後，張、章二人一直是政治傾向一致的工作夥伴。四十多年後，章惇已經作古十年，張商英給章惇的兒子寫信說：「我經常夢見老宰相，他談吐依舊，難道他是在仙界？我是在定中神遇了他嗎？啊！世間哪裡還有像老宰相這樣的奇人能使我如此快意呢？」

被朋友以怨報德

張商英的仕途並不順利，也許是因為他工作風格比較嚴厲，所以一旦有小失誤，就會受到攻擊。有一個教訓他的人名叫舒亶（一〇四一——一一〇三）。舒亶是蘇軾「烏臺詩案」的重要辦案人員之一，也因此被拉入歷史黑名單。其實舒亶挺冤的，他只不過是秉公執法而已，並沒有像元祐時期有些文官要打壓一個人，就針對私事偽造故事、醜化抹黑這個人，讓他永世不得翻身。

舒亶和張商英同年考中進士，舒亶是那一年的狀元。分配工作時，舒亶被分到臨海（今浙江台州臨海市）當縣尉，負責治安，這份工作一點也沒有照顧狀元的意思。有一天，有人借著酒勁咒罵追打他的後母，一直追到舒亶跟前。舒亶命手下殺了這個酒鬼，酒鬼不服，舒亶一把抽過刀來殺了他，然後寫了一份報告，辭官走人。張商英被王安石重用後想起了舒亶，感覺這個人才就這麼廢棄實在可惜，於是向王安石推薦舒亶，讓他重回官場。舒亶也沒有讓王安石失望，他是一名鐵膽勇士，王安石派他出使西夏，他單槍匹馬舌戰邊夷，完勝而歸。元豐三年（一〇八〇），時任中書檢正官的張商英寫了封信給擔任諫官的舒亶，並附了一份女婿王溈之的簡歷。舒亶明白張商英這是在託他幫忙找關係，這種事情有違朝綱，而舒亶的職責就是檢舉各種不法行為，於是他將張商英的信和王溈之的簡歷一併上繳了。結果，張商英被貶到長江北岸的江陵府（今湖北荊州）監管鹽稅，舒亶再次收穫了一片罵聲。

晚來得子的護法宰相

張商英被貶往江陵府時，另一個人也在湖北，那就是蘇軾。蘇軾比張商英年長六歲，兩人老家相距不過百餘里，在宋代那算是老鄉了。蘇軾一生交友無數，但能與他在精神上平起平坐的朋友不多，張商英就是其中一位。江陵府離黃州八百餘里，兩人無法見面，只能靠通信聯絡。他們有很多共同話題，如詩歌唱和、生活瑣事、參悟佛法等。

張商英是北宋宰相中與佛教最有淵源的人物之一。他一開始是不信佛教的，但是他的夫人向氏修佛多年，所以張商英得以近距離感受佛法。一天，張商英在書房裡折騰到半夜也沒睡，夫人就問他：「這麼晚還不睡，你在幹什麼呢？」張商英說：「我想寫《無佛論》。」夫人說：「既然無佛，你論他做什麼。」張商英一聽覺得有道理，就決定不寫了。不久，他在朋友家看到了一本佛經，就問是什麼書，朋友說是《維摩經》，張商英信手取來，讀著竟不肯放下。後來夫人對他說：「你讀完這本經以後可以開始寫《無佛論》了。」結果，張商英寫了一本《護法論》，他後來與佛門的關係愈纏愈深，也影響了他的仕途。

蘇軾早年也是不信佛教的，但這次獲罪被貶，他是帶著一肚子懺悔去黃州的，他一心想要消盡自己的口業，以免再因為亂講話而惹來災禍。去了黃州之後，他也開始泡寺院、讀佛經，所以與張商英有很大的交流空間。其間寫了一封信給張商英（即〈掃地帖〉，圖125）：

> 軾比來多病少出，向時浮念雜好掃地盡矣。天覺比來諸況何如？已有兒子未？因書略相報。漫令小兒往荊渚求少田，不知遂否。甚欲與公晚歲為鄰翁，然公豈此間人哉！軾白。

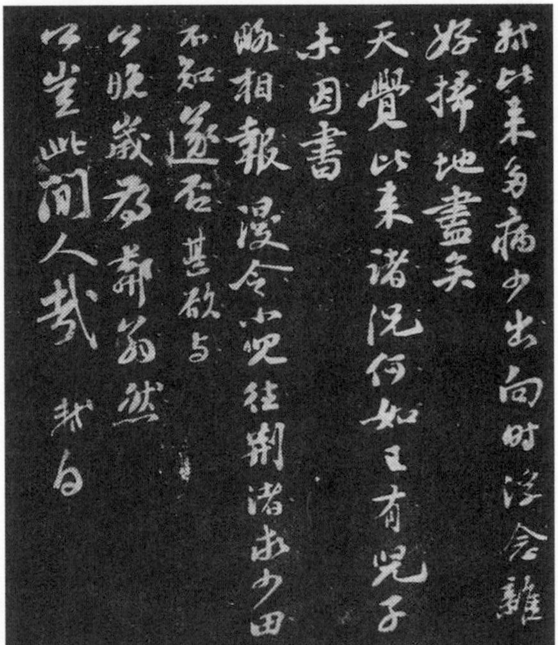

圖 125　〔宋〕蘇軾〈掃地帖〉拓本。

此信大意是：我最近身體多病，很少出門，以前腦子裡的那些浮念、雜念等都被掃除乾淨了。你最近各方面怎麼樣啊？有兒子了嗎？回頭寫信告訴我。我讓小兒子去你那邊看看能否買一點地，也不知他辦得怎麼樣了。好想晚年與你做鄰居，但你怎麼可能永遠謫居在這種地方呢？

這封信寫於元豐六年（一〇八三），當時四十歲的張商英已經在江陵謫居了兩年多，四十六歲的蘇軾在黃州謫居了三年多。蘇軾在信裡問張商英有沒有兒子，看來此前張商英只有女兒，沒有兒子。張商英差不多要當外公了還沒兒子，應該也是頗感著急，不過他後來有了一個兒子，名叫張茂，官至直龍圖閣，沒什麼名氣。張商英雖然貴為宰相，但家裡人丁不旺。在信的末尾，蘇軾表示自己恐怕只能長居此地，但他覺得張商英不會久貶於此。出乎蘇軾預料的是，兩年後他就回到朝廷，而張商英卻仍然換個地方繼續打磨。等張商英後來登上宰相之位時，蘇軾已作古多年。

日本刀與河豚

歐陽修寫過一篇〈日本刀歌〉，描繪了一把做工非常精美的日本刀，其中有這樣幾句：「寶刀近出日本國，越賈得之滄海東。魚皮裝貼香木鞘，黃白閒雜鍮與銅。百金傳入好事手，佩服可以禳妖凶[29]。」著名詩人梅堯臣和史學家司馬光也寫過關於日本刀的詩文，這倒不是因為當時的日本刀很多，而是因為他們所寫的是同一把刀，這把刀的主人名叫錢公輔。

錢公輔（一〇二二——一〇七二），字君倚，武進（今江蘇常州）人。錢公輔與王安石同歲，兩人還曾是非常要好的朋友，後來因為變法思想不一致而掀翻了友誼的小船。錢公輔的老師是比范仲淹小四歲的胡瑗（九九三——一〇五六），胡瑗是著名的經學大師和教育家。錢公輔跟著胡老師認真學習儒家經典，打下了深厚的經學基礎，加上他的文筆極好，能在科舉考試進入甲科，後來又曾擔任知制誥一職，為皇帝起草詔書。當年司馬光被任命為知制誥，卻自己覺得文筆不夠好，怕被人笑話。錢公輔曾給朋友丁公默寫過一封信（即〈別久問稀帖〉，圖126），文字如下：

公輔啟：

別久問稀，日遲還轅之來，得元珍書，乃知憂禍，歸於故里。榮養未幾，不遂雅志，痛當奈何，痛當奈何！冬序已晚，不審孝履何若，未由面慰，惟冀節哀，以力大事，遠情所祝。

不宣。公輔手啟。公默秘校大孝服舍。張微之同此哀苦，料日得相依，足以自寬。

季冬初七日。

大意如下：分別已經很久了，很少問候你。今天傍晚時分，外出歸來的人帶回了元珍的信，我才知道你遭遇不幸回家鄉去了。你奉養父母還沒有多久他們就去世了，真是太令人痛苦了。嚴冬已至，不知你現在情況如何。無法當面安慰你，只希望你節哀，保存好精力辦大事。送上遙遠的祝福。不多說了。致大孝子公默秘閣校理。張微之也在服喪期，料想你們可以互相安慰，排遣憂傷。十二月初七。

信中的「元珍」是錢公輔的同鄉丁寶臣（一〇一〇——一〇六七），比錢公輔年長十一歲，元珍是他的字。當年丁寶臣在端州（今廣東肇慶端州區）擔任知州時。儂智高率軍沿西江直奔廣州，一路上風捲殘雲，毫無準備的沿途州縣官員大多都選擇了投降或逃跑。端州在

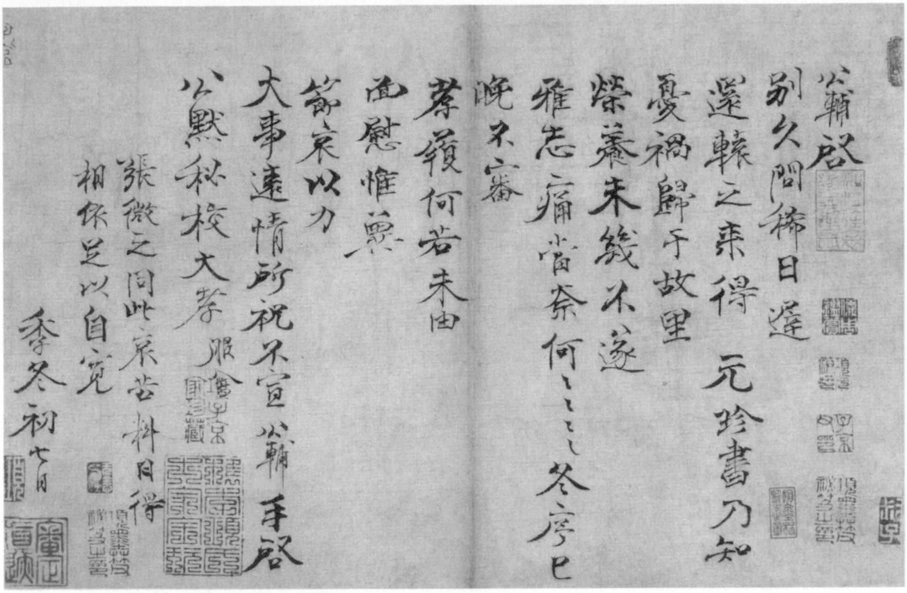
公輔啓
別久問稀日遂
還轅之來得　元珍書乃知
憂禍歸于故里
榮養未幾不遂
雅志痛當奈何ミミミ　冬序已
晚不審
孝履何若未由
面慰惟冀
節哀以力
大事遠情所祝不宣　公輔　手啓
公默秘校大孝
張徵之問此哀苦料得
相依足以自寬
季冬初七日

圖 126　〔宋〕錢公輔〈別久問稀帖〉，國立故宮博物院。

西江沿岸，是儂智高主力兵團的必經之地，丁寶臣知道自己打不過，就棄城逃跑了，因此而撿了一條命。

丁寶臣和歐陽修從年輕時就是好朋友，歐陽修的名篇〈戲答元珍〉就是寫給丁寶臣的，內容如下：「春風疑不到天涯，二月山城未見花。殘雪壓枝猶有橘，凍雷驚筍欲抽芽。夜聞歸雁生鄉思，病入新年感物華。曾是洛陽花下客，野芳雖晚不須嗟[30]。」

錢公輔在信末尾提到的張徵之，名張巨，與蔣之奇、胡宗愈、丁公默號稱四友，都是圍繞在歐陽修身邊的學術達人。錢公輔這封信就是寫給丁公默的，丁公默的父親就是丁寶臣的哥哥丁宗臣（一〇〇一——一〇五四）。

蝤蛑點酒

丁公默在歷史上本沒什麼名氣，但他給蘇軾送過幾隻海鮮，蘇軾寫了一首詩記錄此事，丁公默的名字因而經常出現在後世文人眼前。當時蘇軾在湖州擔任知州，丁公默送了他幾隻名為蝤蛑的螃蟹，味道非常鮮美，比一般河蟹大三四倍，剝出來的肉是一大塊一大塊的。蘇軾一邊抿著小酒，一邊大快朵頤，酒足蟹飽後就給丁公默寫了一首詩：「溪邊石蟹小如錢，喜見輪囷赤玉盤。半殼含黃宜點酒，兩螯斫雪勸加餐。蠻珍海錯聞名久，怪雨腥風入座寒。堪笑吳興饞太守，一詩換得兩尖團[31]。」這首詩的最後兩句有點類似幾年前他寫給文同的詩：「料得清貧饞太守，渭濱千畝在胸中[32]。」戲稱在陝西洋州任職的文同愛吃竹筍。

死於吃河豚?

丁公默的死因說起來不夠體面，按蘇轍的紀錄，他是因為吃河豚被毒死的。河豚是宋代士大夫碗裡常見的美食，蘇軾就非常喜歡吃河豚，很多人最早知曉河豚這種動物恐怕都是通過蘇軾的那首詩：「竹外桃花三兩枝，春江水暖鴨先知。蔞蒿滿地蘆芽短，正是河豚欲上時。」河豚長得很可愛，胖嘟嘟的，經常成群結隊出現，一網就一筦。據說河豚味道非常好，但如果處理不好就容易中毒。河豚的吃法很多，有的直接吃，有的將河豚與蔞蒿、荻筍、菘菜等一塊兒煮。蘇軾擔任揚州知州時，就和學生晁補之經常吃河豚，也沒有出事，所以有人說丁公默不是被河豚毒死的，而是中風而死。士大夫愛美食很正常，但若是死於美食，就太不體面了。比如詩聖杜甫，據說他死於吃牛肉，這真令人難以接受，所以我們寧願相信他是由於長期漂泊，身體已經糟透了，生命到了該自然終結的時候。同理，希望丁公默是死於中風，而不是吃河豚被毒死。

日本刀

唐朝時期，日本派遣大量的遣唐使來中國學習各種文化和工藝，唐朝的刀劍製作工藝也因此而傳到日本，日本刀主要就是由唐刀演變而來。北宋時期正值日本平安時代的中晚期，武士階層逐步擴大和強盛，日本刀是武士的必備之物，開始大批量製作，並且逐步由直刀向彎刀過渡。這些跟北宋士大夫沒什麼關係，以武士為中堅力量的倭寇入侵中國沿海，要到幾百年後才發生。宋代中國的海外貿易量愈來愈大，北宋晚期，明州（今浙江寧波）成為政府特許的對外貿易港口。錢公輔曾在明州擔任知州，他的這把日本刀就是由商人從日本帶回來的，花費百金，價格不菲。這把日本刀刀身泛出青光，刀柄用魚皮包裹，品質非常好。錢公輔將日本刀帶回京城和朋友們分享，還邀請開篇提到的圈裡的大人物們如歐陽修等人一起為這把刀寫詩歌。

脩啟　多日不相見　誠以區區見

曾灼艾不知體中如何來日脩

在家或能見宿也以中醫者常有

谷二柴可與之論雖巳不肯事

學正足下

廿八日

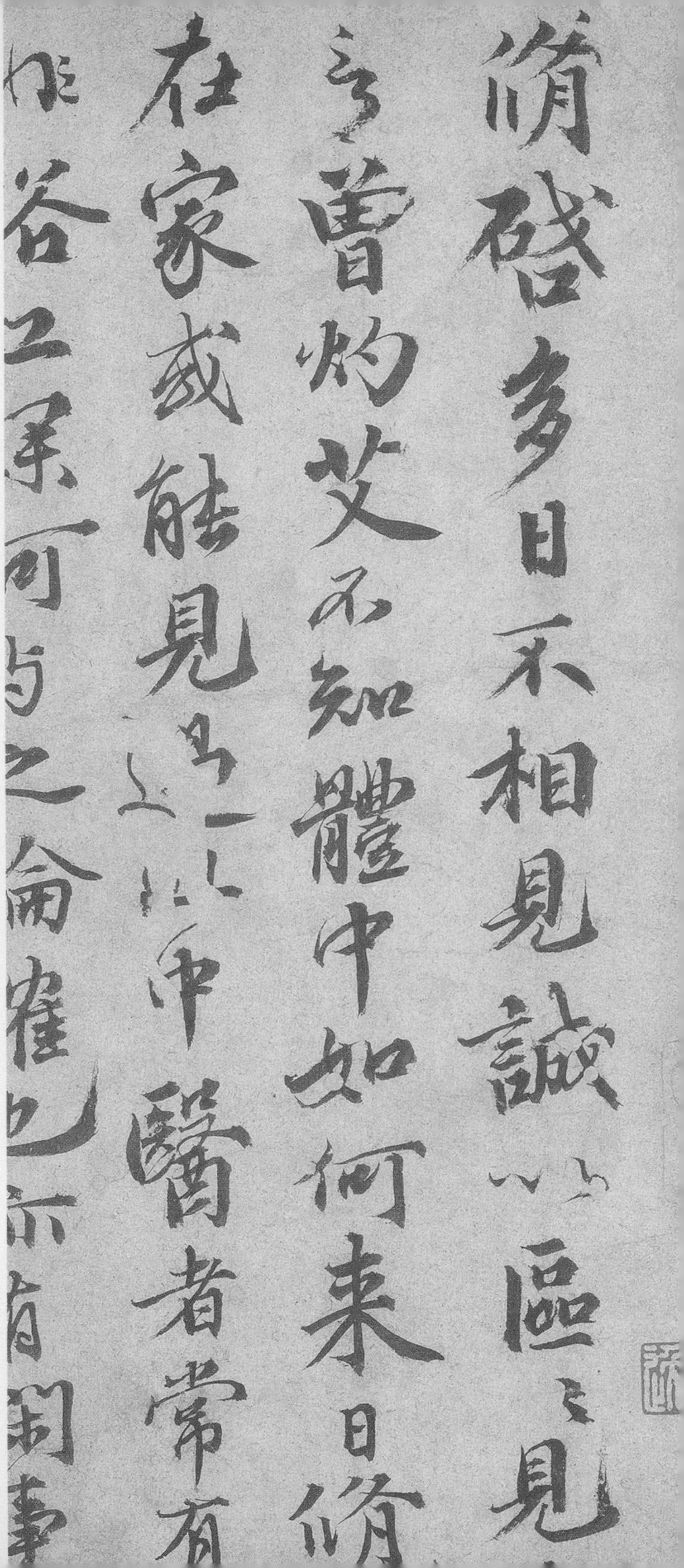

不想和開封說再會

至和二年（一〇五五）二月，任開封知府的蔡襄沒有處理好關於皇帝和宰相的兩個案子，被御史彈劾，只得引咎辭職。五月，蔡襄偕家人離京，六月十五日抵達應天府，不幸的事情發生了，他的長子蔡勻生病了，一個星期後病逝。三個月前，蔡襄才剛為年滿十八歲的蔡勻申請了恩蔭官職，並為他主婚，沒想到這麼快就白髮人送黑髮人，這讓蔡襄悲傷不已。離開應天府後，中元節前二日，蔡襄寫了一封信給「杜君長官」（即〈離都帖〉，圖127）：

襄啟：

自離都至南京，長子勻感傷寒七日，遂不起此疾。南歸殊為榮幸，不意災禍如此。動息感念。哀痛何可言也。承示及書並永平信，益用悽惻。旦夕度江，不及相見。依詠之極。謹奉手啟為謝，不一一。襄頓首，杜君長官足下。七月十三日。（貴眷各佳安，老兒已下無恙。永平已曾於遞中馳信報之。）

大意如下：我離開京城開封到達南京應天府時，長子蔡勻感傷寒，七天之後病故。

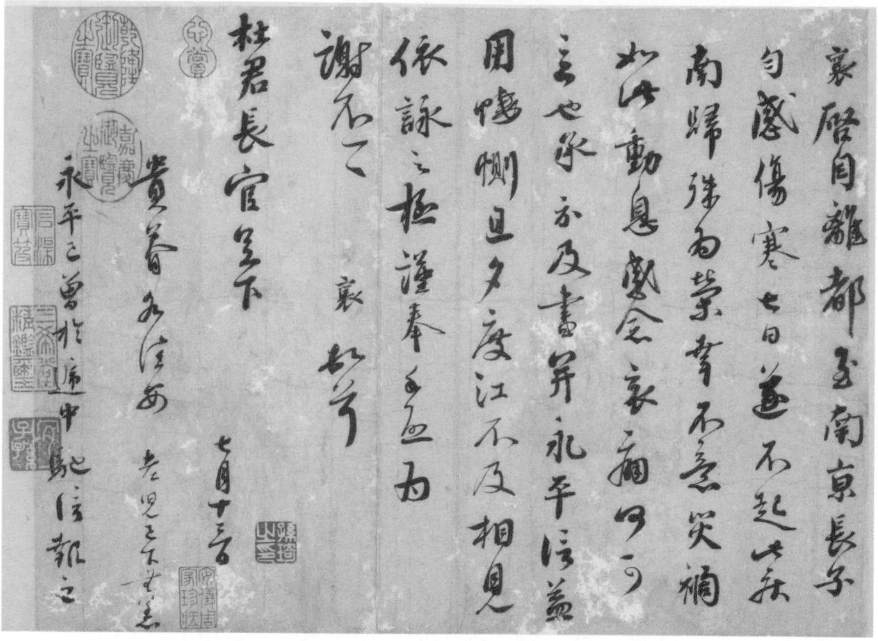

圖 127 〔宋〕蔡襄〈離都帖〉，國立故宮博物院。

此次南歸本來是一件很榮幸的事，卻不料遇此災禍，一想起這事，就心痛得無法言語。承蒙你和永平都寫信給我，我看了之後更加淒涼悲傷。我很快就要渡長江了，不能跟你見面了。十分想念，只能去信一封，其他不多說了。向你全家問好，祝上下老小都平安無恙。給永平的信已經交郵遞員發走了。七月十三日。

蔡襄離京回閩的步伐從來沒有如此沉重過。舟行至衢州時，蔡襄的夫人又因悲傷過度而病逝。蔡襄扶著兩具靈柩，帶著白髮蒼蒼的老母親，萬念俱灰。但是，蔡襄的傷心旅程還遠沒有結束，若干年後，蔡襄還會調回京城，並再一次扶棺南下。

皇帝和宰相的棘手案子

至和元年（一〇五四）七月，蔡襄升任開封知府，成了首都市長。宋代很多官員進入核心階層都是從這個職位上去的，但風險也大，因為京城是全國權臣顯貴集中的地方，各種關係複雜，稍有不慎就可能被貶。很快，兩個棘手的案子發到了蔡襄手上。仁宗皇帝要給剛剛去世的寵妃張氏以皇后禮儀來安葬，此事引來言官一陣口誅筆伐，但仁宗很不甘心，繼續讓禮院討論此事，禮院的辦事人員就按皇帝意思辦了，結果辦事人員被人舉報，案子發到開封府。接著，有人告發六十三歲的老宰相陳執中縱容寵妾把家裡的婢女打死，案子同樣被發到開封府。這下好了，一個案子涉及皇帝，另一個案子涉及宰相，天上墜落的流星恰好砸到蔡襄頭上。最終的結果是蔡襄因辦案不得力而被赫赫有名的鐵面御史趙抃彈劾，愛惜羽毛的蔡襄只好引咎辭職。至和二年（一〇五五）二月，蔡襄以母親年老為理由請求到福建泉州任職，因為那裡離他的老家仙遊很近，朝廷批准了。

蔡襄一生的外任地點都是好地方，包括洛陽和人間天堂杭州，以及他的家鄉福建。相比蘇軾年輕時就出離四川，終生未能如願回鄉，蔡襄是幸福的。即使如此，蔡襄還是非常不願意離開京城，他才四十四歲，沒犯什麼大錯，資歷穩步積累，已經是龍圖閣直學士，再熬幾年就可以進入兩府三司了，這一下放又不知何時才能回京。此外，他身體不好，有腳氣病，年年復發，痛起來只能臥床休息。從開封到福建跋山涉水四千餘里，會令他元氣大傷。

悲傷告別開封

南下途中，蔡襄收到杜誼的來信，杜誼是杜衍的族侄，也就是蔡襄〈離都帖〉中的「杜君長官足下」。杜誼，字漢臣，台州黃岩人。此人進入世人視野並非憑藉才氣和學識，而是孝行。史書上說杜誼的父親脾氣不好，經常打他，但杜誼卻事父極孝。父母去世後，杜誼從十里外挑土給父母建墳塋，挑了三年，每晚睡在墓地旁，且一直食素。宋代守孝至深的人不少，但杜誼的守孝卻有神奇色彩。有人說白天能看見墓邊有虎狼的足跡，但杜誼卻安然無恙。還有一次颳颱風，大石頭都被颳走了，杜誼卻毫髮無損。地方官將這些不可思議的事報告朝廷，杜誼就成了孝子中的典範。

杜誼在皇祐四年（一〇五二）調任永城縣（今屬河南商丘市）知縣。到任後第二年，他用自己的俸祿修了一座孔廟，也就是辦了一所學校，還請蔡襄為這所學校寫了篇文章。宋代一些聲望比較高的人，尤其是書法較好的人，往往對這種約稿都比較熱心，他們認為普及教育和傳播儒學是士大夫非常應該做的事。杜誼任職的永城就在京杭大運河邊，蔡襄南下要路過此地，所以杜誼寫信約蔡襄一見。蔡襄收到杜誼的信時，已經過了永城很遠了，臨近長江了，無法與杜誼相見，所以給杜誼回信告知此事，並將長子蔡勻病逝的情況一併告知。

扶柩歸家的情況在宋代比較常見，因為宋人宦遊是常態，文臣一般三年要換一個地方，客死異鄉的官員或官員家屬很多。加之古代交通不便，換任要花很多時間在路途上，行程也比較艱苦，導致很多人死在赴任途中，比如范仲淹、文同，余靖死於旅途中，歐陽修的父親客死於四川官舍。一般來講，官階高一點的，本人或家屬去世後國家會安排喪葬費，歸鄉沿途的官員也會按慣例負責相關事宜，而下僚官員就只能自己解決，解決不了的，只能就地安葬。黃庭堅的父親去世後，家人無力負擔從廣東到江西修水的費用，只能讓死者長眠於廣東。蔡襄是朝中大員，沿途官員都會幫助護送他親人的靈柩，讓他省了不少事。帶著兩具親人靈柩回到家鄉後，蔡襄在泉州、福州兩地共任職五年，為老百姓做了很多實事，還寫了有名的《荔枝譜》為家鄉的荔枝做宣傳。其間，他給大女婿謝仲規寫過一封信（即〈謝郎帖〉，圖128）：

謝郎：春初將領，大娘以下各安。年下朱長官亦來泉州診候。

今見服藥，日覺瘦倦。至於人事，都置之不復關意。眼昏不作書，然少賓客，省出入，如此情悰可知也。不一一。襄送。正月十日。

大意如下：謝郎，初春已到，向你全家問好。春節期間朱長官也來泉州看病了。我已經在服藥了，感覺愈來愈消瘦疲倦。至於別的人和事，我都不再關心了。眼睛昏花，好久沒有寫信，賓客很少，我也很少出門。這樣的情形估計你也能想像得到，不多說了。

謝仲規是福建晉江人，家族情形與蔡襄差不多，謝家是靠謝仲規的父親讀書而改變命運的，

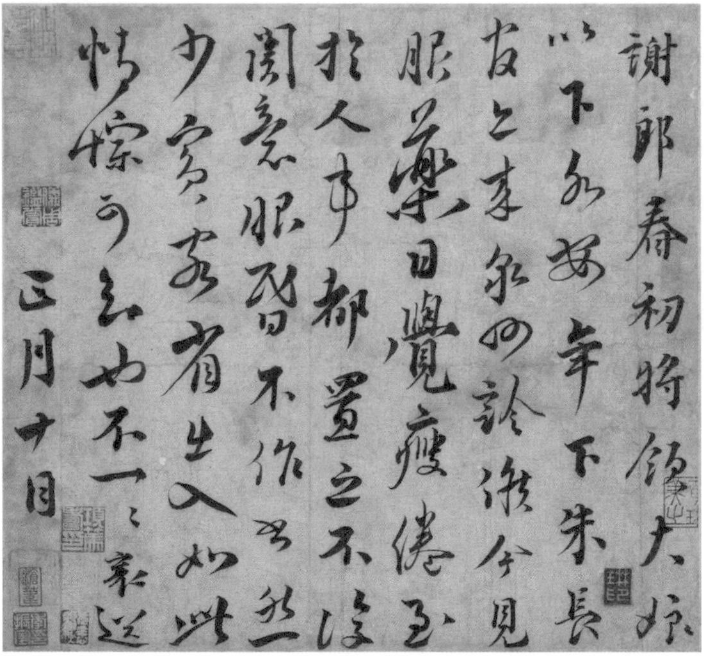

圖 128　〔宋〕蔡襄〈謝郎帖〉，國立故宮博物院。

謝父曾官至尚書職方郎中。謝仲規也是進士出身，但官位不顯，年五十即退休。謝仲規接到蔡襄的信後即前往探望生病的岳父。

再次悲傷南下

嘉祐五年（一〇六〇），皇帝詔授蔡襄翰林學士，並再次命他擔任開封知府。久病的蔡襄實在不想再長途跋涉，就上表請辭，希望繼續留在泉州，但朝廷不准，他又請求改任杭州或揚州，朝廷還是不准。無奈之下，蔡襄只能帶上年邁的老母親再次北上開封。數年後，蔡襄迫於英宗皇帝的詰難而調任杭州，第二年，他的母親病逝於杭州，蔡襄再次悲傷的扶柩南歸。在離開杭州後，蔡襄給一位朋友寫了一封信（即〈扶護帖〉，圖129），文字如下：

襄泣血言：

逆惡深重，扶護南歸，死亡無日，不可循常禮，不通誠意於左右。今至富陽，平安。明日登舟，或雨水少增，當舟行至三衢也。

襄素多病，遭此荼毒，就令不死，足膝日甚，氣力日衰，亦為廢人，豈復相見耶！辱君知愛之心，不殊兄弟，一念哀痛，哽塞何言！哽塞何言！在道程頓，官員勾當齊整，無一闕乏，感惕感惕！

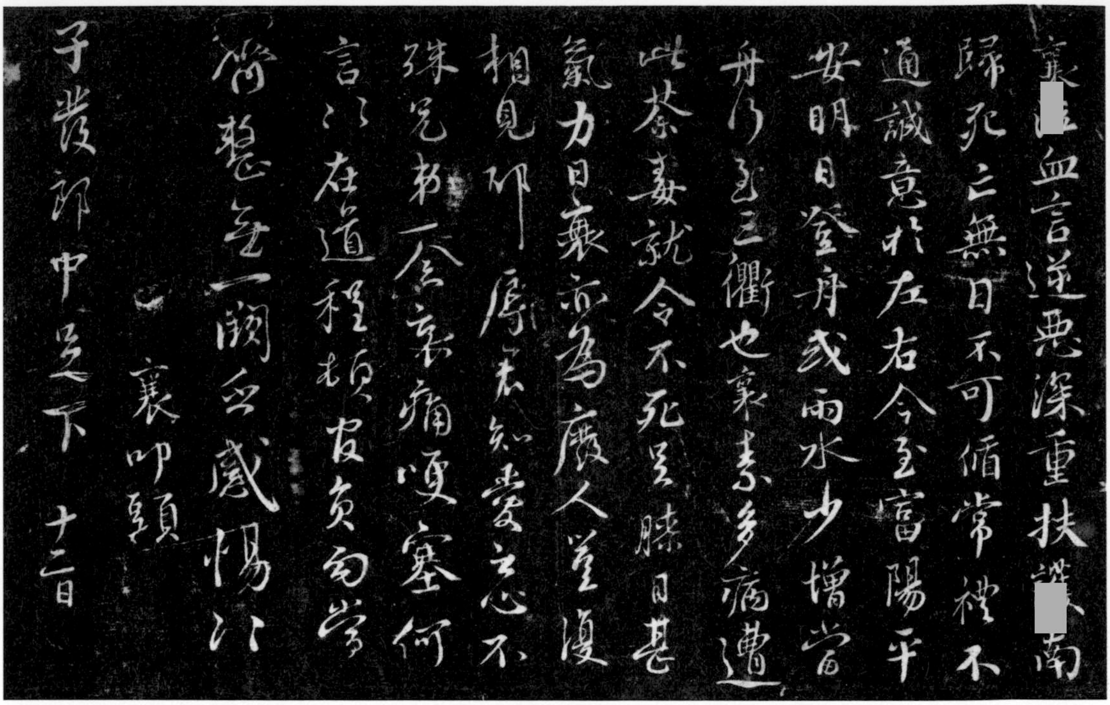

圖 129 〔宋〕蔡襄〈扶護帖〉拓本。

襄叩頭子發郎中足下，十二日。

大意是：我罪惡深重，扶護母親的靈柩南歸，感到自己也活不了多久了，所以就沒有遵循正常的禮節，出發時沒有及時告訴你。現在已經到達富陽，一切平安。明日登船再出發，如果雨水能稍微增加一些，就可以一直舟行至衢州了。我一向多病，現在遭遇這麼重大的打擊，腳和膝蓋疼痛加劇，氣力也日漸衰竭，就算不死，也成了廢人了，怕是不能再與你相見了。你對我的知心愛護與兄弟無異，一想到這些就哀傷心痛，哽噎抽泣，不知該說些什麼。途中每一程停歇時都有官員周密協助，什麼都不缺，很感謝他們。

按宋人習俗，父母去世後，兒子扶柩途中只能光著腳走。蔡襄本來就有宿疾，腳氣病也非常嚴重，還要經受各種跪拜，必然元氣大傷。回鄉半年後，他的次子蔡旬又去世了，用禍不單行來形容此時的蔡襄最合適不過了。蔡襄悲痛萬分，他在祭文中寫道：「情莫若父子之親，痛莫若死生之別。情深痛重，腸胃分裂。已焉哉！天實為之，謂之何哉[1]！」

本來就衰弱不堪的蔡襄哀毀過度，預感到自己不久於人世，就想還了欠歐陽修多年的筆債。歐陽修年輕時寫過一篇〈洛陽牡丹記〉，請蔡襄抄一遍，蔡襄答應了，但遲遲沒有交稿。蔡襄拖著病體抄錄了兩份近三千字的〈洛陽牡丹記〉，一份給歐陽修，一份自己家藏。送抄本的人剛到歐陽修那裡，蔡襄的訃告就隨之而至，他留下未成年的一兒兩女，駕鶴西去，享年五十五歲。歐陽修悲痛不已，他為蔡襄撰寫了墓誌銘，又為蔡襄書寫的〈洛陽牡丹記〉題了尾跋，分別留給自己的孩子和蔡襄未成年的幼子，以紀念兩人深厚的友誼。

歐陽修人生劇終

熙寧四年（一〇七一）六月，六十五歲的歐陽修再次向朝廷提交了辭職報告，這次他是認真的，無論朝廷怎麼挽留，他都要回家養老了，因為他的身體實在撐不住了。從他寫的一封信也可以看出他此時的身體狀況（即〈灼艾帖〉，圖130），文字如下：

修啟：

多日不相見，誠以區區，見發言曾灼艾，不知體中如何？來日修偶在家，或能見過。此中醫者常有，頗非俗工，深可與之論榷也，亦有閑事思相見。不宣。修再拜，學正足下。廿八日。

收信人的身分是「學正」，這是國子監管理學生的人，此信大意是：好多天不見你了，聽我兒子歐陽發說你也曾艾灸，不知你身體如何了？哪天我在家時，或許咱們可以見一面。我這兒一直有醫生，醫術非常高明，可以與他們好好探討一下，另外我也有一些閒事想與你說說。

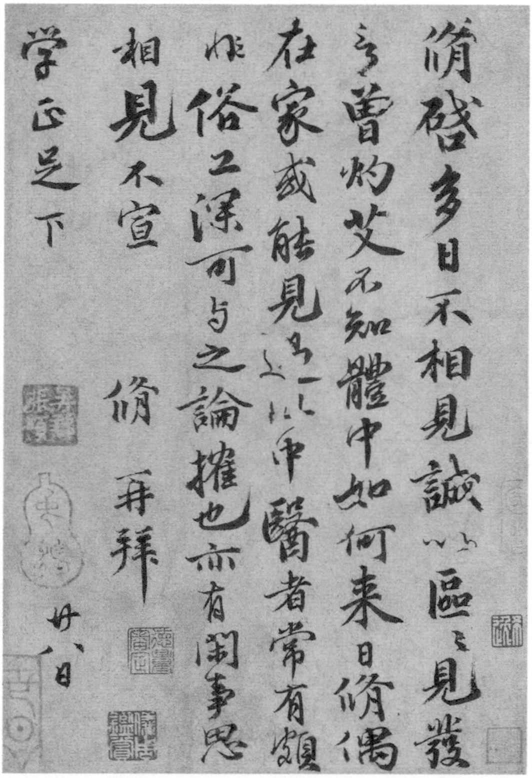

圖 130 〔宋〕歐陽修〈灼艾帖〉，北京故宮博物院藏。

一直與醫生打交道，可見歐陽修的身體確實不行了。歐陽修志在東歸，神宗皇帝知道挽留不住，當然他也無意再將歐陽修安置在重要位置，以免影響變法的推行，於是歐陽修終於退下來了。

活著就是贏家

慶曆七年（一〇四七），四十六歲的尹洙死了。在抗擊西夏的戰場上，他是韓琦的助手，鬧出了水洛城事件，最後因軍費問題被貶到均州做酒稅官，沒幾年就鬱鬱而終。他去世之前就已窮得身無分文了，還曾向范仲淹借錢，無法想像在他去世之後，尹家的孤兒寡母是怎麼過日子的。

尹洙被貶時，韓琦和歐陽修也因推行新政失敗而被貶出朝廷。歐陽修是個快樂豁達的人，到哪兒他都「曾是洛陽花下客」，「揮毫萬字，一飲千鍾」，在詩酒年華的同時收穫了一路政聲與文名。皇祐元年（一〇四九），在外流放四年的歐陽修返回朝廷，此後安穩的在京城編修《新唐書》，成就了他在史學界的地位。

歷經諸多事件的歐陽修，在政治上變得老練許多，至和二年（一〇五五），四十八歲的歐陽修做了一件大事，他上書皇帝請求罷免宰相陳執中（九九〇——一〇五九），陳執中在大臣中的口碑並不好，又縱容寵妾打死婢女。後來陳執中真被罷相了，上臺的是歐陽修的親密戰友富弼與文彥博，二人並為宰相。富、文入相，對韓琦來說也是一件大好事，此時距他被貶已十年，不久之後，他也回到朝廷，再攀人生巔峰。

死去的尹洙卻再也沒機會開啟新的人生了。帝國的車輪滾滾前進，個人的生死榮辱如螻蟻般被碾過，可仍然有人惦記著尹洙的遭遇。爬上樞密使位子的韓琦，正式向仁宗皇帝請求追復尹洙原官職，仁宗皇帝同意了。又過兩年，歐陽修請求賜尹洙的遺孤官職，仁宗皇帝也答應了。想到尹洙的孩子，怕是只有歐陽修最能感同身受了，因為歐陽修也是幼年喪父，孤苦無依的母親帶著他從四川綿陽跋涉到湖北去投靠他的叔叔。尹洙雖沉冤得雪，但他去世得太早了，如果能熬過那幾年，可能會出現一個歷史意義與宋祁或歐陽修接近的尹洙了，而韓琦和歐陽修要是在當年的打壓下沒能熬過去，他們在歷史上也不會有現在這麼高的地位了。

六十五歲是可退可不退的年齡，在當時，只要官員沒犯大錯，就可以一直工作到自己不想做了，所以很多人是老死在官任上的。歐陽修堅決想退休的原因大致有兩條：一是前一年王安石拜相，熙寧變法全面鋪開，歐陽修做為保守派，站在了變法的對立面，所以他被退居二線，到蔡州（今河南汝陽）任職。二是長年伏案使他身體愈來愈差，他有糖尿病、腳痛病，眼睛因練功而受傷，還經常牙疼，身體不斷向他發出衰老的信號，讓他心情索然。六月下旬，獲准退休的歐陽修從蔡州出發前往潁州（今安徽阜陽）。潁州並非歐陽修的祖籍地，但是他之前在潁州工作時覺得那裡風景非常美，於是早早在那裡置業了。蔡州與潁州相鄰，兩地州府差不多在同一緯度上，相距才一百多公里，歐陽修只花了幾天時間就到了。

歸老尾聲

潁州風景秀麗，但畢竟離開封有三百多公里，又不像杜衍所隱居的應天府（今河南商丘）那樣地處南北水路交通要塞，所以能與歐陽修詩酒度晚年的人非常少，這讓他感到了前所未有的孤獨。在人生即將謝幕的時刻，一生都在乘風破浪的歐陽修，雖然時時感覺自己的身體已經衰竭到了極限，但他的心卻從來未曾甘於寂寞過。

平日裡，歐陽修除了處理家務，仍然會跋一些碑拓，偶爾寫寫詩，再就是和朋友通信，比如給韓琦和王拱辰寄詩等，可惜這些手跡大都遺失了，只有一幅〈端明帖〉（圖131）流傳下來了：

修啟：

修以衰病餘生，蒙上恩寬假，哀其懇至，俾遂歸老。自杜門里巷，與世日疏。惟竊自念，幸得早從當世賢者之遊，其於欽向德義，未始少忘於心耳。近張寺丞自洛來，出所惠書，其為感慰，何可勝言。因得仰詷起居，喜承宴處優閑，履況清福。春候暄和，更冀為時愛重，以副搢紳所以有望者，非獨田畝垂盡之人區區也。不宣。修再拜，端明侍讀留臺執事，三月初二日。

這封信大意如下：我大病未死，苟延殘喘。蒙皇上恩典寬容，可憐我請求之懇切，我才得以歸老。自從我生活於小巷子裡，與外界的聯繫愈來愈少，不過暗自慶幸自己早年與當世的賢者有交往，他們對品德和道義的追求，我從來未曾忘懷。最近張寺丞從洛

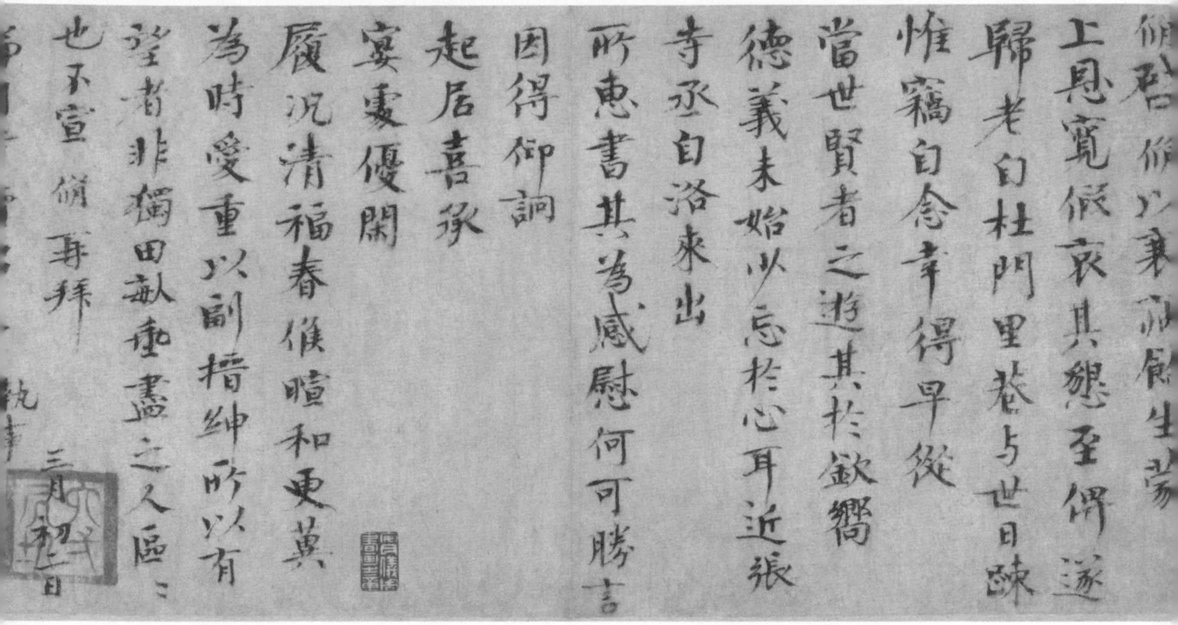

圖 131　〔宋〕歐陽修〈端明帖〉，國立故宮博物院。

陽來，將你寫的書信轉交於我，我感激和寬慰的心情難以言表，也因此而得知你的起居狀況，你生活悠閒，得享清福了。春天來了，你要根據時令變化多多保重身體，也好讓那些尊敬和掛念你的士大夫們都感到安慰，這可不只是我這個鄉下垂死之人的願望。

這封信的收信人即是大名鼎鼎的司馬光。歐陽修比司馬光年長十二歲，算是同一個時代的人，但司馬光早年的名氣比歐陽修差遠了。這主要是因為歐陽修恰好趕上了范仲淹時代，積極參與了慶曆新政，加上文學才能出類拔萃，任臺諫官時敢說敢言，所以年輕時就名滿天下。司馬光文采不如歐陽修，性格還特別倔，所以在仁宗朝與英宗朝一直受到埋沒。

司馬光在仕途上從隱到顯的過程，歐陽修是重要的關鍵人物。神宗即位之初，具有顧命大臣身分的歐陽修向神宗皇帝鄭重推薦了司馬光，他推薦的理由是：仁宗晚年時，大臣雖然都覺得該立皇子了，可誰也不敢隨便發言，但司馬光卻什麼也不怕，極力上言，請求立趙曙為太子。趙曙就是英宗，也就是神宗的父親，那還有什麼好說的，這司馬光肯定是自己人了，於是神宗就開始留意司馬光。

司馬光是個對政事特別有主張的人，在神宗與王安石研究變法的過程中，司馬光毫不隱晦的發表自己的不同看法，奏章一道接一道的上。神宗覺得這個人很有性格，對工作很用心，想重用他，但司馬光不想妥協，自己的意見不被接受，就乾脆罷手，請求去洛陽專心編書，神宗答應了。於是在歐陽修正式提出退休申請的前一天，司馬光被調任洛陽，從此絕口不為新法上書。司馬光在洛陽的身分是「端明殿學士、翰林侍讀學士、西京留守司御史臺」，所以歐陽修在信的末尾稱呼司馬光為「端明侍讀留臺執事」。

歐陽修這封回信是用小楷寫的，這是他擅長的書體。如果將他八年前寫的〈集古錄跋尾〉（圖 132）與這封信相比較，可以看出給司馬光的這封信在運筆和氣息上比前者有較大差距，人之將亡，其氣也衰。寫完這封信五個月後，歐陽修於潁州病逝，享壽六十六歲。

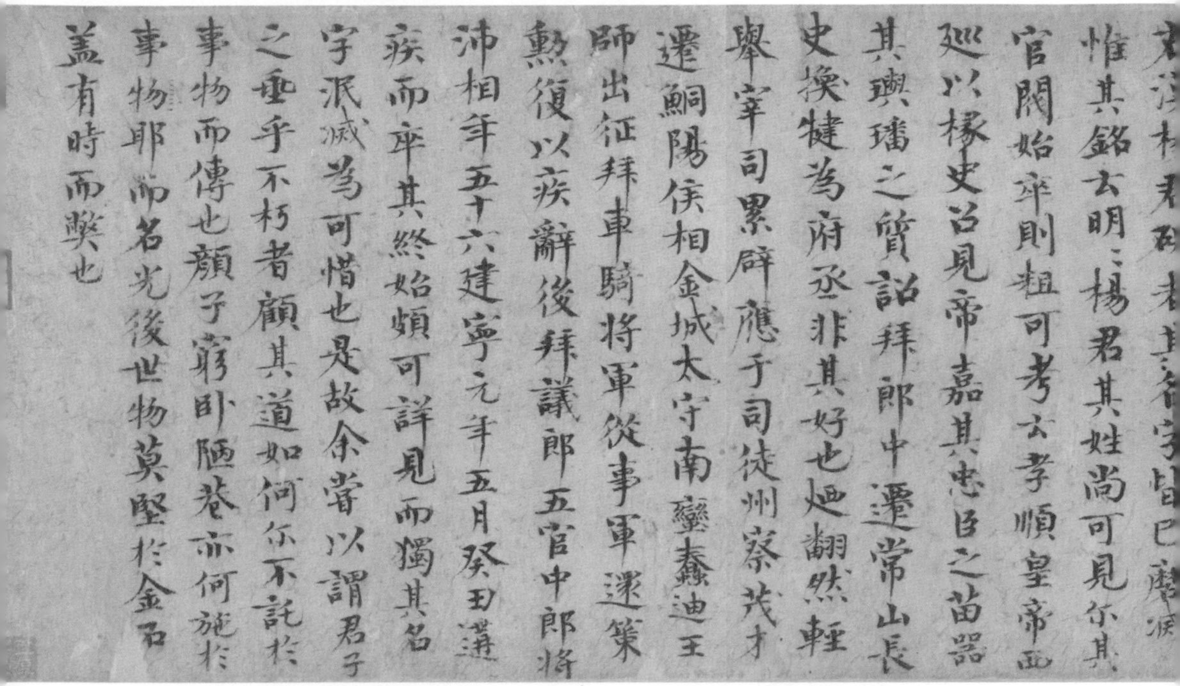

圖 132 〔宋〕歐陽修〈集古錄跋尾〉「漢楊君碑」段，國立故宮博物院。

蘇軾為何送一擔酒做為喪禮？

元豐六年（一〇八三），陳季常的哥哥陳伯誠去世了，仍在黃州的蘇軾猶豫著要不要去參加葬禮。雖然陳伯誠與他關係一般，但陳季常卻是他非常要好的朋友，按說應該去一趟。思慮再三，蘇軾還是決定不去了，因為與哥哥感情非常好的陳季常現在一定很悲痛，蘇軾不想在這個特殊的時刻給他添亂，於是給陳季常寫了一封慰問信（即〈人來得書帖〉，圖133），文字如下：

軾啟：

人來得書，不意伯誠遽至於此，哀愕不已。宏才令德，百未一報，而止於是耶？季常篤於兄弟，而於伯誠尤相知照，想聞之無復生意。若不上念門戶付囑之重，下思三子皆未成立，任情所至，不自知返，則朋友之憂蓋未可量。

伏惟深照死生聚散之常理，悟憂哀之無益，釋然自勉，以就遠業。軾蒙交照之厚，故吐不諱之言，必深察也。本欲便往面慰，又恐悲哀中，反更撓亂，進退不皇，惟萬萬寬懷，毋忽鄙言也。不一一。軾再拜。

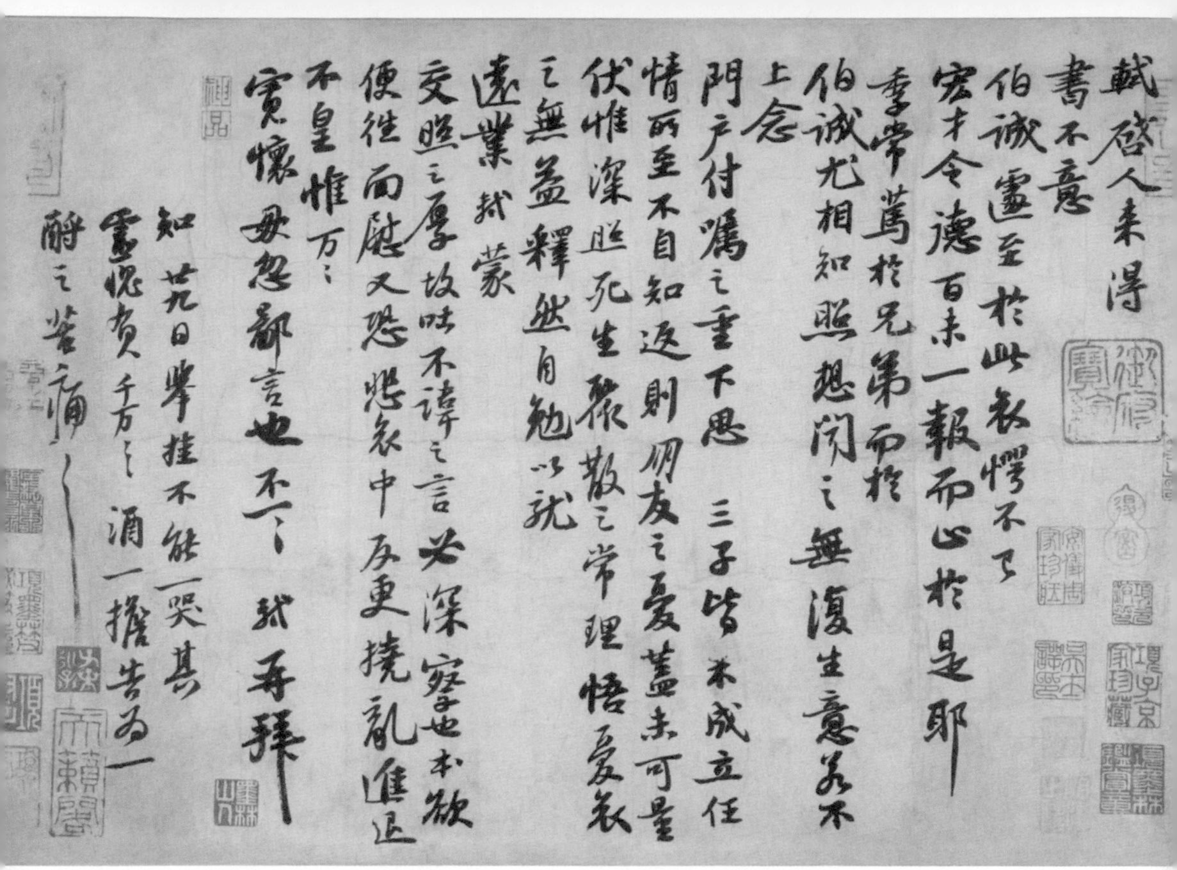

圖 133　〔宋〕蘇軾〈人來得書帖〉，北京故宮博物院藏。

（知廿九日舉掛，不能一哭其靈，愧負千萬，千萬。酒一擔，告為一酹之。苦痛，苦痛！）

大意如下：來人將你寫的信送給我了，沒想到伯誠突然這樣，真是讓我哀痛驚愕不已。伯誠有大才，品德又高尚，卻一點回報都沒享受到，就這麼結束了嗎？季常與兄弟感情深厚，與伯誠尤其相知相照，想來你跟著去的心都有了。要是不顧念上有家族門戶之重託，下有尚未成家立業的三個孩子，任由自己的情緒氾濫而不知自返，那朋友們不知得有多擔心你呢。你要明白死生聚散是人之常理，再憂愁哀傷也沒有用，讓內心釋懷吧，多勉勵自己，多為將來的大事而考慮。承蒙你對我相知相照，所以沒有避諱，直言相勸了，想必你能理解。本來想去當面安慰你，又擔心你在悲哀中，我去了反而添亂，所以進退兩難。希望你一定要放寬心，不要忽視我說的話。不多說了，軾再拜。聽說廿九日舉掛，我不能前往哭靈，內心非常愧疚。送上一擔酒，請代為祭奠亡靈。悲苦心痛！

按宋代禮節，接到訃告後，關係密切的朋友可以送銀子，比如蘇軾的父親去世後，蘇軾的老師歐陽修送了二百兩銀子，韓琦送了三百兩。不送銀子的可以送別的東西，所送物品按類別有專門稱呼，如衣服稱為「襚儀」，財物稱為「賻儀」，香和酒則稱為「奠儀」。蘇軾為什麼只送酒而不是送銀兩或其他東西呢？這其中還有一些特殊的原因。首先，蘇軾在黃州時一直比較窮，沒有固定收入，一大家子靠著那幾十畝薄地弄點口糧，實在沒有銀子可送，能拿得出手的衣服和其他財物自然也很少。其次，葬禮中用酒，自古以來就存在，這大概是覺得人死後會入地府，以酒灑地就相當於為死者踐行了。宋代士大夫的喪葬活動中有很多環節會用到酒，比如：給死者清洗身體後，將死者移至停屍間，這時候要將臘肉和酒都放在祭桌上，然後將酒倒在死者的東邊；屍體安置好了之後，一般都要用白絹給死者做魂帛，魂帛被安置在椅子上，做為死者的靈座，椅子前面要放一張桌子，桌上放置果盤酒水，還要有專人侍候，一如死者生前一般。前來悼念的人如果是死者的生前摯友，則進門之後就要以酒灑地；關係一般的悼念者到達時，喪家也要在靈座前點香、澆茶、斟酒；悼念者在靈座前叩拜時也要以酒灑地；謀畫安葬地時要以酒灑地，棺材剛送到墓地時以及下葬時也都要以酒灑地。還有一個耗酒量大的環節就是宴飲，宋代的酒度數都不高，一人喝幾碗是常見的事，這意味著朋友愈多，官位愈高，用酒量會愈大。

即便用酒量大，陳季常這種官宦之家還會缺少那一擔酒嗎？還真可能缺，因為並不是有錢就能買到酒。宋代實行榷酒制度，也就是國家壟斷酒的製造和銷售，禁止私人釀酒售賣，而官酒供應量有限，還比較貴，如果突發重大事件需要大量用酒時，還真的很難買足。正是這個原因，朝廷對去世的重臣經常會有一項特殊恩典，即允許他的家屬自己釀酒供喪葬使用，比如韓琦去世後，朝廷就恩賜他家可以釀酒。韓琦是三朝重臣，還是兩朝顧命大臣，門親故舊數量龐大，用酒量當然也會相當驚人，要是靠買官酒來辦喪事，估計全城的官酒都要被他家買斷了。陳伯誠的身分和地位還遠不到能夠自家釀酒的級別，但他的家族人脈很廣，前去弔唁的賓客會很多，這樣一來，酒就很有可能緊缺了，所以蘇軾送一擔酒做為喪禮，是在幫喪家解決實際問題。

再次，蘇軾經常自己釀酒。蘇軾好酒天下皆知，不過他酒量小，幾杯下肚就開始找地方睡覺，李公麟還曾畫過蘇軾的醉酒圖。此外，蘇軾還喜歡把酒當禮物送人。那麼，蘇軾的酒是從哪裡來的？一擔酒數量也不算少了，花錢買的可能性比較小，也不應該是朋友送的，因為送酒一般不會送這麼大量，那麼極有可能是蘇軾自己釀的。宋代不許私人釀酒售賣，但是在比較偏遠的鄉下，自釀自喝是沒有問題的。蘇軾在黃州時寫過不少釀酒的詩文，如元豐四年（一〇八二）十月二十一日，蘇軾在〈飲酒說〉中寫道：「州釀既少，官酤又惡而貴，遂不免閉戶自醞。曲既不佳，手訣亦疏謬，不甜而敗，則苦硬不可向口[2]。」意思是：黃州的官釀酒本來就不多，既難喝又貴得要死，於是我免不了關起門來自己釀酒。酒麴品質不好，我的手藝也不熟練，釀出來的酒不甜，釀失敗了，喝起來又苦又硬，沒法喝。

蘇軾在黃州還釀過蜜酒，釀造的方子來自四川老家一位姓楊的道士，他在〈蜜酒歌〉裡寫道：「一日小沸魚吐沫；二日眩轉清光活；三日開甕香滿城[3]」從一日、二日、三日這些字眼不難想像，蘇軾是如何每天趴在酒缸邊上眼巴巴的等著酒釀出來。既然喜歡釀酒，那蘇軾送到伯誠葬禮的酒，極有可能就是他自己釀的了。

蘇軾鬥贏痔疾之後

被貶嶺南後，濕熱的氣候讓蘇軾犯了嚴重的痔疾，年過花甲的東坡先生除了趴在床上呻吟，就只能像隻螃蟹一樣蹣跚，每天像坐在刺蝟身上，這日子讓他度日如年。後來，蘇軾發現一種食物對痔疾很有療效——茯苓。茯苓通常生長於山上，不常遇到，蘇軾就到處託人買，他曾就此事給表兄程正輔寫過一封信（即〈淡麵帖〉，圖134），文字如下：

軾舊苦痔疾，蓋二十一年矣。近日忽大作，百藥不效。雖知不能為甚害，然痛楚無聊兩月餘，頗亦難當。出於無計，遂欲休糧以清淨勝之，則又未能遽爾。但擇其近似者，斷酒斷肉，斷鹽酢醬菜，凡有味物皆斷，又斷粳米飯，惟食淡麵一味。其間更食胡麻、伏苓麨少許取飽。胡麻，黑脂麻是也。去皮，九蒸曝。白伏苓去皮，擣羅入少白蜜為麨，雜胡麻食之，甚美。如此服食已多日，氣力不衰，而痔漸退，久不退轉。輔以少氣術，其效殆未易量也。

此事極難忍，方勉力必行之。惟患無好白伏苓，不用赤者，告兄為於韶、英、南雄尋買得十來斤，乃足用，不足且旋致之，亦可。已一面於廣州買去。此藥時有偽者。柳

圖 134　〔宋〕蘇軾〈淡麵帖〉拓本。

子云盡老芋是也。若有松根貫之，卻是伏神，亦與伏苓同，可用。惟乞辨其偽者。頻有千煩，實為老病切要用者，敢望留念。幸甚幸甚！軾再拜。

（蜜此中雖有，亦多偽，如有真者，更求少許。既絕肉五味，只啖此麨及淡麵，更不消別藥，百病自去。此長年之真訣，但易知而難行耳。弟發得志願甚堅，恐是因災致福也。）

大意是：我苦於痔疾算來已有二十一年了。最近忽然嚴重發作，百藥不靈。雖然知道這種病不會對身體有大傷害，但已經痛苦煩躁了兩個多月，實在難以忍受。出於無奈，就打算靠斷食讓身體清淨，從而緩解症狀，但這個辦法不能立即見效，只能採用近似的辦法，斷酒斷肉，斷鹽、醋、醬菜，凡是有味道的都斷了，又斷了米飯，只吃淡麵，也會吃一些胡麻茯苓麨來飽腹。胡麻就是黑芝麻，去皮，九蒸九晒。白茯苓去皮，搗碎後加入少許白蜜做成麨，和胡麻一起吃，非常美味。這樣吃了一陣子，氣力並沒有衰減，而痔疾逐漸減輕了，一直沒有再發作。又偶爾練習一些氣功之術做為輔助，效果實在難以想像。這個治療方法非常難以忍受，必須有堅強的毅力才能做到。只是苦於沒有好的白茯苓，又不能用紅茯苓，煩請兄長在韶州、英州、南雄找找，買上十來斤就夠用了，不夠用的時候再找你也來得及。如果我也託人在廣州尋找購買了，這個藥經常有假的，柳子說很多都是用老芋頭冒充。如果看到茯苓中間有松根貫穿其中的，那是茯神，跟茯苓一樣，可以用。請一定辨別假冒茯苓。總給你添麻煩，實在是因為年老多病確實需要這些東西，還望多多留心此事。（我這裡雖然有白蜜，但多是假貨，你如果見到真的，也幫我少買一些。斷絕肉和五味之後，只吃這種麨和淡麵，也不用別的藥物，各種病痛自己就消失了。這是多年的真祕訣，只是知易而行難啊。老弟我現在意志和願望非常堅定，也算是因災得福了。）

信中提到的麨，是將食材搗碎炒製而成的乾粉。白蜜是結晶後的蜂蜜，一般產量較低，營養價值較高。茯神是指中間有松根貫穿而過的茯苓，有的茯苓會圍繞松根生長，故而如此。信中說的紅茯苓，應該是土茯苓的一種，土茯苓和茯苓名字類似，但不是同一種植物。土茯苓並不是真菌，也不依附於松根生長，而是一種獨立生長的攀緣狀灌木，根部形狀和茯苓相似，也有藥用價值，但功效不同。從信的內容可以看出，東坡先生真是「苦痔疾久矣」。

痔疾與不良生活習慣有很大關聯：愛吃辛辣食物；暴飲暴食；酗酒；長時間保持同一姿勢，比如坐著，站著，躺著；熬夜。蘇軾是四川人，辣對他來說是常態；他還是個有名的美食家，經常暴飲暴食，他在文章裡說自己肥胖的時候腰圍曾達十圍（大約一百多公分），那真是一座肉山了；他還好喝酒，時常半夜三更喝到不省人事，醒了接著喝；他又是愛好寫作和書法的人，久坐也是難免的；熬夜更是經常的，翻他的文集，很多是夜裡寫的詩文，那都是當夜貓子的鐵證。蘇軾還是個無法獨自承受身心痛苦的人，必須要在文字裡釋放出來，結果從古到今的文人都知道他的痔疾。

奇遇仙藥茯苓

有一次蘇軾上山遊玩，偶然發現了一味久聞大名但平時很少見的草藥——茯苓。茯苓是寄生在馬尾松或赤松根部的一種真菌，外形像芋頭，表皮赤褐，肉色雪白，這種東西在北方不多見，因為它們適宜的生長氣溫在十八度到三五度之間，多見於南方地區。古人不知道茯苓的生長原理，認為它們是聚集了松樹的精氣而成，就把它們敬為可使人長生不老的仙藥，茯苓因而常出現在道家的修煉書籍裡。

在蘇軾的時代，廣東當地人對這個寶物的藥用價值還不甚了解，但蘇軾是手不釋醫書的文人，從小喜歡松樹，自然知道自己發現的是什麼東西。他拿出醫書仔細核對和研究了半天，確信可以用這東西來治療痔疾。一天，蘇軾作了一個夢，夢見當地的道士老何跟他說：「茯苓吃多了上火，要配著胡麻吃才能調和。」蘇軾問老何：「胡麻是什麼？」老何說：「就是芝麻。」蘇軾夢醒後很詫異，趕緊去翻醫書，果然醫書裡寫得很清晰：「胡麻，一名油麻，一名狗虱，一名方莖，淳黑者名巨勝。」老何有個兒子，長得又黑又矮又胖，蘇軾一看見他就聯想到了茯苓，於是戲稱這孩子是羅浮山下的茯苓精。碰巧這娃還沒有正式的學名，老何請蘇軾給取個名字，蘇軾略一思索，就為他取名何苓之，字表絲。因為松樹的根部如果長茯苓，那麼上部就會長兔絲。

經過反覆研究、嘗試，蘇軾終於做出了治痔良藥，然後把製作方法記在自己的小本子上：「茯苓自是仙家上藥，但其中有赤筋脈，若不能去，服久不利人眼，或使人眼小。當削去皮，切為方寸塊，銀石器中清水煮。以酥軟解散為度，入細布袋中。以冷水揉擺，如作葛粉狀，澄取粉。而筋脈留布袋中，棄去不用。其粉以蜜和如濕香狀，蒸過食之尤佳。胡麻但取純黑脂麻，九蒸九曝，入水爛研，濾取白汁，銀石器中，熬如作杏酪，湯更入。去皮核爛研棗，內與茯苓粉一處，搜和食之，尤有奇效。」這個方法非常之繁瑣，尤其是黑芝麻的製作過程「九蒸九曝，入水爛研，濾取白汁」。別小看這幾個字，操作起來非常複雜，這熬的不僅是黑芝麻，還有人的性子。

考察蘇軾「鬥痔」的過程，改善飲食和生活方式應該是關鍵，消化系統的負擔減輕了，血液循環通暢了，痔疾消除是遲早的事，再以茯苓去濕安神，效果自然更好。

只想好好活著

病情緩解的蘇軾心情舒暢，開始思考以後的事情。他說竹林七賢中的嵇康知道自己會被殺，就寫了一首〈幽憤詩〉，末尾有一句「采薇山阿，散發岩岫，永嘯長吟，頤性養壽」，意思是隱居山林，不管塵世間俗事與禮法，好好的修身養性，延年益壽。可惜嵇康最後死於司馬昭（二一一——二六五）的屠刀下，沒能實現這個臨終願望。想到嵇康的命運，蘇軾悲從中來，他很自然地聯想到以章惇為代表的新黨對自己的政治迫害，此時的他非常能理解嵇康為何在臨終前會嚮往那樣的生活，他也不想再介入政治，只想保全性命，壽終正寢。

蘇軾又想起唐代醫學家孫思邈（五四一——六八二）在醫書裡說過一件事，古代有很多人都因為得惡疾後反而成仙，所以蘇軾突然覺得這痔疾對他來說好像並非災難，而是福祉。巧的是，讓他因禍得福的竟然恰好就是道家的仙藥茯苓，他冥冥中隱約感到自己似乎也可以成仙，至少能夠長壽。有了這層感悟，蘇軾就更加認真服用茯苓和黑芝麻，並加強修煉道家功法，效果似乎很好。後來蘇軾在海南的幾年，非但沒有被瘴氣所害，身體反而很不錯。當他真的等到遇赦北還的消息後，內心的激動可想而知，他非常慶倖自己沒有像嵇康那樣死去，以後可以更好的「頤性養壽」。

蘇軾臨終

元符三年（一一〇〇）五月，新登基的宋徽宗大赦天下，六十五歲的蘇軾終於把貶所往北挪了四百多公里，從海南的儋州移到了廣西南端的合浦縣。這段距離雖然短，但終於是活著離開海南了。蘇軾深知此去即是永別，他傷感的跟患難中的朋友一一道別。在海口渡海前，蘇軾給老友趙夢得寫了一封信（即〈渡海帖〉，圖135），全文如下：

軾將渡海，宿澄邁，承令子見訪，知從者未歸。又云，恐已到桂府。若果爾，庶幾得於海康相遇。不爾，則未知後會之期也。區區無他禱，惟晚景宜倍萬自愛耳。匆匆留此紙令子處，更不重封，不罪不罪。軾頓首，夢得祕校閣下。六月十三日。

大意是：我將渡海北歸，此刻留宿澄邁。承蒙你的兒子來見我，我才知道你還沒有回來。又說你可能已經到了桂府，如果真是這樣，或許我們能夠在海康見面。如果不行，就真不知道什麼時候才能再相見了。沒有別的祝福了，就希望你晚年一定要善待自己。匆忙之間留了這個紙條給你兒子，過後再給你寫信，見諒。

這位趙夢得是廣西人，有時也住在海南，他曾幫蘇軾通信故舊，蘇軾感恩，給趙夢得留了不少墨跡，比如為趙夢得的兩個亭子題字，還為他抄寫陶淵明和杜甫的詩及自己往年的舊作，這些墨跡多為趙夢得後人所保存。信中那句「惟晚景宜倍萬自愛耳」不只是對趙夢得的祝願，也透露出蘇軾此時的心境。在嶺南和海南經歷了諸多生死磨難，仕途、政治都已不在他的考慮範圍，他只希望餘年能好好活著。

只求長壽

給趙夢得寫完信後，蘇軾就

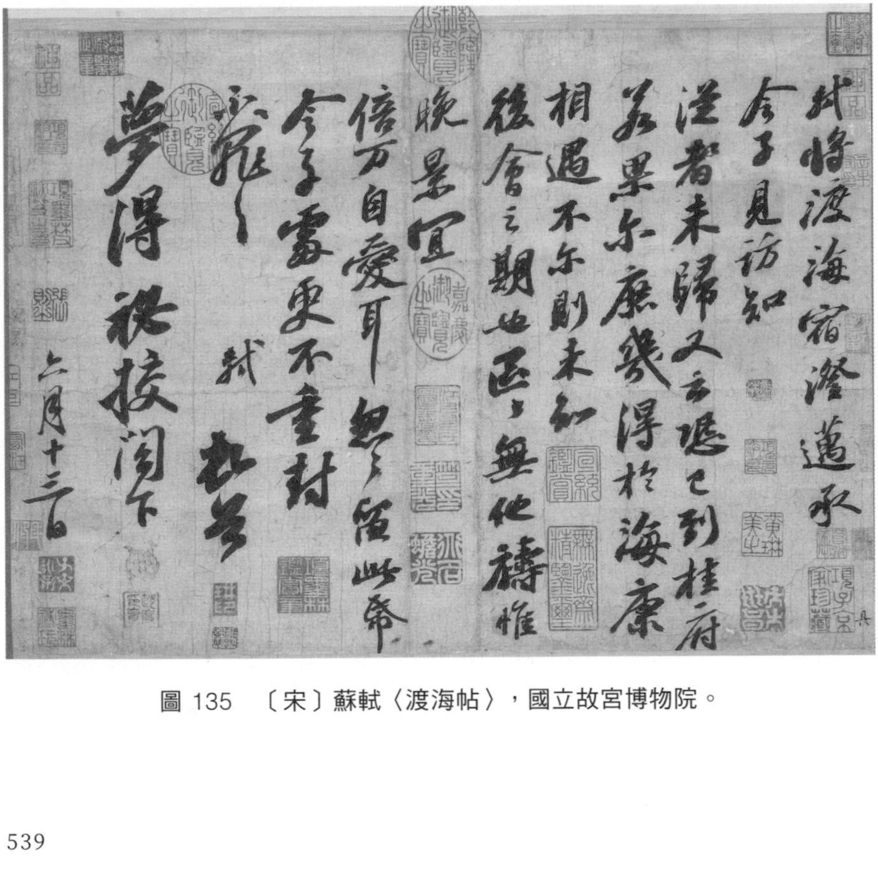

圖 135　〔宋〕蘇軾〈渡海帖〉，國立故宮博物院。

登船渡海了。海上苦雨終風，蘇軾驚懼不已，他以為自己要死在海荒了，但風停雨住之後，平靜壯麗的海面又讓他笑傲苦難，他寫下了「九死南荒吾不恨，茲游奇絕冠平生」的名句。與蘇軾同時渡海的還有他那隻名叫烏嘴的愛犬，牠沒上船，而是像鴨子一樣泅水而過，惹來群眾圍觀，讓寵愛牠的主人很是開心。

七月初四，蘇軾到達合浦，他很期待在這裡度過即將到來的中秋節。這個中秋節，蘇軾不再像以往那樣在意是否看得見月亮，他吟誦的不再是「但願人長久，千里共嬋娟」，也不是「中秋誰與共孤光，把盞淒然北望」，而只是關心如何養好身體，安度晚年。他在給朋友鄭靖老的信中這樣寫道：「某鬚髮盡白，然體力原不減舊，或不即死。聖澤汪洋，更一赦，或許歸農，則帶月之鋤可以對秉也。本意專欲歸蜀，不知能遂此計否？蜀若不歸，即以杭州為家。朱邑有言，子孫奉祠我，不如桐鄉之民。不肖亦云。然外物不可必，當更臨事隨宜。但不即死，歸田可必也。公欲相從於溪山間，想是真誠之願。水到渠成，亦不須預慮也。此生真同露電，豈通把玩耶！某頓首[4]。」

信的大意是：我雖鬚髮盡白，但體力並沒衰減，應該不會那麼快死掉。皇上聖恩如海，再赦免我一回，或許我就回鄉務農了，那麼就可以倚著鋤頭拿著稻穗賞月了。我的本意是回四川老家，不知道能不能實現。如果不能回鄉，那就去杭州安家。漢代的朱邑曾說：我的子孫後代祭祀我肯定不如桐鄉的百姓用心。我也有這樣的想法。但是世間事不可強求，到時候再說吧。只要不死，回去當農夫是沒有問題的。你說想和我一起歸隱溪山之間，看得出這是你真誠的心願。一切都會水到渠成，也不用過早做打算。這一生真是像露珠一般短暫，像閃電一般迅速，哪能隨意把玩呀！

雖然經歷諸多磨難，但蘇軾對自己身體很自信，他計畫回去後一心歸農，安度晚年，爭取做長壽之人，這也可以解釋他為何會在此時特別留意一個名叫蘇佛兒的老人，並專門為此記文。蘇佛兒八十二歲，雙目還像孩童一樣明亮，蘇軾很感興趣，他試圖找出老人長壽的祕訣。蘇佛兒從十二歲起就齋居修行，沒有成家，兩個哥哥都是持戒念道之人，大哥九十二歲，二哥九十歲。蘇軾與他談論生死之事，受益匪淺。

為了養生，蘇軾寫了一篇節制飲食的自律守則，規定自己只喝一小杯酒，吃一點點肉。假如有貴客光臨，那就各增三倍，絕不能過量。如果有人請客，他就先把自律守則遞上，要是請客的人做不到，他就不赴宴了。他以前可是大碗喝酒，不醉不休，大口吃肉，吃到大腹便便。沒錢買酒，就自己釀酒；買不起羊肉，就發明了烤羊蠍子，還拿當時人們不愛吃的豬肉開刀，發明了東坡肉；在海南島上，大口吃生蠔，就連老鼠、蝙蝠、蛤蟆也要品嘗一番。誰能想到晚年竟然過起了修行人的生活，他要養福、養氣、養財，當然，最重要的是養命。

開懷過中秋

蘇軾的中秋節夜宴是與合浦的地方官一起享用的，且看詩〈留別廉守〉：「編萑以苴豬，墐塗以塗之。小餅如嚼月，中有酥與飴。懸知合浦人，長誦東坡詩。好在真一酒，為我醉宗資[5]。」大意是：用蘆葦和野草編的草墊把小豬裹起來，外面再塗一層濕紅的黏土。好吃著小巧的月餅像是在嚼月亮，月餅裡有酥油和糖。預測合浦人應該會長久讀誦我的詩。好在我有真一酒，用它犒勞像宗資一樣賢良的地方官。從詩的內容可知宴席上有烤豬肉，具體製作方法如下：將小豬宰殺後去除內臟，膛內放滿棗子。用草墊裹好小豬，塗上濕紅的黏土，架在火上烤。燒熟後去掉泥殼和草灰，塗上用米粉調製的糊液，放在熱油鍋中炸。出鍋後切成塊，加上佐料，隔水燉三天三夜，加醋醬食用。

詩中還提到了月餅，宋代的月餅很小，圓形，內有甜乳。宴席上喝的是大名鼎鼎的真一酒，這酒的來頭說來還有點神祕。數年前蘇軾還在廣東惠州時，一名姓鄧的道士夜晚來訪，帶來一個高個子怪人，那人身穿桄榔葉，手拎一酒壺，手神映發，如傳說中的呂洞賓。怪人問蘇軾有沒有喝過真一酒，蘇軾說沒有，怪人就把酒壺裡的酒倒出來，三人開懷暢飲。而後怪人從袖中拿出一張紙，上面記載了釀製真一酒的方法和修養方法，紙尾落款「九霞仙人李靖」。從酒名可以看出這酒與道教有關，其功用就是養生和修煉，蘇軾喝了一段時間後感覺效果不錯，就隨身攜帶以贈友朋。蘇軾還品嘗了合浦的龍眼，以前他認為廣東的荔枝很好吃，到合浦後，他發現這裡的龍眼質味殊絕，可敵荔枝。

蘇軾在合浦意外遇到了老友歐陽晦夫，兩人相處甚歡。蘇軾給歐陽晦夫寫詩描繪自己這些年在嶺南的形象：「攜兒過嶺今七年，晚途更著黎衣冠。白頭穿林要藤帽，赤腳渡水須花縵。不愁故人驚絕倒，但使俚俗相恬安。見君合浦如夢寐，挽須握手俱汍瀾[6]。」在嶺南這幾年，他身穿當地少數民族的服飾，頭戴藤編帽，光腳河中走，鬍鬚編成花環的樣子。老友們要是看到他這副模樣一定大驚失色，但當地的老百姓不以為怪，融入當地習俗的蘇軾也心安理得，這種恬淡的精神裡凝聚著一股浩然之氣，深深感染了很多人。據說李公麟依此畫了一幅〈東坡笠屐圖〉和〈東坡渡海圖〉。在李公麟看來，東坡的斗笠和短袍下藏著的是一片大海，一個宇宙，這境界正如蘇軾自己所說的「御風騎氣與造物遊」。「笠屐圖」和「渡海圖」從此也成為後代畫家畫東坡時的兩個母題，從元代到清代不絕如縷。（圖136）

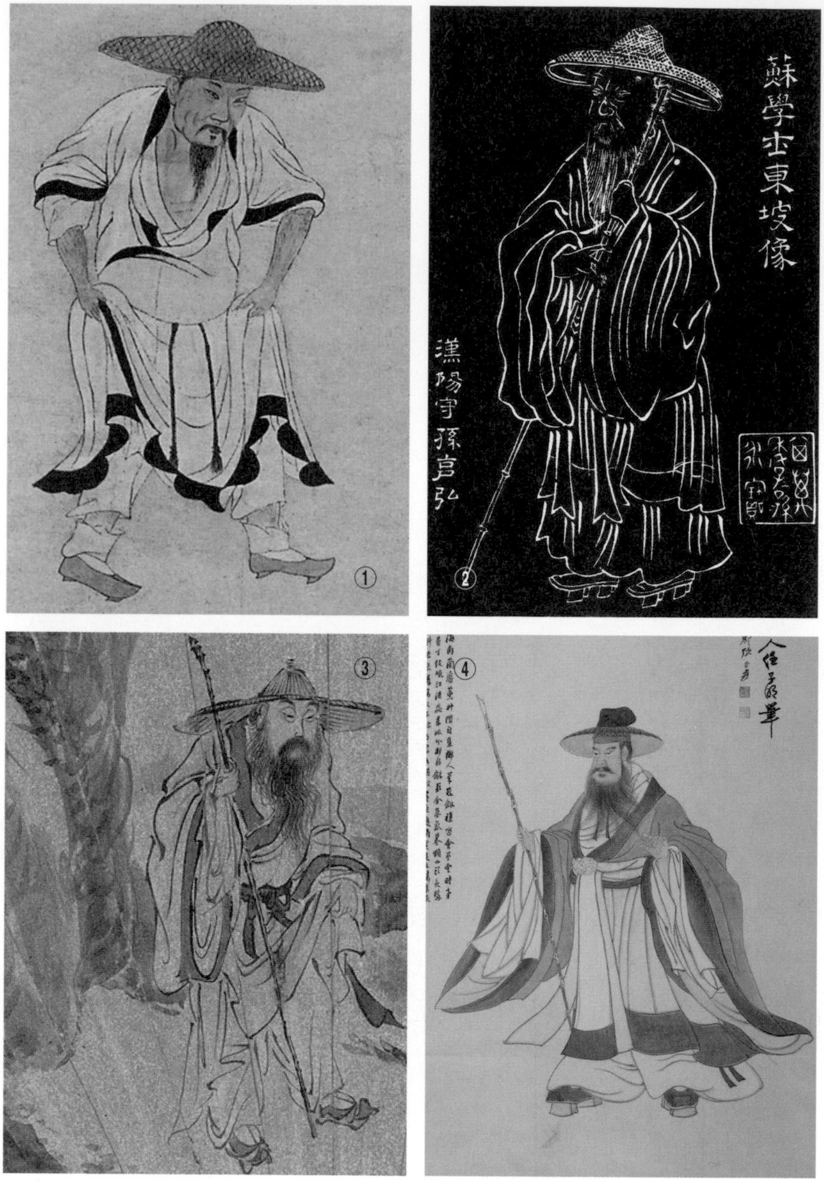

圖 136　蘇東坡像。

①〔明〕朱之蕃〈東坡笠屐圖〉局部，廣東省博物館藏。
②〔明〕孫克弘〈東坡先生笠屐圖〉拓本局部，明陳繼儒《晚香堂蘇帖》卷首。
③〔明〕費以耕〈東坡笠屐圖〉局部，四川眉山三蘇祠博物館藏。
④張大千〈東坡居士笠屐圖〉局部，吉林省博物院藏。

蘇軾的這個中秋節就在這樣一片祥和的氛圍中度過了，彷彿是在跟過去的苦難道別，同時又在召喚著全新的生活。正當他準備在這裡開始一段新生活時，朝廷又來了新詔令：改舒州團練副使，永州安置。永州在湖南，也就是說蘇軾終於可以離開貶謫六年多的嶺南了。他沒有耽擱，立即起程，繼續回家的路。

末路相知

當蘇軾行至廣州時，朝廷又有了新的詔命，恢復了蘇軾朝奉郎的官銜，還讓他掛名成都府玉局觀的主管職位，而且除了京城開封外，允許他隨處居住。蘇軾重獲自由了，他一路北上，訪朋會友。這時還有一個人高興極了，那就是米芾。蘇軾是米芾多年的偶像，他要路過米芾所任職的真州地區，而且說了會去看望米芾。這麼好的機會，一定要逮著東坡先生把自己藏的那些寶貝逐一題跋才行，米芾想想就樂不可支！雖然米芾如此崇拜蘇軾，蘇軾也把他拉進了自己的朋友圈，但兩人的交往一直是不平等的，因為米芾沒有考中進士，這就沒有了進入士大夫圈子的基本門檻，而且他詩文詞賦也不太好，那就更沒法讓蘇軾高看他了。他當時能引起蘇軾的注意，全靠他鍥而不捨的「追星」。米芾比蘇軾小十四歲，蘇軾名滿天下時，米芾還是個孩子。米芾三十二歲那年第一次拜訪蘇軾，當時米芾只是長沙的一個小辦事員，未躋身官員隊伍，不過他去拜訪蘇軾的時機還不錯，因為蘇軾當時正在黃州，鋒芒已收斂許多。

長沙與黃州相距四百多公里，米芾充滿熱情的朝著偶像奔去了。見面之後，蘇軾的才氣、人格魅力及在書畫方面的造詣，都給米芾留下深刻印象，令他欽佩不已。更重要的是，蘇軾為他指明了書法藝術的鑽研方向，這對沉迷於書法的米芾來說具有燈塔般的意義。但在蘇軾眼裡，米芾只不過是在書法方面有點特殊才氣的文藝青年。所以蘇、米二人第一次會面，被蘇軾輕描淡寫的翻過去了。米芾卻被點燃了，他隨後給蘇軾寫了很多封信。蘇軾很少回信，一來他覺得米芾比較「詭」，所謂的藏品真真假假說不清；二來蘇軾的興趣點在詩文詞賦，這是士大夫安身立命之本，至於書法，不過是修飾身分的錦衣，而米芾的短處就在詩文詞賦，所以蘇軾就以忙為由，對米芾的書信置之不覆。

蘇、米的這種關係讓人聯想到李白和杜甫，他們在後世雖然平起平坐，但在他們自己的時代，甚至在他們過世後的很長一段時間裡，相較於紅得發紫的李白，小老弟杜甫都是沒什麼名氣的小角色。但米芾是個異人，他持續給蘇軾寫信，請他題跋，請他點評自己的詩。米芾的堅持終於得到回報，蘇軾從黃州貶所回京任職後，就把米芾拉進了元祐士大夫的交遊圈裡，於是米芾的身影開始出現在達官貴人的園林和書房，關於他的軼事也陸續出現在各種野史中。有一回米芾又寫了詩給蘇軾看，蘇軾卻說，書跡還不錯，詩也不錯，但還不能當寶貝，因為你還活著，只有等你死後這東西才能當寶貝。蘇軾這話挺傷人的，但米芾沒有在意，相比很多正牌進士出身卻睚眥必報的官員來說，米芾的這種能忍功是令人佩服的。

久別重逢

建中靖國元年（一一〇一）六月初一，蘇軾終於出現在米芾面前，「方瞳正碧貌如圭，玉立如山老健身」，六十四歲的蘇老爺子在嶺南受了那麼多苦，又長途跋涉幾千里，居然仍然那麼健康陽光，真是奇蹟呀！米芾半信半疑之間，覺得眼前這個人不是凡人，根本就是個神仙呀！見到流放多年的偶像，米芾準備接受老先生對這些年苦難生活的苦水，結果老先生啥也沒說，一切都像什麼也沒發生過一樣，只和他聊詩文書畫和未來的規畫——回四川老家務農。

一天，蘇軾臥病在床，聽兒子讀米芾的〈寶月觀賦〉，沒聽完就突然坐起來了，擊節叫好，稱自己「知元章不盡」，此時的蘇軾才深感自己以前不了解米芾，斷言他將來必有大名。久別重逢的兩人都感覺到了對方非比尋常的新境界，這讓他們欣喜異常，經常一起寫詩、題跋、玩文房，除了見面外，也頻繁通信。在他們的會面中有一個很有意思的小插曲，

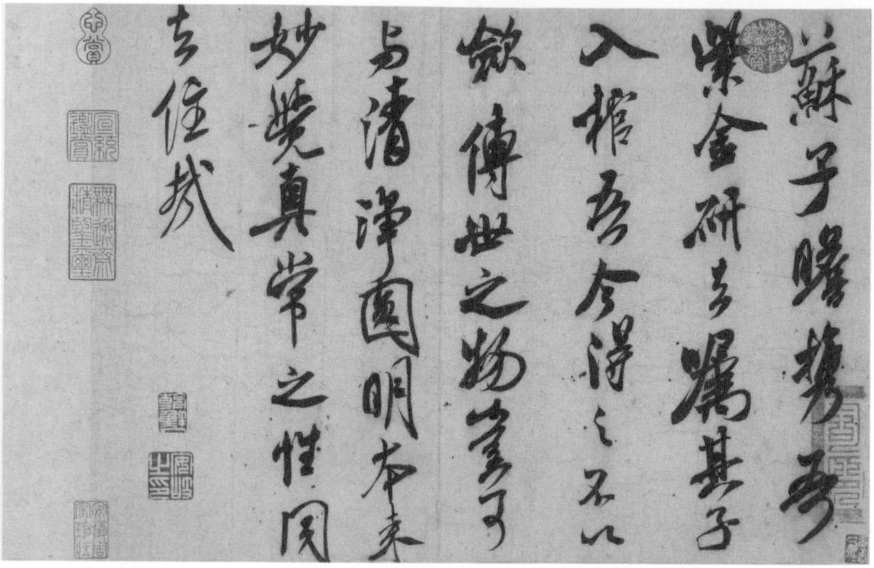

圖 137　〔宋〕米芾〈紫金研帖〉，國立故宮博物院。

米芾是這樣紀錄的（即〈紫金研帖〉，圖137）：

> **蘇子瞻攜吾紫金研去，囑其子入棺。吾今得之，不以斂。傳世之物，豈可與清淨圓明本來妙覺真常之性，同去住哉？**

看樣子這紫金硯不是米芾送給蘇軾的，而是蘇軾趁米芾不注意拿走的，後來又被米芾要了回來。不過，把米芾心愛的硯臺據為己有也就罷了，還要帶到棺材裡去，這真的是蘇軾交代給兒子的後事嗎？「清淨圓明本來妙覺真常之性」是佛教用語，說人的本性是清淨的，圓滿的，明瞭一切，永遠不變，通過修行回歸清淨本性之後，自然不會再貪圖世間俗物，米芾用這個詞恭維蘇軾，是說您老人家的境界都這麼高了，硯臺這種世間俗物怎能配與您呢？雖說是開玩，但「清淨圓明本來妙覺真常之性」倒是很符合米芾此時對蘇軾的認知和情感。

短暫的美好

米芾準備帶老大哥蘇軾去找離這兒不遠的大詞人賀鑄（一〇五二——一一二五），賀鑄相貌奇特，人稱「賀鬼頭」，就是這個奇醜無比的人寫出了「試問閒愁都幾許，一川煙草，滿城風絮，梅子黃時雨」的經典詞句。巧的是，他的詩詞竟然和蘇軾的詩詞多有意境和情感上的相似之處，比如賀鑄悼念亡妻的〈半死桐〉就與蘇軾的〈江城子〉不相上下，賀鑄的憂國詩又與蘇軾的豪放詩詞風格類似。金代的元好問有一闋著名的〈鷓鴣天〉，其中一句「多情卻被無情惱，今夜還如昨夜長」，這前半句來自蘇軾的〈蝶戀花・春景〉，後半句來自賀鑄的〈羅敷歌〉，拼在一起竟毫無違和感。賀鑄還是個書法玩家，曾跟米芾搶過蔡京的書法，要是蘇、米、賀三人聚在一起，應該又會成就一段佳話。

然而，不幸發生了，熬過了嶺南瘴毒的蘇軾，卻被江南水鄉的熱風酷暑擊倒了，病來如山倒，他僅臥床一個多月後就頹然辭世。米芾的第五十個中秋節，就是在悲傷中為東坡先生寫輓詩，一共寫了五首，很有分量。在當時，好友去世後一般要寫兩首輓詩，少數會寫三首，極其特殊的會寫更多，比如仁宗去世後蔡襄寫了七首，文同寫了十首。不擅寫詩的米芾居然為蘇軾寫了五首，這是為何呢？他輓詩中的「平生出處不同塵，末路相知太息頻」道出了原因。

米芾的出身一直是他心裡的一個疙瘩，這出身包含兩個方面：一是據傳他的祖上是武將出身，母親又是高太后的接生婆，很多人拿這個嘲笑米芾；二是米芾沒有中進士，詩文寫得也不是很好，這注定他不屬於榮耀的士大夫群體。末路相知，是米芾對他和蘇軾長達二十年交情非常恰當的描述，飽含了米芾的心酸、欣慰與遺憾。縱觀米芾所寫的五首輓詩，每一句都與他的淚水一樣有溫度。他甚至不顧被打擊，寫出了「忍死來還天有意，免稱聖代殺文人」這樣的句子，不得不說，米芾對蘇軾的感情是非常深摯的。

多數書法家的同一種死因

嘉祐五年（一〇六〇）七月，朝廷重新起用蔡襄，詔授他翰林學士，權知開封府。這對於以濟世為人生目標的士大夫來說是個好消息，但蔡襄卻不想再去京城了，因為他已經樂於在福建老家工作，而且他的腳病愈發嚴重，難以承受長途跋涉，故而就以母親年老和自身久病為由推辭了好幾次，但朝廷就是不准。這年秋天，四十九歲的蔡襄再次北上，臨行前他給朋友寫了一封信（即〈腳氣帖〉，圖138）：

僕自四月以來，輒得腳氣發腫，入秋乃減，所以不辭北行，然於湖山佳致未忘耳。三衢蒙書，無便，不時還答，慚惕慚惕。此月四日交印，望日當行，襄又上。

信的大意是：自四月以來，我的腳氣病一直發作，腳都腫了，到秋天才有所減輕，所以就北上開封了，可還是很惦記這裡的湖光山色。之前收到你三封書信，一直沒顧上回覆，深感抱歉。我將在本月四日移交官印，十五號啟程北上。

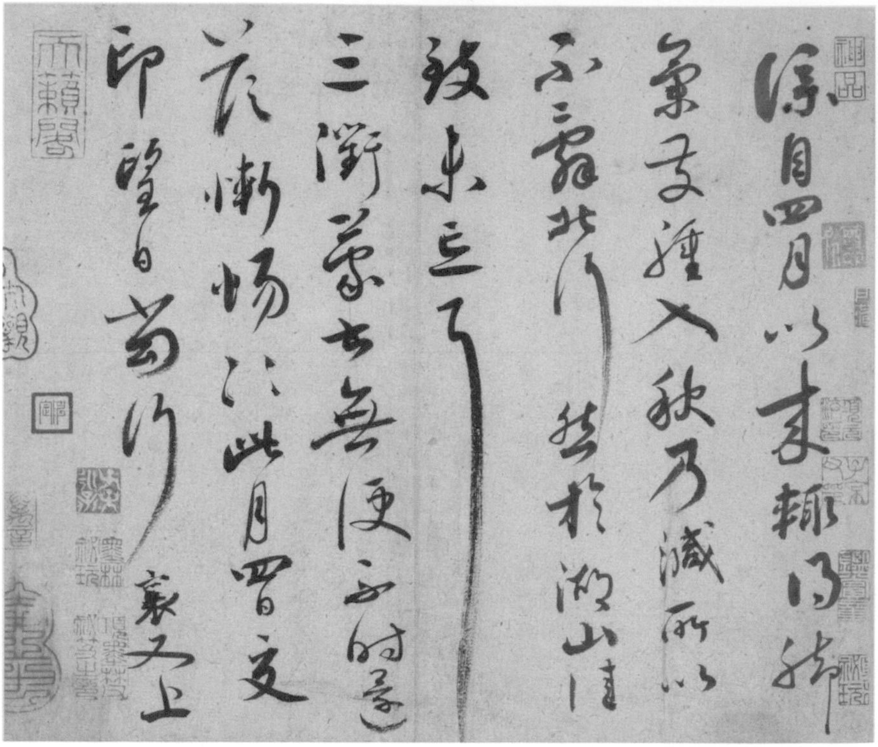

圖 138　〔宋〕蔡襄〈腳氣帖〉，國立故宮博物院。

腳氣病難道不是腳發癢脫皮之類的小毛病嗎？這也可以做為延遲赴任的理由嗎？

受腳氣折磨的書法家

大約四十年後的元符三年（一一〇〇），同樣的事情也發生在黃庭堅身上。那年哲宗去世，徽宗繼位，元祐罪臣多被赦免，正在宜賓的黃庭堅也被平反了，朝廷派他去湖北任職。從宜賓去湖北，一路都可以坐船，他欣然接受。但還沒到達工作地，朝廷又改主意了，命他回京工作。五十五歲的黃庭堅千難萬愁，他給徽宗皇帝寫信說：「臣到荊南，即苦癰疽發於背脅，痛毒二十餘日，今方少潰，氣力虛劣。重以累年腳氣並起，艱難，全不堪事[7]。」意思是：我到湖北荊州後，背上就長了大毒瘡，痛了二十多天，剛剛才開始潰爛，弄得我虛弱極了。加之多年的舊疾腳氣病也一起發作，行動艱難，什麼事也做不了。

黃庭堅不斷上書請求改任，朝廷一直沒有回覆，為此，黃庭堅還在湖北停留了大半年。腳氣病真的會如此嚴重嗎？翻閱古代諸多信件，發現從魏晉至宋代，腳氣出現的頻率竟然相當高，而且病人大都十分痛苦。梁武帝蕭衍的〈數朝帖〉寫道：「數朝腳氣，轉動不得，多有憂懸情也[8]。」懷素的〈律公帖〉：「懷素貧道，頻患腳氣，異常憂悶也[9]。」中唐大宰相李德裕給皇帝寫信說：「風毒腳氣，往往上沖，頃刻之間，心腹悶痛，飯食至少，筋力漸羸[10]。」

晁補之給皇帝寫信說：「臣舊苦腳氣，春夏加劇，深懼職事或致曠闕，伏望聖慈察臣誠懇，特賜除一外任合入差遣[11]。」南宋愛國詩人陳亮給朱熹寫信說：「入秋腳氣殊作梗，意緒極不佳，欲作一書，數日方能下筆，又不成語言[12]。」朱熹本人也是重症患者，他給朋友們寫信說：「某前月腳氣大作，兩旬然後愈。又苦臂痛，中間小愈，今復大作，作字如此，它況可知[13]。」「到官半歲，前月忽苦腳氣，手足俱痛，至今未平[14]。」「熹舊患腳氣，近數發動，日加困重，不可支吾，欲乞守本官致仕，謹具狀申建寧府[15]。」

看著這些大書法家對腳氣病的描述，感覺這不僅僅是腳痛，簡直連神經都痛了。看來蔡襄和黃庭堅苦辭聖旨，的確是無可奈何了。

腳氣的病因及藥方

腳氣病到底是什麼病？為何會讓人痛苦到無法承受？腳氣病最明顯的臨床症狀就是腳出問題了，輕者瘙癢，略重者會開裂、化膿流黃水，更嚴重的會腳腫痛無法行走。除此之外，腳氣病還會有很多併發症，比如長毒瘡、容易疲勞等。為什麼腳氣病會有那麼多併發症呢？遍閱古代醫書和現代研究成果，腳氣病是歷史悠久的病，病因包括：服食過量丹藥，患風寒濕氣，得了特殊的傳染病。

這三種病因雖不同，但對身體的傷害原理差不多。無論是中毒、風濕，還是細菌感染，從病態發展來說，一般都是身體其他器官先受損傷，然後才體現在足部。病情輕一點的，看不出明顯症狀，只是輕微脫皮；嚴重一點的，足部皮膚會瘙癢，長皰疹等；當身體器官嚴重受損時，足部就會嚴重腫脹、潰爛、無法行走，還會伴有其他表徵，如頭昏、心律不齊、大小便不暢通、精神不振作等等。這樣看來，腳氣病是身體受損傷、免疫系統被破壞後的反應。當腳部傷痛不堪忍受時，身體內部器官早就是朽木一根了。如此，平居已是痛苦不堪，更別說長途跋涉了。明白了病理，大概就能弄清楚各位大書法家的病因了。

梁武帝蕭衍有長年服食丹藥的習慣，他得腳氣病應是情理之中。懷素有風痹病，病因是風寒濕氣。李德裕在唐代煉丹人物中幾乎可以排進前十了，他與一心追求長生不老的唐武宗一起煉製丹藥，還研製出一種名叫「神羹」的美食，其主要原料就是雄黃與朱砂，這兩種東西食用多了對人體損害極大，所以李德裕也可能得腳氣病。

古人食丹藥多為長生不死，宋人的情形卻不完全一樣。經過魏晉和唐代無數人的失敗教訓，宋人明白純粹的礦物質丹藥不能使人長壽，甚至會致死，所以他們改變了製藥和食用方法，通常與草藥一起吃，並輔之以內功修煉，這種方式頗得宋代士大夫的喜愛。宋人腳氣病與丹藥之間的緊密關係，可能與宋人對腳氣病的認識不足有關。歐陽修曾在一封信裡對朋友說：「失音、腳氣皆是下虛[16]。」說明他認識到腳氣病的根源不單在腳，而是「下虛」。

朱熹久病成醫，他說：「某衰病發歇不常，醫者以為風氣，非腳氣，似亦有理[17]。」

梁武帝蕭衍在兵敗後被侯景圍困，城中十幾萬人皆患腳氣，死亡者十之八九。無獨有偶，宋人何薳在《春渚紀聞》中也有相似的記載：「既而丙午年，金寇犯闕，太學生病腳氣而死者大半，徐以病終[18]。」丙午年就是一一二六年，即靖康之變的前一年，當時金兵圍攻開封城，城內一方面補給不足、缺營養，另一方面屍體過多沒人處理，引發病毒傳染。

很多人並不明白腳氣是怎麼回事，被誤診和下錯藥而致死者也不在少數。朱熹就是被下錯藥致死的。南宋畫家趙孟堅對愛女的腳氣病未加重視，以為是老毛病，熬熬就過去了，誰知女兒年紀輕輕就死了。難道沒有治癒腳氣病的良方嗎？其實，古代醫師很努力地想辦法對付腳氣病，「威靈仙」就是重大發現。威靈仙這藥威猛、靈驗，能治腳氣病。不過也有長得與威靈仙很像的草藥，卻不是威靈仙，甚至還有毒。李時珍在《本草綱目》中說：「其根每年旁引，年深轉茂，一根叢鬚數百條，長者一尺許，初時黃黑色，乾則深黑，俗稱鐵腳威靈仙以此。別有數種，根鬚一樣，但色或黃或白，皆不可用[19]。」《蘇沈良方》也提出了五種辨別威靈仙的方法：「一味極苦，二色深黑，三折之脆而不韌，四折之微塵，如胡黃連狀，五斷處有黑白暈，謂之鴝鵒眼[20]。」此外，服這種藥時要忌酒、忌茶。

黃庭堅的催命符

黃庭堅的腳氣病應是由風寒濕氣引發，他三十一歲那年給在徐州修黃樓的蘇軾寫信說：「去九月到家，老兒病腳氣，初甚驚人，會得善醫診視，今十去九矣。又苦寒嗽，未能良愈[21]。」被貶彭水（重慶彭水）時，給唐彥道寫信說：「某既苦腳氣，不便拜趨，因杜門已數月，雖鬚白面皺，尚能齋粥如曩時[22]。」

幾年後，他離開下一個貶謫地宜賓，在湖北待命時，給王瀘州寫信說：「某比苦腳氣時作，頭眩、脛中痛，雖不妨寢飯，亦是老態漸出，因自杜門，不復與人間慶弔相接[23]。」這封信寫於黃庭堅去世的前幾年，此時他的身體已極差，各種併發症非常明顯。為了治病，黃庭堅也想盡辦法。在這些方法裡，他對丹方是很篤信的，因為吃完後他明顯感覺到身體有好轉，卻不想這竟是一道道催命符。

黃庭堅生命最後一年多的時間，是在廣西宜州度過的，在此期間，他頻繁與好友曾紆通信，請他寄好的丹藥過來，如：「得所送鐘乳、硫黃、建溪，極副所闕。感刻感刻。鐘乳極得益，恨少耳。南方不可多服金石，荷教，意甚忠藎，然不肖稍闕此，輒欲作病，似血氣各不同耳。……所惠安公四十九煉金液，如尚有，更惠一兩。昨病中，最得此藥力也[24]。」

因為身體原因，黃庭堅一般是嚴守酒禁的，但在宜州最後的兩年，他開懷暢飲，三不五時就呼朋引伴喝個痛快，這無疑加重了他的病情。崇寧四年（一一〇五），他淒苦的病逝於宜州，享壽六十歲。

蔡襄活了五十五歲，在那個年代他和黃庭堅都不算早逝，但如果不是腳氣病，或許他們可以活得更久。尤其是蔡襄，他是有長壽基因的，他的母親活到九十二歲。

死是一件很麻煩的事

唐代詩人劉禹錫曾感歎「世上空驚故人少，集中惟覺祭文多」，但他也不過活了七十歲。文彥博活到九十一歲，那他得讀多少姻親故舊的祭文啊！他傳世的四份墨跡中，有兩份都與葬禮有關。

親王的治喪委員會

在古代，人有尊卑貴賤，生如此，死亦如之。能動用文人筆頭的喪禮，死者多半都是有身分的，若是販夫走卒，死了便死了，哪有這麼多的繁文縟節。文人士大夫生前要爭座位，排次序，死了也絕不能含糊，為了不起爭執，大家都要按規矩來辦事。文彥博記錄了鄆王葬禮所作的準備工作（〈護葬帖〉，圖139）：

適見報狀，已差趙待制卨、張都知茂則、鄆王葬禮使副送都廳，凡干葬禮事節，速牒護葬使司，並牒管勾，□貴早見集，仍看詳牒語，周備如法修寫。

大意是：我剛剛看到報來的情況，已經派天章閣待制趙禼、入內都知張茂則和鄖王的葬禮使抄送了一份給都廳。凡是與葬禮有關的一切細節，請速速送往護葬使司，並發送到分管部門。希望能盡早看到所有細節的彙總。請仔細閱讀相關材料，周密齊備的按規定書寫。

由於葬禮的流程很多，必須有專門的機構來操辦，「護葬使司」就是這樣一個機構，相當於治喪委員會，但主要負責人並不固定，得根據死者的身分而定。鄖王是親王，治喪的負責人等級自然要高，

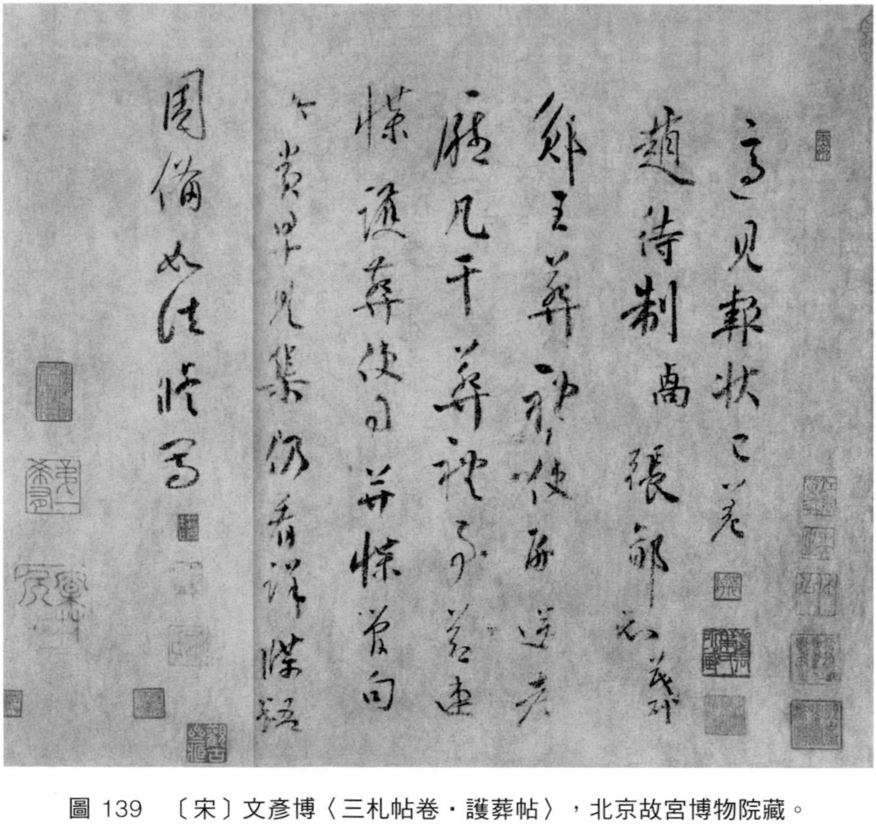

圖 139　〔宋〕文彥博〈三札帖卷・護葬帖〉，北京故宮博物院藏。

根據帖的內容可知，是文彥博在負責喪葬事宜。由於無法獲知鄆王的生卒年月，所以無法確認當時文彥博是不是已任宰相，即便不是，也應是位階很高的宰執大臣了。

趙禼和張茂則是文彥博的副手，他二人經常為人辦喪事。趙禼（一〇二七——一〇九一），字公才，四川邛州（今四川邛崍）人，此時他的身分是天章閣待制。張茂則是北宋史上有名的宦官，與仁宗皇帝關係非常親近，辦事也很有能力，不輸一些賢相名臣。此時張茂則的身分是入內都知，算是入內內侍省位階第二高的，入內內侍省是主管皇宮內務的部門。

宋代的喪葬禮儀有一些基本程式，例如發訃告、為死者沐浴、飯含、製作表示身分的銘旌、小斂、入棺槨、大斂殯、定五服制度、定卜宅兆葬日、定明器、下帳啟殯、朝祖，等等。這些基本儀程，又因死者的身分而有細微差別。比如銘旌，它的樣式是將一塊絳色的帛紮在一根長竹竿上，寫上「某官某公之柩」。銘旌的寬度都一樣，但長度則依死者的官品來定，三品以上長九尺，五品以上八尺，六品以下七尺。再如明器，也是按官品來定等級。諸多細節，不能出一點紕漏，否則就可能鬧出大麻煩，所以文彥博在帖子裡叮囑「看詳牒語，周備如法修寫」。

韓琦的葬禮安排

大臣去世後，一般由兩個人主持治喪，一個是朝廷官員，代表朝廷，一個是皇帝內侍，代表皇帝個人，比如韓琦去世後：「遣勾當御藥院李舜舉，特賜其家銀絹各二千五百兩匹，又特遣入內都知張茂則，管勾葬事，又就差知安陽縣呂景陽、相州觀察判官陳安民專管勾葬事，許即墳造酒，以備支用，聽數外留占吏卒。命同知禮院李清臣，即其喪祭奠，顧恤其家甚厚。上自為碑文，載琦大節，又篆其首，曰：兩朝顧命定策元勳之碑[25]。」這段話的意思是：派御藥院的李舜舉給韓琦家送了銀二千五百兩，絹二千五百匹，又特派入內都知張茂則負責喪葬事宜，又派安陽縣縣令呂景陽、相州觀察判官陳安民負責具體事宜，允許韓家在墓側造酒，以備葬禮時所用。最後又命同知禮院的李清臣到韓琦家參加下葬禮儀，給韓家非常優厚的撫恤。神宗皇帝還親自為韓琦寫碑文，記載他的生平大事，又為碑額題了篆書，內容為：兩朝顧命定策元勳之碑。

韓琦去世時只是相州知州，但他曾是三朝宰相，而且神宗皇帝和父親英宗皇帝都是由韓琦主持扶上皇位的，所以韓琦的葬禮規格很高，禮金相當豐厚，二千五百匹絹更是大手筆。

韓琦的葬禮安排還有一項重要的事，即「允即墳造酒」，這是一項特殊照顧，因為宋代不允許私人釀酒，而公家酒的定額有時又不夠用。一般來說，官位愈高，朋友愈多，葬禮上的用酒量越大，所以朝廷才特許韓家造酒以備葬禮之用。除了物質上的照顧，還有精神上的顧恤，即神宗親自寫碑文和撰碑額。大臣的親人去世後，也常由政府治喪，如文彥博的母親在洛陽去世時，河南府派教練師張熙負責治喪；富弼的夫人王氏去世時，朝廷也有派人治喪。

書信裡的喪儀

蔡襄的母親盧太夫人去世後，蔡襄給一位朋友寫了一封信（即〈扶護帖〉，見516頁），信的開頭是「襄泣血言：逆惡深重……」蔡襄對母親極為孝敬，希望她健康長壽，盧太夫人也的確高壽，活了九十二歲。在那個時代，這般高壽實屬難得，何以蔡襄對母親的去世如此自責呢？

歐陽修的母親鄭氏去世後，他給韓琦的信是這麼寫的：「某叩頭泣血：罪逆哀苦，無所告訴，特蒙台念。遠賜誨言。雖在哀迷，實知感咽。昨大禍倉卒，不知所歸，遽來居潁，苟存殘喘。承賜恤問，敢此勉述，其諸孤苦。不能具道。秋序已冷，伏冀順時，為國自重，哀誠所望[26]。」跟蔡襄的〈扶護帖〉類似，歐陽修也在信的開頭用了「泣血、罪逆、哀苦」這種字眼。其實，對這兩封信的理解，要回到那個特定的時代。在新儒學興盛的宋代，尤其是北宋前中期，喪葬期間的許多行為都要遵守特定的禮儀，寫信也是如此。

人死之後，就需要給死者的親朋好友和同僚寫訃告，而收到訃告的人，也會發慰問信和禮單等。這種書信不能隨意寫，必須按一定格式來，以表達對死者及其家人的尊重。當然也有特殊情況，就是趁此機會黑別人一把。比如嘉祐八年（一〇六三）八月十二日，王安石的母親病逝於京城，士大夫都依禮悼念，只有蘇軾的父親蘇洵非但不循禮法，還寫了一篇〈辨奸論〉諷刺王安石。比較諷刺的是，在二十多年後的某一天，他的兒子蘇軾在貶謫後，不僅沒有對打壓自己的王安石有所怨恨，還專程去看望退休的老宰相王安石，並為他的去世真心痛惜。

司馬光的《書儀》詳細介紹了宋代書信裡的喪儀，針對別人的父母、兄弟姊妹、子女去世後的書信，都有不同格式的範本，當然實際上也會彈性處理，稍加修改。蔡襄〈扶護帖〉中的「泣血言、逆惡深重、死亡無日」，和歐陽修信中的「某叩頭泣血、罪逆哀苦」，都可以對應《書儀》範本裡的「某叩頭泣血言」、「偏罰罪深，無復生理[27]」。

文彥博寫過的一封悼亡信（〈內翰帖〉，圖140），文字如下：

彥博啟：

先此郵中得報，內翰奄棄盛年。久忝知契，聞訃摧咽，況乎天性，何可勝處？切須自勉。老年如何當此？生於前年罹此痛，猶賴素曾留意於無生法，故粗能自遣，幸聽愚者之言。彥博。

大意是：我之前已經從郵遞過來的訃告上得知消息了，內翰英年早逝。我們是多年老朋友了，聽到這個消息後，我十分難過。何況你們是父子，這哀痛怎麼能忍受得了！你一定要照顧好自己。我們老年人怎麼才能挺得過去呢？我前年也遭遇此事，好在我平時留意佛法，所以能稍稍自我排遣，希望你也能聽聽我的勸告。彥博。

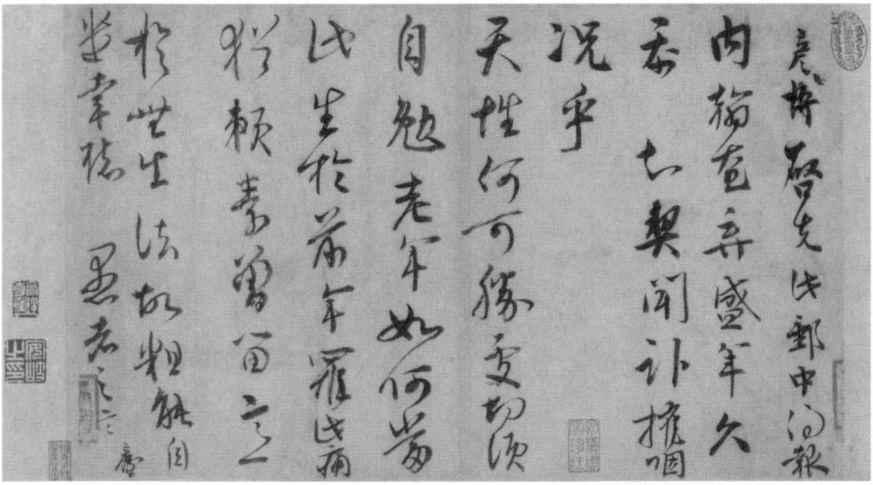

圖 140　〔宋〕文彥博〈內翰帖〉，國立故宮博物院。

內翰，即翰林，唐代稱翰林為內翰，文彥博此處用這個詞是一種古雅的稱呼。奄棄，指忽然捨棄，意思是永別、死亡。無生法，指佛法。此帖的前半部大體遵循了對方子女去世時寫悼亡信的基本格式，後半部則轉入非常個人化的安慰。陳季常的哥哥去世以後，蘇軾致信慰問（即〈人來得書帖〉，見527頁）。信中的「不意伯誠遽至於此，哀愕不已」、「於伯誠尤相知照，想聞之無復生意」、「悟憂哀之無益，釋然自勉」，也都可以在《書儀》的範本中找到原型。

一般寫信安慰對方的同時，也會送上一些禮物，這禮物也是很有講究的，不同類別的禮物有不同的叫法。另外，一般要先送上慰問信及禮單，然後才將禮物送過去，這樣方便禮記官記帳。每封信都要有封皮，封皮要豎題，上面寫「某人靈筵」，下面寫「狀謹封」，這三個字是寫信時的常用語，大約是為了防備中途有人拆信，於是在信封上注明已封好，以便收信人識別。書信裡的喪儀還有很多種，都是大同小異，主要用以區別死者的身分和死者與收信人的關係，以及寫信人與收信人的關係。在實際操作中，信件會寫得靈活多樣，畢竟表達人的感情是第一位的，如果完全照抄格式，也就沒有感情成分了，在遵循基本格式的前提下任情而寫，方能既得體又有真情實感。可想而知，在古代，死是一件很麻煩的事，尤其是官位高的人。

後記

宋人筆跡裡的密碼

在讀大學以前，我只是感覺自己的鋼筆字寫不好，不過還沒有到令我難受的地步。念大學時，同寢室有個女生的鋼筆字寫得非常秀勁瀟灑，我就開始對自己的字感到羞愧。後來，我雖然沒有專門練，但竟然也慢慢寫出一種我喜歡的字體來。到我準備考研究所時，我的筆記本讀起來令我很享受，因此也不厭倦學習。

筆跡中是否透露了一些人性密碼，我不能肯定。但在我所知的一些例子裡，說完全沒有，似乎也是不可能的。比如我父親，他的鋼筆字和毛筆字都偏瘦長，中宮收得很緊，而下擺卻十分舒展，這讓人想起嵇康，我父親的性格就跟嵇康有點像。就我自己而言，握鋼筆字所用的手勢和力道與用毛筆有點像，如果對筆跡有點研究的人看了，也許能猜出，我早先的筆跡表明我是一個缺乏理智的人，而我現在的筆跡，卻透露出我是一個懂得妥協、喜歡有秩序的人。

寫完本書以後，我更加認為筆跡與人性之間有一種默契的關係。

翻閱北宋前中期名臣墨跡，無論是從字形、格式，還是稱呼，大致能想像他們中的很多人行事有度。蘇軾有一次在朝中值班時，看到庭院裡前輩大臣們留下的花木，非常感慨的回憶起他們的君子之風。

范仲淹留下了好幾卷墨跡，他在起首寫自己的名字「仲淹」時，都是寫得小小的。字間距相對比較平均，字體比較寬博卻又有點收斂，結尾的稱呼非常周全。看范仲淹的字，就會想像一位個頭比較高大，行步中正，滿臉誠實的人。范仲淹比宋仁宗年長二十一歲，胸懷家國天下、持身忠耿，即使被放逐在最偏僻的地方，他也會發光。因為有光，韓琦才會喊他一起去延安抗擊入侵的西夏；因為有光，年過半百的范仲淹毅然奔赴戰場；因為有光，才會披荊斬棘推進慶曆新政，從此成為研究宋代文史不可迴避的人物。范仲淹是宋人中的豐碑，也是中國士大夫中最傑出的代表之一，是燈塔。

「鐵面御史」趙抃居然也留下了一卷墨跡，他的字寫得偏瘦長，上下都束得比較緊，一看就能猜測他是一位比較謹慎的人。趙抃給我留下了深刻的印象，很多小事都能證明他是優秀士大夫的代表。尤其令我感動的是，他在江西任職期間，發現有些貧窮的官員死在江西後無錢回鄉歸葬，有的就地埋葬，有的則將靈樞寄放在寺廟裡。趙抃下令造一百艘船，分發給客死當地的外地官員家屬，讓他們將死者運回家鄉歸葬祖墳。這一直擊靈魂的義舉，估計會令很多官員熱淚盈眶。宋代很多官員都死在外地，而長途運送靈柩的費用又特別貴，以致很多人死後無法回到家鄉。本書提到的人物，很多都是客死異鄉，如范仲淹、余靖等，另外歐陽修和黃庭堅的父親也都是客死異鄉，黃庭堅因為家窮，父親一直葬在廣東。趙抃去世後，皇帝點名讓蘇軾來寫墓誌銘。

歐陽修與趙抃是同一年的。也許是歐陽修飽覽古人碑拓，他的點畫和結體都比較古雅，單個字欣賞起來饒有趣味，但不太在意章法，通篇不太在意字與字、行與行的呼應，這大概可理解為，歐陽修是個相對比較理智的人，但並不完全循規蹈矩。歐陽修比范仲淹小十八歲，比仁宗大三歲，是宋代少有的在文學、史學、政治三大領域都有重要影響的人物，可惜歐陽修去世後，並不願意歸葬祖墳。歐陽修一生貼得最緊的人可能是韓琦，歐陽修可能會不買范仲淹的帳，但不會不買韓琦的帳。韓琦交給他的事，他都會迅速完成，以至於兩人成為政治盟友。歐陽修搞掉了北宋赫赫有名的將軍狄青，幫韓琦打通了登上第一把軍事交椅樞密使的最後一道屏障，狄青很快抑鬱而終。韓琦當上宰相後，也不忘拉歐陽修一把，歐陽修最終坐上了副宰相的位置。政治上的成功，幫他贏得了文學與史學上的話語權。

蔡襄的字常見有兩種，一種是標準的楷體，另一種是行楷。如果收件人的身分十分尊貴，他往往會用楷體，比如給皇帝寫信；或者是抄寫存檔資料，比如他自己的《茶錄》，以及為歐陽修抄寫的各種歐氏詩文。而一般的書信，他往往會用行楷。蔡襄是學霸，於書體一事，也是通曉法度，不逾矩。他的行楷很文氣，點畫輕重之間很有度，牽絲映帶流轉自如，卻又不失嚴謹。他心情沉重時，用筆會比較沉靜，遇到開心的事，他的點畫也會飄起來。蔡襄的性格比較溫和，對於人和事，都不特別計較，於人情世故又比較周全，上至皇親國戚，中至同僚故舊，都願意與他交往。加之他通曉書法，精於茶藝，熟知他的人更多。蔡襄擁有社交資本，卻不往雅集中湊熱鬧，平日裡只與幾個特別相識的朋友玩文房，品茶藝。也許因為他是這麼一位靠譜的人，所以很多人願意幫助他。在宋代這麼多士大夫中，蔡襄是相對比較幸運的一位，他年少即一舉金榜題名，很早就踏入仕途。宦途平穩，即使偶有不順，被外放的地方也主要是在自己的家鄉福建。他最高位置達三司使，相當於財政部長，晚年病逝於老家，壽終正寢。

呂大防個子很高，聲如洪鐘，卻面目清秀。從小行事穩重，對待家人像對待賓客，上朝時儀容整肅，給神宗皇帝留下了很好的印象，後來官至哲宗朝宰相。呂大防的字結體中正，筆劃收斂，有古人風度。

曾布算不上字寫得好的人，他的字結體比較方正，但有些筆劃卻常常「旁逸斜出」，感覺是個偶爾會出狀況的人，也是一個不容易被搞定的人。曾布是唐宋八大家之一曾鞏的弟弟，非常聰明而有心計，在王安石改革運動中，他使盡手腕，最後幾乎是被改革派和反對派同時認定為小人，晚年貶死異鄉，落入「奸臣傳」。

蘇軾的字跡可以分兩種來看，一種是相對比較工整的楷體，另一種是相對比較放一點的行書。二者結合來看，蘇軾是一位在守規矩與超越規矩之間不斷徘徊的人。他本性忠直而善良，必要時候，他懂得低頭。他落魄的時候會哭泣，得意的時候會好了傷疤忘了痛。但也許是受其父親蘇洵基因影響，有時候蘇軾會表現出刻薄的一面。黃庭堅評蘇軾的字有點「媚」，我覺得還挺是那麼回事的。

黃庭堅是蘇軾的學生，老師喜歡用諸葛筆坐著寫字，學生喜歡用散卓筆站著寫字。學生嘲笑老師的字像是石頭壓在蛤蟆上，老師嘲笑學生的字像死蛇纏在樹上。黃庭堅從小學習寫楷書，後來一直教人寫楷書。等後來看到蘇軾寫的楷書後，就不敢擅為人師了。黃庭堅最有代表性的是他的「蕩槳體」，看起來像一位穿著寬袍大袖、腰束玉帶的君子攜著一股風向你走過來。黃庭堅在政治上幾乎從未得意過，而在學術上，無論是詩歌創作與理論，還是書法修為上，都算是開宗立派的人物。黃庭堅令我印象深刻的有兩件事，一是他被貶重慶後，心情極度灰暗，倒不是因為無法享受京城裡的各種繁華，而是痛苦於一個讀書人，一個士大夫，被放逐到山溝裡後他就沒有存在價值了。後來他從孩子的讀書聲中領悟到，一個讀書人，一個士大夫，即使被皇帝遺忘在無法想像的偏遠山區裡，他仍然可以通過教育當地兒童的方式彰顯他的價值，他當上了山村老師，靈魂再次昇華。第二件事，黃庭堅曾娶過兩任名門閨秀，但兩位夫人都早逝。黃庭堅警覺到自己可能「克妻」，所以不再娶妻，以免害了人家。黃母將自己的貼身使女給黃庭堅當小妾，小妾生了一個兒子，黃庭堅非常喜歡。小妾一直是侍女的身分，孩子們都不能叫她母親。黃庭堅被貶後，全家日子過得十分辛苦。黃庭堅不懂耕種，家中事務，全是這位小妾操勞。黃庭堅最後被貶往廣西宜州，大年三十途經長沙時，小妾不知道從哪裡弄來一點吃食，全家人開開心心過了年。黃庭堅鄭重的對孩子們說：以後你們都要叫她「母親」。這一聲「母親」，是拆除了一道壁壘。唉，王朝雲跟隨蘇軾這麼多年，病死貶所，也沒能得到這個「恩賜」。

同樣是寫草書，杜衍的字比米芾的字要工整得多，杜衍行事沉穩，思慮周密，米芾天性爛漫，無所拘束，草書也是各有特色。

南宋第一任皇帝趙構的書法是可以用來觀摹的，他留下的墨跡還挺多。趙構的筆跡有法度，有姿態。他不會在兩種風格之間徘徊，而是前後相對比較如一。看趙構的墨跡，大體能猜測他不會是一位頭腦發熱的人，他對自己很了解，就像他對書法的法度一樣清醒。所以他在如此倉促、混亂的局面下能安然無事，壽終正寢。

翻閱上百封宋人墨跡，就像看到一個個鮮活的靈魂，古人所謂「見字如面」，大概就是這個意思吧！

參考文獻

書畫類：

〔唐〕韋續：《墨藪》，《景印文淵閣四庫全書》子部（8）藝術類（1）。

〔唐〕張彥遠：《法書要錄》，《景印文淵閣四庫全書》子部（8）藝術類（1）。

〔宋〕歐陽修：《集古錄跋尾》，鄧寶劍、王怡琳注釋，人民美術出版社，2010。

〔宋〕朱長文纂輯：《墨池編》，何立民點校，浙江人民美術出版社，2019。

〔宋〕軼名：《宣和書譜》，顧逸點校，上海書畫出版社，1984。

〔宋〕薑夔：《續書譜》，《景印文淵閣四庫全書》子部（8）藝術類（1）。

〔明〕祝允明：《懷星堂集》，孫寶點校，西泠印社出版社，2012。

〔明〕文徵明：《文徵明詩文書畫全集》，曹惠民、寇建軍編注，中國言實出版社，2006。

〔明〕汪砢玉撰：《珊瑚網》，成都古籍書店，1985。

〔明〕郁逢慶纂輯：《郁氏書畫題跋記》，趙陽陽點校，上海書畫出版社，2020。

〔清〕王原祁等編：《御定佩文齋書畫譜》，《景印文淵閣四庫全書》子部（8）藝術類（1）。

〔清〕倪濤編：《六藝之一錄總目》，錢偉強等校點，浙江人民美術出版社，2017。

〔清〕張照、梁詩正等：《石渠寶笈》，上海古籍出版社，1991。

盧輔聖主編：《中國書畫全書》，上海書畫出版社，2000。

上海市文物管理委員會、上海博物館編：《宋人佚簡》，上海古籍出版社，1990。

劉正成主編：《中國書法全集》，榮寶齋出版社，1997。

王連起主編：《宋代書法》，上海科學技術出版社、商務印書館，2001。啟功、王靖憲主編：《中國法帖全集》，湖北美術出版社，2002。

林莉娜、何炎泉、陳建志編：《故宮法書新編　宋人墨跡集冊》，臺北故宮博物院，2013。

經部類：

〔宋〕郭忠恕、〔宋〕夏竦編：《汗簡　古文四聲韻》，李零、劉新光整理，中華書局，2010。

史部類：

〔宋〕李燾：《續資治通鑑長編》，〔清〕黃以周等輯補，上海古籍出版社，1986。
〔元〕脫脫等撰：《宋史》，中華書局，1985。
〔宋〕徐自明：《宋宰輔編年錄》，《景印文淵閣四庫全書》史部（12）職官類（1）。
〔明〕黃淮、楊士奇編：《歷代名臣奏議》，上海古籍出版社，1989。
〔清〕黃本驥編：《歷代職官表》，上海古籍出版社，2005。

子部類：

〔南北朝〕賈思勰：《齊民要術》，惠富平注，科學出版社，2019。
〔宋〕蘇易簡撰：《四庫全書．譜錄類．文房四譜》，中國書店，2018。
〔宋〕沈括、〔宋〕蘇軾：《蘇沈良方》，成莉校注，中國醫藥科技出版社，2012。
〔宋〕何薳：《春渚紀聞》，張明華點校，中華書局，1983。
〔宋〕朱勝非：《紺珠集》，《景印文淵閣四庫全書》子部（10）雜家類（5）。
〔宋〕佚名：《錦繡萬花穀》，上海古籍出版社，1991。
〔宋〕曾慥編纂：《類說校注》，王汝濤校注，福建人民出版社，1996。
〔宋〕胡仔纂集：《苕溪漁隱叢話》，廖德明校點，周本淳重訂，人民文學出版社，1993。
〔宋〕費袞：《梁谿漫志》，駱守中注，三秦出版社，2004。
〔宋〕趙彥衛：《雲麓漫鈔》，張國星校，遼寧教育出版社，1998。

〔宋〕洪邁：《容齋三筆》，《景印文淵閣四庫全書》子部（10）雜家類（2）。

〔宋〕謝維新：《古今合璧事類備要》，《景印文淵閣四庫全書》集部（3）別集類（2）。

〔宋〕周密：《齊東野語》，黃益元校點，上海古籍出版社，2012。

〔明〕陸容：《菽園雜記》，李健莉校點，上海古籍出版社，2012。

〔明〕李時珍：《本草綱目（金陵本）》，王慶國主校，中國中醫藥出版社，2013。

〔明〕高濂：《遵生八箋》，劉立萍、李然等校注，中國醫藥科技出版社，2011。

〔清〕嚴可均輯：《全梁文》，馮瑞生審訂，商務印書館，1999。

逸凡點校：《唐宋八大家全集》，新世紀出版社，1997。

郭預衡、郭英德主編：《唐宋八大家散文總集（修訂本）》，河北人民出版社，2013。

周紹良主編：《全唐文新編》，吉林文史出版社，2000。

曾棗莊、劉琳主編：《全宋文》，上海辭書出版社、安徽教育出版社，2006。

岳希仁編著：《宋詩絕句精華》，廣西師範大學出版社，1996。

周振甫主編：《唐詩宋詞元曲全集．全唐詩》，黃山書社，1999。

李之亮、張玉枝、賈濱選注：《詠物詩精華》，京華出版社，2002。

程千帆編選：《名家視角叢書　宋詩精選》，鳳凰出版社，2018。

集部類：

〔唐〕李群玉：《唐代湘人詩文集》，黃仁生、陳聖爭校點，岳麓書社，2013。

〔唐〕孟郊：《孟郊詩集箋注》，郝世峰箋注，河北教育出版社，2002。

〔南唐〕李煜：《李煜詞集（附：李璟詞集、馮延巳詞集）》，上海古籍出版社，2016。

〔宋〕徐鉉：《徐鉉集校注（附徐鍇集）》，李振中校注，中華書局，2018。

〔宋〕林逋：《林和靖集》，沈幼征校注，浙江古籍出版社，2015。

〔宋〕柳永：《柳永詞集》，上海古籍出版社，2017。

〔宋〕范仲淹：《范仲淹全集》，李勇先、劉琳、王蓉貴點校，中華書局，2020。

〔宋〕余靖：《武溪集校箋》，黃志輝校箋，天津古籍出版社，2000。

〔宋〕尹洙：《尹洙集編年校注》，時國強校注，中華書局，2019。

〔宋〕梅堯臣：《梅堯臣集編年校注》，朱東潤編年校注，上海古籍出版社，1980。

〔宋〕文彥博：《文潞公集》（上），山西人民出版社，2008。

〔宋〕歐陽修：《歐陽修集編年箋注》，李之亮箋注，巴蜀書社，2007。

〔宋〕韓琦：《安陽集編年箋注》，李之亮、徐正英箋注，巴蜀書社，2000。

〔宋〕蘇舜欽：《蘇舜欽集編年校注》，傅平驤、胡問陶校注，巴蜀書社，1991。

〔宋〕蔡襄：《蔡襄全集》，陳慶元等校注，福建人民出版社，1999。

〔宋〕司馬光等撰：《傳家集八十卷．清獻集十卷》，上海古籍出版社，1987。

〔宋〕蘇軾：《蘇軾文集編年箋注．詩詞附》，李之亮箋注，巴蜀書社，2011。

〔宋〕蘇轍：《蘇轍集》，中國戲劇出版社，2002。

〔宋〕黃庭堅：《黃庭堅全集》，劉琳、李勇先、王蓉貴校點，四川大學出版社，2001。

〔宋〕晁補之：《雞肋集》，《景印文淵閣四庫全書》集部（3）別集類（2）。

〔宋〕李新：《跨鼇集》，《景印文淵閣四庫全書》集部（3）別集類。

〔宋〕周必大：《周必大全集》，王蓉貴、（日）白井順點校，四川大學出版社，2017。

〔宋〕楊萬里：《誠齋詩集箋證》，薛瑞生校證，三秦出版社，2011。

〔宋〕朱熹：《朱子全書》，朱傑人、嚴佐之、劉永翔主編，上海古籍出版社、安徽教育出版社，2002。

〔宋〕陳亮：《陳亮集》，中華書局，1974。

〔明〕楊慎編：《全蜀藝文志》，劉琳、王曉波點校，線裝書局，2003。

〔清〕乾隆御定：《唐宋文醇》，喬繼堂點校，上海科學技術文獻出版社，2020。

劉德清：《歐陽修紀年錄》，上海古籍出版社，2006。

蔣維錟：《蔡襄年譜》，廈門大學出版社，2000。

于北山：《楊萬里年譜》，于蘊生整理，上海古籍出版社，2006。

注釋

作者序

1 語出〔宋〕歐陽修〈朝中措．送劉仲原甫出守維揚〉：「文章太守，揮毫萬字，一飲千鍾。行樂直須年少，尊前看取衰翁。」

2 于北山著，于蘊生整理《楊萬里年譜》，上海古籍出版社，2006，362頁。

第一章

1 榷場：宋、遼、金、元時在邊境所設的同鄰國互市的市場。場內貿易由官吏主持，除官營外，商人需納稅、交牙錢，領得證明檔方能交易。《金史．食貨志五》：「榷場，與敵國互市之所也。」

第二章

1 〔宋〕蔡襄撰，陳慶元等校注《蔡襄全集》，福建人民出版社，1999，189頁。

2 〔宋〕徐自明《宋宰輔編年錄》卷（5）「慶曆五年（1045）」，見《景印文淵閣四庫全書》史部（12）職官類（1）。

3 〔元〕脫脫、阿魯圖等撰《蘇舜欽傳》，見《景印文淵閣四庫全書》史部（1）正史類《宋史》卷（442）列傳（第201）文苑（4）。

4 〔宋〕蔡襄撰，陳慶元等校注《蔡襄全集》，福建人民出版社，1999，569頁。

5 李之亮、張玉枝、賈濱選注《詠物詩精華》，京華出版社，2002，179頁。

6 劉德清《歐陽修紀年錄》，上海古籍出版社，2006，84頁。

7 〔宋〕韓琦撰，李之亮、徐正英箋注《安陽集編年箋注》（上），巴蜀書社，2000，109頁。

8 〔宋〕司馬光撰《司馬文正公傳家集（下）》卷七十六，商務印書館，1937，936頁。

9 陳宏寶編著《李白李之儀當塗詩詞賞析》，安徽師範大學出版社，2018，155頁。

10 陶然主編《唐宋詞彙評 兩宋卷》第 2 冊，浙江教育出版社，2004，1346 頁。

11 笏板是古代官員上朝時拿在手裡的一塊狹長板子，上面寫著當天的發言提綱，也可以用來做會議記錄。

12 〔宋〕蘇軾著，李之亮箋注《蘇軾文集編年箋注 詩詞附 11》，巴蜀書社，2011，101 頁。

13 曾棗莊、劉琳主編《全宋文》第 109 冊，上海辭書出版社、安徽教育出版社，2006，173 頁。

14 王十朋《論史浩札子》，見〔宋〕王十朋著，梅溪集重刊委員會編《王十朋全集》，上海古籍出版社，1998，612 頁。

第三章

1 岳希仁編著《宋詩絕句精華》，廣西師範大學出版社，1996，5 頁。

2 〔宋〕謝維新《古今合璧事類備要》卷（366）前集（43）儒業門「詞賦」，見《景印文淵閣四庫全書》集部（3）別集類（2）。

3 〔宋〕佚名《錦繡萬花谷》卷 7「柳」，見《景印文淵閣四庫全書》子部（11）類書類。

4 〔宋〕歐陽修著，李之亮箋注《歐陽修集編年箋注（三）》，巴蜀書社，2007，481 頁。

5 〔宋〕葉夢得撰，田松青、徐時儀校點《石林燕語》，上海古籍出版社，2012，107 頁。

6 〔宋〕蔡襄撰，陳慶元等校注《蔡襄全集》，福建人民出版社，1999，658 頁。

7 曾棗莊、劉琳主編，四川大學古籍整理研究所編《全宋文》第 16 冊，巴蜀書社，1991，108 頁。

8 〔宋〕蘇洵著，邱少華點校《蘇洵集》，中國書店，2000，123 頁。

9 〔宋〕蘇軾著，李之亮箋注《蘇軾文集編年箋注詩詞附 9》，巴蜀書社，2011，248 頁。

10 〔清〕紀昀編纂《影印文淵閣四庫全書》第 1113 冊，北京出版社，2012，728 頁。

11 周振甫《中國修辭學史》，商務印書館，2004，197 頁。

12 〔宋〕蘇軾著，李之亮箋注《蘇軾文集編年箋注詩詞附 9》，巴蜀書社，2011，460 頁。

第四章

1 宋初官服的顏色基本上是每兩個等級就換一種顏色。一、二、三品官員穿紫色官服，四、五品官員穿紅色官服，六、七品官員穿綠色官服，八、九品官員穿青色官服。這個制度差不多持續了一個世紀，李建中就處於這個階段的中期。官服的服色等級到後來就沒有那麼複雜和森嚴了。

2 蘇軾《富鄭公神道碑》：「平生所薦甚眾，尤知名者十餘人，如王質與其弟素，余靖、張瓌、石介、孫復、吳奎、韓維、陳襄、王鼎、張昷之、杜杞、陳希亮之流，皆有聞於世，世以為知人。」見《欽定四庫全書．東坡全集》卷八十七。

3 〔宋〕周密撰，黃益元校點《歷代筆記小說大觀．齊東野語》，上海古籍出版社，2012，93頁。

4 〔宋〕梅堯臣著，朱東潤編年校注《梅堯臣集編年校注》（中），上海古籍出版社，2006，644頁。

5 〔宋〕蔡襄撰，陳慶元等校注《蔡襄全集》，福建人民出版社，1999，202頁。

6 〔宋〕蔡襄撰，陳慶元等校注《蔡襄全集》，福建人民出版社，1999，206頁。

7 〔清〕張照《石渠寶笈》（卷29）「貯」御書房二「宋韓琦尺牘一卷」，見《景印文淵閣四庫全書》子部（8）藝術類（1）。

8 〔宋〕歐陽修著，李之亮箋注《歐陽修集編年箋注（三）》，巴蜀書社，2007，628頁。

9 〔宋〕韓琦撰，李之亮、徐正英箋注《安陽集編年箋注》（上），巴蜀書社，2000，1341頁。

10 〔元〕脫脫、阿魯圖等撰《杜衍傳》，見《景印文淵閣四庫全書》史部（1）正史類《宋史》卷（310）列傳（第69）。

11 〔宋〕蔡襄撰，陳慶元等校注《蔡襄全集》，福建人民出版社，1999，174頁。

12 〔宋〕蔡襄撰，陳慶元等校注《蔡襄全集》，福建人民出版社，1999，827頁。

13 〔宋〕蔡襄撰，陳慶元等校注《蔡襄全集》，福建人民出版社，1999，813頁。

14 〔宋〕蔡襄撰，陳慶元等校注《蔡襄全集》，福建人民出版社，1999，632頁。

15 〔宋〕朱長文《墨池編》（卷6）「硯」「唐彥猷」，見《景印文淵閣四庫全書》子部（8）藝術類（1）。

16 〔宋〕朱長文《墨池編》（卷3）「續《書斷》下」「唐彥猷」，見《景印文淵閣四庫全書》子部（8）藝術類（1）。

17 〔宋〕蔡襄撰，陳慶元等校注《蔡襄全集》，福建人民出版社，1999，862頁。

18 〔宋〕朱長文《墨池編》（卷6）「硯」「唐彥猷」，見《景印文淵閣四庫全書》子部（8）藝術類（1）。

19 〔宋〕蔡襄撰，陳慶元等校注《蔡襄全集》，福建人民出版社，1999，861頁。

20 〔宋〕蘇軾著，李之亮箋注《蘇軾文集編年箋注詩詞附9》，巴蜀書社，2011，700頁。

21 〔宋〕蘇軾著，李之亮箋注《蘇軾文集編年箋注詩詞附6》，巴蜀書社，2011，656頁。

22 〔宋〕蘇軾著，李之亮箋注《蘇軾文集編年箋注詩詞附6》，巴蜀書社，2011，670頁。

23 〔宋〕蘇軾著，李之亮箋注《蘇軾文集編年箋注詩詞附8》，巴蜀書社，2011，220頁。

24 見〔宋〕蘇軾著，李之亮箋注《蘇軾文集編年箋注詩詞附》，巴蜀書社，2011，189頁。
25 見〔宋〕蘇軾著，李之亮箋注《蘇軾文集編年箋注詩詞附》，巴蜀書社，2011，198頁。
26 〔宋〕蘇軾著，李之亮箋注《蘇軾文集編年箋注詩詞附 9》，巴蜀書社，2011，453頁。
27 〔宋〕蘇軾《蘇東坡全集（第二卷）》，北京燕山出版社，2009，511頁。
28 黃勇主編《唐詩宋詞全集》第 6 冊，北京燕山出版社，2007，2941頁。
29 王克儉主編《歐陽修詩詞選》，海南國際新聞出版中心，1997，11頁。
30 張春林編《歐陽修全集》，中國文史出版社，1999，61頁。
31 〔宋〕蘇軾著，李之亮箋注《蘇軾文集編年箋注詩詞附11》，巴蜀書社，2011，193頁。
32 〔宋〕蘇軾著，〔清〕馮應榴輯注，黃任軻，朱懷春校點《蘇軾詩集合注（上）》，上海古籍出版社，2001，645頁。

第五章

1 〔宋〕蔡襄撰，陳慶元等校注《蔡襄全集》，福建人民出版社，1999，717頁。
2 〔宋〕蘇軾著，李之亮箋注《蘇軾文集編年箋注 詩詞附 10》，巴蜀書社，2011，330頁。
3 同上，226頁。
4 〔宋〕蘇軾著，李之亮箋注《蘇軾文集編年箋注詩詞附7》，巴蜀書社，2011，354頁。
5 〔宋〕蘇軾著，李之亮箋注《蘇軾文集編年箋注詩詞附11》，巴蜀書社，2011，456頁。
6 樊慶彥編著《蘇詩評點資料彙編》，山東人民出版社，2019，618頁。
7 〔宋〕黃庭堅《山谷集》（卷二十），《欽定四庫全書影印版》集部（三）。
8 〔清〕嚴可均輯，馮瑞生審訂《全梁文》（上），商務印書館，1999，59頁。
9 〔唐〕李群玉等撰，黃仁生、陳聖爭校點《唐代湘人詩文集》，岳麓書社，2013，559頁。
10 周紹良主編《全唐文新編》第 3 部第 4 冊，吉林文史出版社，2000，8006頁。
11 〔宋〕晁補之《雞肋集》卷 52「足疾乞外任狀」，見《景印文淵閣四庫全書》集部（3）別集類（2）。
12 〔宋〕陳亮《陳亮集》，中華書局，1974，296頁。
13 〔宋〕朱熹撰，朱傑人、嚴佐之、劉永翔主編《朱子全書》第 25 冊，上海古籍出版社、安徽教育出版社，2002，4911頁。

14 同上，4841頁。
15 同上，1059頁。
16 〔宋〕歐陽修著，李之亮箋注《歐陽修集編年箋注（三）》，巴蜀書社，2007，188頁。
17 〔宋〕朱熹撰，朱傑人、嚴佐之、劉永翔主編《朱子全書》第25冊，上海古籍出版社、安徽教育出版社，2002，4911頁。
18 〔宋〕何薳《春渚紀聞》，中華書局，1983，22頁。
19 〔明〕李時珍著，王慶國主校《〈本草綱目〉（金陵本）新校注》（上），中國中醫藥出版社，2013，706頁。
20 〔宋〕沈括、〔宋〕蘇軾著，成莉校注《蘇沈良方》，中國醫藥科技出版社，2012，25頁。
21 〔宋〕黃庭堅著，劉琳、李勇先、王蓉貴校點《黃庭堅全集》第3冊，四川大學出版社，2001，1708頁。
22 同上，1770頁。
23 同上，1796頁。
24 曾棗莊、劉琳主編《全宋文》第106冊，上海辭書出版社、安徽教育出版社，2006，63頁。
25 〔宋〕李燾《續資治通鑑長編》（卷二百六十五）「神宗」，《欽定四庫全書影印版》史部（二）。
26 〔宋〕歐陽修著，李之亮箋注《歐陽修集編年箋注（七）》，巴蜀書社，2007，597頁。
27 〔宋〕司馬光《書儀》（卷九），《欽定四庫全書影印版》經部（四）。

國家圖書館出版品預行編目 (CIP) 資料

宋朝來的信 / 仇春霞著 . -- 初版 . -- 新北市 : 遠足文化事業股份有限公司一卷文化 , 2024.07
584 面 ; 17×23 公分
ISBN 978-626-97863-6-7(精裝)

1.CST: 宋史 2.CST: 知識分子 3.CST: 書信

625.1 113006049

宋朝來的信

作　　者｜仇春霞

一卷文化
社長暨總編輯｜馮季眉
助理編輯｜林諺廷
封面設計｜兒日設計
內頁設計｜菩薩蠻電腦科技有限公司

出　　版｜一卷文化／遠足文化事業股份有限公司
發　　行｜遠足文化事業股份有限公司（讀書共和國出版集團）
地　　址｜231新北市新店區民權路108-2號9樓
郵撥帳號｜19504465 遠足文化事業股份有限公司
電　　話｜(02)2218-1417
客服信箱｜service@bookrep.com.tw

法律顧問｜華洋法律事務所 蘇文生律師
印　　製｜凱林彩印股份有限公司

2024年07月 初版一刷
定 價｜750元　　書號｜2THS0002
ISBN｜9786269786367（精裝）
ISBN｜9786269786374（EPUB）　9786269786381（PDF）

本書繁體版由四川一覽文化傳播廣告有限公司代理，經廣西師範大學出版社集團有限公司授權出版。

書中由臺北國立故宮博物院典藏之作品圖像，皆取自故宮Open Data專區。國立故宮博物院，臺北，CC-姓名標示-4.0宣告 @ www.npm.gov.tw

書中北京故宮博物院藏品之圖像，皆由北京故宮博物院提供。